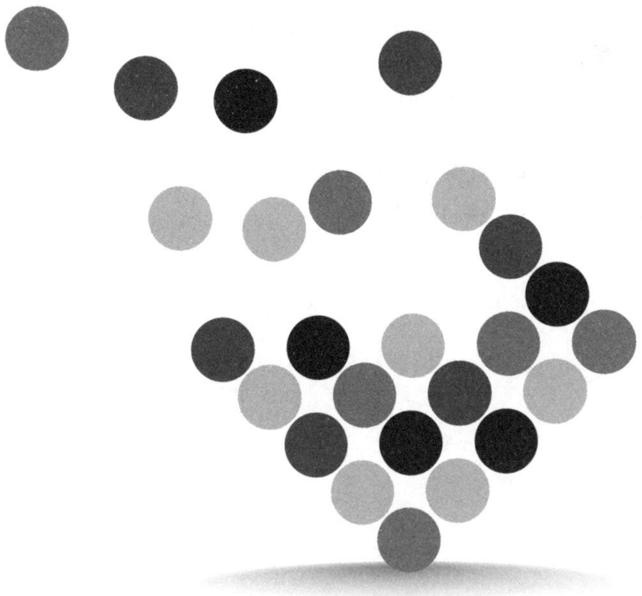

业务流程再造

BUSINESS PROCESS RE-ENGINEERING

[第五版]

水藏玺◎著

中国经济出版社
CHINA ECONOMIC PUBLISHING HOUSE
北 京

图书在版编目（CIP）数据

业务流程再造/水藏玺著．—5版．
—北京：中国经济出版社，2019.7（2022.11重印）
ISBN 978-7-5136-5760-0
Ⅰ.①业… Ⅱ.①水… Ⅲ.①企业管理—业务流程 Ⅳ.①F273
中国版本图书馆CIP数据核字（2019）第129599号

责任编辑　李煜萍　陈宇慧　李若雯
责任印制　马小宾

出版发行　中国经济出版社
印 刷 者　北京柏力行彩印有限公司
经 销 者　各地新华书店
开　　本　787mm×1092mm　1/16
印　　张　32
字　　数　500千字
版　　次　2019年7月第1版
印　　次　2022年11月第5次
定　　价　98.00元
广告经营许可证　京西工商广字第8179号

中国经济出版社　**网址** www.economyph.com　**社址** 北京市东城区安定门外大街58号　**邮编** 100011
本版图书如存在印装质量问题，请与本社销售中心联系调换（联系电话：010-57512564）

这是一本 ≫ 再版5次、畅销10年、加印10余次的企业流程管理实务图书。

扫码购买本书5大流程
317个流程图表

内 含 两 大 提 升 资 源

1.内置整合营销、集成研发、集成供应链、集成财经服务四大核心业务流程图表，包含236个可编辑的visio流程图表。

2.内置人力资源核心业务流程图表（涉及组织管理、招聘管理、薪酬福利管理、企业文化建设等），包含81个可编辑的visio流程图表。

五版前言 >>> Preface

2018年是中国改革开放40周年。在过去的40年中，中国经济取得了长足的进步，作为经济发展的主力军，中国企业的蓬勃发展也是有目共睹的。到2018年上半年，中国市场主体已经超过1亿户，正式迈入“亿户时代”。从20世纪70年代末允许个体工商户经营，到1980年颁发第一份个体工商户营业执照，再到1988年颁布《中华人民共和国私营企业暂行条例》、允许申请开办私营企业，1993年颁布《中华人民共和国公司法》、允许创办有限责任公司和股份有限公司，加之我国在改革开放以后建立了外资企业立法体系，催生了各类外资企业，中国市场主体快速增长，特别是从2012年的1300多万户到2017年突破9000万户再到目前超过1亿户，5年间增长将近700%，到目前仍保持“井喷式”快速增长，每天增长约5万户。

以上数据的背后都是中国企业40年来快速发展的有力证据，从改革开放初期的“老大黑粗”，到招商引资前期的“三来一补”，再到后来中国民营企业以及“高精尖”产业的迅速崛起，中国企业度过了长时间快速发展的黄金期。随着近几年“中国制造2025”和“一带一路”的持续推进，中国企业又将迎来智能化、信息化、互联网化以及走出去的大发展、大繁荣时代。

回顾过去，中国企业对经营的理解和追求更多停留在开源与节流，一方面通过规模扩张、市场拓展来增加收入，另一方面通过控制开支、压缩费用来降低成本，在这种经营理念指导下，中国企业取得了骄人的成绩。但随着经营环境不断变化，现在很多企业开始面临规模增长困难而支出又持续上升的局面，如何摆脱这种窘境？提升运营效率便开始成为中国企业经营管理创新的突破口，也正因为如此，“流程”一词也就顺理成章地走进中国企业各级管理者的日常工作。

时至今日，流程、业务流程、管理流程、辅助流程、流程优化、流程再造、流程配套、流程权限、流程信息化、流程主人、流程绩效、流程中心型组织……这些词语对于绝大多数中国企业而言早已不是什么新鲜概念了。我从2008年出版个人第一部关于流程的作品——《企业流程优化与再造实例解读》以来，亲自参与过不少于500家企业流程优化与再造、流程绩效体系建设以及流程中心型组织的建设工作，也亲眼见证过这些企业通过流程再造实现业绩倍增的辉煌历程。根据多年经验，我把企业进行流程优化与再造的历程分为4个阶段：

——启蒙阶段。这个阶段最典型的做法就是很多企业从“人治”向“法治”的转变，这个阶段的核心目的就是要实现隐性流程显性化，并通过流程梳理降低对人的依赖，转向靠“流程”来管事。

——初级阶段。这个阶段最核心的任务就是要实现流程规范化，培养全体员工形成以流程客户为导向、以流程结果为衡量标准的流程观念，同时根据流程信息化的需求，初步实现业务流程信息化。

——规范阶段。这个阶段的核心目标就是要根据企业发展战略及经营需要逐步实现流程体系化，并突出业务流程在组织当中的价值，适度降低管理流程对业务的控制，一切以终端客户价值主张的最大化满足为导向，全面实现流程体系化，同时着手信息系统集成及商业智能体系建设。

——升华阶段。这个阶段是流程管理的最高境界，不论是员工的流程意识、流程对战略的支撑还是流程中心型组织运作，都已经达到了很高的境界。同时流程会根据企业发展战略调整、商业模式创新以及客户诉求变化进行自我优化，流程已经渗透企业经营的各个领域，流程信息化也可以对经营过程进行跟踪、衡量与评价，实现企业经营过程可控制、经营结果可视化、企业发展可持续。

经过改革开放40年的发展，特别自ISO 9000体系进入中国以后，绝大多数中国企业已经完成了流程启蒙阶段、初级阶段的任务和目标，目前正朝着流程规范阶段、升华阶段迈进。怎么做才能一步到位、少走弯路？有哪些具体的方法可以学习？有哪些成熟的工具可以运用？有哪些成功的经验值得借鉴？……这些问题正是本书再版的原因。

在再版的过程中，本书将紧紧围绕企业流程规范化、流程支撑企业战略实现，对笔者过去主张的流程优化与再造方法论进行大胆创新，期望能够帮助中国企业尽快完成流程规范与升华，进而实现业绩倍增与长期稳健发展。

借本书出版之际，我要感谢本书的责任编辑李煜萍女士。本书是我与李煜萍女士合作的第12部个人作品，也是第5部关于企业流程优化与再造的作品，前4部分别为《企业流程优化与再造实例解读》（第一版）、《流程优化与再造：实践、实务、实例》（第二版）、《流程优化与再造》（第三版）、《互联网时代业务流程再造》（第四版），在与她一次次思想碰撞过程中我对流程的认知越来越清晰，对读者需求的把握也越来越精准。

同时，我还要感谢多年来一直保持密切合作的客户们。在与这些客户合作的过程中，我有幸见证了中国企业流程管理的演进过程，也分享到了这些企业通过流程持续优化而业绩倍增的经营成果。

另外，我还要感谢信睿咨询的全体顾问。大家在具体项目实施过程中，对我之前倡导的流程管理方法论进行持续修正和优化，使“流程优化与再造五步法”这一方法论深入人心，也让很多中国企业从中受益。

最后，我还要感谢我的爱人许艳红女士。由于顾问工作原因，长时间出差在所难免，十多年来都由她一个人照顾家庭、培养孩子。借本书出版的机会，我要真心感谢她的付出与关心。

我女儿思涵是一个从小就具有极强独立思考能力的孩子，我尝笑言她很有成为一名咨询顾问的潜质。2005年我在创作个人第7部作品——《培训促进成长》的时候，她还在襁褓之中，而今已经成为一名亭亭玉立的八年级学生了，这么多年来很少有时间陪伴她成长是我心中永远的遗憾，祝愿她健康成长！

当然，限于个人能力、学识与资历，书中难免存在不足之处，恳请广大企业家、同行、读者朋友不吝批评与指正。我愿与大家共同成长，推动中国企业通过业务流程再造实现管理升级。大家有任何疑惑或不同的观点，可以直接来信与我联系，期待着与大家交流，我的电话：13713696644，电子邮箱：sacaxa@163.com，微信：shuicangxi，QQ：1139253224。

水藏玺

2018年9月于深圳

四版前言 >>> Preface

自2008年出版《企业流程优化与再造实例解读》（第一版）至今已有七年了，其间笔者虽然和中国经济出版社合作又连续出版了《流程优化与再造：实践、实务、实例》（第二版）、《流程优化与再造》（第三版），但时代变化实在太快，管理理念和管理技术不断更新，企业经营环境正在发生巨变。因此，需要对前三版提到的很多观点和方法加以更新和修正。

过去七年，中国企业经历了两次洗礼，第一次是2007年由美国次贷危机引起的全球金融危机，第二次是目前正在经历的互联网浪潮。

可以这么说，全球金融危机让过了二十多年好日子的中国企业第一次感受到了竞争的残酷，金融环境恶化、国际市场下降明显、国内市场竞争加剧、企业盈利能力迅速下降……但不管当时如何困难，好歹很多企业也还跨过了这道坎。

然而面对互联网浪潮的冲击，中国企业开始手足无措。确实是这样的，有专家预测，互联网时代将加剧企业转型，那些无动于衷或者转型滞后的企业，其命运可能会比较悲惨。

大家都知道，苏宁和国美是老对手，想当年张近东曾向黄光裕宣战：“苏宁做不过你，我一定送给你。”如今，苏宁的销售收入已经是国美的2倍，市值是国美的3倍以上，但在互联网的冲击下，苏宁股价依然下跌40%，市盈率接近5年来的最低点。看来苏宁并没有因为超过国美便可获得成功，在互联网背景下，苏宁面临的竞争对手已经不是国美，而成了京东、1号店、亚马逊、海尔商城……还好苏宁已经意识到这一点，开始全面布局互联网平台（苏宁云商）。

又如海尔，面临强手如林的家电行业，很多人认为海尔很难东山再起，但海尔在2014年“双11”中脱颖而出，一举拿下大家电行业的头把交椅，让格力、海信、美的、创维、TCL这些巨头们望尘莫及。

再如林氏木业，这家名不见经传的家居企业，在2014年“双11”当天拿下

1.75亿销售额的业绩也足以让左右、顾家、雅兰、慕思这些大腕们刮目相看。

我们不禁要问，面对咄咄逼人的互联网浪潮，中国企业究竟该如何应对？要回答这个问题，首先我们需要分析一下在互联网时代传统企业遇到了哪些挑战：

（1）互联网对传统商业文明形成强烈冲击。互联网商业与传统商业最大的不同在于信息技术对传统工业技术形成极大冲击；传统企业倡导的B2C经营模式已经被C2B、C2B2C模式取代；传统的经营思维已经被互联网思维所打破；消费群体从50后、60后和70后正逐步向80后、90后甚至00后这些互联网土著过渡；传统企业以空间和规模扩张为竞争主要手段的经营模式已经受到以时间竞争为主的互联网商业的挑战。以上种种，迫使传统企业必须对自身运营模式进行调整和优化。

（2）巨头引领行业转型，迫使传统企业重新进行业务布局。2014年8月29日，万达集团携手百度、腾讯在深圳举行战略合作签约仪式，宣布共同出资在香港注册成立万达电子商务公司，这标志着商业地产巨头万达集团正式跨入电商时代；海尔商城（ehaier.com）的上线和日日顺（rrs.com）的正式运营拉开了海尔成功转型的序幕；顺丰优选（sfbest.com）和嘿客商城的正式运营标志着顺丰这家物流巨头的华丽转身；微众银行的推出标志着腾讯正式跨入金融行业。有人预言，未来将不会再有互联网企业，因为所有企业都将成为互联网企业。

（3）主力消费群体的变化，倒逼传统企业变革。剁手族、互联网土著、草根、小资、情怀主义、时尚好玩、任性、有态度等等这些互联网名词的出现，说明客户消费模式在改变，倒逼传统企业必须对客户交互界面和服务模式进行优化与调整。

（4）用互联网思维重新定义企业商业模式。从“羊毛出在羊身上”，到“羊毛出在狗身上”，再到“马和牛做生意，让驴埋单，赚猪的钱”，互联网思维模式无论是从产品制造（自动化、信息化、小单化、柔性化）、新品开发（智能化、方案化、时尚化、极致化、简约化、一体化）、渠道运营（扁平化、时间化、流量化、平台化）、客户服务（参与化、体验化、个性化）等方面，还是从员工管理（小资化、草根化、任性化）方面都对传统企业商业模式提出了极大的挑战，需要传统企业利用互联网思维重新定义自己的商业模式。

（5）万物互联时代迫使企业进行业务流程再造。在这个万物互联的时代，传统企业要想获得成功，除了前面提到的运营模式、产品供应及客户服务、商业模式之外，还需要借力互联网思维，如大数据思维，建立大数据平台和提升大数据运营能力；客户思维，把客户当神，把自己当人；平台思维，让企业所有利益相关方在同一个平台上跳舞；共赢思维，构建多赢的价值链体系；极致思维，极致化满足客户某个至关重要的需求……而要想达到这些目的，唯有从内部业务流程再造做起。

此次再版的过程中，本书将增加互联网时代企业电商转型及业务流程再造的方法及研究案例、企业利益相关者分析、价值链重构、业务蓝图规划、客户需求管理与流程增值分析、流程自动化与系统集成等相关内容，期望能对中国企业互联网转型和提升经营能力有所帮助。

2015 年 1 月

三版前言 >>> Preface

十多年来，我一直在咨询行业工作，其间先后辅导了近百家企业的管理变革，变革内容涉及企业发展战略规划、人力资源管理体系优化、企业文化塑造、营销体系建设、供应链体系优化、核心业务流程再造等，我很庆幸自己能够一直在这个行业工作，并深爱着自己所从事的这份职业。

说实在的，我当初选择进入这个行业是因为觉得这个行业锻炼人，而且顾问这份职业值得很多人羡慕，但真正进入之后，才发现这个行业不仅仅是锻炼人，确切地讲，是更折磨人！在这个信息大爆炸、知识更新日新月异、管理技术飞速发展的时代，要想在咨询这个行业立住脚，其实很难。

十多年前，中国企业对很多管理技术和概念还很陌生。当ISO、战略、BSC、KPI、5S、6sigma、BPR、ERP、DRP、MBO、流程、学习型组织等这些词汇在中国企业生根发芽的时候，很多管理者都充满了期待，在过去近20年中有一大批的中国企业脱颖而出，三一重工、万科、万达、华为、青岛啤酒、海尔、海信、格力电器、美的、格兰仕、中兴、阿里巴巴、腾讯……它们都是中国企业的榜样。有人曾经说过，成功的企业＝成功的战略×组织能力。这些企业之所以能够快速扩张，成为行业领袖甚至全球楷模，我想除了其敏锐的市场嗅觉和对发展战略的持之以恒，与它们对组织能力的打造和持续优化是分不开的。组织能力的打造要求企业持续不断地推进管理的规范化，而企业规范化管理不仅仅只是解决组织分工的问题，更重要的是要解决协作的问题，即流程！

任正非先生在《华为的冬天》一文中提道：规范化管理的要领是工作模板化。什么叫作规范化？就是我们把所有的标准工作做成标准的模板，就按模板来做。一个新员工，看懂模板，就会按模板来做。而这个模板是前人摸索几十年才摸索出来的，你不必再去摸索。各流程管理部门、合理化管理部门，要善于引导各类已经优化的、已经证实行之有效的工作模板化。清晰流程，重复运行的流程，工作一定要模板化。一项工作达到同样绩效，少用工，又少用时间，这才说明管理进步了。我们认为，抓住主要工作的模板建设，又使相关模板的流程联结起来，才会使信息化管理成为现实。

海尔的张瑞敏先生也曾经颇有感触地说：“幸亏海尔做了流程再造，如果不做，海尔的命运可能就和科龙是一样的。”

青岛啤酒把他们做流程再造的经验总结为“道”“法”“术”“器”。“道”是流程管理理念、思想，有指引方向的作用；“法”是制度与规则，是理念的体现，同时又规定了“术”“器”层次的内容与形式；“术”是流程管理的方法和手段，把制度与规则具体落实到活动中，又规范了“器”的边界与功能；“器”是软件和工具，通过信息技术实现管理目的。

华为把工作模版化、流程化、信息化视为提升员工绩效和企业运营效率的基础性工作；海尔当年在推进流程再造时，虽然在中高层遇到了非常大的阻力，但正是张瑞敏先生的坚持，使海尔向“领导管人，流程管事”的理想格局迈出了一大步；而青岛啤酒流程管理的“道”“法”“术”“器”也确实为其迈向啤酒帝国打下了坚实的基础。

流程之所以如此重要，是因为传统的职能中心型组织和企业管理模式已经不能满足3C时代的需求（3C：Customer 顾客：如何满足顾客的核心需求？Competition 竞争：企业如何适应残酷竞争，并在竞争中取得胜利？Change 变化：如何响应快速变化，如客户需求的变化、竞争环境的变化、新技术的变化等?）。为了应对3C时代的剧变，越来越多的企业开始关注组织协同、战略协同的问题，正因为如此，流程中心型组织、战略中心型组织应运而生，同时，业务流程再造、商业模式再造、组织再造、人力资本再造等管理思想和管理理论应运而生。

业务流程再造（Business Process Re－engineering，简称BPR）是20世纪90年代初兴起的一种全新的管理理念和管理方法，被称为继泰勒“科学管理”和全面质量管理（TQC）后的“第三次管理革命”，其基本思想是以顾客满意为中心，对外追求顾客价值主张的最大化满足，对内倡导以人为本。业务流程再造是对企业的业务流程作根本性的重新思考和彻底的重新设计，使企业在成本、质量、服务和速度等方面均得到显著的改善，进而应对3C时代的竞争需求。

早在笔者2008年出版的《企业流程优化与再造实例解读》（第一版）和2011年出版的《流程优化与再造：实践、实务、实例》（第二版）（注：以上两本书均由中国经济出版社出版）中，我们就提出了企业进行流程优化与再造的基本方法论。

（1）企业的战略选择决定了企业价值链布局，企业在进行流程优化与再造时，首先需要将企业的价值链和核心业务逻辑进行系统分析，从而进行企业流程体系规划（包括业务流程、管理流程和辅助流程，也包括一级流程、二级流程和三级流程），这是企业流程优化与再造的第一步。

（2）流程规划清楚后，企业需要利用多种工具和方法（如流程作业现场调查、文档调查、研讨会、流程主人及流程相关方访谈、问卷调查、现有解决方案的跟踪与调查、典型案例调查与分析、测时等）对流程的现状进行客观描述。

（3）流程现状描述清楚后，企业可以通过“望闻问切”等多种手段进行流程现状分析，发现问题，找到流程优化方向。

（4）结合战略诉求和流程现状对现有流程进行优化（BPI）和再造（BPR）。请记住，流程优化（BPI）和再造（BPR）是完全不同的两种方法。

（5）流程配套设计和验证是流程顺利实施的基础和保障，所以企业还需要进行相关流程配套设计，如基于流程进行组织优化（即流程中心型组织的建设及变革）、建立基于流程的KPI体系、建立基于流程的制度和表单体系、建立基于流程的知识管理体系、基于流程进行信息化规划与建设等。

过去几年，笔者几乎每天都能收到读者的来信、来电，一起探讨如何进行流程优化与再造以及流程落地的问题。笔者发现，前期很多人的疑问主要集中在流程优化与再造的方法论上，而现在越来越多的人开始关注企业流程体系规划、流程落地以及流程中心型组织变革的问题，这也正是本书再版的出发点。在本书中，我们将重点研究企业流程体系规划、流程固化和流程中心型组织建设问题，期望能够对广大读者朋友有所启迪。

第三次管理革命既然已来临，就让我们共同努力，提升企业流程管理能力，应对更加复杂多变的竞争环境。

谨以此书献给致力于提升企业流程管理能力的人们！

2012年12月

再版前言 >>> Preface

离《企业流程优化与再造实例解读》（第一版）的出版（2008 年 3 月）已经有将近三年的时间了。在这三年的时间里，我接到过很多读者朋友的来信、来电，与我探讨关于企业流程优化与再造的困惑，在不断沟通的过程中，我愈感中国企业目前对流程管理的迫切需求。沟通越多，就越发现在这一领域还有很多待研究的课题，同时也就深感自身积累的不足和认识的肤浅。其实，早在 2009 年初就不断和中国经济出版社的责任编辑李煜萍女士沟通关于本书的再版问题，只是由于上述原因，再版才一推再推。

在过去的三年中，发生了很多的事情，空前的世界金融危机，给世界包括中国经济发展带来了极大的影响，但随着金融危机阴霾的逐渐退去，世界经济也在逐渐向好。当时提出的关于中国经济走势的种种猜测，其答案也渐渐明晰，特别是中国企业在经受了 2008 年短暂的调整之后，发展势头依然强劲。

很多中国企业也正是在经历了这场金融危机的洗礼之后才发现微利时代真的到来了，依靠粗放式管理将越来越困难，企业需要规范的管理和完善的流程体系才能保证可持续发展，所以近几年，越来越多的企业开始关注流程管理。

我在百度上搜索了一下：

关于“流程”，找到相关网页约 100000000 篇。

关于“流程管理”，找到相关网页约 12200000 篇。

关于“流程优化”，找到相关网页约 32000000 篇。

关于“流程再造”，找到相关网页约 6030000 篇。

以上数据足以说明，流程管理已经成为中国企业构建核心竞争力和提升企业管理能力的重要手段和工具之一。

正因为认识到了流程管理的重要性，国内很多企业就一窝蜂地进行所谓的流程优化和再造。然而，我们发现，中国企业在导入先进管理理念和管理工具时往往会走入一个误区，那就是期望机械地通过一些管理方法和工具去解决复杂的管理问题，而且这种现象已经形成风气。比如前几年流行 6 Sigma，大家就一窝蜂地推 6 Sigma，后来有了 BSC、KPI，大家又扎堆去搞 BSC、KPI，但到最后，企业往往发现在国外一些很好的管理工具和方法，在中国企业并不适用。什么原因？只要稍加分析，我们就不难发现其中的奥秘。

任何管理工具和方法都来源于管理知识和管理理论，而管理工具和方法在使用的过程中需要具备必要的“土壤”，同时，在应用过程中需要不断进行实践，并在实践的基础上又上升为管理理论和知识。在这种不断的循环过程中，管理科学才会不断地发展和进步。那么中国企业的问题在哪里呢？就在于我们只在乎管理工具的简单应用，而忽略了管理环境的建设和不断的实践总结。

正是基于此，在本书再版时，我期望增加流程管理实践的章节，总结中国企业在推进流程优化与再造过程中成功与失败的经验教训，同时结合众多中国企业推动流程优化的实际感受，帮助企业树立正确的流程管理理念，在推进流程管理的过程中少走弯路。

本书共分为 3 篇 19 章，第一篇为流程管理实践篇，旨在告诉读者流程管理和实施的最佳实践及经验总结；第二篇为流程管理实务篇，告诉读者流程优化与再造的具体操作步骤和方法；第三篇为流程管理实例篇，旨在通过流程优化与再造的具体案例，帮助读者更好地理解流程优化与再造。

在本书再版的过程中，我得到了很多读者朋友的意见和建议，同时中国经济出版社的责任编辑李煜萍女士也倾注了大量的心血，在此深表谢意！

2010 年 11 月

初版前言 >>> Preface

随着中国市场经济的不断发展和对外开放的不断深入，越来越多的中国企业参与到了激烈的国际市场竞争中。在竞争的过程中，不少企业从无到有，从小到大，由弱到强，由强到久，取得了巨大的成就和进步，但与此同时，也被成长的烦恼所伴随。如何在不断成长和发展的过程中，既像大象一样拥有雄厚的竞争实力和基础，又保持猎豹一样的机敏，已经成为国内企业苦苦探索并期盼解决的问题。

对于今天的企业而言，拥有低成本的产品、高科技的技术，或者知名的品牌等竞争优势，已经无法确保企业的强势地位。在快速发展的社会环境及突飞猛进的行业发展中，企业之间的竞争模式已经由“大鱼吃小鱼”演变成“快鱼吃慢鱼”。如何提高自身的运作效率、降低内耗，与外部建立良好的互动关系，已经成为影响企业未来发展的关键因素。

流程优化与再造正是在这样一种背景和需求下应运而生。作为一种管理思想和工具，它通过强调对企业内部运作环节及运作模式的改变和优化，提高企业与外部环境的接触界面质量，从而增强企业的运作效率、降低内耗，增强企业的对外竞争能力。自流程优化与再造理论在20世纪90年代后期传入中国之后，国内许多企业纷纷引进该管理工具，希望能够使企业获得新的成长动力。但据统计，诸多国内企业的流程项目的实施效果却并不理想，究其原因，既有企业自身实施的问题，也有我们对流程管理的认识问题。

正因为如此，我们觉得将流程管理这门管理理论学好、用好，才更具有现实意义。目前市面上有关流程管理的书籍林林总总，大致可分为三类：

第一类是各高等院校出版的流程管理书籍，它主要侧重于讲解流程管理的原理，其不足在于过于理论化，可操作性较弱。

第二类是有关讲解ERP、CRM等信息系统的流程书籍，它侧重于对信息化管理系统的设计与管理，专业性较强，但与传统的管理理论（战略管理、组织管理等）之间联系较少，不便于广大企业内部的管理人员掌握。

第三类是各种引进的外文流程管理书籍，这类书籍内容翔实，观点独特，但由于与国内目前企业的实际状况结合不紧密，存在“水土不服”的问题。

为此我们觉得需要写一本有关中国本土企业的流程管理书籍——既要具有理论性，能够与传统的经典管理理论以及信息化管理理论相联系，同时又要有可操作性，能够指导企业的流程管理实践与操作，帮助企业正确认识并掌握流程管理工具，解答企业对流程管理认知上的疑惑。而这，也正是本书的最大特色。

笔者自从事管理咨询工作以来，一直期待有机会将自己在行业中所积累的经验、对企业的观察以及自己的心得体会与大家分享。本书中所举案例、观点均来自长期的咨询实践，具有较强的可读性和可操作性，适合企业的中高层管理者、流程管理人员以及咨询公司的管理顾问阅读，是一本流程管理方面的实用好书。

本书在编写过程中，参考和引用了国内外学者的大量著作，因限于篇幅，未能一一注明，在此向著作者深表谢意！

在本书的写作过程中，尽管笔者想全面、准确、科学地描述流程管理，但由于知识、能力、认识以及时间精力的限制，书中遗憾仍然难免，希望广大读者能够谅解并予以批评指正。如果读者有什么疑惑或不同的观点，可以直接来信与我联系，期待着与大家交流，我的电话：13713696644，电子邮箱：sacaxa@163.com。

2008年2月

目 录 >>> Contents

第一篇　走进流程管理新时代

第二篇　业务流程再造五步法

第三篇 核心业务流程再造

第四篇 业务流程变革管理

第一篇　走进流程管理新时代

回顾过去，中国企业大致先后经历了“全民下海”的创业时代、“孔雀东南飞”的人口迁徙时代、“唯 GDP 论”的粗放式经营时代、“人治”向“法治”转变的规范化管理时代、“风口上的猪”的互联网时代等发展阶段，在不同的发展阶段企业面临的经营环境截然不同，从早期单一产品、单一客户、单一产业、单一市场的经营模式向多产品、多客户、多业务、多产业、多元化、国际化、寡头化等发展的过程中，中国企业的管理也面临着前所未有的挑战，过去传统的管理模式正受到互联网创新、商业模式优化、组织再造的强力冲击。

早在 1990 年，美国管理专家迈克尔·哈默就在《哈佛商业评论》上发表了一篇题为《再造：不是自动化，而是重新开始》的文章，率先提出企业再造的思想。1993 年，他又与詹姆斯·钱皮在《再造企业：经营革命宣言》一书中提道：为了取得经营业绩的大幅度提升，企业应该再造经营——运用现代信息技术的力量重新设计每项业务的核心流程。从此，管理界对企业经营的认知正式进入了“再造时代”。

中国企业接触和实施业务流程再造的时间比较晚，被大家所熟知和热议的仅有 2000 年前后华为委托 IBM 为其进行的集成研发流程再造（简称 IPD）。然而在近十多年，业务流程在企业内部的重要性越来越明显，特别是近几年实体经济与互联网的大碰撞、大颠覆、大融合，催生了国内企业对业务流程的新认识、新需求，中国企业的流程管理也正式跨入互联网时代。

第一章　企业流程管理新境界

根据多年的管理实践，我们把中国企业流程管理分为五个阶段，分别为流程显性化阶段、流程规范化阶段、流程体系化阶段、流程智能化阶段、流程互联网化阶段。到目前为止，对于绝大多数中国企业而言，已经基本完成了流程显性化、流程规范化阶段的任务，同时流程体系化、流程信息化正在努力完善当中。实体经济与互联网经济的进一步深度融合，对企业流程管理提出了新的挑战和需求，流程互联网化已经成为未来企业实现业绩倍增与经营系统升级的必由之路。

第一节　中国企业流程管理新挑战

与迈尔克·哈默提出再造理论同时代的中国企业还处于计划经济时代的末期，市场经济体系还未完全建立起来，虽然很多中国企业开始意识到并尝试融入世界经济大家庭，参与国际竞争，但从流程管理意识到流程管理体系的建设等各方面还依然比较滞后。随着近十多年互联网经济浪潮席卷全世界，尤其是中国又在互联网浪潮当中走在前列，流程管理方面的弱势给中国企业经营带来了前所未有的挑战（见图1－1）。

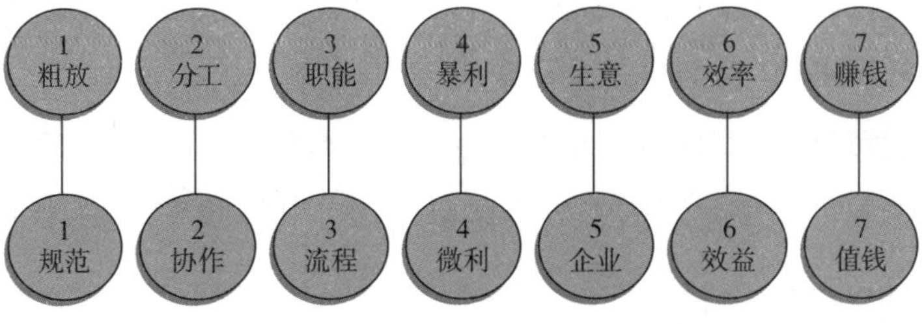

图1－1　企业流程管理新挑战

一、从粗放式管理到精细化管理、规范化管理

改革开放初期成长起来的绝大多数中国企业都是伴随着“三无”(无核心技术、无专业人才、无规范体系)的困境一步一步壮大的。过去中国企业单凭“胆子大、机遇好、人脉广”而采用缺乏产品创新与迭代、掠夺式经营客户与市场、不注重公司品牌积累与沉淀、不注重人才培养与开发的粗放式经营模式,在2008年全球金融危机的潮水退去之后才暴露出“裸泳”的真相;之后中国企业又连续经历了互联网浪潮的冲击以及中美贸易摩擦的创伤,不得不开始认真思考通过管理模式创新来实现稳健经营及可持续发展。

相较于粗放式管理,精细化管理是一种全新的经营理念和文化。它是社会分工精细化以及服务质量精细化对现代管理的必然要求。精细化管理的源起最早要追溯到科学管理之父——泰勒的年代,1911年泰勒发表了《科学管理原理》一书,这是世界上第一本精细化管理著作。二战后,日本的精益生产思想对精细化管理体系的形成产生了巨大的影响。到2001年,精细管理工程创始人刘先明先生提出的“精细管理工程”的内容是“五精四细”:“五精”即精华(文化、技术、智慧),精髓(管理的精髓、掌握管理精髓的管理者),精品(质量、品牌),精通(专家型管理者和员工),精密(各种管理、生产关系链接有序、精准);“四细”即细分对象,细分职能和岗位,细化分解每一项具体工作,细化管理制度的各个落实环节。“五精四细”算是国内精细化管理的一个里程碑。

“精”可以理解为更好、更优,精益求精;“细”可以解释为更加具体,细针密缕。精细化管理最基本的特征就是重细节、重过程、重基础、重具体、重落实、重质量、重效果,讲究专注地做好每一件事,在每一个细节上精益求精、力争最佳。

随着精细化管理的持续推进,我们发现很多企业自觉不自觉地开始陷入了“精细化陷阱”中不能自拔。不知道大家有没有注意一个问题,任何的管理都需要投入和成本,企业的经营是需要计算投入产出比的,如果我们发现企业的投入远比产出大的时候,试问,还有几个企业会盲目地去追求细节和精细化管理呢?这就是我们平常所讲的“精细化陷阱”。

在拙著《管理成熟度评价理论与方法》(中国经济出版社,2012年版)中曾经提到[①],企业常见的精细化陷阱有数字陷阱、表象陷阱、效率陷阱、次序陷阱、执行

① 水藏玺,许艳红.管理成熟度评价理论与方法[M].北京:中国经济出版社,2012:21-22.

陷阱、成本陷阱等,不论怎样,企业都不能抛弃经营的本质而简单地追求所谓的"精细化管理"。

精细化的核心在于"精"与"细",但本质上还不能解决现代企业管理需求,因此规范化管理也就应运而生了,规范化管理强调企业管理体系的构建必须围绕程序化、制度化和标准化——程序化保证所有事情有章可循,制度化保证所有事情有法可依,标准化保证每件事情有标可对。

规范化管理经过十多年的快速发展,已经成为中国企业公认的改善管理水平的方法论,有人把规范化管理的基本思想总结为:

(1)规范化管理的"八零"目标:决策制定零失误、产品质量零次品、目标客户零遗憾、经营管理零库存、资源管理零浪费、组织结构零中间层、商务合作伙伴零抱怨、竞争对手零指责。

(2)规范化管理的"四一"标准:企业的每一个岗位、每一个活动、每一份资产、每一个时刻,都处于受控之中。

(3)规范化管理的"十化"要求:决策程序化、考核定量化、组织系统化、权责明晰化、奖惩有据化、目标计划化、业务流程化、措施具体化、行为标准化、过程控制化。

国内著名的规范化管理专家周坤先生将企业的规范化管理归结为六大系统,即发展战略规划系统、流程设计系统、组织管理系统、部门职能及岗位描述系统、规章制度管理系统、管理决策及控制系统。[①]

请大家注意,在规范化管理中中国企业已经意识到流程管理的重要性,到目前为止虽然对什么是规范化管理还没有一个标准的定义,但纵观企业比较认同的一些规范化管理思想,它们基本上都具有以下几个明显的特征:

(1)强调战略实现。几乎所有的企业都开始意识到战略对于企业的重要性,缺乏战略的企业犹如大海中随波逐流的一叶孤舟,随时都有沉没的危险,而任何一家企业的经营都不可能脱离大的经济环境独立存在,所以企业的规范化管理也必须围绕企业战略的高效实现来构建。

(2)强调系统运作。强调企业运作的整体性和系统性,因为一家企业就如一部汽车,每个部门和岗位都是这部车上不可或缺的零部件,如果各部门和岗位不

① 周坤.突破发展瓶颈:企业规范化管理实务[M].北京:北京大学出版社,2005:77.

能系统运作、高效协同,那么企业这部汽车就不可能“跑”起来。

(3)强调流程最优。流程是企业开展任何业务活动或者管理活动的游戏规则,缺乏流程指引,每个员工都会按照自己的理解和经验去开展工作,部门之间、岗位之间就会因为工作方法不同、对工作目标认识差异导致协同困难,进而影响企业运营效率。

(4)强调以人为本。以人为本的管理思想正被越来越多的企业所接受和认可,因为“人”作为企业最重要的资源,如何发挥每个人的主动性显得越来越重要。所以很多企业开始让每一个员工都参与到公司的战略制定、管理决策和流程、制度的建设当中来,以保证其理解、认同和支持。同时,企业所有管理体系的建设也都考虑“人”的感受,因为企业内部的任何一件事情都是需要“人”去完成的。

(5)强调制度健全。规范化管理一项重要的目标就是强调企业的管理要从“人治”向“法治”的转变,无规矩不成方圆,制度就是保障。

(6)强调基础建设。企业规范化管理是建立在一定管理基础之上的,要想管理规范化,企业必须在文化氛围、组织分工、授权体系、绩效评价、信息管理、沟通机制、员工激励、员工培养、技能提升、决策机制等这些基础管理上做出提升和改善。

二、从分工到协作

传统的管理认为,企业管理的核心在于分工,只要保证企业内部的每一项职能都有相应部门和岗位承接就行了。但现实的状况往往事与愿违,因为企业内部的分工只是解决了每个部门、每个岗位“做什么的”问题,而没有解决“怎么做”的问题。也就是说,只强调分工的话,大家都明白了自己要做哪些事情,承担哪些职能,但他们并不清楚做这些事情的先后顺序和工作关系,而要解决这一问题,必须先厘清部门之间、岗位之间的协作关系以及协作要求才行。

如图 1 -2 所示,企业内部的分工有两种:横向分工和纵向分工。横向分工是将企业根据价值链布局及业务蓝图需要做的所有业务按照专业化分工的原则进行分解,最终形成公司的一级部门;纵向分工则是将每个部门所承接的职能按照组织、计划、执行、协助配合、审核或审批、分析改进等节点进行分解,最终形成部门内部的岗位体系。

企业内部的协作也有两种:跨部门的协作和跨岗位的协作。跨部门协作解决

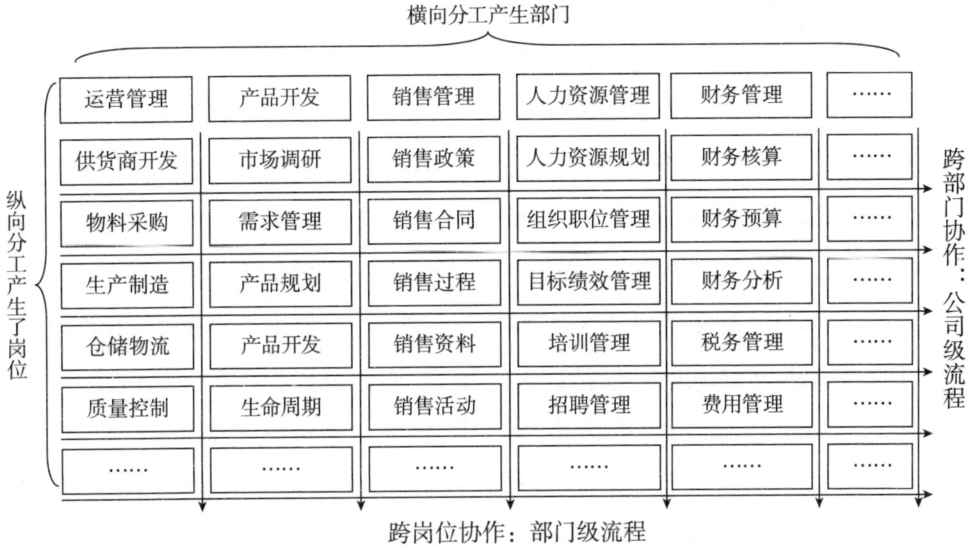

图1－2　组织分工与协作关系示意

部门之间的协作关系，跨岗位协作解决岗位之间的协作关系。

企业在进行分工的时候一定要把握好两个原则：横向到边、纵向到底；同样，协作也需要把握好两个原则：目标导向、结果导向。

另外，根据我们的理解，企业进行组织分工是基础，而做好组织协作才是关键，也可以这么说：分工是静态的，协作是动态的；分工是手段，协作才是目的（见表1－1）。

表1－1　分工与协作对比

	分工	协作
来源	企业价值链及业务蓝图	企业价值链及业务蓝图
目的	（1）反映组织内部组织状态 （2）明确部门、岗位职责 （3）明晰静态责任承担主体 （4）部门价值、岗位价值的载体	（1）反映组织内部协作状态 （2）明确部门之间、岗位之间协作关系 （3）明晰工作上下游动态责任主体 （4）公司价值创造与实现的基础
原则	横向到边、纵向到底	目标导向、结果导向
特点	以领导为核心，纵向负责	以客户为核心（包含内部客户、外部客户），横向负责

三、从以职能为中心到以流程为中心

到目前为止，绝大多数企业还是延续以职能为中心的组织运作模式，这种模式侧重组织内部的分工，要求组织分工必须做到“横向到边、纵向到底”，同时为了保证职能有效履行，职能中心型组织又会设置诸多监督职位。很明显，职能中心型组织模式强调以部门职能和岗位职责履行为基础，强调以“领导”为中心，而恰恰忽略了以客户为中心的职能之间的有效协同及公司战略目标的顺利实现。

在互联网时代，如果哪家企业不关注客户需求、不关注客户感受、不关注客户消费习惯与偏好，等待它的一定是被客户抛弃，而传统以“领导”为中心的职能式组织模式当中的“领导”不可能代替“客户”，也绝对不可能完全站在“客户”的立场上去思考产品创新、渠道创新、服务模式创新，因此只有将企业的组织模式优化为以客户为中心的流程模式才有可能彻底解决这一现实的问题。

四、从暴利到微利

对比 2016 年、2017 年上榜世界 500 强的中国企业，2017 年入围企业 115 家，较 2016 年增加 5 家，这是中国上榜企业数量连续第 14 年增长。但对比 2016 年、2017 年排名前 10 位的中国企业的营业收入和利润不难发现，两项指标双双走低，而且利润下降更加明显，如表 1－2、表 1－3 所示：

表 1－2　2016 年排名世界 500 强前 10 位中国企业

单位：百万美元

排名	公司名称	营业收入	利润	利润率
1	国家电网公司	329601.3	10201.4	3.10%
2	中国石油天然气集团公司	299270.6	7090.6	2.37%
3	中国石油化工集团公司	294344.4	3594.8	1.22%
4	中国工商银行	167227.2	44098.2	26.37%
5	中国建设银行	147910.2	36303.3	24.54%
6	鸿海精密工业股份有限公司	141213.1	4627.1	3.28%
7	中国建筑工程总公司	140158.8	2251.3	1.61%
8	中国农业银行	133419.2	28734.9	21.54%
9	中国银行	122336.6	27185.5	22.22%

续表

排名	公司名称	营业收入	利润	利润率
10	中国平安保险(集团)	110307.9	8625.0	7.82%
合计		1885789.3	172712.1	9.16%

表1-3　2017年排名世界500强前10位中国企业

单位:百万美元

排名	公司名称	营业收入	利润	利润率
1	国家电网公司	315198.6	9571.3	3.04%
2	中国石油化工集团公司	267518.0	1257.9	0.47%
3	中国石油天然气集团公司	262572.6	1867.5	0.71%
4	中国工商银行	147675.1	41883.9	28.36%
5	中国建筑股份有限公司	144505.2	2492.9	1.73%
6	鸿海精密工业股份有限公司	135128.8	4608.8	3.41%
7	中国建设银行	135093.3	34840.9	25.79%
8	中国农业银行	117274.9	27687.8	23.61%
9	中国平安保险(集团)	116581.1	9392.0	8.06%
10	上海汽车集团股份有限公司	113860.8	4818.2	4.23%
合计		1755408.4	138421.2	7.89%

对比分析可以得到,排名世界500强前10位的中国企业2017年比2016年营业收入下降了6.91%,但利润却下降了19.85%。2017年前10位中国企业中剔除中国银行、中国建设银行、中国农业银行、中国平安保险(集团)等4家金融企业后营业收入总额为12387.84亿美元,利润总额为246.166亿美元,利润率仅为1.99%,而同期排在世界500强第9位的美国苹果公司虽然营业收入只有2156.39亿美元(仅为除4家金融企业之外前10位中国企业总和的17.4%),但利润却达到了456.87亿美元(为除4家金融企业之外前10位中国企业总和的185.6%)。

展示这些数据,不是刻意唱衰中国500强企业,只是期望让我们看清楚中国企业与世界知名企业在盈利能力方面的差距。

另外,对比中国企业过去几十年的发展历程,我们也发现,随着竞争加剧、产能过剩、物价上涨、通货膨胀、人工成本增加等因素的影响,中国企业正从暴利时代、高毛利时代转向低毛利时代甚至微利时代。这时候企业需要精打细算，通过关注客户、产品创新、价值链重组、运营模式创新、拥抱互联网等手段来提升盈利能力，而以上目标的实现，始终离不开业务流程优化与再造。

五、从做生意到做企业

马云曾经说过："生意人是为利益而活着，有钱就赚。商人要做到有所为而有所不为，商人把握机会。企业家以天下、改变社会为己任，做了什么，天在看，良心在看。"

早期很多人都是在用做生意的方式在做企业，而国家法治逐步健全、环保执法力度不断加强以及推进人民群众获得感与幸福感提升的进程逐步加快，要求中国企业必须严格按照现代企业经营模式来运营。从过去的粗放式管理到未来的规范化管理、从过去对资源的掠夺式经营到未来的可持续发展、从过去对人的依赖到未来对体系的依赖、从过去的机会主义者到未来的战略思维，等等。这些都要求企业经营必须建立以客户为中心的业务流程体系，通过客户价值创造进而确保员工价值、股东价值的实现，但同时也必须承担必要的社会责任，保证社会价值。

六、从效率到效益

经营好的企业赚钱，管理好的企业健康。利益最大化是企业永恒的追求，但效益的体现与效率的提升是分不开的，过去企业做流程优化更多地追求效率的提升，而往往忽略了效率提升对企业效益的影响，结果变成了为了流程而流程，表面上看似乎通过流程优化取得了一些进步和成绩，但真正对企业效益的提升作用并不明显。

因此，企业在进行业务流程优化与再造的时候必须始终坚持以确保效益提升为前提的效率提升，切不可捡了芝麻而丢了西瓜。

七、从赚钱到值钱

企业经营何为？毋庸置疑，最重要的目的就是赚钱，因为企业就是以盈利为目的的组织。那么除了赚钱，企业还有其他的追求吗？换句话来讲，赚钱的企业都是好企业吗？不赚钱的企业就没有好企业吗？大家都知道，苹果是一家好企业，因为苹果的盈利能力也很强，2017 年利润率高达 21%；万科是一家好企业，万科 2017 年实现营业收入 2428.97 亿元，利润 280.51 亿元，利润率 11.5%；华为是一家好企业，但华为的盈利能力并不强，2017 年利润率仅为 7.1%；京东也是一家好企业，但 2017 年京东在实现营收 3623 亿元的同时，利润为 50 亿元，利润率仅为 1.38%，而且京东过去很多年都是处于亏损状态。

不知道大家发现了没有，单从利润总额和利润率的角度来看，京东一定算不上是一家好企业，华为也只能算马马虎虎，但为什么大家却公认它们又是好企业呢？这还得从企业经营的本质说起。国内著名管理学者陈春花教授认为①，构成经营的基本元素为顾客价值、有竞争力的合理成本、有效的规模以及深具人性关怀的盈利。其中顾客价值是企业存在的前提，如何理解顾客价值决定了企业的战略方向以及所采取的经营策略；有效的规模并不代表着企业的规模越大越好，要尽量避免被"规模可以带来领导者地位和市场权力""规模自然会带来更高的回报""规模经济起作用"等规模魅力所误导，防止陷入大企业病、规模不经济的经营怪圈；同时，陈春花教授认为有竞争力的合理成本并不代表廉价劳动力，而是在产品与服务持续符合客户期望的前提之下，杜绝一切浪费以及简化、简化、再简化管理体系；最终陈春花教授提出了对企业盈利的观点，那就是深具人性关怀的盈利，企业必须从利润、顾客、成长、人员、管理、公民身份等维度充分体现自己的核心价值理念。

按照陈春花教授的观点，一家缺乏对顾客价值洞察的企业，即便它短时期获得了足够丰厚的利润，企业也很难保证走得长、走得远；同理，一家缺乏高成长性的企业也一定不是一家好企业；另外，一家不是把员工当作资本来经营，而只是简单地、机械地把员工当成机器设备来使用的企业也一定不是好企业。因此，我们发现，现代企业对经营的理解已经完全颠覆了原来那种狭隘的认识。

前面提到的华为、京东虽然在营业规模和短期利润上不能算作是一家好企业，但在顾客价值洞察、产业链布局、人力资本经营、管理体系建设等方面确实高人一筹，因此也不会影响它们成为一家好企业，这就是本书提到的，中国企业要学会思考从赚钱迈向值钱的道理。

综上所述，不管是从粗放式管理到精细化管理、规范化管理，从以职能为中心到以流程为中心，从暴利时代到微利经营，从做生意到做企业，从效率到效益，还是从赚钱向值钱的转变，中国企业都面临着极大的挑战。如何才能突破？我们认为，建立以客户为中心的价值环，深度洞察客户需求，创新产品和服务，持续创造

---

① 陈春花. 经营的本质［M］. 北京：机械工业出版社，2013：3－48.

客户价值，并建立以业务流程为中心的现代企业组织运作模式，是一个非常有效的选择，也是中国企业必须经历的一条道路。

第二节　第五代流程管理

既然流程已经成为现代企业管理体系建设当中不可或缺的一部分，那么我们有必要对企业流程管理的脉络重新进行梳理，以便企业在进行流程优化与再造的时候少走弯路。根据多年的实践，我们将企业流程管理划分为5个阶段，分别为流程显性化、流程规范化、流程体系化、流程智能化、流程互联网化（见图1－3）。

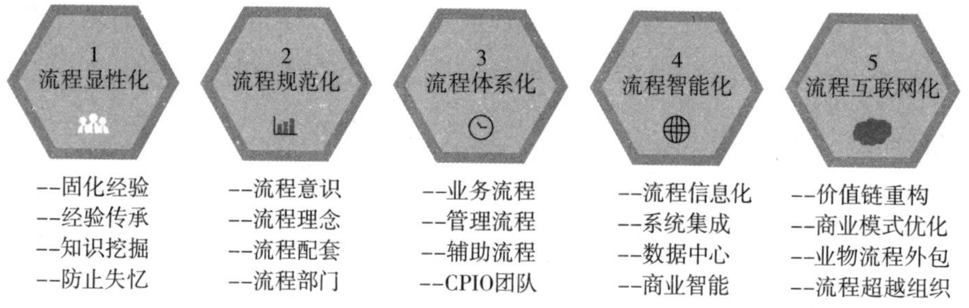

图1－3　流程管理的五重境界

一、流程显性化

流程显性化是所有企业进行流程梳理时最朴素的诉求，因为企业的流程无处不在。菲利普·科比说："哪里有信息或物质交换，哪里就有流程。"也就是说企业内部只要存在物流、信息流、资金流交换的地方，就有相应的流程，可见流程在企业内部的重要性不言自明。

根据菲利普·科比的观点，企业内部的流程不外乎以下四种类型①：

（1）物流流程，即从采购物料、生产产品、仓储与物流到最终交付客户产品的相关流程，如物料采购流程、产品制程管理流程、仓储管理流程、物流管理成本等。

（2）交易流程，即销售订单开发、评审、签订、收款及尾款管理相关的流程，如销售合同评审流程、销售开单流程、销售货款管理流程、采购货款管理流程。

① 科比.流程思维：企业可持续改进实践指南［M］.肖舒芸，译.北京：人民邮电出版社，2018：34.

(3)关系流程,即企业与供应商、终端客户、代理商、渠道商、加工厂等利益相关者之间关系处理的流程,如供应商开发与合格供应商管理流程、渠道开发流程、客户关系管理流程、OEM 工厂开发与评价流程、客户满意度管理流程等。

(4)知识转移型流程,即针对问题核准答案,类似将改变转变为实际应用,如新产品或者服务开发、项目交付、员工培训等相关流程。

不论是以上哪种类型的流程,都与企业经营密切相关,企业进行流程管理的初期就需要将这些藏匿于老员工大脑抑或个人电脑当中的隐性流程显性化,让所有员工都能看得见、摸得着,这样既利于员工学习与技能提升,也利于经验积累与流程传承。

我们发现,绝大多数企业进行流程显性化是伴随着 ISO 9000 体系中质量程序文件开始的,早期更多地停留在管理流程方面,而业务流程的显性化做得远远不够。

二、流程规范化

随着企业对流程认识逐步加深,越来越多的企业开始着手流程规范化建设,这个阶段的几个典型特征就是:

(1)以流程客户为导向、以流程结果为衡量标准的流程观念逐步形成。

(2)大多数管理者都已经掌握了流程描述以及优化相关的方法、工具。

(3)流程管理成为独立运作的一级部门,被赋予流程优化与再造、流程信息化建设相关职能。

(4)与流程相配套的制度、表单、绩效指标逐步完善,各级管理者适应了直面流程、针对流程找问题的管理方法。

(5)业务流程、管理流程、辅助流程的概念已经明确,而且员工也都明白它们之间的差异,但以业务流程为核心的体系还没有完全建立起来。

三、流程体系化

这个阶段的核心目标就是要根据公司发展战略及经营需要逐步实现流程的体系化,并突出业务流程在组织当中的价值,适度降低管理流程对业务的控制,一切以终端客户价值主张的最大化满足为导向,有效识别企业风险控制点,全面实现流程体系化,同时着手信息系统集成及商业智能体系建设。

流程体系化阶段企业需要完成以下几项核心工作：

（1）企业价值链规划、业务蓝图分析、核心业务逻辑关系图规划以及核心业务流程、管理流程、辅助流程识别。

（2）形成以价值链为核心的业务流程白皮书，以及以部门为单位的管理流程、辅助流程红皮书。

（3）与流程相关的制度、表单、职权与分权、流程风险控制及相应控制措施、流程绩效、信息化、知识管理基本健全。

（4）企业内部有一批既懂流程，又懂信息系统，还懂业务的 CPIO（Chief Process Innovation Officer）。CPIO 的工作职责覆盖首席流程官（Chief Process Officer，简称 CPO）、首席信息官（Chief Information Officer，简称 CIO）、首席运营官（Chief Operating Officer，简称 COO）的范畴，优秀的 CPIO 是企业经营系统升级及流程再造的主要推动者和责任承担者。CPIO 的概念由深圳 CPIO 协会首次提出并倡导实施，具体可查看 www. aocpio. com。

（5）企业通过管理流程、辅助流程的持续优化与再造实现效率最大化，同时通过业务流程持续优化与再造实现业绩倍增。

四、流程智能化

这个阶段是企业流程管理的最高境界，不论是员工的流程意识、流程对战略的支撑还是流程中心型组织运作都已经达到了很高的境界。流程会根据企业发展战略调整、商业模式创新以及客户诉求变化进行自我优化，同时，流程已经渗透企业经营的各个领域，流程信息化也可以对经营过程进行实时跟踪、衡量与评价，实现企业经营过程可控制、经营结果可视化。

这个阶段企业需要完成以下几项核心工作：

（1）以开放、包容、协同、客户导向、价值创造为核心的流程文化深入人心，同时渗透企业业务运营的各个环节。

（2）利用成熟软件系统或根据企业实际自行开发软件系统来固化流程。

（3）流程支撑企业战略转型及经营业绩倍增。

（4）流程完全具备自我优化与再造的能力。

（5）通过信息系统集成和商业智能系统开发，实现企业经营过程可控制、经营结果可视化。

五、流程互联网化

严格来讲流程互联网化不是流程管理的更高境界，只不过随着实体企业与互联网经济的高度融合，实体企业互联网化已经成为不可逆的大趋势。因此企业内部的流程也要顺应互联网无边界、失控、去中心化的特征，对内部业务流程、管理流程、辅助流程进行全面改造与升级。

根据我们的经验，企业流程互联网化需要完成以下几项工作：

（1）以互联网视野重新定义企业价值链。过去的企业价值链往往是从产品研发到生产组织再到市场营销，是典型的产品推动型或者订单拉动型，在这个过程中很难保证内部价值链的每个环节都能站在客户的立场上去思考客户价值主张的最大化满足。因此，企业必须利用互联网视野重构内部价值链，建立科学合理的价值环模型（关于价值环模型在本书第四章将会有更加详细的介绍）。

（2）将企业内部的流程利用互联网延伸到流程相关者的每个触角，包括经销商、终端客户、供应商、外委加工厂等。应该这么说，客户在哪里，企业的流程边界就在哪里；同理，供应商在哪里，企业的流程边界也就在哪里。比如：企业可以让终端客户登录企业 CRM 系统，实现线上下单、跟踪订单执行情况等；企业还可以打通 SCM 系统，让供应商在第一时间获得采购订单信息，或者让供应商根据企业实时库存状况进行备料及发货等。

（3）利用互联网进行业务流程外包，持续简化企业内部价值创造模型，如营销流程外包、研发流程外包、供应链流程外包、财务流程外包或人力资源流程外包等。

（4）利用云技术、大数据、传感技术、通信技术、计算机技术等新科技进行产品迭代与升级、产品及服务交付模式创新、颠覆式成本降低等，进而提升企业竞争力。

第三节　流程管理最佳实践

任正非先生曾经说过，在管理改进和学习西方先进管理方面，华为的方针是“削足适履”，对流程先僵化，后优化，再固化。我想，这句话对于绝大多数企业而言都是适用的，因为华为的实践证明，要想让流程真正能够落地并发挥价值，借鉴西方以及国内企业推行流程管理的最佳实践是一条捷径。

一、企业流程管理普遍存在的问题

时至今日，中国企业对流程并不陌生，很多企业也在自觉不自觉地开展流程优化工作，当然在这个过程中也存在这样那样的问题，在本书中我们把企业流程管理中普遍存在的问题总结为“五多五少”（如图 1 –4）。

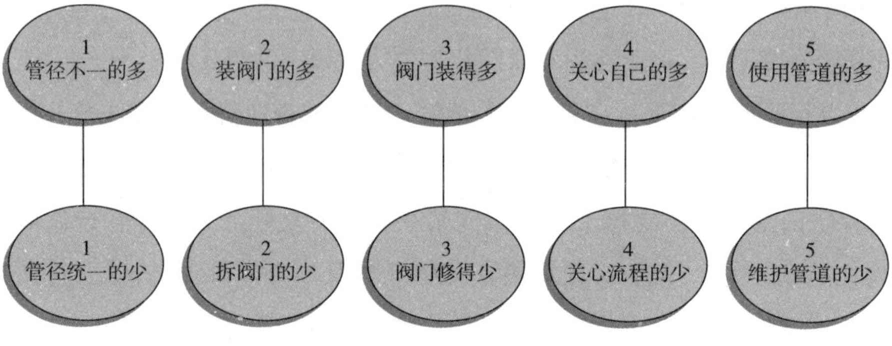

图 1 –4　企业流程管理中的“五多五少”

1. 管径不一的多，管径统一的少

我们把企业从产品研发、品牌及市场推广、获取订单、组织生产及订单交付再到客户服务的过程比作是一根拼接起来的水管，很多企业的现状是要么产品研发能力强而营销能力弱，要么获取订单能力强而订单交付能力弱，总之这根水管的粗细是不均的，最终导致水管中流出的水量往往受制于管径最小的那个环节。企业业务流程优化的理想状态是确保这根水管的管径一致，而且管径是不断扩大的，这才是一种理想的结果。

2. 装阀门的多，拆阀门的少

在企业内部有一类流程就是要对企业整体运营效率、质量、成本、服务、风险等进行控制，我们把这类流程叫作管理流程。这类管理流程就如管道上安装的阀门一样，是用来控制流速的。很多企业的实际状况是职能部门很喜欢在管道上安装“阀门”，而很少有人经常去检讨是否可以拆掉一些无价值的或者是低价值的“阀门”，因为流程“阀门”装得越多，流程效率一定会越低。

3. 阀门装得多，阀门修得少

企业还经常存在这样一种现象，那就是因为需要安装了很多“阀门”，但很少有部门或者人对这些“阀门”进行定期检讨和维护，最终造成企业从产品研发、品

牌及市场推广、获取订单、组织生产及订单交付再到客户服务的过程这根“水管”的“阀门”出现损坏、失效等状况，进而影响企业运营效率及质量。

4. 关心自己的多，关心流程的少

正如本章第一节提到的，到目前为止还有很多企业在强调以职能为中心的组织模式，这样就导致各个部门只关心自己部门职责范围内的事情，而对跨部门协同、部门之间工作接口问题关心甚少，进而造成“部门墙”不断加厚，影响组织效率。

5. 使用管道的多，维护管道的少

在企业内部还有一种情况，那就是“使用管道的多，而维护管道的少”——大家都忙于应付日常业务开展，而忽略了流程体系建设。试想一下，长此以往，随着企业业务不断扩张、员工队伍急剧膨胀、经营环境日益恶化，总有一天现有的“管道”就会出现老化、破裂等问题。

二、知名企业流程管理剖析

过去十多年，中国涌现出了一大批世界级的优秀企业，这些企业成功的原因可能有很多，但不管是战略的成功、产品的成功、市场的成功，抑或是模式的成功，总离不开业务流程再造的影子。

（一）华为：中国企业业务流程再造的楷模

任正非是大家非常熟悉的企业家，任正非先生提出的很多流程管理的思想正在影响着很多企业家，如：削足适履；先固化，后僵化，再优化；让听得到炮声的人去呼唤炮火；从财务管理走向财经管理；等等。

大家都知道，华为是在国内较早关注并实施流程管理的企业之一，华为通过对流程的不断优化，取得了巨大的成功，成为国内企业学习的榜样和努力追求的标杆。无论是华为最早导入的 IPD（Integrated Product Development，集成研发），后来实施的 ISC（Integrated Supply Chain，集成供应链）、IM（Integrated Marketing，整合营销），还是目前正在实施的 IFS（Integrated Financial Services，集成财经服务），每一次流程变革在给华为经营系统带来升华的同时，也使华为成为诸多中国企业学习流程再造的楷模。

任正非先生在《华为的冬天》一文中提道：规范化管理的要领是工作模板化。什么叫作规范化？就是我们把所有的标准工作做成标准的模板，就按模板来做。一个新员工，看懂模板，就会按模板来做。而这个模板是前人摸索几十年才摸索出来的，你不必再去摸索。各流程管理部门、合理化管理部门，要善于引导各类已经优化的、已经证实行之有效的工作模板化。清晰流程，重复运行的流程，工作一定要模板化。一项工作达到同样绩效，少用工，又少用时间，这才说明管理进步了。我们认为，抓住主要的模板建设，又使相关模板的流程联结起来，才会使信息化管理成为现实。

这就是任正非先生对华为流程管理经验的高度概括和总结，在任正非先生看来，流程管理的核心在于工作模板化，模板化需要规范的流程去实现，同时又需要成熟的 IT 系统去支撑。

1. 精简冗余

2009 年，任正非先生向华为的全体员工发出指示：让一线直接来决策！任正非先生认为，去除流程中的冗余环节，让工作流程的各个环节得到精简，是优化工作程序、提高工作效率的第一步。

（1）发现和去除缺少价值的环节。如果流程中各个环节结束后未能如愿以偿创造出预期的价值，那么，流程的执行也就失去了意义，执行流程只会平白地消耗资源；此时，只有删除那些冗余的流程，才能将有限的资源投入其他流程中去，在总体上缩短流程周期。

华为一名中层管理者说："我现在最大的爱好之一，就是分析工作流程的网络图，每一次能去掉一个多余的环节，就少了一个工作延误的可能，这意味着大量时间的节省。这两年来，我去掉的各种冗余工作环节达 70 个，粗略评估一下，省下的时间达 3000 多个小时，也就是 120 多天啊！"

（2）剔除流程中的多余环节。充分、良好的内部控制才能保证流程输出结果的质量。不过，需要注意的是，最理想的状态并非控制越多越好，而是保证流程中"杂草不生，禾苗旺盛"。反过来，我们可以利用流程进行内部控制分析——确定一个控制目标后，根据内部控制目标来确定关键的内部控制程序，再分析这些关键的控制程序，确定是否存在重复之处，是否存在优化的可能，这样一环扣一环地分析下来，冗余和重复的环节也就无处藏身了。

2. 合并同类项

除冗的另一种方法是合并同类项。庄子云:“丘山积卑而为高,江河合并而为大。”合并的作用不仅在于化零为整,更在于能叠加优势,消除劣势。

在华为,如果当前的工作环节皆不能被取消,那么,管理者就会换个思路:将各个环节适当加以合并怎么样?合并是将两个或两个以上的事务或环节合为一个。例如,工序或工作任务的合并、工具的合并等。很多情况下,各个环节之间的生产能力不平衡,有的人手短缺,有的则人浮于事,忙闲不均。将这些环节加以调整和合并,往往能去劣存优,取得立竿见影的效果。

(1)合并上下环节。将一项任务的多个环节分别交给几位执行者,可以大大加快企业内部物流和信息流的速度。但是从上一个环节到下一个环节的交接过程也可能是一次发生错误的机会。所以,为避免出现交接时的失误,可将多个环节的工作任务交由一位执行者负责。

华为通常指定一位员工负责一个产品或服务的全过程——从下订单到发货或服务开始至结束,这些员工在服务组织中被称为“项目专员”或“项目经理”,是客户与企业的单一接触点。

(2)合并任务相似的环节。常言道,熟能生巧。任务相同或相似的环节合并,由一位执行者来完成,能最大限度地减少人力和时间方面的浪费。

同时,由于具有整合复杂环节的功能,信息技术可以成为一个流程加速的强大工具,如果被用于基础扎实的流程,信息技术能够大大增强它的能力。以数据采集、数据传送为例,华为采用机器代替部分人力数据采集工作,降低了人为差错率;而自动化的数据传送,避免了对已经存在于一个系统里的数据的重复录入,省掉数据不匹配带来的麻烦。

3. 合理排序

任正非要求:“员工参加管理,不断地优化从事工作的流程与工作质量……改革一切不合理的流程。”

那么,如何改进才能调整不合理的环节,保证流程的合理性,达到化繁为简的目的呢?

(1)衡量各个环节安排的合理性。华为通过“何人、何处、何时”三个问题,来确认流程中各个环节的安排是否合理;一经发现不合理之处,立即推倒重来,以使各个环节保持最佳的顺序,保证工作环节的有序性。

①何人:该环节由谁操作?操作技能是否娴熟?该环节是否为该员工最擅长的?是否存在岗位与员工能力不匹配的现象?如果让熟悉第一环节工作的员工从第二环节调回,可以节省多少时间?

②何处:各环节的操作场所之间距离远近如何?是否便于工作交接?如果将某环节的操作场所加以调换,是否可以使工作交接时间变短?调整设备仪器的摆放位置后,操作者使用起来是否更方便、时间更短?

③何时:从第一环节开始至最后一个环节结束的时间,包括在各个环节之间的移动时间、加工时间及由机器故障、部件无法得到等问题引起的延迟时间分别是多少?时间安排是否过于紧凑,使员工紧张、疲劳?或过于宽松,难以在交期前完成任务?

(2)厘清逻辑顺序。工作流程中可能只有几个环节,也可能有数百个作业环节。如果各个环节排序不当、不合逻辑,将造成工作秩序的极大混乱,无形中延长了作业时间。

环节安排顺序是否符合逻辑、是否清晰,我们可以从以下两个方面加以评价:

①是否等待:一个环节完成后,作业者是否需要等待其他环节结束,才能共同进入下一个环节?

②是否混乱:在一个环节的开展过程中,是否需要上一个环节完成结果来辅助?一旦出现等待或混乱的状态,必须予以调整。

当然,华为在流程管理方面的经验远远不止这些,本书难免管窥蠡测之虞,只期望通过这些点滴让读者朋友认识华为在流程再造方面的积淀与成就。

(二)海尔:业务流程再造永远在路上

海尔是大家耳熟能详的知名企业,海尔的掌舵人张瑞敏先生也是我国值得尊敬的知名企业家。多年来,海尔始终坚持走在业务流程持续优化与再造的路上,让海尔持续稳健经营,最终光荣入围2018《财富》世界500强榜单。

其实海尔最早实施流程再造要追溯到1998年,从实施市场链、拆掉两堵墙、人单合一再到大幅削减管理者,海尔在业务流程方面积累了非常丰富的经验。张瑞敏曾经说过,流程再造不是请客吃饭,而是一场革命。这对企业而言是一件非常非常困难的事情,但即便这么困难,海尔还是要做下去。虽然自身动手术非常痛苦,但也比不动手术安乐死要好得多。

1. 实施市场链

市场链是指以海尔文化和OEC管理为基础,以订单信息流为中心,带动物流和资金流的运行,实施“三个零”(零库存、零距离、零营运成本)目标的业务流程再造。通过市场链同步流程的速度和SST(索酬、索赔、跳闸)的强度,以市场链工资激励员工把用户的需求作为自己的价值取向,创新并完成有价值的订单,构筑核心竞争力,不断挖掘需求、创造市场。

2. 拆掉两堵墙

为了实现张瑞敏提出的“三个方向转移”(①市场方向转移,从国内市场向国际市场转移;②产业方向转移,从制造业向服务业转移;③管理方向转移,从直线职能式管理向业务流程再造的市场链转移),海尔提出了要“拆掉两堵墙”,即企业与企业之间的墙、企业内部各个职能部门之间的墙。

拆掉企业与企业之间的墙让海尔变成一个开放的企业,拆掉部门与部门之间的墙使各个部门不再以自我为中心,而是以市场及客户需求为中心。其实海尔当时推行流程再造,一是推倒了企业内外部的两堵墙,把割裂的流程重新连接起来,形成以订单为核心的市场链流程,二是通过流程的简化和优化,提升企业运营效率,输入客户需求,快速输出客户满意,从而提升海尔的活力和市场竞争力。

3. 正确地做事与做正确的事

海尔在推行流程再造的过程中,先后经历了三个阶段:

第一阶段:内部资源整合,搭建市场链框架。通过内部组织体系、员工流程管理意识的改变,打破原来职能式管理的模式,以市场和客户需求为核心,搭建基本的市场链框架体系。

第二阶段:获取有价值的订单。在已经搭建的市场链框架基础上一只手抓住客户的需求,另一只手抓住可以最大化满足客户需求的全球供应链体系。

第三阶段:整合人力资源。使每个人成为创新的主体,让每位员工都直接面对市场。用海尔公司的一句话:让每个人都成为一个SBU(Strategic Business Unit,战略业务单元)。

张瑞敏对海尔流程再造的目标下过这样一个定义:满足两部分人的需求,即对外满足用户的个性化需求,对内满足员工体现自身价值的需求。通过行动,使员工真正从传统经济时代转到新经济时代，即从需要有人告诉他“如何正确地做事”，转到自己“应当做正确的事”上来。

4. 人单合一

海尔把业务流程管理的最高境界总结为：人单合一，速决速胜。“人单合一”的关键在人，它要求每个人都要有自己的订单，都要为订单负责，而每一个订单都要有人负责。“人单合一”要求员工要有老板意识，要有自主创新的意识。张瑞敏认为，人的素质高低决定了订单质量的高低，“人单合一”是全流程的，流程中的每一个人都要创造出自己市场上的第一。

根据“人单合一”的理念，海尔将 80000 多名员工分为 2000 多个经营主体，让员工真正成为经营者，让每个人都成为自己的“老板”。

5. 以客户为中心，打通价值链

2013 年 12 月 10 日，青岛海尔宣布与阿里巴巴展开合作，海尔电器公告显示，阿里巴巴对海尔电器总投资达 28.22 亿港元，其中对其旗下日日顺物流投资18.57 亿港元。阿里巴巴这次与海尔的合作正是看中了海尔通过内部价值链重构而打造的独立第三方物流服务公司——海尔日日顺，日日顺是完全站在客户的角度实现快速、便捷的大件物流服务。

6. 干掉中层

2014 年年中，张瑞敏先生曾高调宣布：“2013 年初，海尔员工数量是 8.6 万人，2013 年底减少至 7 万人，裁员比例为 18%。今年预计再裁掉 1 万人，裁员对象主要是中层。”谈及裁员原因，张瑞敏表示：一方面制造业务的智能化减少了用工数量；另一方面，海尔一直在探讨传统企业和互联网企业相融合的问题，裁员和海尔正在推进的新战略有关。

是的，在互联网时代企业业务流程设计的思路不再是以前那种依靠人海战略做加法的思路，而是要利用互联网特征做减法。海尔的做法正迎合了这一思想，让海尔在互联网大潮中脱颖而出，跻身《财富》世界 500 强。

（三）小米：互联网时代业务流程再造的弄潮儿

2010 年 3 月 3 日成立的小米科技，仅仅用了 8 年就于 2018 年 7 月 9 日正式登陆香港证券交易所，上市市值近 3838 亿港币。可以这么说，小米科技是伴随着中国互联网飞速发展而成长起来的高科技企业中的佼佼者。自公司成立之初，小米科技就按照互联网企业的特征构建自己的流程及组织模式，从而成为互联网时代业务流程再造的弄潮儿。

1. 合理控制利润

2018 年 4 月 25 日，小米公司董事会通过决议：从今天起，小米向用户承诺，每年整体硬件业务（包括手机、IOT 和生活消费产品）的综合税后净利率不超过 5%，如超过，我们将把超过 5% 的部分用合理的方式返还给小米用户。

雷军指出："商业竞争的本质是效率之争，敢于承诺硬件综合税后净利率永不超过 5% 就是小米高效率的证明。我们紧贴成本定价，把实惠留给用户，用户会始终支持我们。"为了实现这一目标，小米对商业模式、产品研发、价格策略、集成供应链进行了全面优化与再造。

2. 打造极致的产品

雷军始终强调要打造让客户尖叫的产品，这一点小米科技确实做到了，不管是小米手机，还是小米电视机都会让小米用户眼前一亮，而能实现这一目标，除了小米团队对产品的苛求之外，内部业务流程的设置也是非常关键的。

3. 坚持扁平化组织

在小米科技，内部组织很简单，从高层到基层员工只有 3 级（7 个核心创始人—部门负责人—基层员工），同时小米科技把内部组织分为产品、营销、硬件、系统、电商序列，每个序列由一名创始人把关。

在小米，还有一个非常奇怪的现象，除了 7 个创始人之外，其他人都没有职位，都是工程师，不像很多公司有总经理、副总经理、总监、经理、主管等这些管理职位。在这样的团队中每个人都觉得是公平的。

4. 打造生态圈

雷军是一个典型做互联网的人，雷军从产品设计、供应链整合、市场营销中开始新的战略布局：以小米手机为核心，向电视、阅读器、平板、机顶盒等硬件延伸，至今已经拥有包括手机、电视、激光电视、机顶盒、电脑、空气净化器、电水壶、扫地机器人、摄像机、手环、体重秤、电动牙刷、净水器、平衡车、路由器、耳机、音箱、电饭煲、台灯等在内的几十款智能硬件产品，并通过硬件整合图片、音乐、视频等互联网服务以及电商、娱乐、游戏等互联网应用，打造小米科技生态圈。

（四）腾讯：让业务流程再造常态化

2018 年9 月30 日清晨6 点30 分，腾讯公司总裁刘炽平发出一封全员信，正式启动了腾讯历史上第三次重大组织架构调整，此次调整腾讯将在原有七大事业群（BG）的基础上，保留原有的企业发展事业群（CDG）、互动娱乐事业群（IEG）、技术工程事业群（TEG）、微信事业群（WXG），新成立云与智慧产业事业群（CSIG）、平台与内容事业群（PCG）。其中，云与智慧产业事业群将整合腾讯云、“互联网 +”、智慧零售、教育、医疗、安全和 LBS 等行业解决方案；而平台与内容事业群则将对原社交网络事业群（SNG）、原移动互联网事业群（MIG）、原网络媒体事业群（OMG）中，与社交平台、流量平台、数字内容、核心技术等高度关联且具有高融合性的板块，进行拆分和重组。

从外表上看，腾讯只是一次内部组织调整，但此次调整的背后是腾讯战略升级的需要，是腾讯由消费互联网向产业互联网升级的前瞻思考和主动进化。用腾讯董事会主席兼首席执行官马化腾的话讲：这是腾讯迈向下一个 20 年的新起点。因为马化腾认为“互联网的下半场属于产业互联网”。

1. 推倒部门墙

与海尔“拆掉两堵墙”的做法类似，腾讯清楚地知道，公司要实现从消费互联网到产业互联网的华丽转身，就必须推倒过去以 C 端业务为核心的组织体系，进而强化 B 端业务组织体系建设，同时对业务流程进行由内而外的系统梳理。

2. 业务流程支撑企业战略调整

每一次的组织调整背后，都代表着腾讯战略的重大调整，而战略的顺利实现则需要不断系统梳理企业的业务流程，因为战略决定流程，流程决定组织。腾讯作为互联网企业的佼佼者，深谙互联网企业运作的精髓，产品开发、快速试验、试错、迭代等方面，无时无刻不体现着腾讯业务流程再造的影子，如今坐拥10 亿用户的微信就是其代表作。

（五）万科：业务流程标准化的典范

有人把万科的成功归结为王石个人魅力的体现，但我们认为这种认知有失偏颇。王石个人对万科的贡献可以说是功不可没，但万科在企业内部管理上下的功夫和创新才是万科持续优秀的基石。

我们经常说:三流企业卖劳力、卖产品;二流企业输出品牌、技术、管理,进行低成本扩张;一流企业制定标准和游戏规则。万科持之以恒地在推动产品标准化、流程标准化、合约标准化、操作规范标准化、工作成果标准化等方面取得了巨大的成就。流程标准化在帮助万科取得卓越经营业绩的同时,也成就了其地产界"黄埔军校"的美称。

万科总裁郁亮曾经说过:万科有一个最底线的标准,就是做简单,而非做复杂;做开放,而非做封闭;做规范而非做权谋——唯有这样才是长久之计。在万科,并不是所有的时候都要求下级服从上级,但却是任何时候都要求所有人服从制度和流程。

1. 依托 ISO 90001 做实流程

早在 2002 年导入 ISO 9001 体系伊始,万科就向各级管理者宣导流程观念,树立通过业务流程优化和再造提升企业运营效率的观念。正是公司的高度重视和强有力的组织保障,才使万科建立的规范化流程体系对后来的区域扩张、项目管理、风险控制起到了巨大的作用。

2. 实现业务流程、管理流程及辅助流程体系化

万科在进行流程规划的时候,既充分考虑了横向业务流程的梳理,即从项目论证、项目策划、规划设计、采购管理、工程施工、营销管理、客户关系管理等进行全房地产价值链打通,同时又考虑了一级流程、二级流程、三级流程及流程制度、指引及表单设计,这样一来就形成了业务流程、管理流程、辅助流程的体系化。

3. 做好流程衔接

在很多公司如果你单独看某个流程的时候都没有什么问题,但流程之间的衔接存在很多真空或重叠的地方,导致流程衔接不畅或者流程责任不清,万科在实施业务流程优化的时候在流程接口方面做得非常完善。万科认为,流程的接口主要体现在三个方面,即流程与流程之间的接口、流程内部各项活动之间的接口、完成某项流程活动时角色之间的接口。万科把流程接口定义为是一种输入输出关系或者是相互支撑关系,流程之间一旦接口存在问题就会导致企业整体运营效率低下。

4. 突出六大特点

万科在进行业务流程优化的时候，始终强调以下六点：

(1)每项流程都必须有清晰的目标，而且流程又必须体现和支持公司核心价值观(如持续增长和领跑原则、客户永远是我们的伙伴、阳光照亮体系、人才是万科的资本等)。

(2)强调流程的系统性。围绕公司战略及年度经营目标，强调横向保证业务流程最优，纵向提供有力支持，流程衔接无死角。

(3)聚焦客户价值主张。万科流程的每一个细节都是从客户需求出发，以最大化客户满意为宗旨，具体来讲：地产项目论证必须基于客户细分、市场及客户定位；项目策略必须基于客户需求；房产设计让客户服务部门甚至潜在客户参与评审；房产销售及时提醒可能影响客户未来满意的不利因素；项目验收时由物业管理和客户服务部门模拟客户进行验收；投诉处理中对客户的每个投诉都必须进行处理及回访……总之，在业务流程中的每个环节都从客户的角度出发。

(4)立体化衡量流程绩效。针对每个流程，都从数量、质量、成本、效率、风险等一个或多个维度进行衡量，确保流程绩效最优。

(5)注重流程的可实施性。万科非常重视每个流程的可实施性，从流程与现有资源的匹配性、流程是否低成本运营、流程职责与方法是否明确、流程的多路原则等4个维度对流程的可实施性进行综合评估。

(6)强调流程闭环及自我优化能力。任何流程都强调从产生需求到需求满足的过程，万科强调流程必须有明确的需求，也有可衡量的交付物，同时强调流程在运行的过程中一旦发现问题，流程归口部门必须自发地对其进行优化，从而保证流程的可实施性与实施效率。

5. 强调“推”“拉”“引”“跟”

万科把流程实施的关键总结为“推”“拉”“引”“跟”，即：高层重视和推动；通过培训拉动让员工养成流程习惯；中层管理者与关键岗位员工积极引导；强化流程执行效果的跟踪评价。

总之，万科通过持续推进业务流程优化与再造让其迅速成长为中国乃至世界地产界的“黄埔军校”。

三、中国企业流程管理最佳实践

通过前面的知名企业流程管理剖析，我们将中国企业流程管理的最佳实践总结为：

1. 与时俱进

用互联网思维实施业务流程再造。现在企业面临的经营环境远比五年前、十年前更残酷，因为我们已经迈入互联网时代，我们要用互联网的模式打造企业核心业务流程体系。从华为早期实施的IPD，再到后来实施的ISC、IM、IFS，这些流程无不体现着华为与时俱进的流程管理风格；腾讯的例子也告诉我们，企业的流程体系必须支撑战略调整，腾讯从消费互联网向产业互联网升级的过程中，公司的发展战略变了，内部的流程也必须随之调整和优化；另外小米提出的打造极致产品、实现组织扁平化也都是与时俱进的典范。

2. 高管以身作则

员工充分学习业务流程只是保证流程落地的第一步，业务流程的落地如果离开了高管的以身作则也必将成为“空中楼阁”。我们经常讲一句话：在公司，业务流程的最大破坏者往往不是员工，而是高管。上梁不正下梁歪，如果高管不遵循流程、不按流程办事、随意破坏流程，那么最终的结果是所有员工都会对流程熟视无睹，毫无敬畏心。

在前面的分析中我们不难发现，不管是华为、海尔、腾讯、小米还是万科，它们都不约而同地认为流程的优化是一项“一把手”工程，同时流程的实施也必须强调高管以身作则。

3. 全员参与

流程的实施离不开全体员工的参与，因为每个员工都是流程节点的承接人，都是流程节点实施的监督者，流程的良好运行需要流程的每个环节都做好。如果出现某个或某几个环节没有按流程执行，整个流程就会跑偏，就像火车在轨道交接的地方，如果搬道工没有及时调整轨道，就会改变火车行进的轨迹，甚至发生脱轨事件。

4. 系统优化

流程的优化是一个系统工程，在流程实施的过程中，我们往往会因为觉得某个节点有问题,就马上进行流程调整和优化,殊不知这样的调整和优化,往往不会帮助整个流程提升效率,反而会带来更多的问题。一个有效的流程应长期稳定运行,不能因为有一点问题就常去改动它,改动的成本往往会抵消改进的效益。华为和万科可以说是流程系统优化的典范,华为通过 IPD、ISC、IM、IFS 等流程再造,打通从客户需求挖掘到客户需求满足的全价值链,而万科通过流程横向结构、纵向结构的打通,确保流程环环相扣,无空白,也无重叠。

5. 保证流程的相关责任人充分知晓

有本书叫《知道,做到》,这本书的核心观点是,"知道,就一定要做到;做到,就一定要有结果","知道"是"做到"的前提,"做到"是"知道"的结果,没有"知道"就不可能"做到"。企业流程体系优化后,全面培训以保证所有员工充分知晓和理解是保证流程能够落地的基础,关于这一点万科的"推""拉""引""跟"机制值得借鉴。

6. 建立流程责任制

对流程实施的效果和流程绩效定期评价也是保证流程落地的重要举措。从表面上看海尔的"拆掉两堵墙"和腾讯的"推倒部门墙"会使流程责任更加模糊,但恰恰相反,这种做法会让流程各个角色的责任更加清晰,让流程更加畅顺。

第四节 互联网时代流程管理新思维

随着产业互联网时代的到来,实体与互联网的融合速度会越来越快,对于一个人而言,不管你愿意还是不愿意,你都无法摆脱互联网对你的影响;同理,对于传统企业而言,不管你是否愿意转型,也逃离不开互联网的冲击。在未来,所有的企业都将成为互联网企业,因此企业流程管理也必将迎来更大的挑战和机遇。

一、互联网时代市场营销流程管理新思维

互联网时代企业要想进行整合营销业务流程再造,必然离不开互联网时代的主旋律。因此,掌握和导入互联网思维模式(用户思维、草根经济、服务即营销、免费模式、流量思维等)就显得非常重要。

1. 把用户当成神,把自己当成人

我们认为只有“把客户当成神”才能真正做到整合营销。整合营销不是从企业有了产品,从做广告、做促销、做推广开始的,整合营销应该从企业连产品还没有或者说产品还处在概念阶段、预研阶段的时候,就已经开始了。整合营销应该贯穿产品设想、概念、预研、正式立项、开发、开发验证、量产、市场体验、上市管理、生命周期管理等各个环节,而且在每个环节上都应该有用户的充分参与,把用户当成神,让其发挥“神”的作用。

2. 粉丝经济

有人讲互联网时代是粉丝经济的时代,得粉丝者得天下,确实是这样,每个企业都需要挖掘和培养一批忠于品牌的死忠粉丝,就如苹果公司的“果粉”、小米科技的“米粉”等。

3. 产品即媒体

好产品会说话,好产品就是最好的宣传媒体。传统营销采用电视、平面媒体、杂志、广播、形象代言等资源作为产品推广的重要媒介,这种宣传模式只是简单的说教和推销;而在互联网时代,这种推销的模式似乎已经很难打动“草根”,他们更加关注产品体验,因此传统企业在进行营销业务流程再造的时候一定要明白“产品即媒体”的道理。

4. 服务即营销

服务就是一种增加产品本身价值的体验,通过体验提升产品价值。如餐饮企业,若客户订了一份菜,这份菜是产品,而把这道菜完美地呈现出来则是服务的过程;又如江小白是产品,但江小白包装上面印的那些好玩的词儿就是一种服务,给客户情感上的体验;再如 iPhone 是产品,但 App Store 中海量的应用则是服务,给客户带去便捷的同时送去高科技的服务;等等。这种服务的形成在移动互联网时代会变得更加多样化,移动终端让企业了解到客户不同的偏好,然后再去设计出更吸引客户的场景。即:用户个体偏好 + 移动中的场景 = 满足用户需求的个性化服务。

5. 免费背后的“阴谋”

免费是互联网时代的另外一个特征。传统企业通过简单的买卖关系赚取差价而获得利润,因此企业要想赚到更多的钱只能想办法将差价拉大。拉大差价有两种办法:其一提高售价,其二降低成本。这是一种传统的企业经营模式,在这种经营模式下并不是每家企业都能够自如地加价或降低成本的,只有那些处于垄断或寡头地位的企业才能做到,对于绝大多数企业而言可能两头都得不到改善,最终的结果是自己的利润越来越低。而在互联网时代,很多企业在不降低成本的前提下还频繁打出“免费”招数(如“0 元”游 5A 景区、“一块”去旅游、滴滴打车送红包等)。这种模式对于很多传统企业而言简直是想都不敢想,那么为什么互联网企业能够做到这一点呢?

其实道理很简单,它们是通过产业链的整合,利用整体产业链的力量提升自身盈利能力。因此,传统企业在营销创新和营销业务流程再造的时候,有必要思考按照互联网企业的模式设计“免费”环节,让粉丝们得到实惠,也让整个价值链实现共赢。

二、互联网时代产品研发流程管理新思维

任何一家企业都是围绕满足顾客某种至关重要的需求而存在的,也就是说,不管这家企业是卖运动服饰(如耐克、阿迪达斯、彪马),还是卖手机(如华为、苹果、三星、小米、OPPO、vivo),都离不开产品(服务)的设计与开发。大家都知道苹果的成功正是源于乔布斯对产品的精益求精。中国有句老话,酒香不怕巷子深,好的产品(服务)是企业成功的关键因素。正因为如此,产品研发也需要与时俱进,需要思考和融入互联网时代。

1. 不仅仅只有功能赚钱

传统企业在进行集成研发业务流程再造的时候,更多关注的是产品本身,也就是产品功能方面的开发和实现,但在互联网时代,这种狭隘的思维模式需要彻头彻尾的改变,产品部门和产品开发部门一定要用互联网的思维模式去思考产品赚钱的途径。大家都知道小米手机的硬件是不赚钱的,那么小米在哪里赚钱?同理,苹果手机的硬件赚钱也不会太多,那为什么苹果能够在中国市场份额只占 20% 左右的情况下,利润达到全国市场总利润的 80% 以上?

请记住,单靠产品功能赚钱已经很难,而且未来会更难!

2. 把不需要的功能统统减掉

在互联网思维当中有三个思维对产品开发至关重要,即简约思维、极致思维、

迭代思维。传统企业为了迎合更多消费者的需求,通常的做法是不断增加新功能。这种做法违背了基本的简约思维,要知道在互联网时代,能做加法不算牛,能做减法才是高手。另外,传统企业做产品很难按照极致思维去思考和开发,很多企业更喜欢用多产品线、全品类参与竞争。殊不知在互联网时代,这种做法只能无限制地加大企业库存,增加经营风险。大家可以想想,如果企业能够做出一款类似华为 P20 或者 Mate20 的手机来,还需要那么多机型干什么!互联网的产品不仅要好,还要快,更要新,不断升级改版,持续给客户提供眼前一亮的惊喜,否则,即使客户一时被营销活动或者某些产品特质吸引,等其新鲜感淡化甚至消失之后,企业的用户数及活跃度还是会迅速下滑,导致前功尽弃。

在互联网时代,企业研发部门一定要记得:少即是多;选择不做什么,比选择做什么更重要;能做加法不算本事,做好减法才算你牛!

3. 好产品会说话

互联网时代做产品,不需要整天琢磨标新立异,在嘴上下功夫;要真想做成事情,应把更多的时间、精力和资源投入产品中去,让好产品自己去说话,留住用户。

在"各领风骚三五月"的互联网时代,企业一定要懂得产品的重要性,新浪微博、腾讯微信等依靠产品良好的客户体验赢得了市场;淘宝、百度在给客户带来便利的同时也在不断优化和丰富服务内容;众多的 App 和游戏依托内容或平台得到了一批又一批用户的簇拥……这些公司的成功不仅在于理念好,还在于产品足够牛。

4. 兜售参与感

说到兜售参与感就不得不提到小米,有人问小米手机成功的三大因素是什么?黎万强(小米科技联合创始人之一)的答案是:第一是参与感,第二是参与感,第三是参与感。小米是一家把参与感做到极致的公司,它让用户参与到产品设计和开发甚至公测的各个环节。让用户充分参与的过程,其实也是一种全新的集成研发流程再造的过程。

三、互联网时代供应链流程管理新思维

与互联网时代企业整合营销与集成研发核心业务流程再造一样,在互联网时代企业供应链业务流程再造也必须考虑结合互联网时代供应链的特征。

1. 订单碎片化将是一种趋势

随着 B2B、B2C、B2B2C、C2B2C、O2O 等新营销模式的出现，小额订单化、个性定制化、服务嵌入化已经成为不可阻挡的三股潮流。可以预测，在不久的将来，这种碎片化的订单将会成为企业供应链必须面对的常态。

2. 生产柔性化考验传统规模生产模式

订单碎片化直接带来的挑战就是企业生产模式的改变，因此小单生产、柔性生产就变得越来越重要。

柔性生产是针对大规模生产的弊端而提出的新型生产模式。所谓柔性生产即通过系统结构、人员组织、运作方式和市场营销等方面的改革，使生产系统能对市场需求变化做出快速反应，同时消除冗余无用的损耗，力求企业获得更大的效益。

在互联网时代，信息化及自动化技术是柔性生产的物质技术基础。例如柔性制造系统（Flexible Manufacturing System，简称 FMS）是以统一的信息控制系统和自动物料储运系统连接起来的一组加工设备，能在不停机的情况下实现多品种工件的加工，并具有一定管理功能。

柔性生产是全面的，不仅是设备的柔性，还包括管理、人员和软件的综合柔性。目前国际上柔性管理也开始出现，相信在未来所有的工厂都必须满足柔性生产的需求。

3. 供应链也要做减法

供应链也要做减法，这是一种全新的思维模式。传统企业的供应链构建在供应商选择、代工厂选择、物流及仓储的选择、固定资产的投入等方面都是用做加法的思想在进行的，但在互联网时代，企业要想实现柔性化，面对碎片化订单的挑战，只有两条路：其一，做减法，即选择优质少数供应商、代工厂和物流、仓储公司达成战略合作联盟；其二，用平台思维重构供应链，即把所有利益相关者纳入同一平台进行管理。

综上所述，我们发现互联网时代企业进行流程管理的思路已经发生了极大的变化，订单碎片化、生产柔性化、产品极简化、研发极致化、营销立体化、组织扁平化、流程系统化……都是最好的印证，因此企业绝不能固守过去的老观念、老思维、老方法、老套路，而要与时俱进、大胆创新，紧跟互联网步伐对企业内部流程进行优化与再造。

第二章　流程基本概念

正如前文所言，流程已经成为现代企业追求规范化管理，进而提升企业经营业绩的最有效方法，为了让读者朋友对流程有一个全面的认知，本章将对什么是流程、流程构成要素、流程管理目的、企业流程类型、流程层次、流程语言、流程图等内容进行系统阐述。

第一节　什么是流程

流程是什么？流程是做事情的方法，流程是部门之间协作的规则，流程是企业价值实现的路径，流程可以让客户更满意，流程可以让企业运营效率更高，流程还可以让企业产品品质更好、成本更低，总之，流程在企业内部无处不在。

一、流程基本概念

什么是流程？不同的专家有不同的定义：

马文·M. 沃泽尔在《什么是业务流程管理》一书中提到[①]：流程是重复的增值活动的集合，它由组织的人和技术资源实施，其目的是实现共同的业务目标，生产出客户愿意也能够付费购买的产品或服务。

迈克尔·哈默、詹姆斯·钱皮认为：流程是有精确定义的一个技术术语，它是成组的、相互联系的活动，这些活动一起为客户创造价值结果。

---

① 沃泽尔. 什么是业务流程管理[M]. 姜胜，译. 北京：电子工业出版社，2017：31.

彼特·芬加认为:业务流程是一组完整的、动态协调的活动,它们相互协同、相互作用,共同为客户交付价值。

彼得·基恩认为流程应该有4个标准:它是周期性的;它对组织能力的某些方面有影响;它可以以不同方式完成,这些方式影响流程产生的成本、价值、服务或质量;它需要协调。

托马斯·达文波特认为:流程是为了给特定的客户或市场产出特定产品而设计的一组结构化、精准的活动。

维基百科中提到"业务流程是若干增值活动构成的一个系列或一个网络,它由与之相关的角色或协同者执行,完全是为了实现共同的业务目标"。

国际标准化组织在ISO 9001:2000质量管理体系标准中对流程是这样定义的:流程是一组将输入转化为输出的相互关联或相互作用的活动。

关于流程的定义,不同的人有自己的理解和认知,因此给出的定义也就不尽相同,我们认真分析会发现,过去对流程的理解更多是以价值创造为出发点,试图说明企业内部为了满足客户需求(交期、成本、质量、服务)而选择或者实施的增值活动组合。但在企业内部有很多活动其实并不直接与客户需求相关,而是与客户需求交付的支持或者控制相关,这些活动之间也存在流程,因此我们认为需要对流程进行更加全面的定义。

根据我们的工作经验和对流程的理解,我们对流程定义如下:

所谓流程,就是指一系列的、连续的、有规律的活动,而这些活动以特定的方式进行并导致特定结果的产生。

在对流程定义的理解过程中,我们要注意:

(1)流程是"一系列的、连续的、有规律的活动":正因为这样,这些"活动"是有先后顺序或并列关系的,同时这种先后或并列关系是连续和有规律的,企业不能违背规律进行流程管理。正如迈克尔·哈默、詹姆斯·钱皮对流程定义中提到的"它是成组的、相互联系的活动",也如彼特·芬加所说的"业务流程是一组完整的、动态协调的活动",也如托马斯·达文波特所说的"一组结构化、精准的活动"。

(2)流程是"以特定的方式进行":在流程运作的过程中,不同公司、不同发展阶段其"活动"之间的运作方式是不同的,即便是同一家公司、相同的发展阶段,因为客户需求或者流程目标的不同可能也会导致"活动"之间的运作方式是有差异的,因此这种"特定的方式"必须要结合企业实际状况,切不可照搬照抄。

(3)流程是“导致特定结果的产生”:流程最终目的在于创造价值,也就是增值。正如马文·M.沃泽尔对流程的定义中提到的“流程是重复的增值活动的集合”,也如彼得·基恩对流程定义中提到的“这些方式影响流程产生的成本、价值、服务或质量”。在企业中,流程的增值可能体现在效率提升、成本降低、销售增加、利润增长、质量提高等方面,也可能体现在客户满意、员工满意等方面,总之,这与每个流程的目的(绩效目标)有关。比如产品品质管理流程的增值就体现在品质提升方面,而生产成本控制流程的增值则体现在成本降低方面,客户投诉处理流程的增值体现在提升客户满意度方面。

(4)基于流程目标,优秀流程的每项活动都是增值的。正如迈克尔·哈默、詹姆斯·钱皮所说“这些活动一起为客户创造价值结果”,也如维基百科中提到的“业务流程是若干增值活动构成的”。

(5)流程的目标是由流程客户决定的。菲利普·科比在《流程思维:企业可持续改进实践指南》一书中提到[①]:持续满足客户需求是设计流程时无可争议的要求。这意味着我们要消除对目标毫无益处的活动,如果正在进行的工作刚好能够满足客户需求,那么流程便是高效的。由此可见,企业在进行流程设计时首先要了解流程客户,并充分理解其核心需求,只有这样才能保证流程的每个环节都是有价值的。

(6)不同类型流程的增值方式会不同,对业务流程而言其增值可能体现在交期缩短、成本降低、品质提升、客户满意等方面,对管理流程而言其增值方式会体现在风险控制、知识传承、绩效提升等方面,而对辅助流程而言其增值方式又会体现在内部客户满意、效率提升、业务支持等方面,总之,不同类型的流程其客户不同,客户需求有异,其增值方式也会不同。

虽然,不同人对流程的定义存在这样那样的差异,但以上六点的认知是趋同的。

二、企业流程管理的目的

既然流程的目的是增值,也就是说流程的每一个循环都要保证比前一个循环更好。我们打个比方,假设根据企业原来的订单交付流程完成一个客户订单的周期为10天,现在通过流程优化只用了9.5天就交付了,这就是流程的增值;再如根据原来

① 科比.流程思维:企业可持续改进实践指南[M].肖舒芸,译.北京:人民邮电出版社,2018:151.

的生产计划管理流程企业的生产计划达成率只有98%,而通过流程优化之后达到了99.5%,这也是流程的增值;再如企业采购了1000万元的原材料,通过企业内部的生产制造、销售等环节,最终以2000万元卖出,那么多出来的这1000万元就是企业通过研发管理流程、生产管理流程、销售管理流程等实现流程"增值"的结果。

企业进行流程管理的核心目的就是通过流程周而复始地高效循环,使企业价值不断得到提升。

【案例2-1】 我曾经接到一位新疆读者的电话,她告诉我,她是一家医院的化验室主任,她所在的部门归口有这样一个流程——病理化验流程,流程的主要步骤包括:

(1)接到医生开具的化验需求;

(2)化验室护士取样;

(3)按照化验标准进行病理化验;

(4)填写化验单;

(5)将化验单送至医生进行病理诊断。

她问我:这个流程的增值方式是什么?

这个流程的增值方式有两个:其一,提升化验效率;其二,提高化验准确率。

【案例2-2】 有位采购部经理曾经问我,采购计划管理流程的增值方式是什么?我们先来看看采购计划管理流程的核心步骤:

(1)采购部门接到计划部门发出的生产计划及物料需求清单;

(2)采购部门查看物料库存及安全库存情况;

(3)采购部门根据不同物料采购周期及生产需求编制采购计划;

(4)计划部门组织采购计划评审;

(5)采购人员按计划组织物料采购,并及时对采购异常进行处理。

我们看到,这个流程的步骤很简单,这个流程的增值方式也有两个:其一,保证物料及时供应;其二,在安全库存范围内尽可能减少物料库存积压。

值得注意的是,对于流程的"增值"我们不能简单理解为赚了多少钱。流程不同,其增值模式也会有很大的差异。这种"增值",可能是效率提升、成本降低、销售增加、利润增加、质量提高,也有可能是顾客满意、员工满意,总之,这与每个流程的目的(绩效目标)及客户需求相关。

【案例2－3】 不同流程的增值方式分析

表2－1 不同流程增值方式分析

流程名称	流程增值方式
采购计划管理流程	供应及时、减少库存
销售货款管理流程	减少呆坏账,及时回款
不合格品管理流程	减少品质损失
年度经营计划管理流程	年度经营目标顺利达成
财务分析管理流程	及时发现经营问题,降低经营风险
销售订单管理流程	保证销售订单快速实现,缩短订单交付周期
生产计划管理流程	提升生产计划达成率,保证产品及时供应
促销管理流程	促进销售增加
招聘管理流程	降低岗位空缺率
培训管理流程	提高岗位适岗率
生产成本管理流程	降低(控制)生产成本

简而言之,流程的“增值”方式是由流程的目的决定的,流程的增值是期望通过流程的输入、供应商、过程、执行者、客户、输出等六要素的高效运作,让流程的输出比输入更好。

估计很多人都听过这样一个故事:

在黄土高坡的大山里有一位放羊的山娃。

有人问他:“你在干什么?”

答曰:“放羊。”

又问:“放羊干吗?”

答曰:“赚钱。”

再问:“赚钱干吗?”

答曰:“娶媳妇。”

还问:“娶媳妇干吗?”

答曰:“生娃。”

最后问:“生娃干吗?”

答曰:“放羊!”

是啊，山娃就这样一代又一代地在山里放羊，他们永远都不可能走出大山。

话说也巧，一次偶然的机会，山娃听了业务流程再造课程，懂得了流程增值的重要性，在回去的路上他就想：放羊——赚钱——娶媳妇——生娃——放羊，这不就是一个完整的流程吗？如何才能让这个流程增值呢？经过多日的苦思冥想，山娃终于想出了这个流程的增值模式，如表 2－2 所示：

表 2－2　山娃放羊流程增值规划

第一代山娃	在山里放羊	在山里赚钱	娶镇上的媳妇	在镇上生娃
第二代山娃	在镇上放羊	在镇上赚钱	娶县城的媳妇	在县城生娃
第三代山娃	在县城放羊	在县城赚钱	娶省城的媳妇	在省城生娃
第四代山娃	在省城放羊	在省城赚钱	娶京城的媳妇	在京城生娃
第五代山娃	在京城放羊	在京城赚钱	娶美国的媳妇	在美国生娃

通过表 2－2 可以看得到，在山娃放羊的流程中，娶媳妇是流程增值的关键，娶哪里的媳妇决定了下一个流程循环起点，可以想象，山娃到了第六代便可以把羊放到美国，去赚美元了。

三、流程构成六要素

一个完整的流程必须包含六个核心要素：输入、供应商、过程、执行者、客户、输出（见图 2－1）。

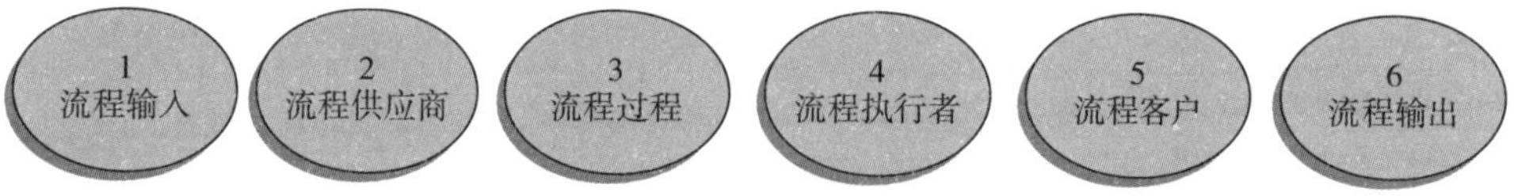

图 2－1　流程构成“六要素”

1. 流程输入

流程输入就是指流程运作初期所涉及的基本要素。这些要素是流程运作过程中不可或缺的组成部分。一般而言，在流程运作过程中它们将被有效地消耗、利用、转化，并最终对流程产出产生影响。常见的流程输入有：资料、物料、客户订单、顾客需求、资源、设备、说明、标准、计划、信息、资金、行政指令、会议纪要、公司战略、经营计划等。

2. 流程供应商

流程供应商就是指为流程活动提供相关物料、信息或其他资源的个体或部门。在日常的流程运作中，供应商可以有一个，也可以有多个。我们在进行流程设计时，一般只需要列出关键供应商即可。供应商作为流程组成的基本要素之一，所提供的物料、信息或资源对流程运作将产生重要影响。

常见的产品研发过程中，市场部门作为一线部门，需要将产品市场变化情况、客户反馈信息、竞争对手防范措施等相关信息及时地向研发部门进行反馈和交流，以使研发部门所研发的产品更贴近市场和客户需求。在这个流程中，如果市场部门作为供应商所提供的相关信息不及时或者不准确，很有可能会对后期的产品研发项目产生重要影响，丧失产品未来的市场竞争能力。

3. 流程过程

流程过程就是指为了满足客户需求所必须进行的相关作业活动的集合。这些活动对流程输出来讲，是核心的、关键的、不可缺失的、有增值效果的。从流程优化的思路来讲，过程才能为组织创造价值，因此必须尽量减少一切不必要的非增值环节，提高流程的质量和效率，使流程路径最短、效率最高、价值创造最大。

在一个完整流程的过程中，包含着多项活动，一般而言过程活动是有着严格的前后顺序和逻辑关系的。上一个活动的产出就是下一个活动的输入，这些活动对应着不同的职能部门。因此在进行流程优化时，我们必须明确相关部门在这些流程活动中所要扮演的角色和承担的责任。

同时，根据流程的划分层次不同，过程活动也呈现出层级化的趋势。往往高一级流程中的某一个过程活动，我们可以将其细化为一个完整的低一级流程。当然，在进行具体流程设计时，我们还是应该根据流程的具体设计要求和目的，进行适当的过程设计，尽量避免陷入不必要的细化讨论或者过于空泛的宏观设计。

4. 流程执行者

流程执行者就是指具体流程过程活动的实施者，它既包括个体，也包括部门。在一个流程中，可能只有一个执行者，也可能包括多个执行者。流程执行者的识别，与各个部门在流程中所扮演的角色和流程本身的层级划分有着重要关系。

比如年度财务预算制订流程涉及公司财务部（制订具体年度预算方案）、公司领导（审核年度预算方案）、公司下属各业务单位（参与相关预算方案设计）多个部门，这些部门作为流程的执行者，根据其承担的职责不同，扮演着不同的角色；再如物料采购流程涉及计划部、采购部、仓储部、品质部等多个执行者；供应商开发流程涉及采购部、工程部、品质部、财务部等多个部门。

跨部门的公司一级流程，它的执行者可能涉及公司所有相关部门，如果我们将流程中的某个环节细化成下一级流程，它可能就是某个部门的内部运作流程，它的执行者可能仅仅涉及部门内部的相关岗位。因此，对流程执行者的识别也与流程本身的层级划分有着直接关系。

企业进行流程执行者识别的时候，通常会将执行者分为归口部门（岗位）或者流程主人、相关部门（岗位）两种，其中归口部门（岗位）或者流程主人在该流程优化、实施、绩效评价、再造过程中扮演总导演的作用，而相关部门（岗位）则是该流程的参与者。

5. 流程客户

流程客户就是流程输出结果的最终消费者。对企业流程来说，客户既可以是外部市场客户，也可以是内部组织客户。在设计相关流程时，必须首先明确流程的客户是谁，仔细把握客户的最终需求，这样设计出的流程才有意义。而要做到这一点有时并不是很容易，需要我们认真甄别和思考，才能得出正确的结论。

在进行流程设计之前，不妨不断提出相关问题，用以识别流程的相关客户和客户需求：

谁来关心该流程的最终输出结果和效果？

该流程会对哪些部门的运作造成影响？

流程设计的最终目的是什么？

流程的内部客户是谁？外部客户是谁？

流程的主要客户是谁？次要客户是谁？

举例说明：年度经营计划管理流程的主要客户是董事会，生产管理流程的主要客户是销售部门，采购管理流程的主要客户是生产部门，财务分析流程的主要客户是公司经营班子及各业务部门的负责人，员工招聘管理流程的客户是用人部门。

6. 流程输出

流程输出就是指流程的最终产出结果。流程输出的可能是有形的产品，也可能是无形的服务，还可能是一份文件，总之不同流程的输出是不同的。流程的输出是否合格，最终需要由客户进行判断，看产出是否与客户需求吻合。

举例说明：生产计划管理流程的输出是一份生产计划文件，采购管理流程的输出是检验合格的物料，员工招聘管理流程的输出是试用期考核合格的员工，年度经营计划管理流程输出的是企业年度经营结果，生产管理流程输出的则是检验合格的产品。

在同一个流程中，可能有几种不同的产出，对应着不同的客户需求，这些客户之间的需求可能会存在一定程度上的矛盾或者冲突。设计流程时应以满足该流程的主要客户的关键需求为主，这样设计出的流程才能达到我们所期望的效果。

举例说明，比如企业内部的培训管理流程，它的客户可能有员工、部门和公司三部分，它们之间的需求是存在一定程度的差别的：员工希望通过培训开阔眼界，提高自身综合素质；部门希望通过培训提高员工实际工作技能，使其更好地适应现有工作需要；而公司则希望通过培训使员工具有可支撑未来长远发展的综合技能，适应公司未来战略发展和业务调整的需要。显然，这三者之间的需求导向并不是完全一致的。在这种情况下，我们设计流程就应以满足公司的培训需求为主。

【案例2-4】 为了使读者更好地理解流程的六要素，我们举例说明：

表2-3 流程要素分析

流程名称	输入	供应商	过程	执行者	客户	输出
年度经营计划管理流程	企业发展战略、经营环境分析报告	董事会、行业杂志等	经营环境分析、竞争策略规划、战略地图及平衡计分卡、业务计划、经营预算等	总裁、各部门	董事会	年度经营结果
物料采购流程	物料需求计划、仓储信息	计划部、仓储部	询价、报价、采购	采购部、计划部、财务部、品质部	生产部门	合格的物料
员工招聘流程	招聘计划、岗位编制	用人部门	发布招聘信息、笔试、面试	人力资源部、用人部门、公司高层	用人部门	合格的员工

续表

流程名称	输入	供应商	过程	执行者	客户	输出
订单管理流程	客户订单	销售部	订单评审、订单拆解、订单计划、订单跟踪、订单交付	销售管理部、PMC、生产部、仓储部、物流部	订单交付对象	满足客户需求的产品或服务
生产管理流程	生产计划、销售计划	计划部、销售部	领料、生产、入库、发货	生产管理部、工程部、品质部、计划部、仓储部、物流部	销售部门	及时、合格的产品

四、流程特征分析

不同的企业因为其价值链选择的差异，会有不同的流程，但从流程的属性特点上讲，所有的流程都具有以下六大特性：

1. 目标性

所谓流程的目标性，就是指制定流程时应有明确的输出（目标或任务）——只有明确了流程的相关目标，我们才能在设计流程或进行流程重组时，确定未来的服务对象和优化方向，做到有的放矢，否则将会在错误的道路上越走越远。

2. 普遍性

所谓普遍性，就是指企业的任何经营活动均是由流程构成的。一家企业代表着一种特定的价值创造模式和效率，在表层是以经营活动所产生的产品或者服务的方式呈现在客户面前的，而在其背后进行深层支撑的则是一系列流程，包括价值的创造、传递和增值过程。因此可以讲，企业的经营活动实际是流程的组合体，而通过流程管理，我们可以将隐藏在企业背后的价值创造方式进行优化、提高和完善。

3. 整体性

所谓整体性，就是指不同的流程之间应有比较统一的理念或者思想作为指导和支撑。企业内部的流程可以分层分类划分为多种形式，每个流程之间只有建立起比较统一的指导思想，形成共同的目标指向，才能达到我们所期望的目的，否则就可能形成相互矛盾、冲突或者内耗。指导思想可以由企业的战略发展目标细化分解得来，也可以根据企业的实际经营需要进行提炼。

4. 动态性

所谓动态性，就是指流程在企业内部运行的过程中，会受到相关因素的影响，流程负责人应及时进行调整、优化甚至是重新设计。这些变化因素包括企业发展战略的变化、组织职能的调整、企业信息化技术的提升、组织内部业绩评估要求的变化、外部市场行情的重大变化、流程操作者技能的提升等方面。企业流程管理是一个持续不断进行完善的过程，只有更好，没有最好。

5. 层次性

所谓层次性，就是指流程可以按照不同的组织层级进行划分，比如说集团级流程、公司级流程、部门级流程。另外，流程的层次性还说明，上一级流程是下一级流程的指引，而下一级流程又是对上一级流程的细化和支撑。

6. 结构性

所谓结构性，就是指根据不同流程的实际执行情况，可分为串联、并联或反馈等多种方式。不同的流程结构，会对流程的运作效率和运作质量产生重大影响。一般来讲，串联结构有助于对流程节点活动和信息的控制；并联结构有助于流程节点活动的协同，提高运行效率；而反馈结构则有助于系统部分环节的改善和调整。在进行流程优化设计时，往往需要在了解流程现状的基础上，对流程的部分结构进行调整和优化设计，以达到流程改良的目的。

第二节　战略、流程与组织的关系

在企业中，战略决定企业做正确的事，流程帮助企业高效率、低成本、低风险地做事，而组织能够保证流程落地与实现，这就是我们通常所讲的企业管理“三驾马车”，战略、流程、组织缺一不可。

一、战略决定业务流程

战略主要回答企业是什么、企业未来要成为什么、企业能做什么、不能做什么、做到何种程度、需要具备哪些能力、拥有哪些资源、怎样具体达到目标等基本的命题。战略决定做什么，流程研究怎么做，从这个意义上讲，战略与流程是目标和手段之间的关系。

下面，我们再分别从战略对业务流程的三个决定性作用看看战略是如何影响和控制流程的：

1. 战略决定了流程的客户

流程是企业从输入原料、资金、信息到输出能满足客户需求的产品或服务的过程，流程的首要目的是提供满足客户需求的服务或产品，因此进行流程管理首先应了解客户的需求和标准是什么，而明确客户需求的第一步是了解我们流程的客户是谁。

许多企业进行流程管理，对自身的客户是谁大都有基本认知，但是否真的十分清楚呢？要了解自身的客户是谁，需要进行企业战略分析和研究。通过对企业内外部环境的研究分析，在明确自身资源的基础上，了解企业未来到底能为哪些客户提供产品或服务、提供哪些方面的产品或服务、未来服务要达到什么样的目标和要求，这些无疑是十分重要的。也就是说，通过战略的分析研究，明确企业自身发展目标，进而明确企业的流程运作目标——客户需求，才能了解流程管理的重点和方向。

在互联网时代，企业客户识别与选择会变得越来越复杂，传统企业定义客户、挖掘客户需求的做法已经受到了极大的挑战，因为在互联网时代，客户忠诚度在急剧下降，企业要想留住客户的心，就必须通过流程再造创造出超越客户预期的产品或者服务。

2. 战略决定了流程的价值增值方式

美国哈佛大学教授迈克尔·波特曾经讲过，一般企业的基本战略主要有三种：低成本战略、差异化战略和专业化战略。这三种基本战略决定了企业对其有限资源的不同配置方式，也决定了企业的相关价值增值模式。由上述三种基本战略我们还可以根据企业的实际情况，再进行衍生，形成具有企业自身特点的竞争战略和职能战略，而这些战略的具体实施，正是通过企业的流程运作得到贯彻的。

因此可以讲,战略决定了企业的价值增值方式,而流程则是企业价值创造的动态表现形式。

3. 战略决定了流程的期望输出结果

企业在不同的时期,根据战略的不同管控要求,会有不同的侧重点。有些强调控制,有些强调快速反应,有些强调成本压缩,不一而足。即使是同一个流程,在不同的战略决定下,也会有不同的期望效果。在这种情况下,流程首先要提升的不是流程本身的运作质量,而是要确保对流程的相关业务侧重点的满足。

通过上面的分析,我们可以清楚地看到,一旦战略确定,企业的流程必将随着战略进行调整。毛泽东主席曾经说过,政治路线确定后,干部是关键因素。我把这句话改一下:企业战略确定后,流程是关键因素。因为流程高效与否,直接决定企业战略能否顺利实现。

二、业务流程决定流程组织

企业确定了“正确的事情”之后,还需要有健全的业务流程体系加以执行和保障,这就是我们通常所说的业务流程保证企业“正确地做事”。

业务流程体系的建设包括企业战略及价值链分析、业务流程规划、业务流程优化与再造、业务流程配套设计、业务流程落地及固化、企业信息化建设、业务流程变革及实施等。

业务流程体系健全后,还需要进行组织及业务体系的优化与再造,组织体系再造包括集团管控模式设计、集权及分权体系规划、企业组织模式选择、企业一级组织再造、企业二级组织设计、部门使命与职能规划、部门职能分解、岗位说明书体系、岗位任职资格体系建设等。

组织是为业务流程顺利实现而服务的,业务流程实现则是为公司发展战略的实现服务的,从这个意义上讲,业务流程决定着企业的组织架构,做同样产品的企业,因为内部运作流程不同,企业组织结构就可能有很大差异。

关于这一点,我想大家很好理解,但在现实企业管理中,我们发现管理者经常会犯这样一个低级错误,那就是当企业战略或年度经营计划确定后,管理者先急着去画公司的组织架构,而往往忽略了业务流程规划和优化,这就是很多国内企业运作低效的根本原因。

这样做的结果是:从表面上看,每个部门、每个岗位的分工都是清楚的,大家分工明确、各司其职,但最终的结果往往是部门之间、岗位之间推诿扯皮不断,效率低下,事与愿违。

三、企业发展战略、业务流程与组织的关系

通过前面的分析,我们可以得到:战略是企业经营运作的根本和方向,企业的相关流程运作、组织设计都受其影响和调整;组织是战略实施和流程运作的基本平台,搭建起相应的组织机构后,我们才有落脚点进行相关战略和流程优化的贯彻落实;而流程则是战略实施和组织运作的载体和方式,它按照战略运作的要求,在不同的组织平台之间穿插运行,从而实现企业的价值增值过程。

打一个形象的比喻,假如我们将企业看作为一个人体,那么:战略好比人体的大脑,它决定着我们做什么;组织是人体内部的各个器官,它们在人体内部起着不同的作用,实现器官的特定功能;流程则是遍布全身的血管和神经,它们通过连接不同的器官,将各个器官之间所产生的输出物质和信息进行有效循环,维持人体系统的正常运行。

在理解战略、组织和流程的关系(见图2-2)时,应注意以下几点说明:

1. 战略对组织和流程的决定作用是动态的,而非静态的

许多企业的战略管理可以说是"规划规划,墙上挂挂",没有适时根据企业内外部环境和资源状况的变化进行调整。因此常常是今年做了一下战略规划,明年、后年就束之高阁了。企业的组织和流程调整要么是长久没有变化,与市场变化和竞争需要脱节,要么是变化过于频繁,缺乏一定的指导性、稳定性和目的性。显然,这两种情形与战略管控的要求都是有差距的。

2. 流程管理增加了组织的柔性运作和环境适应能力

传统的职能分工管理的假设前提是通过专业化部门运作,提高部门运作效率。它的外部组织环境相对比较稳定,客户需求比较单一,其管理的要义是在固定框架模式下,进行更好的运作和协调。然而现有的组织运作环境与传统的组织运作环境相比发生了巨大的变化。客户个性化需求色彩越来越突出,市场竞争越来越激烈,产品和服务的独特竞争优势难以持久,传统职能管理所存在的弊端也

越来越突出：部门本位主义严重、感受不到市场压力、协调成本过高、部门之间扯皮现象严重、责任不清等等。环境的变化对组织运作提出了新的管理要求：直面客户、应对市场、传递压力，其组织管理更侧重于客户价值主张的实现。这些要求集中反映在流程上，希望通过流程化管理传递压力、流通价值、系统化解决客户需求、增强对外部变化的反应。因此，流程化管理改变了我们传统的组织运作方式，增加了组织的柔性运作和对环境的适应能力。

3. 组织运作效率在流程管理中得到了提升和解放

组织本身由个体人员所组成，同时个体也是组织价值的创造者。组织运作理论最早由美国管理学家泰勒提出，他希望通过对不同类型的组织乃至组织内部个体人员的职能进行细化分解和固化，让每个部门、每个组织成员知道做什么，并通过加强培训、监督和控制，提高组织和成员的运作效率。这种管理方式在早期比较有效，其突出的缺点是扼杀了组织和个体成员的自由个性，束缚了组织和成员的能动性发挥。流程管理则着眼于对某项工作的系统优化和效率提升，侧重对事情的规范和明确，它改善了整体系统的运作效率，更重要的是为组织和成员保留了一定的成长空间，使组织和成员能够在流程运作中找到自身的价值。因此，可以说传统的组织运作在流程管理中得到了提升和解放。

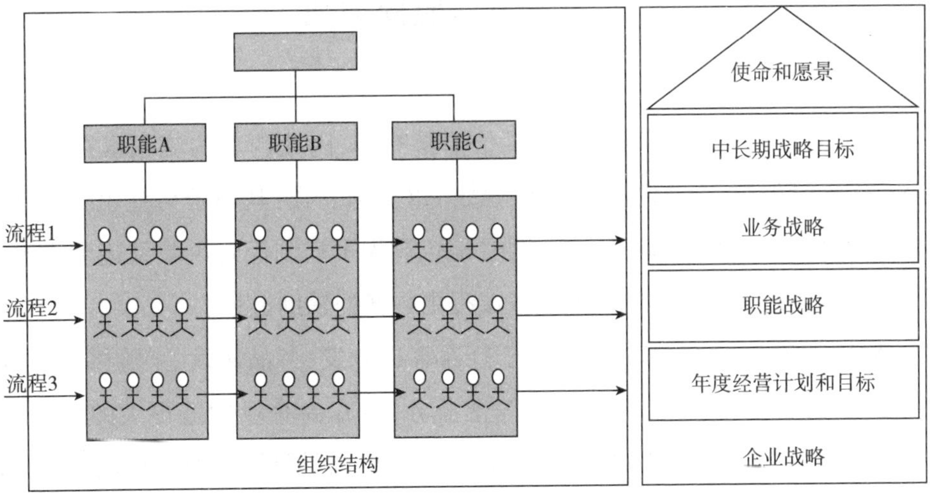

图 2－2　战略、流程与组织的关系

总体来讲，战略是组织和流程运作的根本，它决定了企业的价值目标，直接影响和决定了组织、流程的最终实现目的。

组织作为战略实现和流程实施的平台，在外部环境的冲击和影响下，由以前的职能固化管理转变得越发富有活力和柔性。从组织管理的角度看，它针对的是企业内部的每个成员，它明确了企业内部成员的岗位职责、角色和任务，构成了企业的内部垂直管理线路，通过目标和责任体系将企业最高经营者与普通员工联系在一起。

流程管理则针对企业的价值产出过程，是企业内部水平方向的管理线路，所包括的范围从企业发现客户需求，到研发和生产制造，再到销售和服务，并通过客户满意最终实现价值创造。它突出反映了一种动态关系，更注重目标，直接面对客户；更注重整体运作，打破部门壁垒；更注重系统的价值实现和效率提升，而不是依法行事。

组织结构与流程运作构成了企业内部的垂直管理线路和水平管理线路。其中垂直管理线路明确了组织成员的分工，水平管理线路明确了组织成员的协作；既分工又协作的管理方式，就构成了企业经营与管理模式。这种横向与纵向的结合，有助于企业充分利用相关资源，实现企业战略目标。

第三节　流程类别

不同企业由于其业务选择不同、价值链有异，因此内部的流程也存在巨大的差异，但不管怎样，企业内部的流程大致可以分为三类：其一是与企业产供销及客户订单交付直接相关的业务流程，其二是企业为了控制经营风险及运营成本而设置的管理流程，其三是协助企业业务流程更顺畅的辅助流程。

概括来说，业务流程的价值在于打通客户开发、产品研发、采购供应、生产制造、市场推广、营销管理、客户服务等全业务，旨在为企业创造更大的价值；管理流程的作用在于风险控制及业务流程运行监督；而辅助流程的作用则在于为业务流程提供支持和帮助，进而确保业务流程更加畅顺和高效运营，如图 2－3 所示：

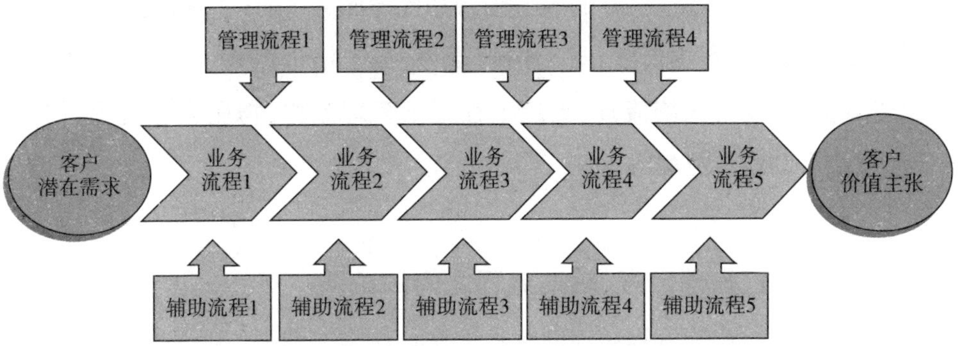

图 2－3　业务流程、管理流程与辅助流程的关系

一、业务流程

业务流程（Business Process，简称 BP），又称“订单实现流程”，主要是指直接参与企业经营运作的相关流程，涉及企业“产—供—销”三个基本环节。通过业务运作流程，企业可以直接为客户创造价值，最终也保证了企业自身经营目标的实现。

常见的业务流程主要有：客户开发流程、客户需求分析流程、产品规划流程、新产品研发流程、销售订单管理流程、原材料采购流程、原材料储运管理流程、生产制造管理流程、产成品发货运输流程、客户服务流程、货款回笼管理流程等。

二、管理流程

管理流程（Management Process，简称 MP），主要是指企业实施开展各种管理活动的相关流程，它并不直接对企业经营目标负责，而是通过管理活动对企业业务开展进行监督、控制、协调、服务，间接为企业创造价值。

常见的管理流程主要有：战略管理流程、年度经营计划管理流程、财务分析管理流程、财务核算流程、财务预算编制及调整流程、供应商评价流程、采购货款管理流程、合格供应商管理流程、原材料品质管理流程、成品品质管控流程、项目管理流程、客户满意度管理流程、客诉受理流程、销售信用管理流程、组织管理流程、人力资源规划流程等。

三、辅助流程

辅助流程（Service Process，简称 SP），主要是指为企业的管理活动和业务活动提供各种后勤保障服务的流程。这些流程与管理流程一样，并不直接为企业创造价值，而是通过为企业创造良好的服务平台和保障服务，间接实现价值增值。

常见的辅助类流程主要有：员工招聘流程、员工培训流程、车辆服务流程、办公用品管理流程、设备保修流程、土建工程施工管理流程、物业服务流程、档案管理流程、行政后勤服务流程等。

四、业务流程、管理流程、辅助流程之间的关系

那么管理流程、业务流程和辅助流程究竟是什么关系呢？

打个比方，我们把企业从接到订单到组织采购、生产制造、发货、满足订单要求的这个过程比作是一根粗细不均的管子，要想从管子中流出更多的水，我们的办法有三种：

(1)将管子的直径变大；

(2)将粗细不均的管子直径全部换成一致的，同时在必要的节点安装水阀，调节水压，以免胀破水管；

(3)将管子的各个焊接点管好，以免中途漏水，同时定期对水管进行疏通和清理。

其实上面的三种办法恰恰对应业务流程、管理流程和辅助类流程在企业中扮演的角色：企业通过业务流程尽可能多地接到订单，并在最短时间内以最佳的交期和品质满足顾客需求，就如扩大管子直径；同时企业又需要建立一系列关于品质、工艺、交期、成本的控制点，减少企业的经营风险，提高运作效率，这就是管理流程在企业中扮演的角色，就如在管子上安装阀门；辅助流程则扮演管道清理的角色，为业务流程的快速实现提供必要的服务，就如定期对管子进行维护与保养。

第四节　流程层级

在企业内部，流程是有非常严密的层次性的，通常我们将企业内部的流程分为集团级流程（跨业务板块或跨公司流程）、公司级流程（跨部门流程）、部门级流程（跨岗位流程）以及岗位级流程（岗位操作规程）共四级（见图 2 – 4），当然非集团企业也可以分为公司级流程（跨部门流程）、部门级流程（跨岗位流程）以及岗位

级流程(岗位操作规程)共三级。

但无论如何,流程上下级之间存在严密的逻辑关系,上一级流程中的某个过程环节往往就可以细化成下一级完整流程,而且流程越细化,流程颗粒度就会越小,可操作性也就越强。

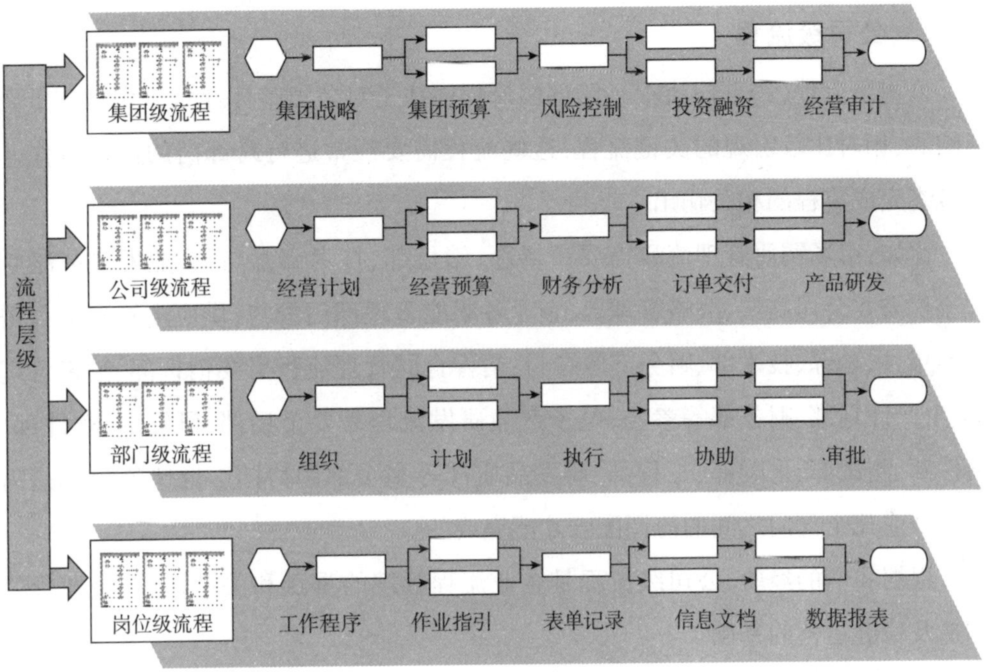

图 2－4　流程层级示意

一、集团级流程

集团级流程(跨业务板块或跨公司流程):跨业务板块或跨公司流程在集团化运作的企业比较常见,但凡集团内部业务板块之间、下属公司之间存在业务关系就一定会存在集团级业务流程。

比如大型地产企业,集团内部有规划设计公司、建筑施工公司、房产策划与销售公司、物业服务公司,这些公司之间就存在业务流程。

另外集团总部为了控制各分/子公司、保证业务板块稳健、实现可持续经营,还需要从发展战略、经营预算、风险控制、投资与融资、经营审计等多个维度对其进行管控,这就是我们通常所说的集团管控流程。比如集团财务中心与分/子公司财务之间就存在财务管控流程,同样集团人力资源中心与分/子公司人力资源部之间也存在人力资源管控流程。

常见的集团级流程有集团发展战略管理流程、集团年度经营计划制订与管理流程、集团经营预算编制及控制流程、集团投资管理流程、集团融资管理流程、集团商务合同管理流程、集团风险控制流程、集团审计管理流程、集团印章及用印管理流程、分/子公司高管绩效评价流程、分/子公司高管离任审计流程等。

二、公司级流程

公司级流程(跨部门流程):跨部门流程往往是对公司整体经营运作具有重要影响的、相对比较宏观的关键流程,这些流程需要经常进行跨部门的协调运作才能最终完成流程的相关输出。

比如:市场调研管理流程需要市场部、销售部、技术部参与;企业发展战略管理流程需要公司高层、战略管理部、企业各职能管理部门参与;供应商管理流程需要 SQE、采购部、技术部、财务部等参与;销售合同管理流程需要销售部、销售管理部、生产计划部、财务部等参与;电子产品研发流程需要市场部、研发部、软件部、硬件部、测试部、采购部、工程部、研发品质部等多个部门协同。这些流程都是需要两个或几个部门之间的协调配合才能完成的。

根据我们的经验,公司级流程是企业流程管理的重点和关键,也是企业价值创造及稳健运营的基础。

三、部门级流程

部门级流程(跨岗位流程):跨岗位流程侧重于部门内部不同岗位之间的配合,通过相关岗位的协调完成部门的工作目标和工作任务。

比如:会计核算流程需要财务部门销售会计、成本会计、税务会计、出纳、总账会计等多个岗位的参与;招聘实施流程需要人力资源部门招聘专员、招聘经理、人力资源经理等多个岗位的参与;物料采购执行流程需要采购专员、采购主管、采购总监等多个岗位协同才能完成。

四、岗位级流程

岗位级流程(岗位操作规范):是指本岗位的具体作业程序和作业规范。机械工厂里装配工的工序工艺操作卡就是一个例子,另外岗位操作指南、岗位操作规范都是岗位级流程的典范。

五、集团级流程、公司级流程、部门级流程、岗位级流程之间的关系

流程既然有四个层级（集团级、公司级、部门级、岗位级）或者三个层级（公司级、部门级、岗位级），那么它们之间又是什么关系呢？

我们也打个比方，集团级流程就像一座城市供水系统的总体规划，随时监控城市供水情况，避免发生供水不足的问题；公司级流程就像一座城市供水的总管道，它要实现整个城市总供水量的规划和控制；而部门级流程是通往各个社区的分管道；岗位级流程则是通往各个住户的支线管道（见图2－5）。

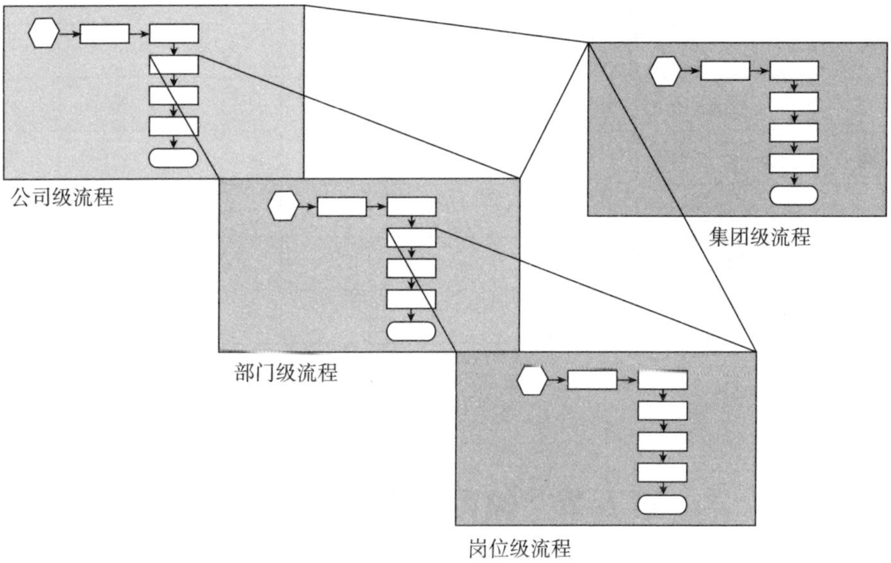

图2－5　集团级、公司级、部门级、岗位级流程之间的关系

综上所述，为了帮助读者朋友更好地理解流程类别及流程层级，下面我们举例说明。

【案例2－5】　流程类别、流程层级识别

表2－4　流程层级与流程类别识别

流程名称	流程层级				流程类别		
	集团级	公司级	部门级	岗位级	业务流程	管理流程	辅助流程
集团发展战略管理流程	√					√	
公司年度经营计划制订与管理流程		√				√	
××设备操作流程				√			√

续表

流程名称	流程层级				流程类别		
	集团级	公司级	部门级	岗位级	业务流程	管理流程	辅助流程
财务分析流程		√					√
销售订单评审流程		√				√	
集团高管离任审计流程	√					√	
员工招聘与甄选流程		√					√
采购管理流程		√			√		
生产管理流程		√			√		
不合格原料处理程序		√				√	
设备维护管理流程			√				√
成品入库及发货管理流程		√			√		
应收账款管理流程			√		√		
小车服务流程				√			√

第五节　流程语言与流程图

准确、客观地对流程现状进行描述是我们进行流程优化与设计的基础。在进行流程现状描述时，应首先掌握如何运用各种流程绘制的符号进行现状描述。

对于企业内部运作的流程，根据设计的需要，我们可以用三种方式进行流程描述，它们分别是流程框图、工作流程图和职能流程图，不同的表达方式适用于不同的流程描述目的。

一、常用流程语言

“猫有猫路，鼠有鼠道”。流程描述也不例外，企业在做流程描述时，需要使用流程语言（流程符号），这些符号代表着特殊的含义，通过这些流程符号以及它们之间的先后排列顺序说明流程步骤之间的逻辑关系。

图2－6为我们展示了常见的流程符号：

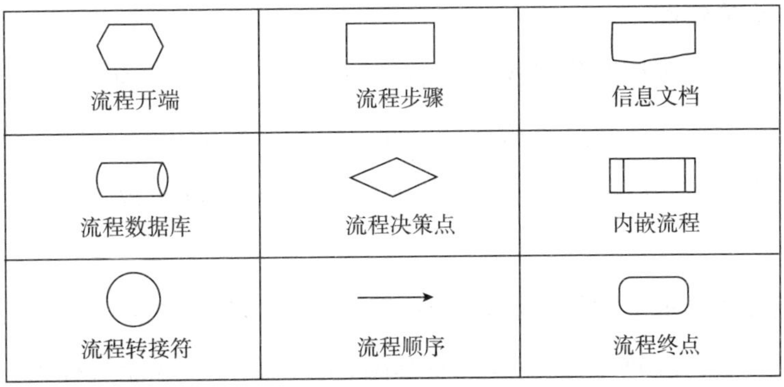

图2－6　常见流程符号

运用以上相关符号进行流程描述时，我们应注意以下事项：

(1)注意相关流程步骤的先后顺序，避免出现逻辑关系错误。

(2)流程逻辑线条不宜交叉太多，容易造成流程阅读者误解。

(3)流程步骤描述不宜文字太多，如需详细说明，可以放在流程说明中另外阐述。

(4)运用决策点符号对流程流向进行判断时，在其前面都应有相应的流程步骤作为前期活动。在做出判断的情况下，原则上下方或右方连接“是”的情况，上方或左方连接“否”的情况，当然也可以根据流程实际进行调整。另外，每个判断做出后至少会存在两种结果：“Y”或者“N”。在有些流程中，做出判断后会存在超过2个以上的结果，比如：检验人员对来料检验后可能会存在合格或不合格两种结果，对不合格的物料会有三种处理方式，特采、退货和降级使用。

(5)每个流程都有完整的起点和终点。对于某些可循环运作的流程，需要分清相关的截止区间。

(6)每个流程可能只有一个起点，也可能有多个起点，同样可能只有一个终点，也可能有多个终点。

(7)对流程设计中所需运用的相关文档资料，应尽量明确和清晰。

(8)为了便于知识积累和传承，对于流程中产生的文档(包括报告、制度、表单等)最好能用流程数据库进行归档和管理。

(9)如果流程步骤较多，用一页纸不能描述需要跨页，这时候就可以用流程转接符进行链接。另外，如果出现流程图中步骤连接线交叉情况，也可以用流程转接符进行链接。

二、常见流程图

流程图是指一种用图形描述流程的方法,它运用简单的符号、线条和语言,以图形展示流程中的作业及其先后次序。通过流程图我们可以了解、分析和研究公司的相关流程活动,发现流程运作中的薄弱环节,从而确定改进的具体方向和措施,提高效率。

一张流程图显示了如何将输入转化成输出的全部相关过程,根据不同的流程设计目的和要求,我们常用的流程图有框图、工作流程图、职能流程图。

1. 框图

框图,又叫方框流程图,是最简单、最常用的一种方法,用于快速、简洁地描述流程的运作状况。主要使用方框和箭头两种符号来描述流程,其中:

方框:表示相关作业活动;

箭头:表示作业活动之间的关系,或者是信息流动的方向。

【案例 2-6】 员工招聘流程(框图)

如图 2-7 所示,一个员工招聘流程,如果粗略地描述,这个流程可以分为 6 步,即:接到招聘要求、审查招聘要求、开展招聘、面试应聘者、协商薪资与合同、新员工报到。

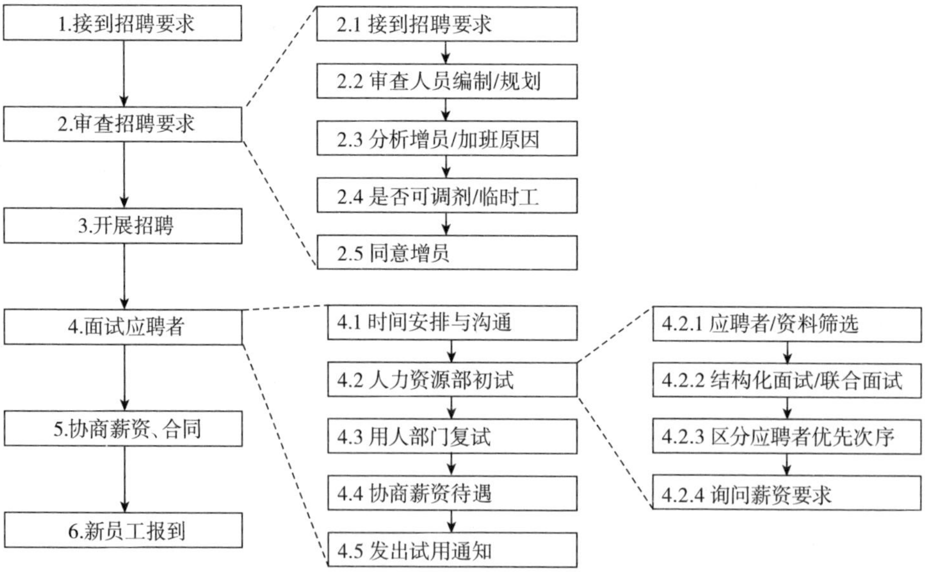

图 2-7 员工招聘流程(框图)

另外，根据需要，还可以对每个步骤进行细化，如图 2－7，我们可以将第 2 步（审查招聘要求）细化为：2.1 接到招聘要求；2.2 审查人员编制和规划；2.3 分析增员或加班原因；2.4 判断是否可调剂或使用临时工；2.5 同意增员等步骤。将第 4 步（面试应聘者）细化为：4.1 面试时间安排及沟通；4.2 人力资源部初试；4.3 用人部门复试；4.4 与应聘者协商薪资待遇；4.5 发出试用通知等步骤。同样，还可以继续细化，将 4.2 步（人力资源部初试）细化为：4.2.1 应聘者资料筛选；4.2.2 人力资源部组织结构化面试或者联合面试；4.2.3 根据初试结果区分应聘者优先顺序；4.2.4 询问薪资要求等。

可以看出，利用框图表示流程，步骤会非常清晰，而且容易理解。

2. 工作流程图

工作流程图就是利用基本流程语言对某项工作的逻辑关系进行描述，用工作流程图描述流程所使用的流程语言可参考图 2－6，下面我们用工作流程图来描述员工招聘流程。

【案例 2－7】 员工招聘流程（工作流程图）

如图 2－8，用工作流程图表达员工招聘流程其逻辑性会更加明晰，包括每项工作的责任人及工作输入、输出。

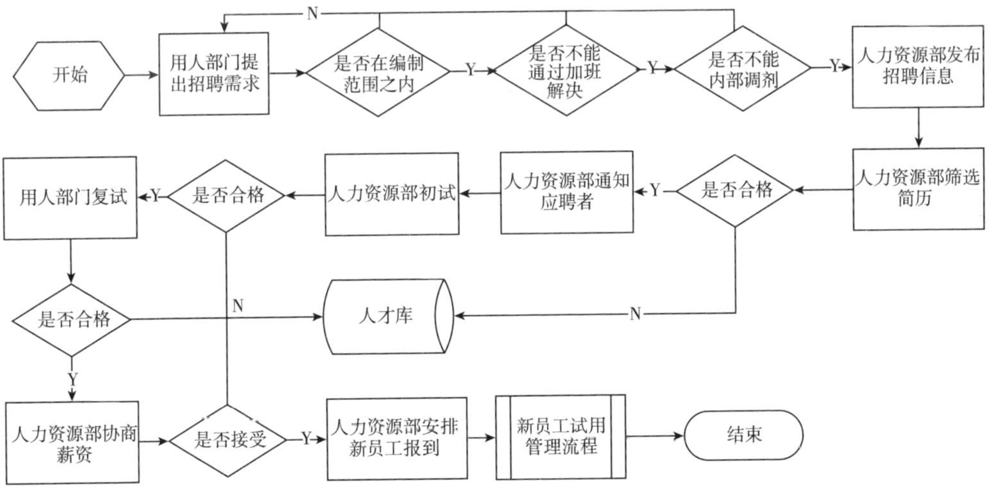

图 2－8 员工招聘流程（工作流程图）

3. 职能流程图

职能流程图，又称为泳道式流程图，由于绘制时需要对每个角色（部门或者岗位）在流程中所承担的职责用相互隔离的区域进行设计和说明，就像游泳池里的独立泳道一样，因此而得名。运用泳道式流程图可以更为有效地对跨部门职能运作进行分析，是目前比较理想的流程图绘制方式（如图 2－9）。

我们对流程图绘制的要求是简洁、清晰，不应过于复杂和烦琐。在用泳道式流程图进行流程绘制时，除了需要将流程步骤在图表中设计出来以外，为了将相关的步骤更为详尽地进行说明，还需要对重要流程步骤进行编号，并在流程图附页进行说明。在后面的案例分析中大家可以详细地看到上述这些要求是如何进行操作的。

在用职能流程图进行流程描述时，应该注意：

（1）每两条泳道隔开的部分为一个独立角色（部门或者岗位），对于一级流程而言是部门，而对于二级部门而言则是岗位。

（2）流程步骤不宜太多，每个流程控制在 15 个步骤为宜，特殊情况可以控制在 20 步之内，最好不要超过 25 步。

（3）一般情况下，流程的左边为相关角色（部门或者岗位）、中间为流程归口角色（部门或者岗位）、右边为流程审批角色（部门或者岗位）。

（4）为了便于识别流程归口角色（部门或者岗位），一般情况下流程应该从归口角色（部门或者岗位）开始，也在归口角色（部门或者岗位）结束。

【案例2-8】 员工招聘流程(职能流程图)

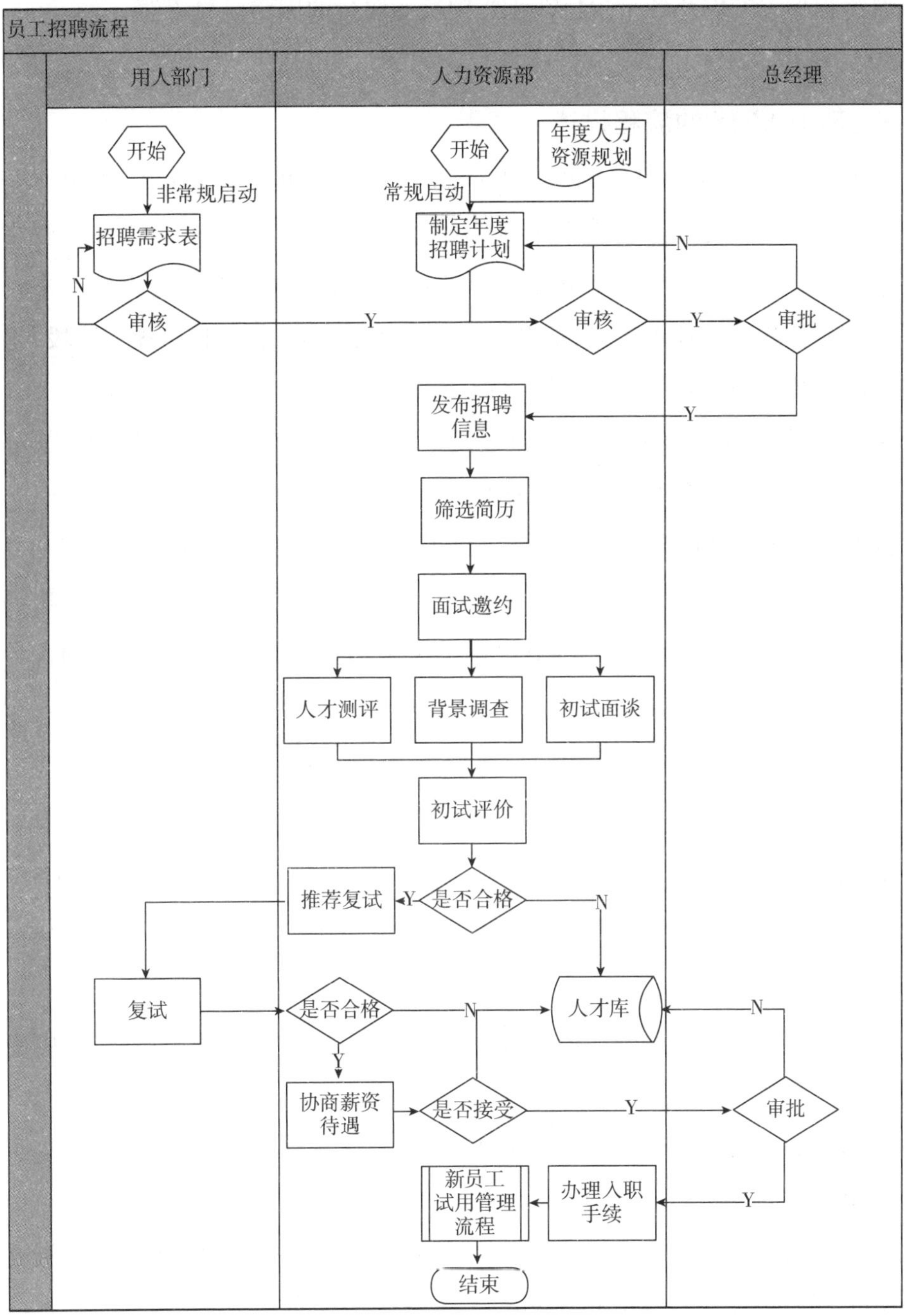

图2-9 员工招聘流程(职能流程图)

对比图2-7、图2-8、图2-9我们发现,同样是员工招聘流程,用不同的流程图表达,呈现给我们的结果是不一样的。框图简洁、直观但无法清晰界定责任;工作流程图逻辑更加清晰，但责任人在流程中错综复杂，难于理清；只有职能流程图让人对流程相关方以及各个角色在流程中所要履行的职责一目了然。

三、基于 ARIS 的流程描述

ARIS（Architecture of Integrated Information System，集成信息系统）是基于企业业务流程全面分析的信息集成系统，它不仅是一套软件，也是一套方法和解决方案。在 ARIS 平台上，软件方案和企业业务是紧密结合的，ARIS 流程管理平台提供了一套完整的流程管理工具，适合企业业务流程的各个方面和各个阶段，是企业在寻求持续改进方面不可或缺的产品。

ARIS 产品系列分为流程战略、流程设计、流程实施和流程控制四大平台，分别适用于企业流程管理在不同阶段的需求。

同时，ARIS 为分析企业流程环境提供了一套规则和方法，在这套规则和方法上所建立的模型具有多维度、多视图、多层次和多格式的特点。它全面反映了企业的组织架构、信息系统和生产实践之间的关系，为不同层次、不同部门的人员提供了一个业务交流的平台。

下面，我们简单介绍一下 ARIS 系统的基本原理及操作方法：

1. ARIS 房式结构视图

ARIS 将企业流程体系分为 5 个基本视图（见图 2－10、图 2－11），分别是：

（1）组织视图：用于在系统中进行组织岗位设计与分析，在系统当中的体现形式为组织结构图。

（2）功能视图：用于业务功能设计与分析，在系统中可以按照功能树、应用系统类型图进行展示。

（3）数据视图：用于企业流程的输入、输出确认与分析，在系统中可以按照图标、eERM 等进行展示。

（4）过程视图：用于进行企业核心过程的设计，在系统中可以按照增值链图（VACD）、事件驱动流程链（EPC）、功能分配图（FAD）等多种方式体现。

（5）产品与服务视图：用于进行企业价值链分析，主要通过产品树进行展示。

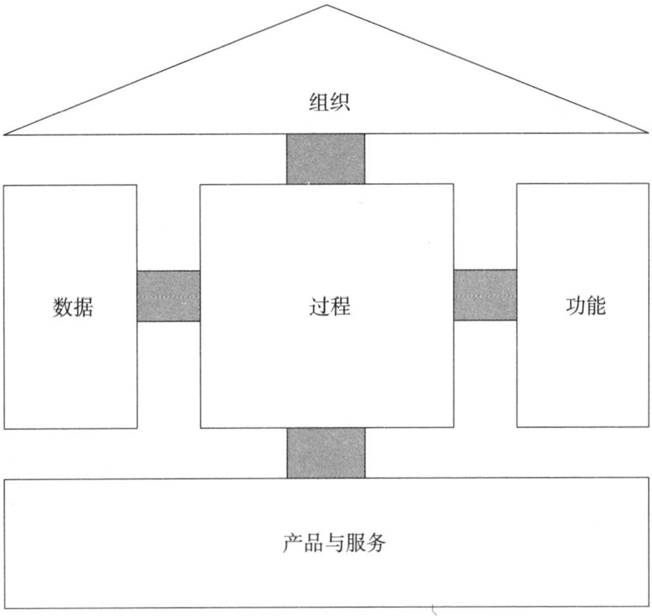

图 2-10　ARIS 房式结构视图

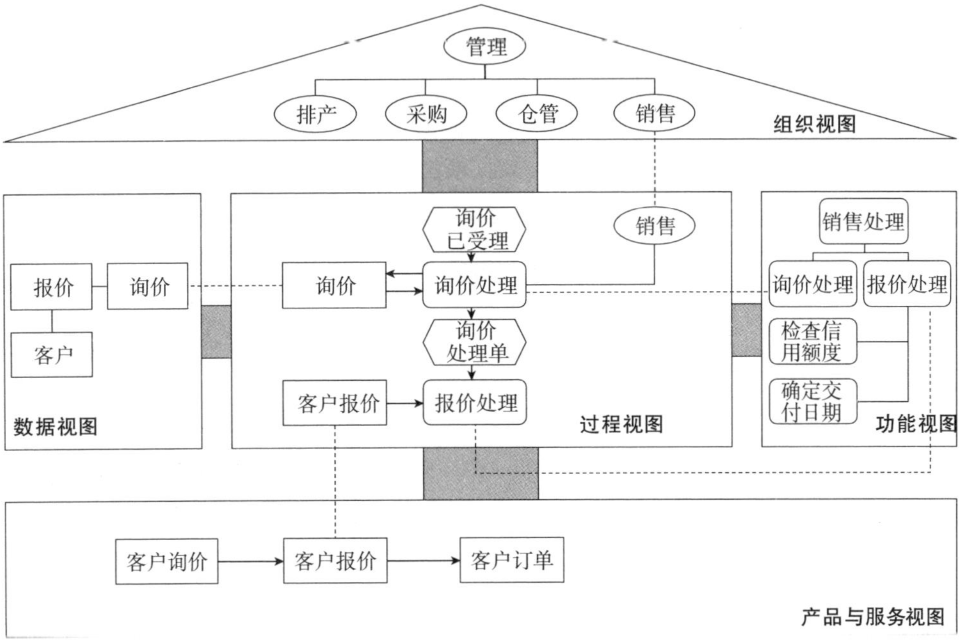

图 2-11　基于 ARIS 房式结构视图进行集成建模(示意)

2. ARIS 流程描述语言

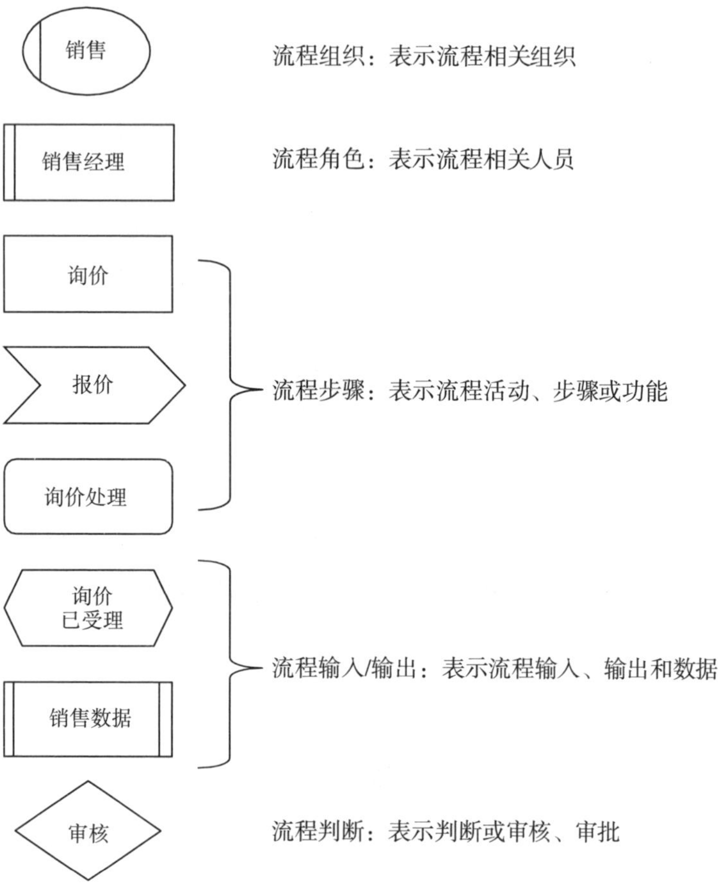

图 2－12　ARIS 流程描述语言

3. ARIS 流程层级划分

ARIS 将企业的流程层级划分为四级（见图 2－13），分别为企业价值链分析、企业主流程、业务流程及流程步骤。从上至下，流程越来越细化；从下至上，可以追溯企业核心价值链增值的全过程。

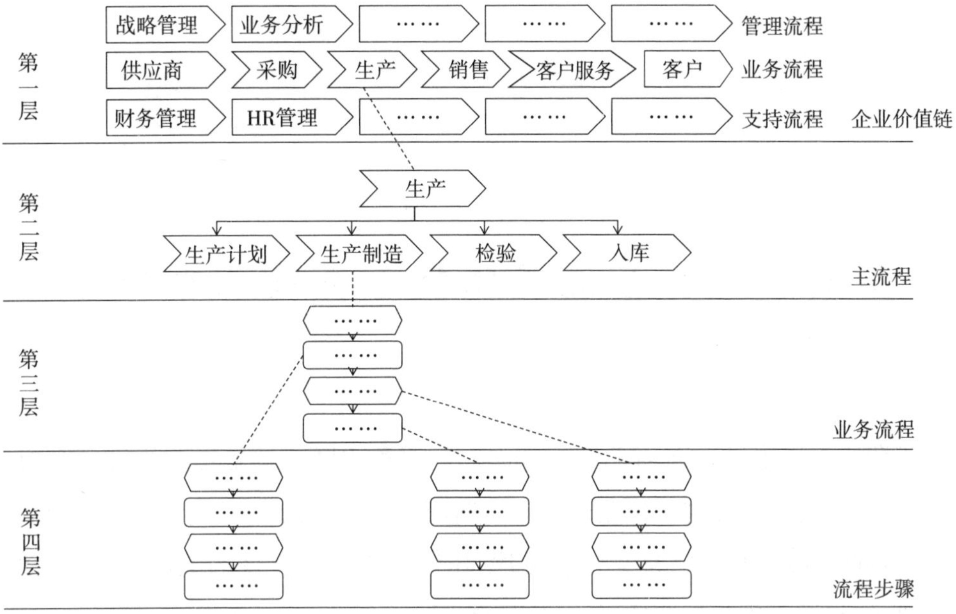

图 2－13 ARIS 流程层级划分

第三章　业务流程优化与再造基本概念

所谓流程优化(Business Process Improve,简称 BPI),就是指辨析理解现有流程,并通过对现有流程进行优化改良产出新流程。常见的流程优化技巧主要有以下几种:剔除非增值环节、优化流程顺序、压缩影响流程实现的关键环节、资源重新配置、组织模式优化与调整、信息化与自动化。

所谓流程再造(Business Process Re - engineering,简称 BPR),就是指根据公司战略调整及商业模式变化从根本上重新考虑产品或服务的提供方式,再造新流程。常见流程再造技巧主要有以下几种:价值链重组、战略转型、业务流程外包等。

流程优化和流程再造是企业流程改善的两种境界,马文 · M. 沃泽尔认为两者的区别①如表 3 - 1 所示:

表 3 - 1　流程优化与流程再造差异分析

比较项目	流程优化(BPI)	流程再造(BPR)
变革起点	基于现有流程,公司战略既定	基于现有流程,公司战略发生变化
变革程度	量变、渐变	质变、突变
变革频率	持续的	一次性的
需要时间	短	长
参与者	自下而上	自上而下
影响范围	窄,限于部分部门	宽,跨部门甚至跨系统
对组织影响	维持现有框架	打破原有束缚
风险系数	小	大
变革类型	文化、结构	文化、结构

① 沃泽尔. 什么是业务流程管理[M]. 姜胜,译. 北京:电子工业出版社,2017:71.

第一节　业务流程优化基本概念

流程优化是一项策略，通过不断发展、完善、优化业务流程保持企业的竞争优势，在流程的设计和实施过程中，要对流程进行不断改进，以期取得最佳的效果。

对现有工作流程的梳理、完善和改进的过程，即为流程优化。流程优化不仅仅指做正确的事，还包括如何正确地做这些事。为了解决企业面对新的环境、在传统以职能为中心的管理模式下产生的问题，必须对业务流程进行重整，从本质上反思业务流程，进而重新设计，以便在当今衡量绩效的关键节点（如质量、成本、速度、服务）上取得突破性的改变。

一、木桶原理与业务流程优化

管理学中有个木桶原理：一个木桶由许多块木板组成，如果组成木桶的这些木板长短不一，那么这个木桶的最大容量不是取决于最长的木板，而是取决于最短的那块木板。

一个企业好比一个大木桶，除非这个企业人浮于事，否则每一个员工都是组成这个大木桶不可缺少的一块木板；这个企业的最大竞争力往往不只取决于某几个人的超群和突出，更取决于它的整体状况，取决于它是否存在某些突出的薄弱环节。

企业进行流程优化的过程就是不断识别、分析公司短板何在，同时通过流程优化的手段（包括组织结构的再设计、资源重新配置、压缩用时最长的关键环节等）将“短板”逐渐加长，从而使企业这只“木桶”能够装下更多的“水”。

二、业务流程优化原则

企业在进行业务流程优化的过程中，必须始终坚持以客户为中心、以价值创造为宗旨、以人为本、循序渐进的原则，通过持续优化流程，提升企业运营效率。

1. 以客户为中心，挖掘客户需求，并最大化满足客户价值主张

大家都知道，企业流程管理的目的在于通过打通端（供应商）到端（客户）的高效运作，保证客户的价值主张得到最大化的满足，所以说，企业在进行流程优化的

时候,始终要以客户为中心。

(1)强调客户满意,而不是上司满意的原则。传统的职能中心型组织模式导致员工在开展任何工作的时候都以领导的意图和指令为基础,换句话来讲,职能中心型组织模式是以领导满意为导向,从而忽略了客户的感受。但业务流程优化必须一切从“客户需求”为出发点,以“客户满意”为准绳。

(2)强调内外部客户满意相统一的原则。流程的客户分为内部客户、外部客户两种,在本书第二章介绍流程的构成的时候,我们就提到,任何流程都是由6个要素构成:流程输入、流程供应商、流程过程、流程执行者、流程客户、流程输出。可见任何流程都是要以客户满意为基础,而非以职能管理或领导意图为中心。

(3)强调把整个价值链纳入“客户满意”流程体系的原则。有句话说得好,现代企业的竞争不再是企业个体之间的竞争,而是企业价值链之间的竞争。

企业的价值链就包括供应商、经销商、分销商、批发商、终端客户等,把价值链纳入“客户满意”,可以使业务流程运作更加高效。

2. 以价值创造为宗旨,始终坚持流程优化的目的就是增值

流程管理的核心目的在于增值,流程优化就是要让流程的增值环节得到提升,对非增值环节进行弱化,甚至取消。

(1)重流程,而不重组织和职能的原则。企业组织体系的建设,可以通过流程,也可以通过组织和职能的加强和完善来实现,随着企业竞争环境的变化以及竞争格局的调整,越来越多的企业开始重视流程建设,因为通过传统的组织和职能的加强和提升已经很难帮助企业获得竞争优势。

(2)使用绩效衡量和整体最优原则。流程运作的好与坏,企业必须建立基于流程的评价与衡量体系,也就是我们通常所说的流程绩效,只有可衡量与评价的东西,才能更容易帮助提升。

(3)借助IT手段,最大限度实现信息实时共享基础上的集成管理。一方面企业面临的管理和经营环境确实在发生巨变,另一方面IT管理技术的突飞猛进也为企业提升经营与管理能力提供了便捷。因此,合理规划并充分利用IT管理技术进行流程固化,进而帮助企业提升管理能力已经成为共识。

3. 坚持以人为本,始终把人的因素放在首要位置

齐国著名政治家管仲在《管子·霸言》中说,“夫霸王之所始也,以人为本。本

治则国固,本乱则国危”,这可能是关于“以人为本”的最早思想体系了。自从诺基亚提出“科技以人为本”之后,很多企业开始认识并逐渐重视人才对企业的重要性。首先,人才是企业最重要的资源;其次,企业的财富和利润都是通过员工的努力创造的。

(1)强调培养一个团结、综合力与示范效应强的团队。企业进行流程管理,必须要强调人的作用与价值。

(2)强调公司高层以身作则。业务流程优化必须由公司高层或者业务负责人牵头,因为业务流程需要多个部门或岗位高效协同才能有效实施。

(3)强调组织扁平化,减少决策层级,充分发挥员工作用。随着管理技术的不断提升,新的管理工具、管理手段、管理信息系统不断被引入,社会分工越来越细,员工素质越来越高,目前组织出现了几种明显的发展趋势,归结一下,主要有扁平化、专业化、分权化、柔性化、阿米巴、平台化这 6 种。

大家都知道,企业管理层级的增加会造成管理人员的急剧膨胀,同时又会导致企业运营效率不断降低,决策速度越来越慢,所以现在越来越多的企业开始思考并重视组织的扁平化管理。

根据《哈佛商业评论》的介绍,高层管理职位的管理幅度以 4—8 人为宜,基层管理职位的管理幅度以 8—15 人为宜,当然,这也不能一概而论,还是需要结合企业的实际进行设计。

企业要想实现扁平化的管理,一定要以完善的流程体系为基础,否则,扁平化的管理只能是企业的一厢情愿。

(4)强调具有流程管理思想的员工队伍建设。员工是否具有流程管理思想是企业实施流程管理能都取得成效的关键点所在。

4. 立足企业实际,坚持循序渐进,持续优化

业务流程优化绝对不能一蹴而就,它需要从流程意识培养、流程文化塑造、流程技巧掌握、流程现状分析、流程优化思路确认、流程优化及配套设计、流程机制建立等各个方面进行全方位共同考量,况且流程能否有效实施又与流程执行者的素质以及公司流程绩效评价机制有很大的关系,因此业务流程优化一定要遵循渐进、持续原则。

第二节 业务流程再造基本概念

流程再造不同于流程优化，流程优化是在现有流程的基础上对流程的局部进行调整，使流程的效率得到提升，而流程再造是需要完全打破原来价值链体系的束缚，重新定义企业的价值链模型和商业模式，进而使企业获得重生。

一、指头理论与业务流程再造

与木桶原理相反，企业往往很难让每块“板”都一样长，在很多情况下，稍长的“板”决定了其特色与优势，在小范围内成为制高点。

就跟我们的手一样，有些指头会长，有些指头会短一些，对于企业来说，如果凭借长的“指头”，发挥自己的优势，就能跳出大集团的游戏规则，跳出“红海”，创造“蓝海”，独树一帜建立自己的王国。

这就是企业进行流程再造的核心意义所在，在目前的市场条件下，特色就是旗帜，突显才能发展。与木桶原理求稳固的保守思想不同，指头理论是一种提倡特色凸显的创新战略，要求企业能打破思维定式，一切向前看，找准自己的特殊优势，开辟一个崭新的天地。

根据前面所讲的流程再造定义，流程再造具有以下 3 个特点：

(1)根本性。所谓根本性，就是指我们要对流程存在的本质意义进行探讨和反思。在流程再造的过程中，流程再造负责人需要对流程最基本的问题进行反思，这些问题包括：

为什么要执行此事？

为什么要如此执行？

什么是我们的需求？都是谁的需求？

为什么我们要满足这些需求？这些需求与组织战略是否一致？

如何满足我们的这些需求？

(2)彻底性。彻底性就是指对现有流程完全抛弃，不再对其进行表面化的改善、改变或者修补。通过根除现有不合时宜的架构与流程，独辟蹊径来完成相关流程的设计。

(3)显著性。显著性指流程改造并非是缓和、渐进式的改善，而是一日千里的跃进，可以说是为企业下的一剂猛药。一般而言，渐进式的变革需要“精雕细琢”，而剧烈的革命则必须“除旧布新”。

二、业务流程再造矛盾分析

在流程再造的过程中，我们往往会碰见各种矛盾。这些矛盾是企业内部多方利益体的不同体现，会对企业进行流程再造造成各种困扰。因此正确认识并处理好相关矛盾对于流程的正常运行至关重要，这些矛盾主要是：

1. 既要自上而下又要自下而上的矛盾

自上而下指的是企业的整体经营策略分解与执行是从上而下的，通过分解到不同的部门与岗位，企业可以将它的整体意图有效贯彻到每个员工身上。自下而上指的是企业的价值创造是由下而上的，通过企业内部最基础的作业活动，从而实现企业的整体价值创造。如何将企业的策略分解与顾客的价值创造有效地衔接和配合，是十分重要的问题，而流程作为一个策略分解和价值创造传递的媒介，在这个过程中，它应该扮演什么角色，如何有效实现这种均衡，是我们开展流程设计时必须考虑的问题。

2. 既要沟通又要坚定的矛盾

在流程设计的规程中，为了了解流程运作的真实情况，获取流程执行人员的认可和支持，需要与他们进行沟通交流，相互传递意见和看法。但与此同时，为了更为有效地进行流程效率的提升，我们可能会对流程执行人员的素质提出更高的要求，可能会改变流程长久存在的习惯运作方式，可能会对流程执行人员的职权范围进行重新调整与设计。在这个过程中，将会碰到巨大的阻力和困难，需要流程优化人员坚定信心，不折不扣地按照新流程的运作要求进行操作和实施。

3. 既要快速实施又要适应变革的矛盾

流程设计完成后，应尽快付诸实施，以便及时发现流程设计中存在的问题并予以改正，同时还可以避免因等待时间过长给流程执行人员造成的焦虑。但与此同时，流程运作将会受到企业发展战略、外部运作环境、客户自身需求等相关因素变化的影响，这些变化导致流程需要进行持续不断的调整和适应。因流程客观环境变化导致流程在实施过程中发生调整的现象并不鲜见，因此如何把握流程的适应性和稳定性之间的关系也是流程优化人员所面临的挑战。

存在矛盾并不可怕,正确认识以上三对矛盾,在流程设计的过程中积极稳妥地进行处理,并根据企业的实际情况进行调整和优化,可以有效地帮助企业取得流程优化所期望的效果。

三、业务流程再造原则

关于业务流程再造所要遵循的原则,不同的人有不同的解释,下面我们简单介绍一下业务流程再造需要遵循的原则。

1. 迈克尔·哈默业务流程再造8大原则

(1)围绕结果进行组织,而不是围绕任务进行组织。企业应当围绕某个目标或结果,而不是单个的任务来设计流程中的工作。

(2)让利用流程结果的人执行流程。基于计算机的数据和专门技能越来越普及,部门、事业部和个人可以自行完成更多的工作。那些用来协调流程执行者和流程使用者的机制可以取消。

(3)要将信息处理工作归入产生该信息的实际工作流程。

(4)将分散各处的资源视为集中的资源。企业可以利用数据库、电信网络和标准化处理系统,在获得规模和合作的益处的同时,保持灵活性和优良的服务。

(5)将平行的活动连接起来,而不是合并它们的结果。将平行职能连接起来,并在活动进行中,而不是在完成之后,对其进行协调。

(6)将开展工作的地方设定为决策点,并在流程中形成控制。让开展工作的人员决策,把控制系统嵌入流程之中。

(7)从源头上一次获取信息。当信息传递难以实现时,人们只得重复收集信息。如今,当我们收集到一份信息时,可以把它储存到在线数据库里,供所有需要它的人查阅。

(8)领导层要支持。流程再造要获得成功必须具备一个条件:领导层真正富有远见。除非领导层支持该工作,并能经受住企业内的冷嘲热讽,否则人们不会认真对待流程再造。为了赢得安于现状的人的支持,领导层必须表现出投入和坚持——可能再带一点狂热。

2. 阿什利·布拉干扎业务流程再造10大原则

(1)全面业务流程再造需要在大家对组织的变革动因充分认同的基础上进行,而这种变革动因既可以是危机,也可以是机遇。

(2)只有当跨职能变革而不是其他的什么方式成为实现变革动因的需要时,成功实施全面流程再造才成为可能。

(3)当人们认识到组织要素,即战略、结构、人员责任和评估标准、协作行为以及信息系统,将要有所改变,并且这些要素应该与职能流程导向看齐时,更有可能实现全面的流程再造。

(4)当人们明确并接受组织所需的所有变革时,全面流程再造就更可能实现。

(5)当包括董事会成员、高层管理者、中层管理者和员工在内的所有人都愿意让变革影响他们时,就更容易建立全面的流程意识。

(6)当人们发现需要处理的某些问题,并把那些问题和所需的真正变革联系起来时,全面的流程再造才更有可能实现。

(7)在进行全面流程再造时,如果能够根据各个问题的实际情况同时运用革命性和改良性的实施方法,变革更有可能获得成功。

(8)公司只有通过全面行动方案激发人们实施变革的主人翁意识和意愿,全面的流程再造才更可能取得成功。

(9)如果变革的实施者和接受者都能认同这两种角色并且意识到它们是相互关联的,而且愿意扮演这两种角色,就更可能实现全面流程再造。

(10)衡量全面流程再造所取得的成果,要看变革动因是否被根除以及行为方式改变的程度。

3. 乔·佩帕德和菲利普·罗兰业务流程优化15原则

乔·佩帕德和菲利普·罗兰认为,流程再造要走上成功之路,必须遵循15条原则:

(1)高层管理者的口头和行动支持至关重要。高层管理者们的支持、精力和推动必须长期坚持,才能保证组织是在做实事。

(2)必须沟通、沟通、再沟通。人们必须了解为什么要改进、未来的远景以及他们在其中的地位与作用,甚至包括失去工作的可能性。

(3)善待人,尊重人。因为每人都希望别人能够用期待我们对待他们的方式来对待我们。

(4)选对主持者。一位优秀的主持者虽然并不能保证项目的成功,但是一个不称职的主持者肯定很快就能用自己的手把项目杀灭。

(5)明确重新设计的目标。组织的愿景一定要明确,要对顾客需求、需求模式、约束条件和效率目标进行深入分析和理解。流程再造项目的目标要设定在这些方面的绩效改进上。

(6)项目的规模和范围要与目的相适应。项目的预期一定要与项目的规模和范围相适应。

(7)设定进取的再造绩效目标。设定目标和度量绩效是理解、管理和改进流程的关键,尤其应该注意的是构建绩效度量体系。

(8)理解被重新设计流程的环境。再造项目的目标和方法必须同企业的具体状况相适应,一家公司的有效方法在另一家公司就不一定能取得同等的效果。

(9)整体对待 BPR 哲理。成功的 BPR 需要各个战线的全面行动,孤立地改变一个要素不大可能得到预想的收效,甚至会对其他要素产生负面影响。

(10)短线出击。尽量早地展示出成功的迹象和初步成就有助于克服阻力、打造动能并营建"能够做到"的心态,使人们增强对自己能力的信心。

(11)要保证流程与所服务的市场需求相"匹配"。市场需求和向市场提供服务的流程之间"匹配"的重要性胜过一切。

(12)要认识到顾客和供应商参与流程重新设计的必要性。顾客以及供应商往往能够对流程的重新设计提出非常有价值的看法和建议。这种做法还有助于密切客户关系。

(13)要舍得投入资源。如果流程再造对组织是重要的,就值得投入最好的人才,全力以赴地去做。

(14)要认清 IT 对新设计提供的机会。技术可能成为新流程设计的强大推动力,组织必须不断地对如何应用新老技术进行评价。

(15)认清流程再造可能只是一个开头。必须以持续改进作为目标,使得随着时间发展交替的跃进和渐进改进成为正常模式。

4. 互联网时代业务流程再造 4 大原则

不管是迈克尔 · 哈默、阿什利 · 布拉干扎,还是乔 · 佩帕德和菲利普 · 罗兰,他们提出的业务流程再造理念其实都存在一定的缺陷。虽然大家不约而同地谈到领导支持、流程组织变革、利用信息技术固化流程等一些基本的原则，但在互联网时代，我们认为这些原则远远不够，或者说这些原则其实还不够聚焦。除了前面提到的这些原则之外，本书根据互联网时代特点，把互联网时代业务流程再造的原则归结为以下四个方面：用户、产品、速度、平台。

（1）用户。这是互联网时代企业业务流程再造的关键，任何离开用户（包括外部客户、终端用户、内部客户）满意的所谓业务流程再造都是在“耍流氓”。

①“用户是神”。与传统企业“顾客是上帝”的提法不同，在互联网时代我们更愿意讲“用户是神”。“顾客是上帝”是传统的经营思维，“顾客是上帝”是被动地、无底线地迎合，而“用户是神”是一种全新的互联网思维，它要求主动地、有选择地满足顾客某种至关重要的需求。

②得“草根”者赢天下。从崔健的“蓝色骨头”手机到罗永浩的“锤子手机”，再到小米手机，这些产品的成功无一不说明“草根”的重要性。在互联网时代，关注“草根”的企业必将获得成功。

（2）产品。“酒香不怕巷子深”，在任何时代，产品为王的定律始终不会被改变。只不过在互联网时代，企业在做产品的时候与之前发生了根本性的变化。如：传统企业强调性价比，而现在更加强调极致；传统企业强调多功能、一体化，而现在更加强调简约；传统企业做产品是企业内部的事，现在转为让用户参与产品研发与生产、销售全过程，这叫客户体验；传统企业强调“推”（即企业通过声嘶力竭的广告、促销等手段让客户选择购买），互联网时代主张“拉”（即得“草根”者赢天下，好产品会说话）；等等。以上这些改变，足以说明在互联网时代产品的重要性。

（3）速度。在互联网时代天下没有新鲜事。海尔的张瑞敏先生曾经说过，现在企业的竞争不是大鱼吃小鱼，而是快鱼吃慢鱼，精鱼吃傻鱼。这句话用在互联网时代更加切合，这是互联网时代的特征，因此企业在进行业务流程再造的时候一定要记得：速度，速度，还是速度！因为有了速度，小鱼也可以吃大鱼，有了速度，傻鱼也可以吃掉精鱼。

（4）平台。在互联网时代，所有的企业都将平台化，企业不再是以投资方为核心招聘员工来做事，而是要将公司看作是一个投资方与员工共同创造的平台，让员工不再抱着“打工心态”来做事，而是把公司看作是展示自己才华和实现自己人生价值的平台。

第二篇　业务流程再造五步法

在拙著《流程优化与再造》(第三版)中,笔者把企业业务流程再造归结为五步法,即企业价值链分析与流程体系规划、流程现状描述、流程问题分析、流程优化与再造、流程配套设计。

很明显,在互联网时代,这种方法存在明显的缺陷:首先,传统企业在互联网转型的过程中其价值链和业务蓝图会发生巨大的变化;此外,如果内部业务流程不能跟外部资源和客户实现无缝连接,就很难适应互联网时代的需求。

因此,在拙作《互联网时代业务流程再造》(第四版)中,为了适应互联网时代的需求,笔者把业务流程优化和再造方法论进行了修正和调整,即业务蓝图与业务流程规划、业务流程现状描述与问题分析、业务流程再造、业务流程配套设计、业务流程信息化与信息系统集成。

随着近几年互联网与实体企业的高度融合、企业经营理念从过去赚钱到现在值钱的转变以及本书第一章提到的企业流程管理碰到的种种新挑战,我们认为流程不再只是规范管理、提升企业运营效率的一种工具,更成为支撑企业战略实现的关键,因此本书又对笔者过去主张的流程优化与再造方法论进行大胆创新,期望能够帮助中国企业尽快完成流程规范与升华,进而实现业绩倍增与长期稳健发展。

在本书中,虽然业务流程再造的方法论与《互联网时代业务流程再造》(第四版)相似,但我们对企业如何通过价值链、价值环、业务蓝图再到业务逻辑关系图分析合理规划流程,以及核心业务流程(如集成研发、集成供应链、整合营销、财经服务)再造、业务流程信息化、互联网化方法论进行了非常详细的阐述。

第四章　业务流程规划

业务流程规划的起点是企业价值链及价值环分析，并在此基础上进行业务蓝图绘制及业务状态评价、核心业务逻辑分析、核心业务流程规划，这是本书提到的业务流程再造的第一步。

第一节　从价值链、价值环到业务蓝图

一、企业价值链分析

价值链理论①是由美国管理学教授迈克尔·波特提出的（如图4－1），他把企业的所有活动分为两大类：基本活动（价值创造活动）与支持活动（支持价值创造活动）。迈克尔·波特认为，企业参与的价值活动中，并不是每个环节都创造价值，实际上只有某些特定的价值活动才真正创造价值，这些真正创造价值的经营活动，就是价值链上的“战略环节”。企业要保持的竞争优势，实际上就是在价值链某些特定战略环节上的获得优势。借用迈克尔·波特的价值链理论，我们认为企业必须对真正创造价值的活动进行规划及分析，并在此基础上详细规划出企业的核心业务流程。

迈克尔·波特的价值链模型是企业普遍使用的一种方法，因为按照价值链模型理论，企业只要选择和不断完善自己的基本活动便可获得更多的收入，而支持性活动又可以帮助企业进行有效的成本控制，这样一来企业便可获得一定的利润。

① 波特.竞争优势[M].北京：华夏出版社，2009：37.

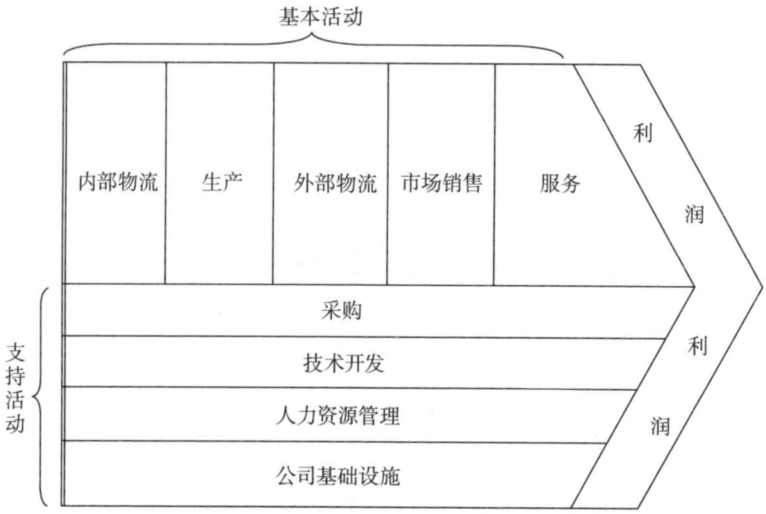

图 4－1　企业价值链模型

如图 4－1 所示，企业的基本活动包括：

（1）内部物流。与接收、存储和分配相关联的各种活动，如原材料搬运、仓储、库存控制、车辆调度和向供应商退货。

（2）生产。与将投入转化为最终产品形式相关的各种活动，如机械加工、包装、组装、设备维护、检测等。

（3）外部物流。与集中、存储和将产品发送给买方有关的各种活动，如产成品库存管理、原材料搬运、送货车辆调度等。

（4）市场营销。与提供买方购买产品的方式和引导它们进行购买相关的各种活动，如广告、促销、销售队伍、渠道建设等。

（5）服务。与提供服务以增加或保持产品价值有关的各种活动，如安装、维修、培训、零部件供应等。

同时，企业支持活动包括：

（1）采购。是指购买用于企业价值链各种投入的活动，采购既包括企业生产原料的采购，也包括支持性活动相关的购买行为，如研发设备的购买、新技术购买、企业经营所需相关服务和信息的采购等。

（2）技术开发。每项价值活动都包含着技术成分，无论是技术诀窍、程序，还是在工艺设备中所体现出来的技术。

（3）人力资源管理。包括各种涉及所有类型人员的招聘、雇佣、培训、开发、激励、留用等各种活动。人力资源管理不仅对基本和支持性活动起到辅助作用,而且支撑着整个价值链,因为企业内部的所有事情归根结底都需要人去完成。

(4)公司基础设施。企业基础设施支撑了企业的价值链条,诸如:企业发展战略及年度经营计划为企业价值创造确定了方向,企业规范化管理为企业价值创造提供了方法和手段,企业信息系统为企业价值创造提供全程记录及监控等。

迈克尔·波特认为,企业要想获得最大化的收益,可以思考从以下4个方向进行创新:

(1)是否可以在降低成本的同时维持价值(收入)不变。

(2)是否可以在提高价值的同时保持成本不变。

(3)是否可以在降低工序投入的同时保持成本收入不变。

(4)更为重要的是,企业能否可以同时实现1、2、3条。

当然,每家企业的战略不同,商业模式不同,价值链选择也会存在差异,企业可以选择产—供—销"通吃",也可以选择其中的一两项做精、做强。

通常来讲,企业的核心价值主要围绕产品创新(市场研究、客户需求挖掘、产品定义、产品开发、产品验证、上市管理、生命周期管理等)、采购(供应商开发、价格、交期与服务、采购、物流、仓储等)、生产制造(生产计划、制程、成品仓储、物流与交付等)、销售管理(销售定价、销售策略、订单处理、市场推广、促销、客户服务、客户关系、咨询服务、批发经营、终端零售等)进行。但由于企业的核心目的在于追求经济效益最大化,所以企业在核心价值链选择的时候需要根据自己的核心能力抓住最有价值的关键点就可以了。

【案例4-1】 金凯德集团企业价值链分析

金凯德集团是一家专门从事钢木门、防盗门、防火门研发、生产、销售的高科技企业,通过图4-2可以看到,金凯德集团的基本活动包括内部物流(材料运输、搬运与装卸、仓储、原料退货)、生产经营(钣金、胶合、表面处理、装配、包装)、外部物流(成品入库、发货、物流、成品退货)、市场营销(品牌、广告、促销、渠道、报价、订单评审、订单处理)、服务(安装、培训、客服),支持活动包括采购(供应商开发、采购计划、采购跟单、材料采购、智力资源采购、进口报关、贴牌工厂管理)、技术开发(需求管理、产品线规划、产品定义、新品开发、生命周期、工艺、设备)、人力资源管理(人力资源规划、招聘、培训、激励)、战略管理(品牌战略、渠道战略、研发战略、制造战略、人才战略、信息战略)、公司基础设施(集团管控、财务、法务、品质、公关、基建、后勤)。

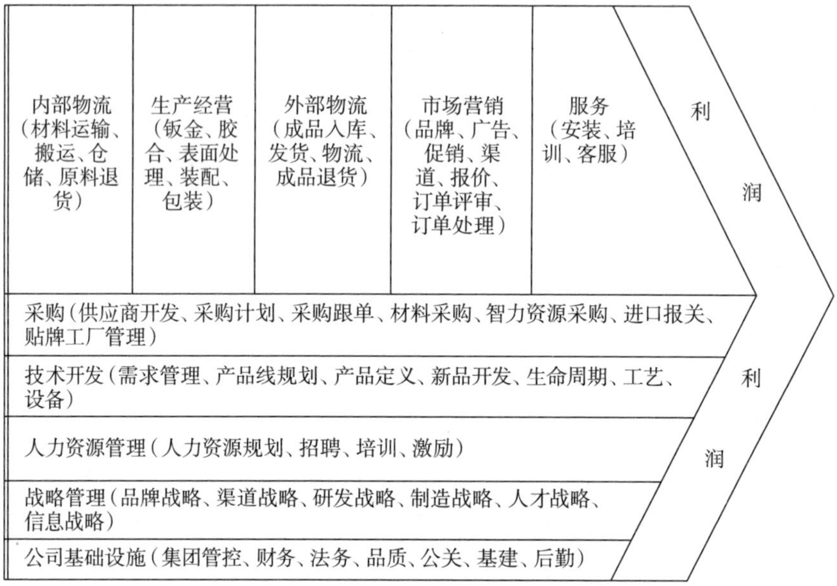

图4－2　金凯德企业价值链模型

【案例4－2】　绿雪生物企业价值链分析

绿雪生物是一家定位高端酸奶生产的企业，图4－3是我们为其规划的价值链模型。绿雪生物的基本活动由集成研发、集成供应链和整合营销构成，而支持活动则包括财务管理、人力资源管理及公司基础设施管理。

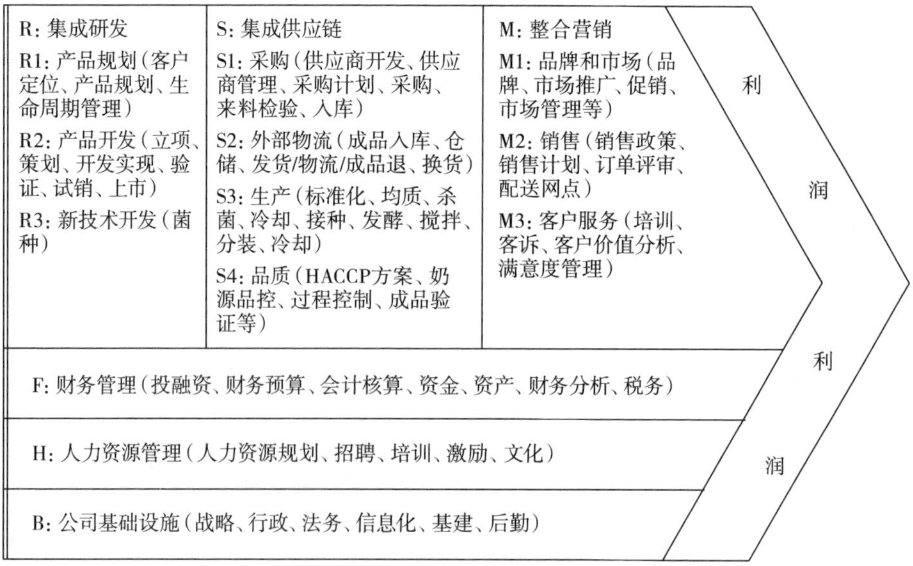

图4－3　绿雪生物价值链模型

二、以客户为中心的价值环规划

价值链理论是一种静态思考问题的模式，价值链理论告诉我们，企业想要盈利，一方面可以通过基本活动开源，另一方面可以通过支持活动节流。如果从静态的角度看价值链理论是没有任何问题的，但在“互联网+”时代我们会发现价值链理论遇到了极大的挑战。因为价值链理论存在两大局限性：其一，对于很多互联网企业而言，其基本活动往往考虑的不是增加收入，而是流量、粉丝、用户黏性等非财务性指标，这与传统企业经营的思路完全逆转；其二，“互联网+”时代企业的一切经营活动都是围绕用户展开的，这与价值链倡导的利润导向也是不同的，很多互联网企业为了保证客户价值主张最大化，不惜牺牲短期，甚至中期的利益回报。

随着“互联网+”时代的到来，以大数据、云计算等为基础，以用户为中心，拉通用户、厂家与供应商之间的无缝连接，已经彻底改变了传统企业“技术研发—采购供应—生产制造—市场营销—经销商—用户”的经营模式，转而变为“用户+技术研发—用户+采购供应—用户+生产—用户+市场营销”的经营模式；在这种经营模式下，用户开始越来越多地参与到企业运营的各个环节，因此，在“互联网+”时代企业的价值链模型必须重构。

在拙著《互联网时代业务流程再造》（第四版）中，我们首次提出了“价值环”[①]的概念，如图4-4可以看到，在互联网时代，不管是基本活动，还是支持活动，企业的所有业务都必须围绕用户核心诉求展开。与波特价值链模型（图4-1）关注利润不同，互联网时代的企业价值环模型更加关注客户。因此，企业在进行内部经营环境分析的时候，也必须对用户核心诉求以及满足客户诉求的核心价值活动进行梳理和评估，发现导致用户价值诉求不能最大化满足的关键因素是至关重要的。

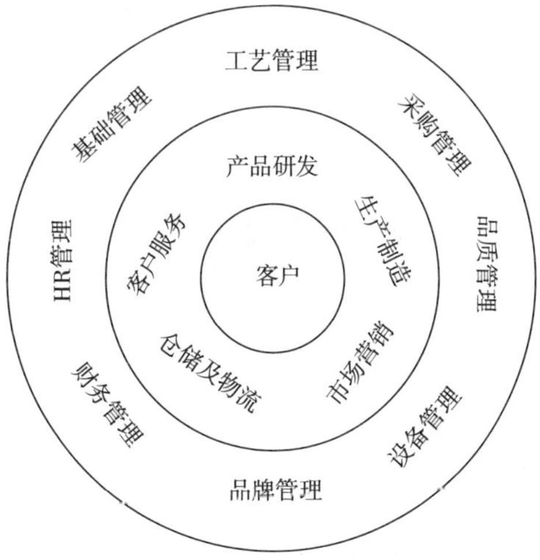

图4-4 企业价值环模型

① 水藏玺. 互联网时代业务流程再造［M］. 北京：中国经济出版社，2015：57.

【案例 4 -3】 金凯德企业价值环分析

接【案例 4 -1】我们把金凯德集团基本活动(内部物流、生产经营、外部物流、市场营销、客户服务)和支持业务活动(技术开发、采购供应、人力资源管理、财务投资、基础设施)都紧紧围绕"客户"展开(见图 4 -5),这就意味着企业内部的所有业务活动都要检讨自己跟客户诉求之间的关系,以及本业务对客户价值实现的贡献。

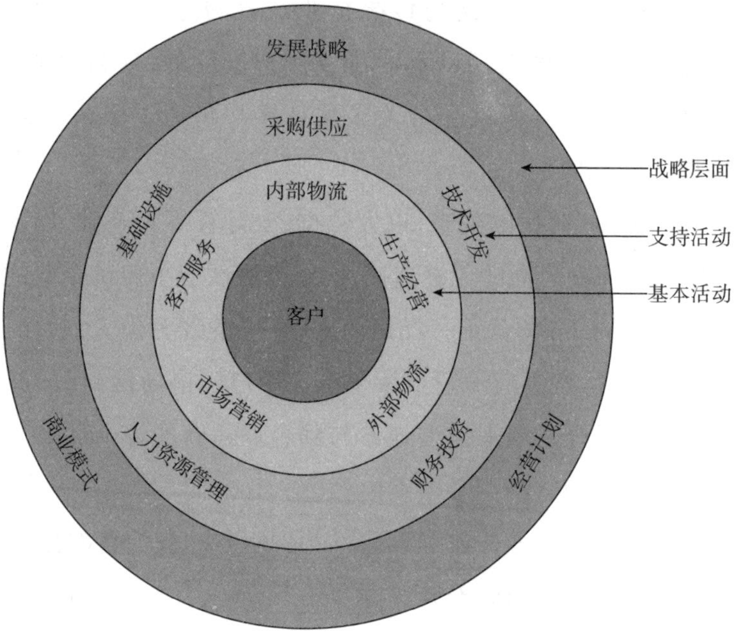

图 4 -5 金凯德企业价值环模型

三、业务蓝图绘制

价值链(价值环)规划完成之后,企业还需要结合价值链(价值环)包含的基本活动系统规划业务蓝图。业务蓝图一方面可以帮助企业全视野看清现有业务布局现状,另一方面还可以帮助企业进行有效的业务逻辑分析,找出现有业务中存在的问题,以便识别哪些业务活动对客户价值主张满足是有利的、哪些业务活动是没有价值的。

如图 4 -6 示意,业务蓝图通常由四部分构成:

1. 企业发展战略及经营计划

这部分内容是为企业指明发展方向，优化商业模式，明确经营目标，并建立完善的目标实现计划体系。

2. 企业经营衡量

这部分内容从 3 个维度进行企业经营衡量，即经营健康度指标、经营过程指标及经营结果指标。不同企业的经营衡量指标会存在差异，但健康度指标、过程指标和结果指标这 3 个大类都是雷同的。其中，健康度指标衡量企业是否具有长期、稳健经营的能力，如员工满意度、客户满意度、管理成熟度、人均产值、人均利润、投资回报周期等；过程指标用来衡量企业经营过程的状况，是确保企业经营结果指标顺利达成的基础，如订单交付周期、生产计划达成率、产品不良率、存货周转次数、库存周期、回款及时率等；经营结果指标是阶段性经营成果的体现，是企业全体员工共同努力的结果，也是用来衡量结果是否达到投资方诉求，如总资产回报率、利润、收入、股东价值、企业市值等。

3. 企业核心业务

与价值链模型中的基本活动类似，业务蓝图中的这部分内容需要详细列出企业从挖掘客户需求，到产品研发、获取订单、订单交付、客户服务等价值创造全过程的业务活动。值得注意的是，不同企业价值创造的逻辑是不同的，有些企业是市场营销—面向订单研发—面向订单生产制造—仓储物流—客户服务，有些企业是客户需求调研—产品研发—市场营销—面向订单生产制造—仓储物流—客户服务，还有些企业是需求调研—产品研发—生产制造—市场营销—仓储物流—客户服务，总之，在绘制业务蓝图的时候一定要把企业价值创造的逻辑表达出来。

4. 企业支持业务

与价值链模型中的支持活动类似，支持业务需要规划和识别与企业价值创造不可或缺的辅助和支持活动，常见的支持业务包括品质管控、设备管理、工厂管理、财务管理、组织及人力资源、行政后勤、流程与信息化、资源管理等。

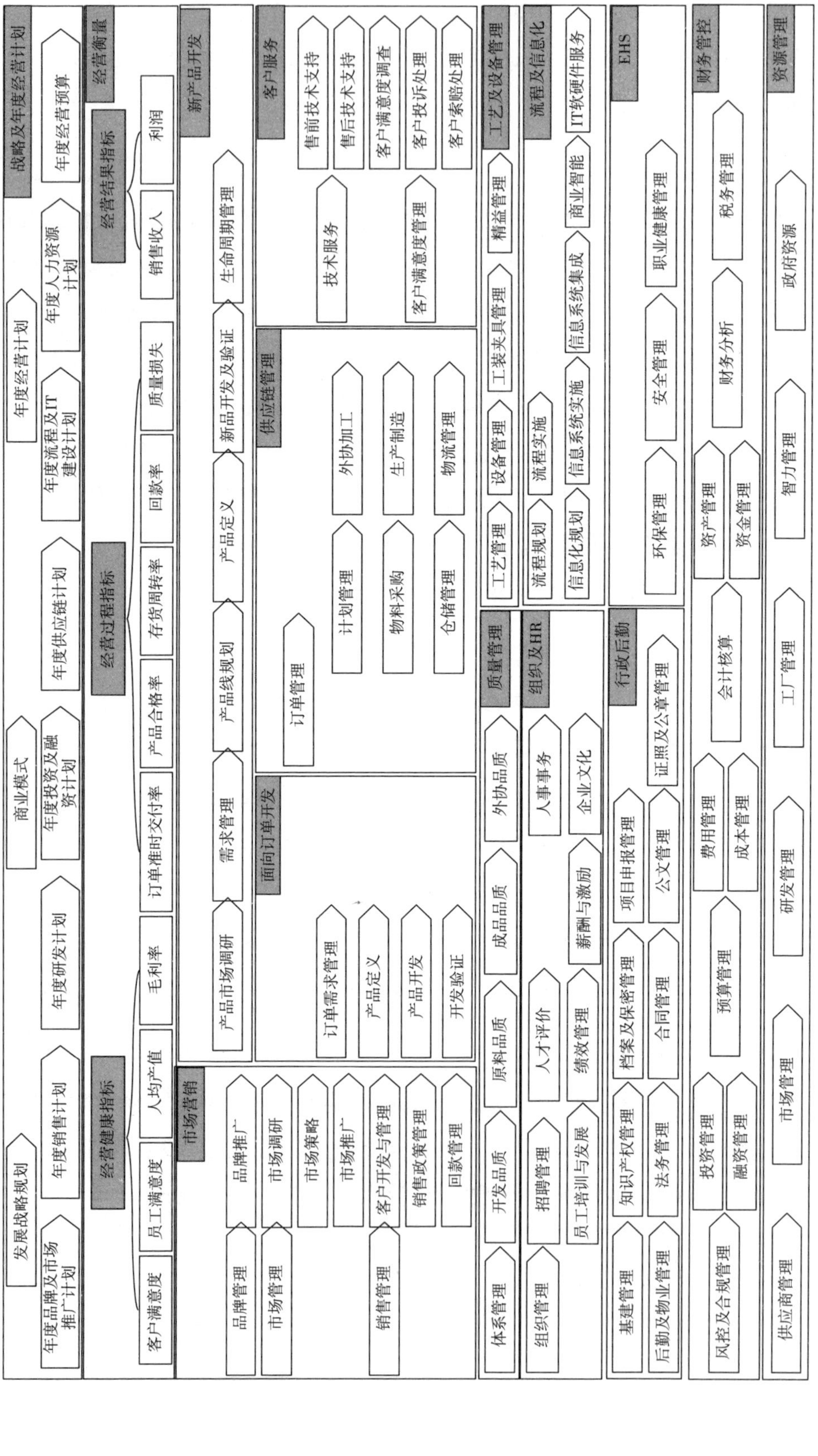
战略及年度经营计划
发展战略规划
商业模式
年度经营计划
年度品牌及市场推广计划
年度销售计划
年度研发计划
年度投资及融资计划
年度供应链计划
年度流程及IT建设计划
年度人力资源计划
年度经营预算
经营衡量
经营健康指标
经营过程指标
经营结果指标
客户满意度
员工满意度
人均产值
毛利率
订单准时交付率
产品合格率
存货周转率
回款率
质量损失
销售收入
利润
市场营销
品牌管理
品牌推广
市场管理
市场调研
市场策略
市场推广
销售管理
客户开发与管理
销售政策管理
回款管理
新产品开发
产品市场调研
需求管理
产品线规划
产品定义
新品开发及验证
生命周期管理
面向订单开发
订单需求管理
产品定义
产品开发
开发验证
供应链管理
订单管理
计划管理
外协加工
物料采购
生产制造
仓储管理
物流管理
客户服务
技术服务
售前技术支持
售后技术支持
客户满意度调查
客户满意度管理
客户投诉处理
客户索赔处理
质量管理
体系管理
开发品质
原料品质
成品品质
外协品质
工艺及设备管理
工艺管理
设备管理
工装夹具管理
精益管理
组织及HR
组织管理
招聘管理
员工培训与发展
人才评价
绩效管理
薪酬与激励
人事事务
企业文化
流程及信息化
流程规划
流程实施
信息化规划
信息系统实施
信息系统集成
商业智能
IT软硬件服务
行政后勤
基建管理
后勤及物业管理
知识产权管理
法务管理
档案及保密管理
合同管理
项目申报管理
公文管理
证照及公章管理
EHS
环保管理
安全管理
职业健康管理
财务管控
风控及合规管理
投资管理
融资管理
预算管理
费用管理
成本管理
会计核算
资产管理
资金管理
财务分析
税务管理
资源管理
供应商管理
市场管理
研发管理
工厂管理
智力管理
政府资源

图 4－6　业务蓝图(示意)

【案例 4-4】 金凯德集团业务蓝图规划

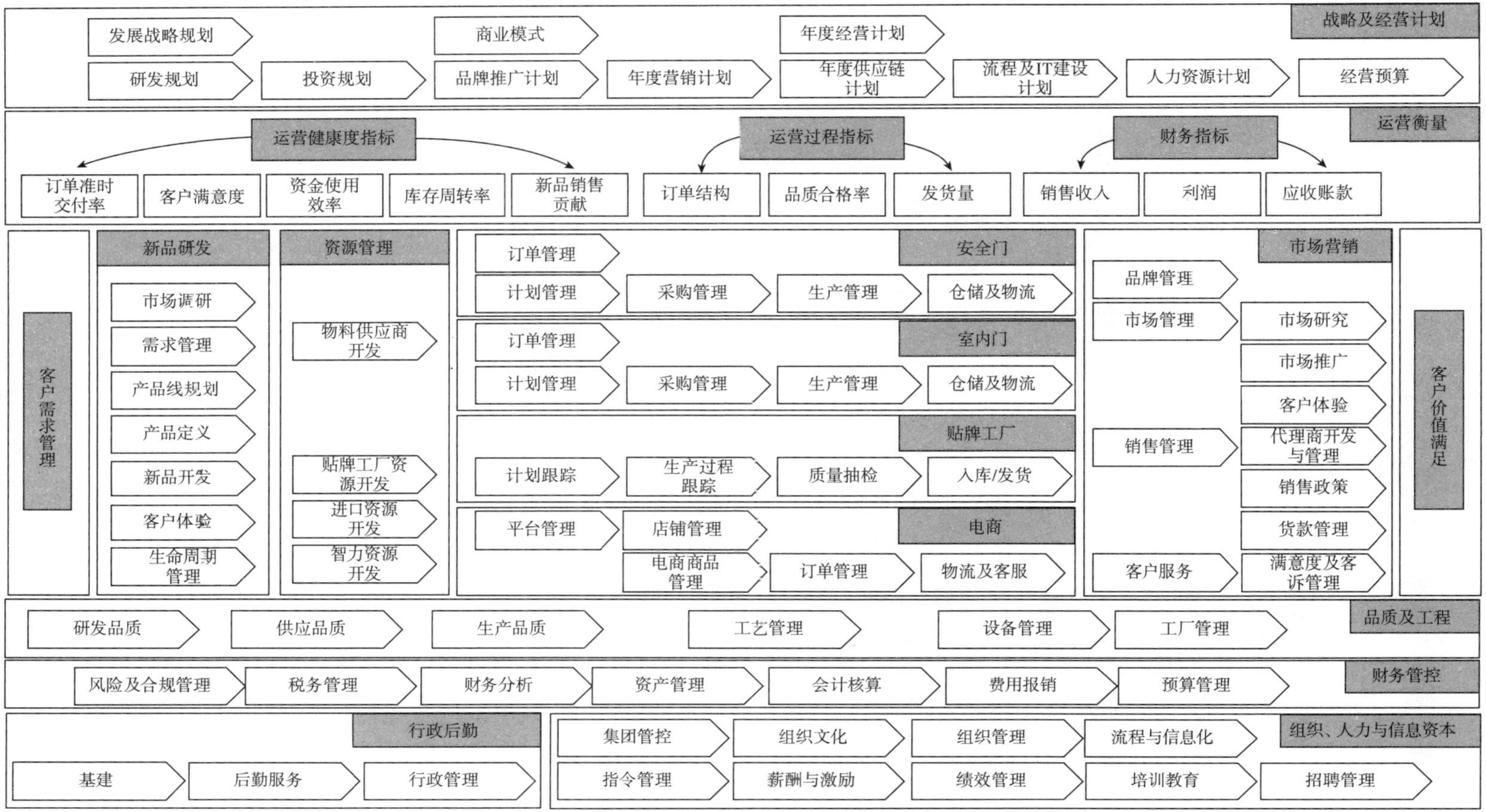

图 4-7 金凯德集团业务蓝图

通过图4－7可以看到，金凯德集团的核心业务为基于客户需求理解的新品研发、资源开发与管理、安全门订单交付、室内门订单交付、贴牌工程制程管理、电商运营以及市场营销，这是一家典型的产品驱动型公司。

【案例4－5】 怡家酒店业务蓝图

怡家酒店是一家着力打造个性化服务的经济型连锁酒店，该酒店通过其“千店千面”的独特客房设计以及“女主人”服务模式，在业内创造了多个奇迹，以下是我们协助怡家酒店规划的业务蓝图。

请大家注意看图4－8中怡家酒店的运营衡量指标，我们知道衡量一家企业运营结果的指标往往是收入、利润两大指标，但怡家酒店为了保证结果指标的顺利达成选择了5大过程指标，分别为会员转化率、会员卡销售、入住率、平均房价、成本控制。作为任何一家门店的店长，他都可以每天关注这5大指标的表现，进而及时采取措施，确保经营结果顺利达成。另外，作为一家连锁酒店，如何确保公司长久经营，还需要思考诸如投资回报周期、客户满意度、员工满意度等健康指标。

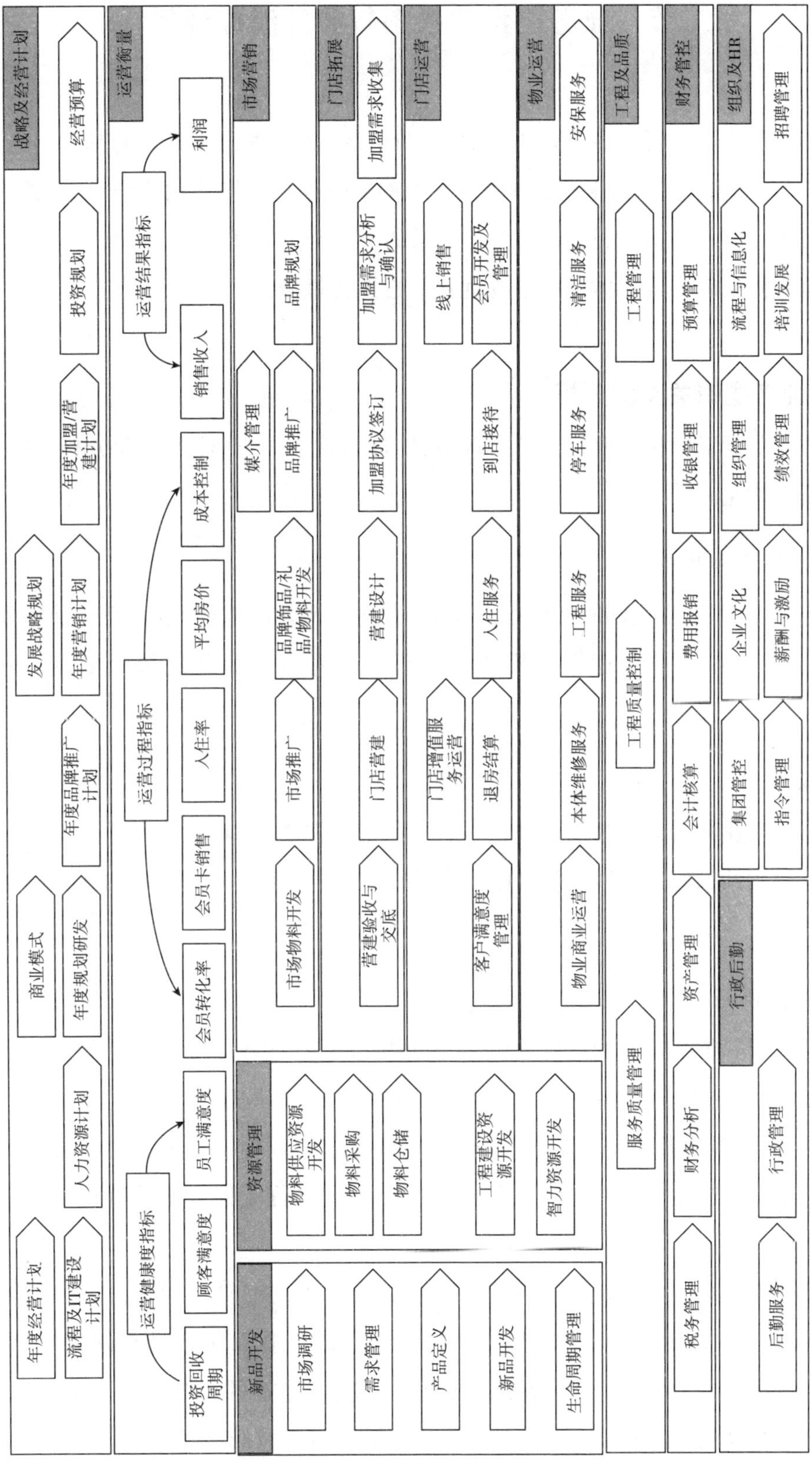

图 4－8　怡家酒店业务蓝图

第二节 业务逻辑关系图与业务流程规划

核心业务逻辑分析是在对企业价值链(价值环)和业务蓝图分析的基础上,针对企业价值链(价值环)和业务蓝图中所涉及的每一项活动进行细化分析,分析每项活动对企业的价值贡献,以便帮助企业识别增值与非增值业务单元,为企业重新规划流程体系以及流程体系的系统优化与再造提供依据。

一、业务逻辑关系图分析

核心业务逻辑分析主要包括三个环节,即识别核心业务、业务活动分析、业务逻辑分析与优化。

1. 识别核心业务

在企业中,每天都在同时运作很多业务,有些业务是增值的,也有很多业务是非增值的,企业核心业务逻辑分析的第一步便是对现有业务进行全面盘点和梳理。

2. 业务活动分析

结合每项业务活动的绩效表现,利用访谈、问卷调查、现场观察等手段对每项活动进行分析,明确关键活动及增值活动,并识别需要加强、削弱、增加或删除的业务活动。

3. 业务逻辑分析与优化

根据对现有核心业务的系统分析,企业还需要对这些核心业务活动的逻辑关系进行分析,以便确定这些业务活动存在的必要性及先后顺序。

在这里,很多读者朋友经常会问这样一个问题,那就是一家企业的核心业务活动究竟是多好还是少好?这也是我们在帮助企业进行流程优化的过程中经常遇到的问题。

很多管理者会认为,为了把工作做得更加细致,需要在管理和业务环节上增加很多的控制点,然而这样一来,工作会越来越复杂,工作量也会越来越大,一个部门会裂变出若干个岗位,甚至会分解成若干个部门,企业的组织会越来越庞大,流程也会越来越长,相应地,企业的运作效率也就会越来越低。

需要说明的是：企业内部的管理和业务工作并不是越多越好，而是要根据业务的需要恰到好处地设计，这才是最理想的。

特别是互联网时代，企业在做业务分析和布局的时候，通常会做减法：固定资产投入做减法，让尽可能多的钱流动起来；产品做减法，专心打造让客户尖叫的产品；渠道做减法，建设扁平化的渠道模式；工厂做减法，调整大规模生产为柔性化生产；管理层做减法，干掉多余的中层；管理做减法，让高效成为企业运营的主旋律。

总之，做减法需要企业简化内部流程，提升效率，以客户需求为导向，最大化满足客户核心价值主张。

【案例4－6】 浙江华孚色纺企业业务逻辑关系分析

浙江华孚色纺主营中高档色纺纱线，配套提供半精纺、涡流纺、气流纺色纺纱线和高档新型的坯纱线、染色纱线，同时提供流行趋势分析、原料与产品认证、吊牌、技术咨询等增值服务。经过多年的发展，公司目前在华东、华北、西北、华中、海外拥有5个生产基地、70多家生产工厂。

受华孚色纺的委托，我们对该企业集成研发、整合营销、集成供应链等三大核心业务逻辑关系进行了全面的分析。

(1)华孚色纺集成研发业务逻辑分析：

表4－1 华孚色纺集成研发业务阶段及活动现状

业务阶段	业务活动项数	主要业务活动名称
产品规划	4项	产品中长期规划、年度新产品开发计划、年度色咭规划、年度研发预算
产品需求分析	8项	市场信息研究和分析(替代品、竞品等)、新材料/新工艺/新技术研究和分析、纤维技术专项研究和分析、市场色彩信息研究和分析、专色设计和验证、色咭标准制作和发布(色咭样板、说明书等)、客户新产品需求分析、新产品立项评估
产品开发	9项	项目立项(独立立项、联合立项)、项目过程管理(样品设计、产品小试与评审、产品中试与评审)、开发品质验证、开发成本检讨分析与改进、可生产性评价、产品大试评审、产品大试与后处理、项目结案评审、新产品技术转移(工艺、物料、标准等)

续表

业务阶段	业务活动项数	主要业务活动名称
新产品推广	3 项	新产品推广评审、新产品推广技术方案、新产品评价与总结
研发管理	4 项	研发预算编制与管理、研发预算执行分析与改善、新产品技术资料管理(工艺文件、品质标准、BOM、产品界定表更新、专利资料、样纱管理等)、技术文件存档与分发

表 4-2　华孚色纺集成研发业务活动现状分析

业务阶段	现有业务活动项数	存在的问题	业务活动优化建议	优化后业务活动项数
产品规划	4 项	基于产品为王的公司战略支撑,产品线规划、监控、全生命周期管理都亟待强化和规范	增加“产品线规划”	5 项
产品需求分析	8 项	对产品需求变化研究不深入,集成产品研发更多的是以技术或工程师为导向,与市场脱节严重	(1)增加“新产品立项收益评估”; (2)强化“色彩市场趋势研究”“产品市场信息收集与分析”“新材料/新工艺研究与分析”	9 项
产品开发	9 项	(1)新产品的立项评审有些流于形式,未来需要强化技术评审和收益评审预估; (2)研发项目过程管理成熟度不高; (3)新产品的质量成熟度还不够高,量产后问题遗留比较多; (4)新产品的可生产性不足,影响生产效率成本控制	(1)增加“项目可生产性评审”和“成本分析检讨”; (2)强化“项目质量评审、产品项目团队组建”	13 项
新产品推广	3 项	新产品推广与市场中心的协同需要强化(新产品推广方案)	增加“新产品推广信息收集与反馈”“项目收益评估分析”“项目评价总结”“产品生命周期管理”	7 项
研发管理	4 项	新产品名称管理混乱,导致企业内部产品线及产品结构极其复杂	强化“新品名申请、审批”	10 项
合计	28 项			44 项

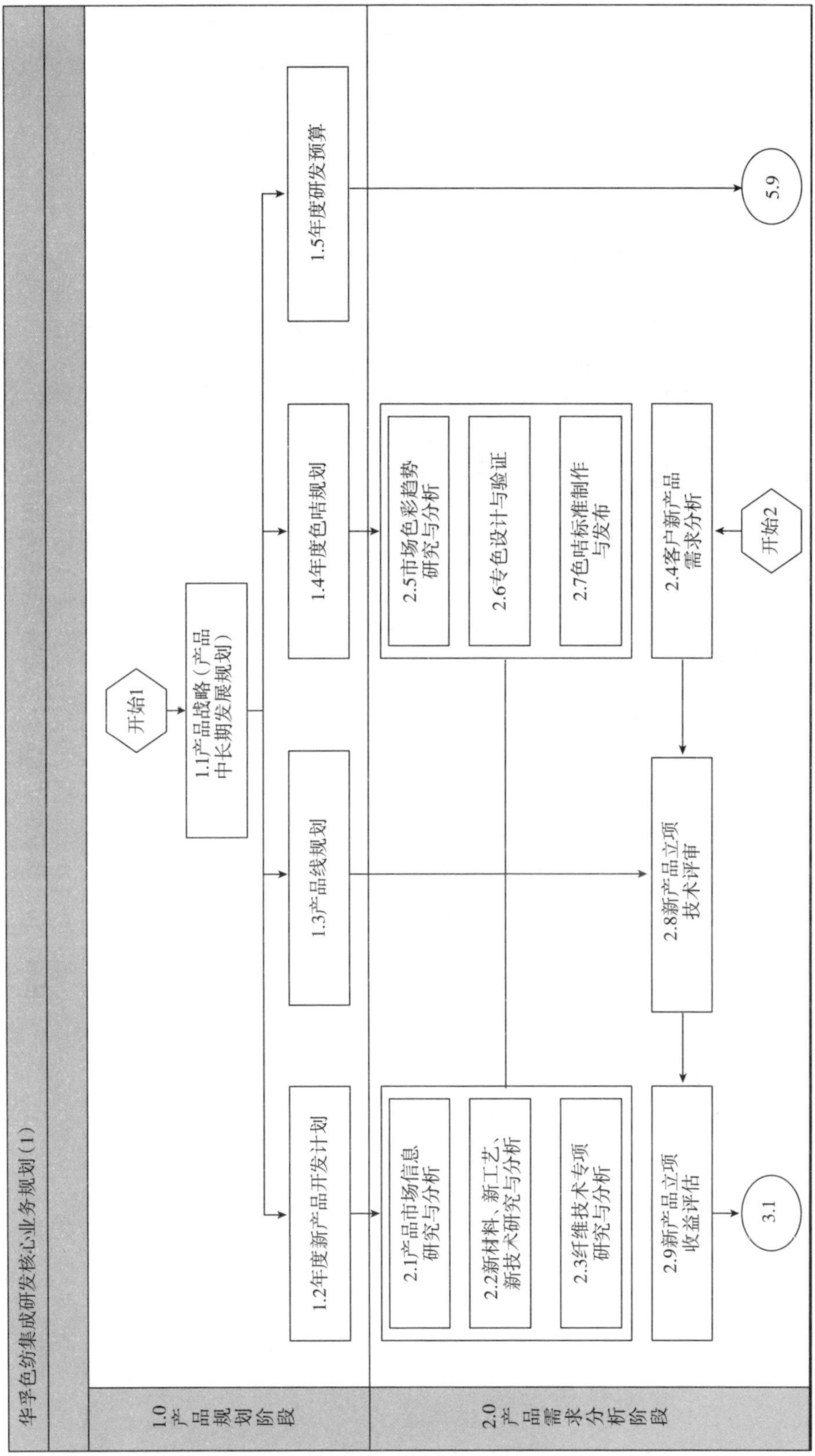

图4－9　华孚色纺集成研发业务逻辑关系图（1）

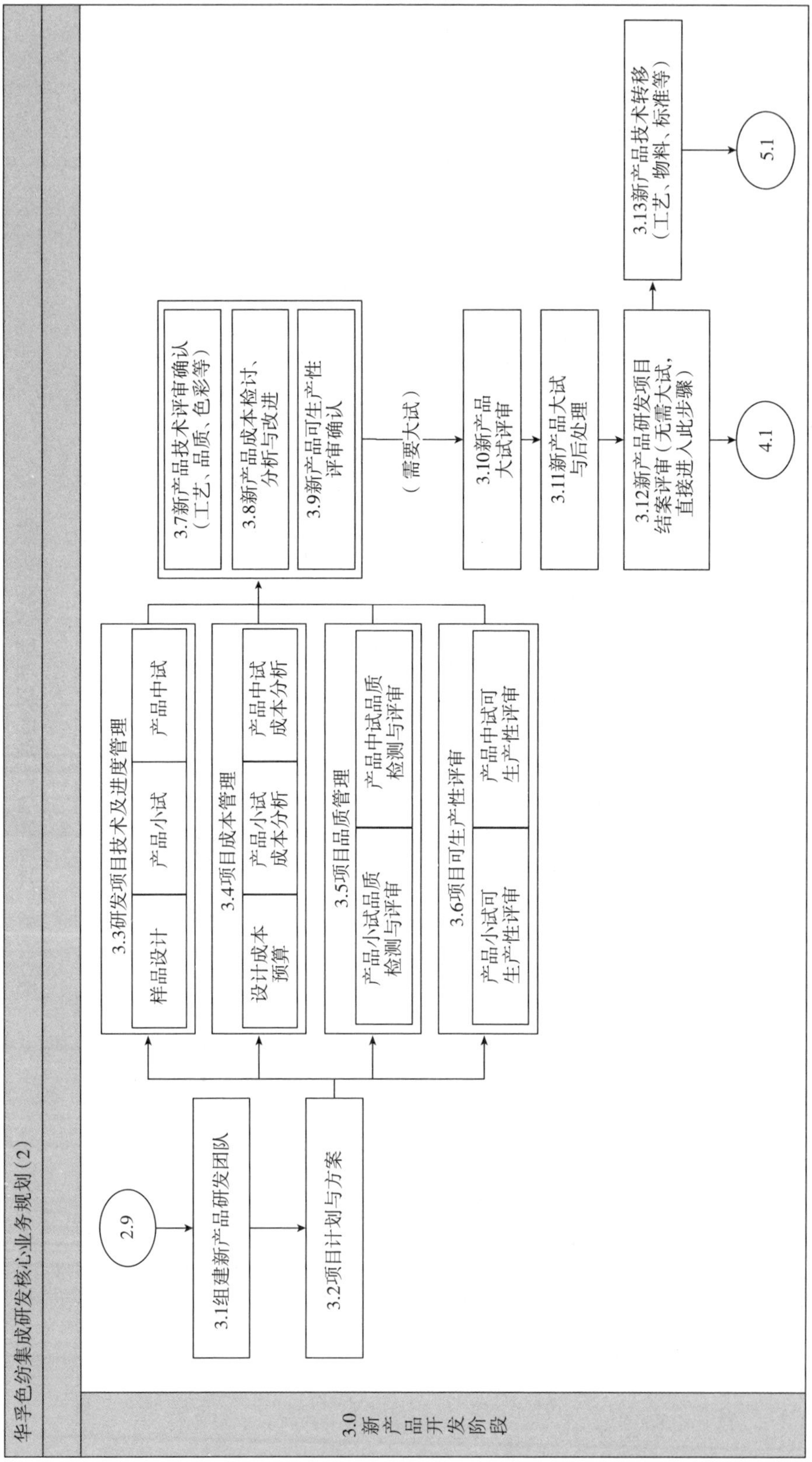

图 4－10 华孚色纺集成研发业务逻辑关系图（2）

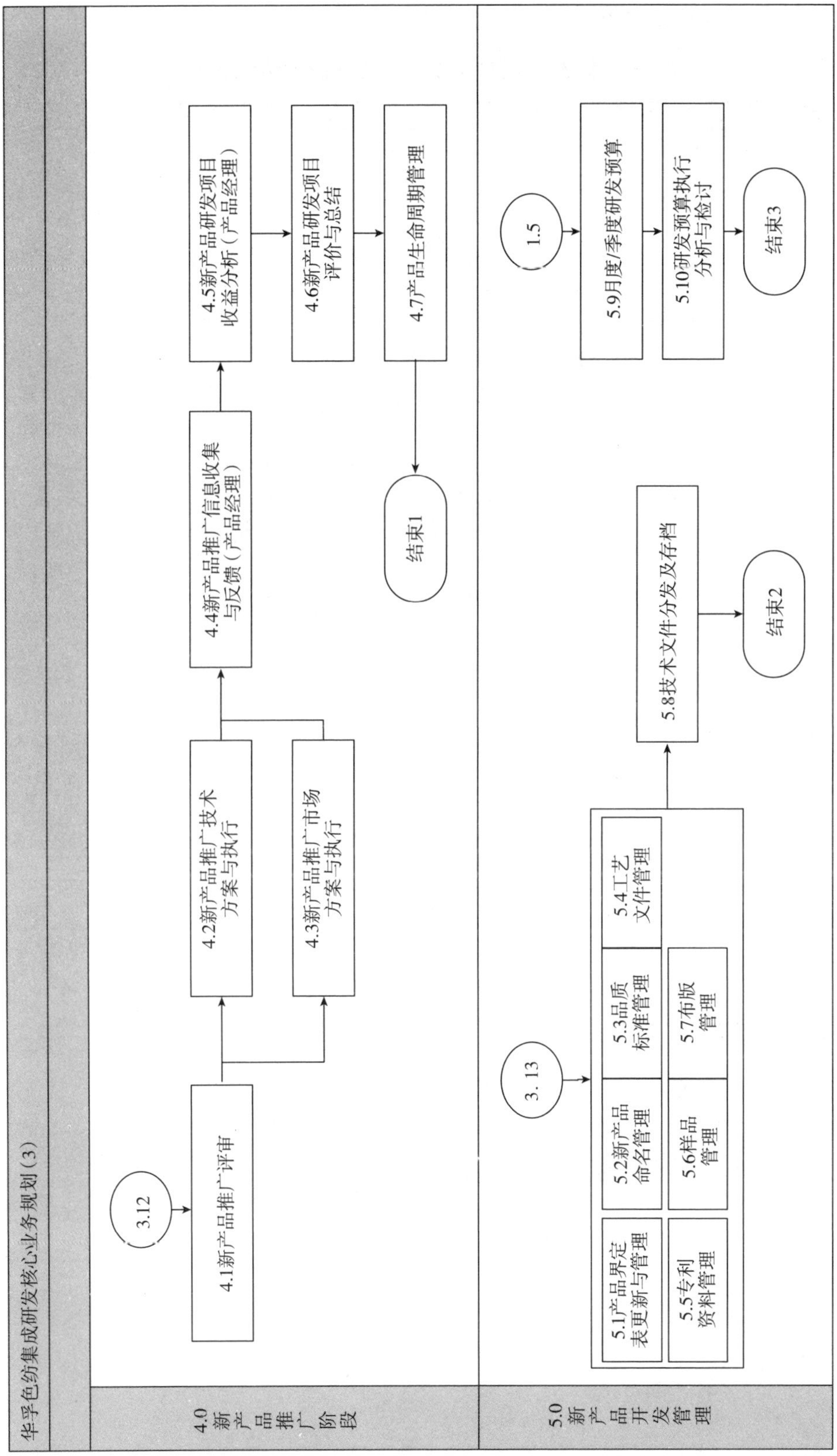

图 4－11　华孚色纺集成研发业务逻辑关系图(3)

(2)华孚色纺整合营销业务逻辑分析：

表4-3 华孚色纺整合营销业务阶段及活动现状

业务阶段	业务活动项数	主要业务活动名称
营销规划	11项	业务战略（产业、产品、市场、客户）及定位、年度营销规划、年度终端开发计划、年度市场推广计划、年度销售计划、年度销售政策、区域销售计划、产品销售计划、客户销售计划、品牌战略及定位、年度品牌推广计划
策划与推广	16项	终端开发策划方案、市场拓展及调研策划与实施、调研分析报告撰写及分发、市场活动策划（主题规划、产品方案、设计方案）、市场活动组织与实施（物料准备、现场布置、媒体宣传报道）、市场活动效果评估、市场活动档案管理、销售区域分析与执行（区域分析、区域调研、区域产品方案）、常规产品销售计划、新产品销售计划、新产品推广、品牌推广策划方案、VIS规范管理、品牌推广活动实施、品牌活动效果评估与品牌形象监控、品牌档案管理
客户与订单开发	11项	终端开发（产品开发、客户开发）、终端开发订单落单管理、新客户开发、客户价值分析、客户提升计划（客户价值开发、潜力客户开发）、月度销售预测与计划、客户订单评审（订单自审、订单互审、订单变更管理、报价与价格管理、新产品打样订单评审）、客户订单转单管理、销售合同签订与管理、销售货款管理、销售台账管理
客户管理与服务	9项	客户等级评价、大客户项目管理、价值客户项目管理、B/C类客户关系维护、客户信息管理、客户满意度调查与管理、客户投诉管理、客户交接管理、客户档案维护与管理

表4-4 华孚色纺整合营销业务活动现状分析

业务阶段	现有业务活动项数	存在的问题	业务活动优化建议	优化后业务活动项数
营销规划	11项	基于整合营销思想，公司在市场、销售和品牌之间的整合协同能力有待进一步提升	(1)强化“年度整合营销计划”，强调品牌、市场和销售之间的整合； (2)增加“年度市场拓展计划”	9项

续表

业务阶段	现有业务活动项数	存在的问题	业务活动优化建议	优化后业务活动项数
策划与推广	16 项	(1)市场研究与集成产品研发、新产品推广协作需强化；(2)销售预测准确率不高，对供应链运营效率影响很大；(3)整合营销各类信息、数据缺乏统一管理，内部信息共享和开发利用不足	(1)强化“终端开发策划”“市场调研策划和实施”“品牌推广活动策划”；(2)将“市场活动档案”和“品牌活动档案”统一整合到“营销信息数据库”	16 项
客户与订单开发	11 项	终端开发人员评价、激励管理需要进一步规范	(1)强化“终端开发”和“月度销售预测和计划”；(2)将“销售台账”统一纳入“营销信息数据库”	9 项
客户管理与服务	9 项	各营销工作需要在继承原来优秀经验的基础上，进一步深挖潜力，更加深入化和细致化	(1)强化“大客户项目管理”和“价值客户项目管理”规范化；(2)将“客户档案”统一纳入“营销信息数据库”	9 项
合计	47 项			43 项

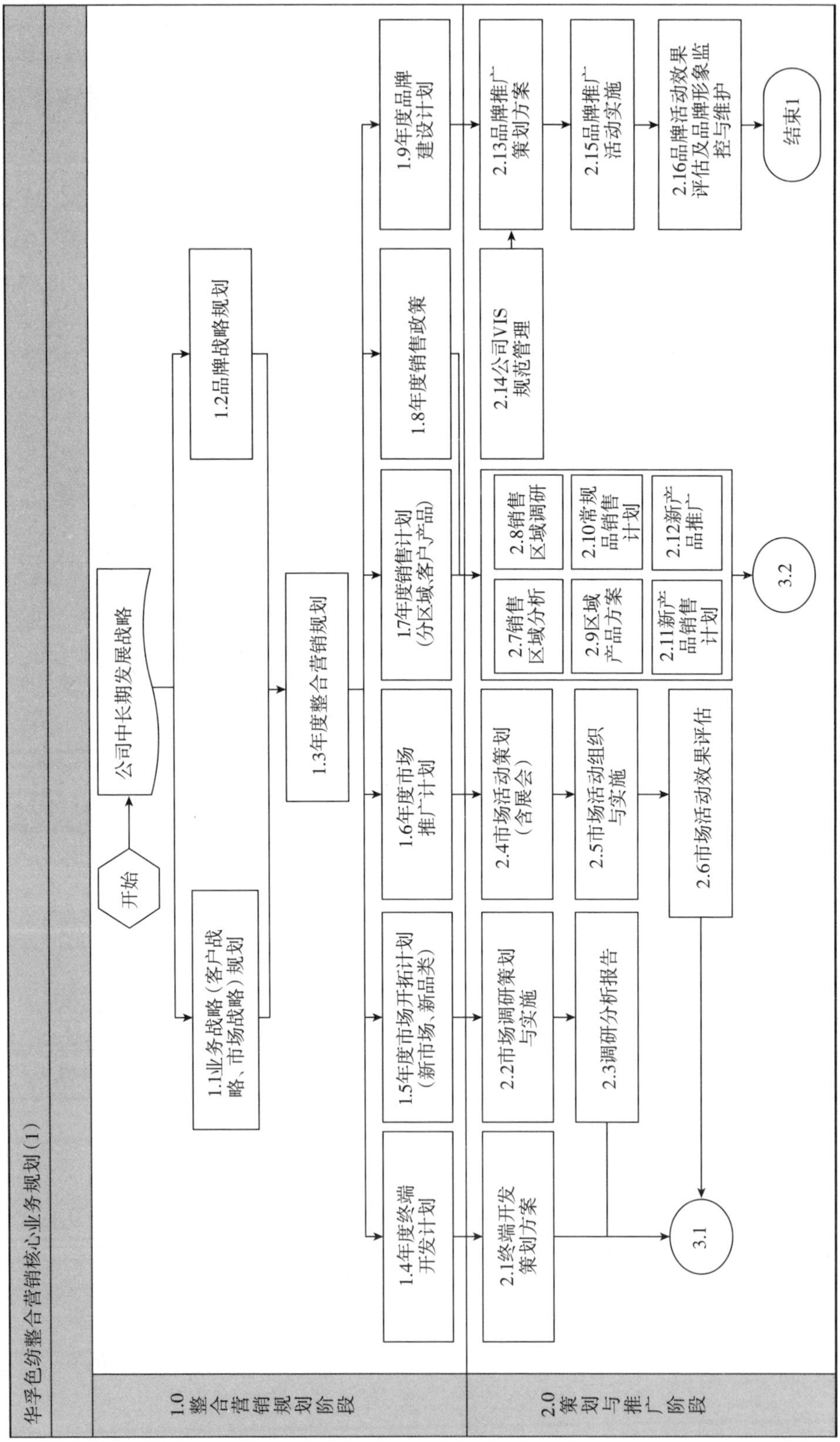

图4-12 华孚色纺整合营销业务逻辑关系图(1)

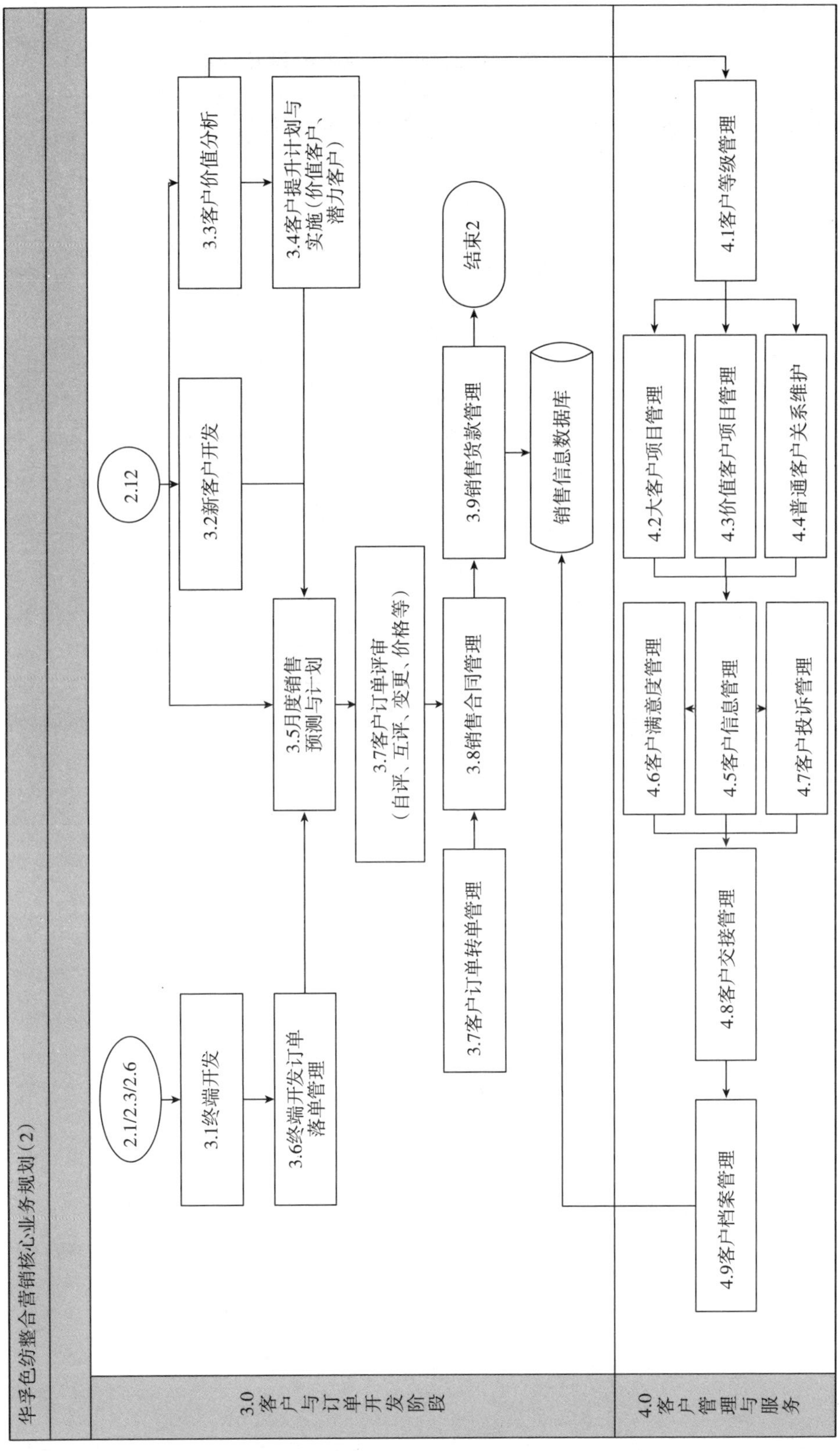

图4－13　华孚色纺整合营销业务逻辑关系图（2）

(3)华孚色纺集成供应链业务逻辑分析：

表4-5　华孚色纺集成供应链业务阶段及活动

业务阶段	业务活动项数	主要业务活动名称
供应链计划	13项	年度经营计划(产、销、存、购)、月度销售计划与订单、月度生产计划及临时生产计划、交割库管理、供应市场趋势分析、战略采购计划、季度采购计划、物料采购性价比管理、新材料认证与试用、一级配棉、外协加工计划、物料需求计划、采购实施计划
物料采购	9项	采购物料目录管理、供应商管理、供应商标准建立、供应商开发与选择、供应商评价(交期、品质、服务、价格等)、合格供应商名录管理、采购执行(现货采购、期货采购、招标采购、采购价格管理、采购合同管理)、来料品质检验、物料入库管理
生产实施	12项	生产承包管理、生产订单下达、生产排单、二级配棉、生产领料、分级室管理、生产厂生产组织、生产过程品质控制、外协加工管理、成品品质检验、产品入库、生产统计
交货管理	8项	发货计划、内部调拨指令(备货/补货)、订单发货指令、物流配送、异常物流、物流服务质量监督、区域仓库入库、客户收货
设备管理	9项	设备采购计划、设备选型评审、设备调拨、设备采购、设备安装调试、设备交接、设备技术改造、设备维护保养、设备报废及账务处理

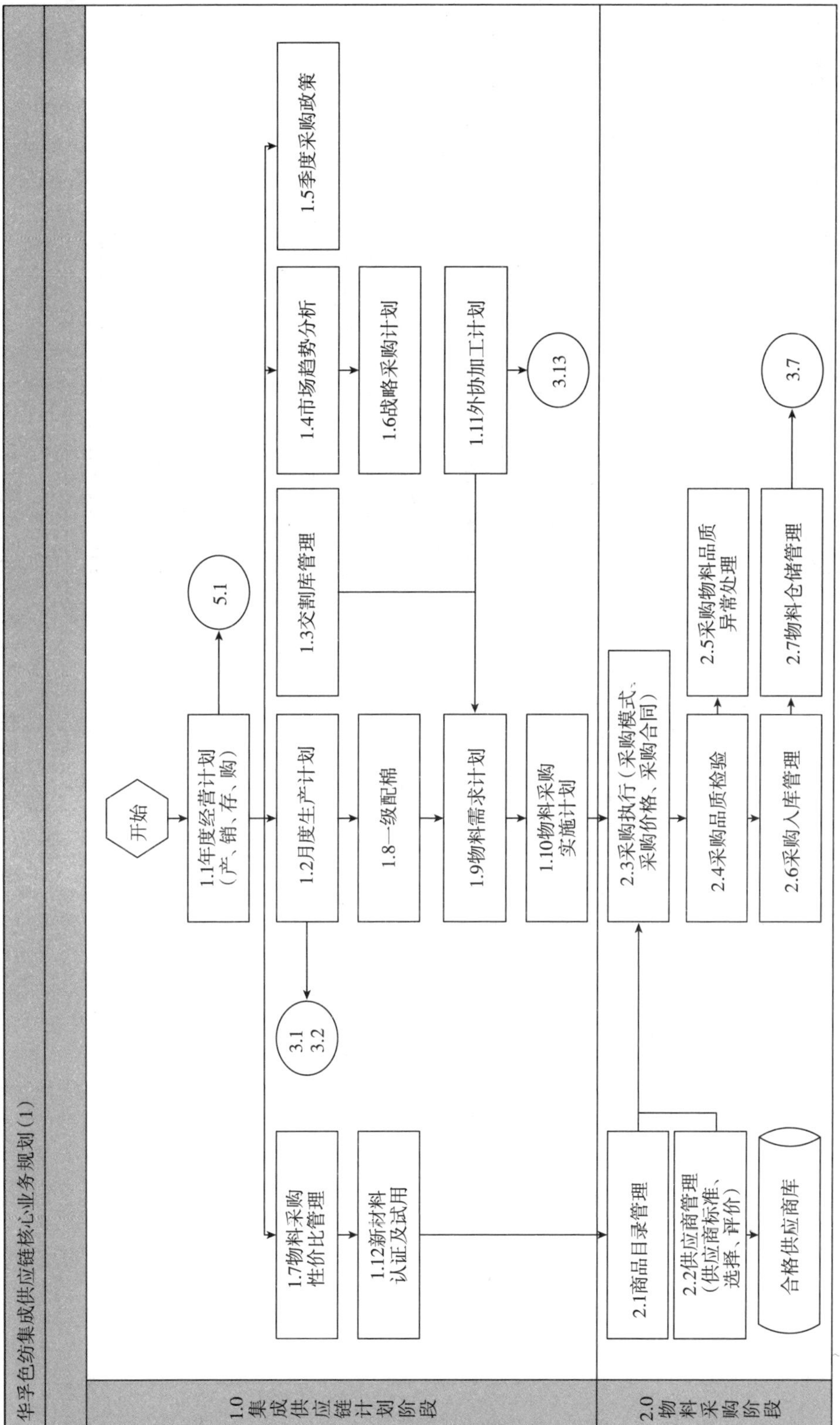

图4－14　华孚色纺集成供应链业务逻辑关系图(1)

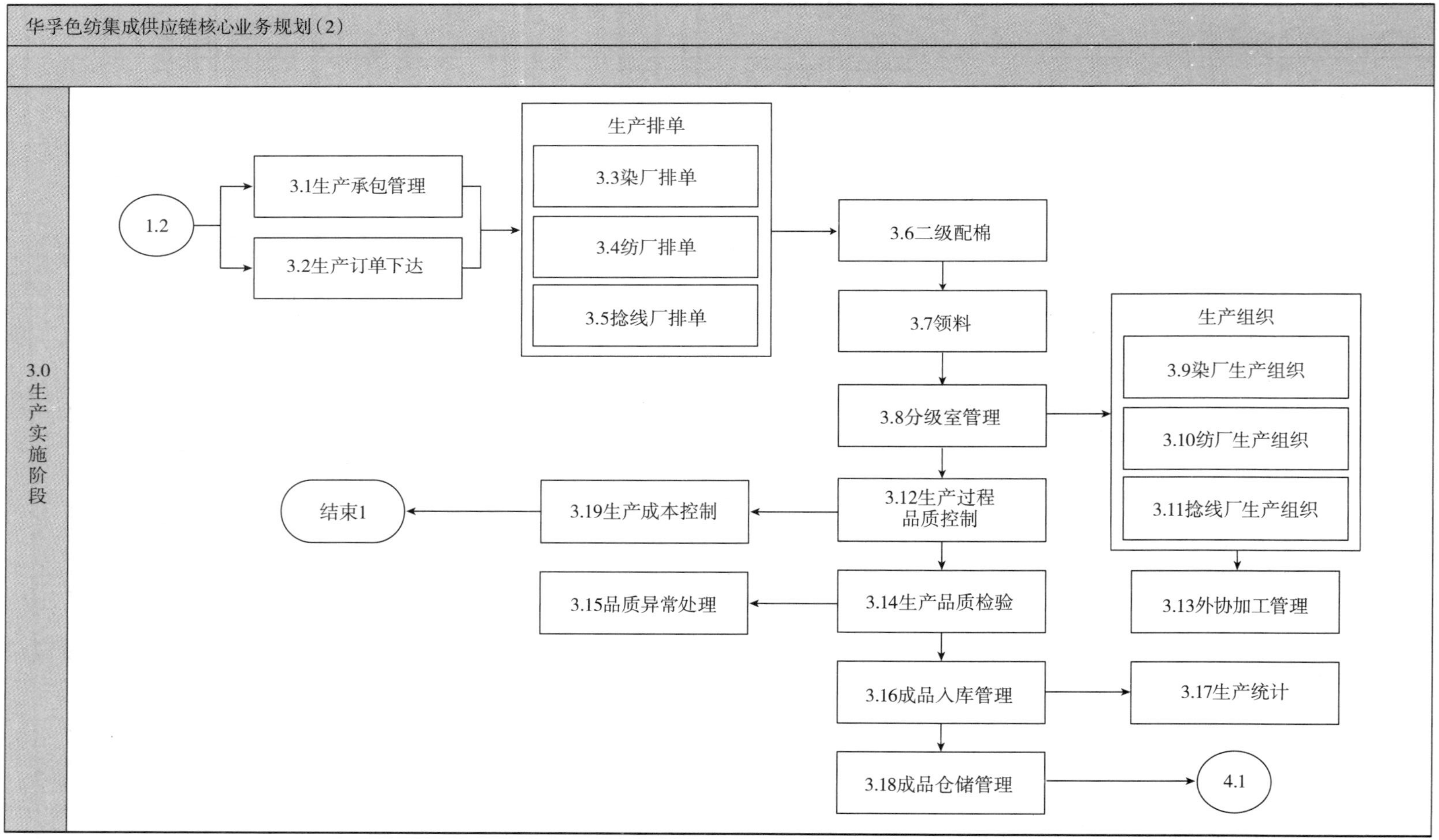

图 4－15　华孚色纺集成供应链业务逻辑关系图（2）

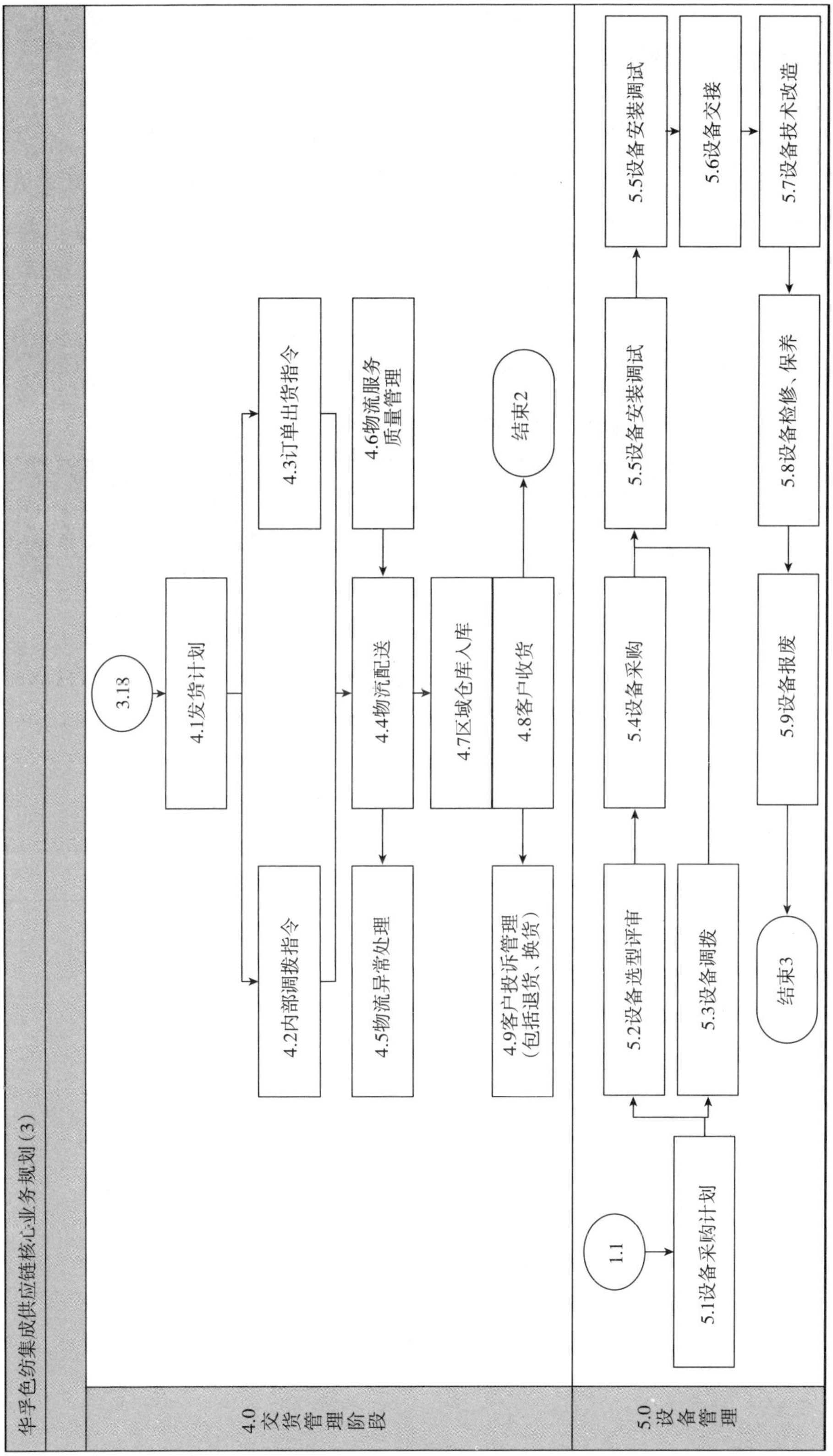

图 4-16　华孚色纺集成供应链业务逻辑关系图(3)

通过以上分析,我们就可以非常清晰地看到华孚色纺集成研发、整合营销、集成供应链三大核心业务内部的逻辑关系。

【案例4-7】 深圳信睿科技财经服务、人力资源业务逻辑分析

深圳信睿科技是一家专门从事“互联网+智慧城市”“互联网+智慧教育”“互联网+智慧医疗”“互联网+智慧交通”等业务的高科技企业,与华为合作关系紧密,同时与广州、佛山、中山、珠海等珠三角城市合作密切,是一家国家级高新技术企业。

(1)深圳信睿科技财经服务业务逻辑分析:

表4-6 深圳信睿科技财经服务业务阶段及活动规划

业务阶段	业务活动项数	主要业务活动名称
财务预算及计划	7项	年度经营预算、年度投资规划、年度资金计划、年度融资计划、会计核算规则、会计科目设置、年度税务筹划
财务核算	13项	季度财务预算、预算执行与调整、尽职调查、投资项目预算、月资金计划、收入核算、销售开票、成本核算、成本票据管理、费用核算、费用报销、会计报表、税款缴交
资产管理	6项	资产管理(固定资产、存货)、资金管理、理财管理、汇率管理、往来账管理(应收、应付)、对账管理(应收、应付)
财务分析	3项	预算分析、财务分析、财务风险控制

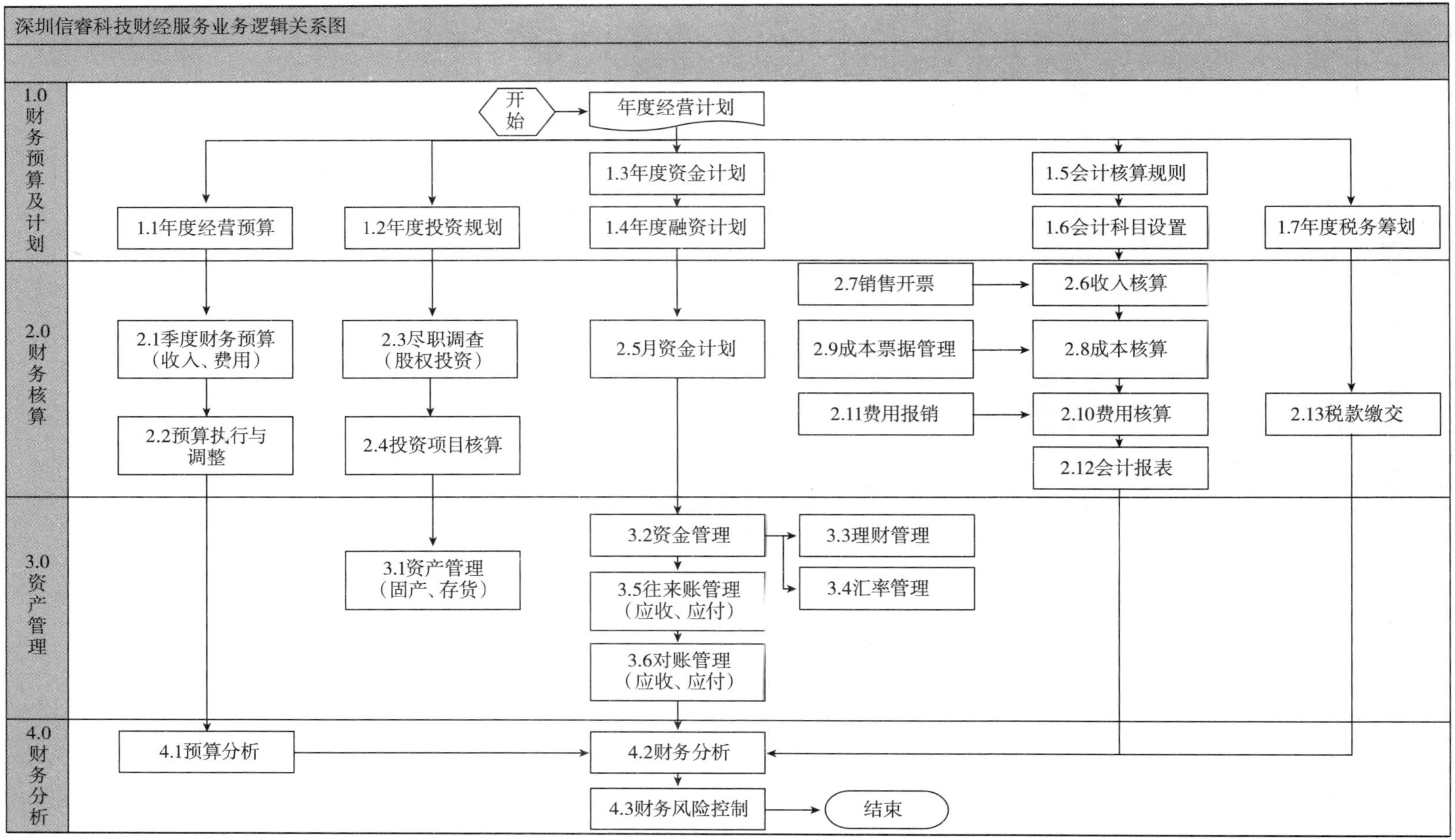

图 4－17　深圳信睿科技财经服务业务逻辑关系图

(2)深圳信睿科技人力资源业务逻辑分析:

表4-7 深圳信睿科技人力资源业务阶段及活动规划

业务阶段	业务活动项数	主要业务活动名称
人力资源规划	1项	年度人力资源规划(数量、质量、结构、素质提升、成本)
组织职位管理	6项	组织管理、公司/部门组织结构设计、部门职能划分、定岗定编、任职资格评定、工作分析与岗位说明书编写
甄选与招聘	12项	年度招聘计划、招聘方案策划、招聘渠道筛选、招聘实施、招聘信息发布和甄选、建立面试题库、人才测评、面试甄选、背景调查、拟录用通知、员工入职管理、试用期管理
培训与发展	9项	职业发展规划、培训需求收集与分析、培训计划、讲师队伍建设、培训讲义、培训实施方案(包括内训与外训)、实施培训、培训效果评估、培训档案管理
目标绩效管理	10项	绩效体系建设、绩效制度制定、绩效管理、绩效督导、绩效考核评价、干部述职、结果应用、绩效面谈、绩效改进、绩效申诉处理
薪酬激励管理	12项	薪酬管理体系设计、薪酬调研、岗位价值评估、薪酬定级、薪酬核算、薪酬发放、个税申报、统计台账、薪酬制度、福利管理、考勤管理、薪酬档案
员工关系管理	6项	员工关系管理(员工档案)、劳动合同管理、异动管理、离职管理、劳动纠纷处理、员工满意度
企业文化	3项	企业行为规范建设、标识文化建设、企业文化活动策划

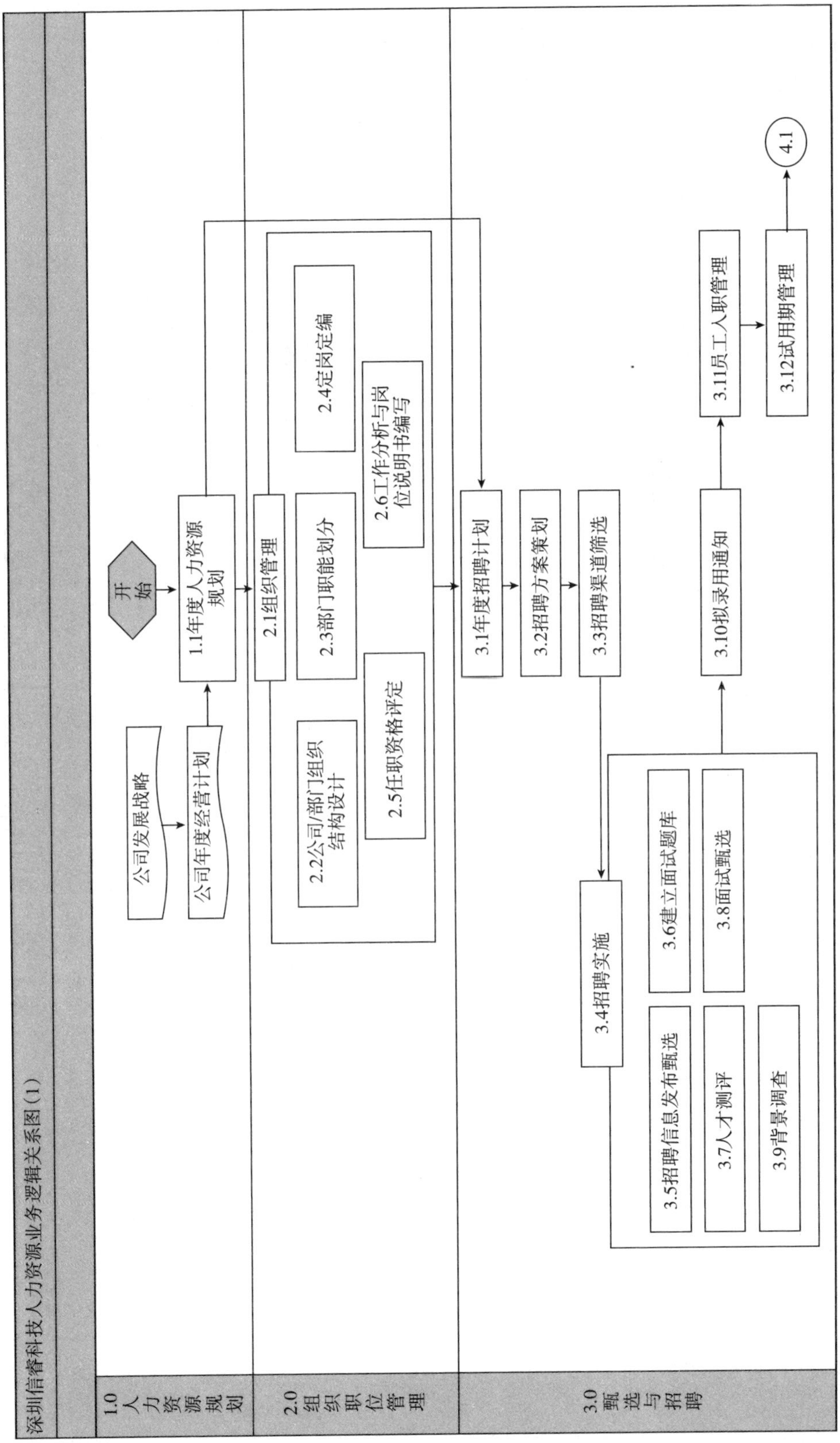

图4-18　深圳信睿科技人力资源业务逻辑关系图(1)

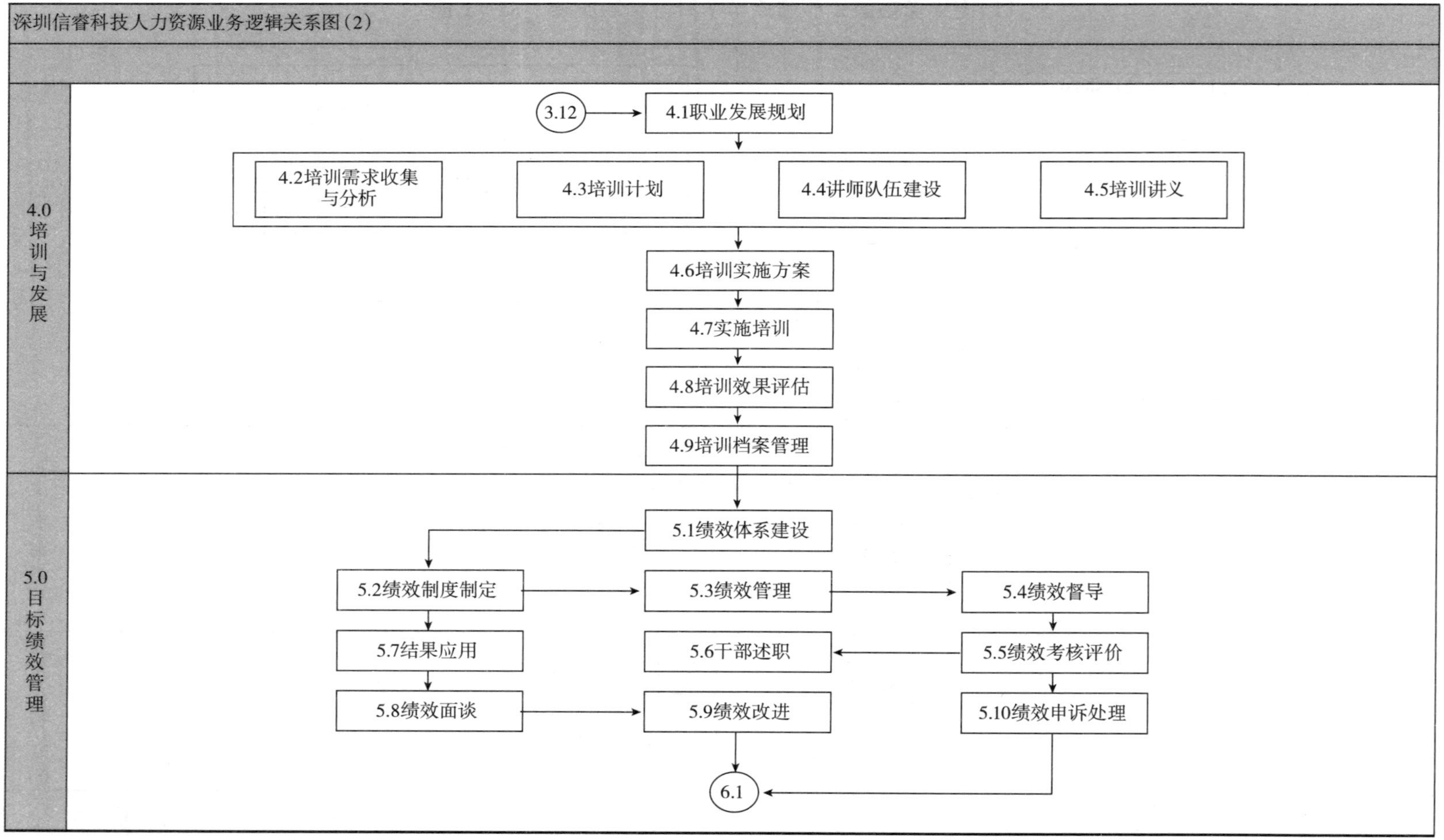

图 4-19 深圳信睿科技人力资源业务逻辑关系图（2）

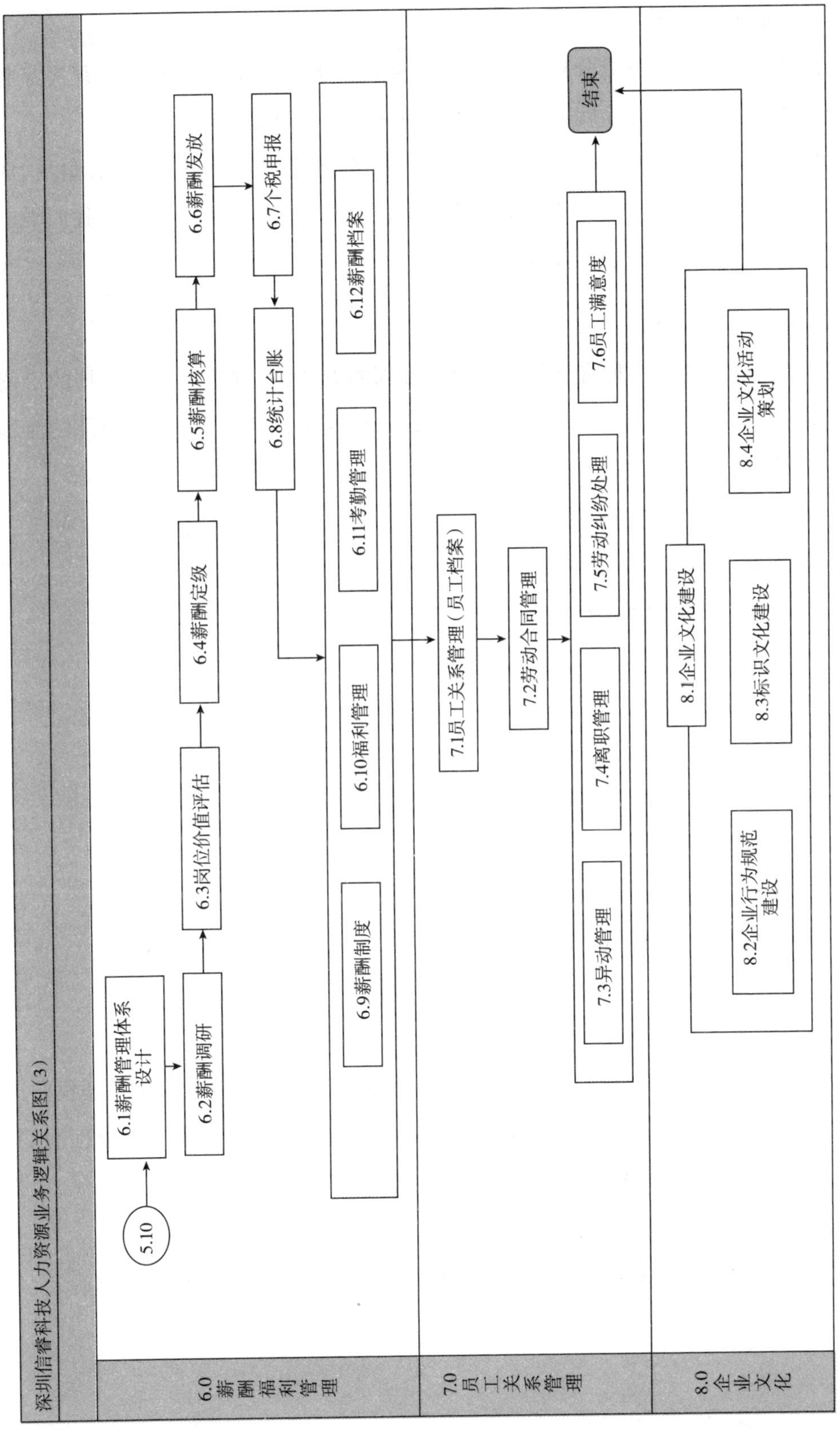

图4－20 深圳信睿科技人力资源业务逻辑关系图(3)

二、流程总体规划

在进行核心业务逻辑分析的基础上，企业还需要对相关联业务用流程贯穿起来，形成横向的业务链，这就需要系统地进行企业流程规划。

企业流程规划的方法很多：价值链分析法、绩效重要性矩阵、学习五角星、成本－收益矩阵等。它们各自所着眼的流程优化管理角度不尽相同，需要我们根据流程优化的目的进行科学、合理的使用。

1. 价值链分析法

价值链分析法是一种常见的企业流程规划的方法，根据迈克尔·波特的价值链模型，American Productivity and Quality Center（简称：APQC）将企业内部的流程共分为 12 类，如图 4－12 所示：

（1）发展愿景与战略；

（2）设计与开发产品及服务；

（3）产品与服务的营销；

（4）产品与服务的交付；

（5）客户服务管理；

（6）发展与管理人力资本；

（7）信息技术与知识管理；

（8）管理财务资源；

（9）物业的获得、建设与管理；

（10）健康、安全、环境管理；

（11）管理外部公共关系；

（12）对改善与变革进行管理。

不管采取什么分类方式，应用价值链理论进行企业流程体系的建立是我们进行流程优化的首要基础工作，只有将企业内部的整体流程体系建立并梳理清楚，我们才能够确定流程优化的范围，并根据企业的实际运营需要和管理状况，对相关流程进行优化和重组。

关于 APQC 流程规划清单读者朋友可以登录 http://www.apqc.org 查阅。

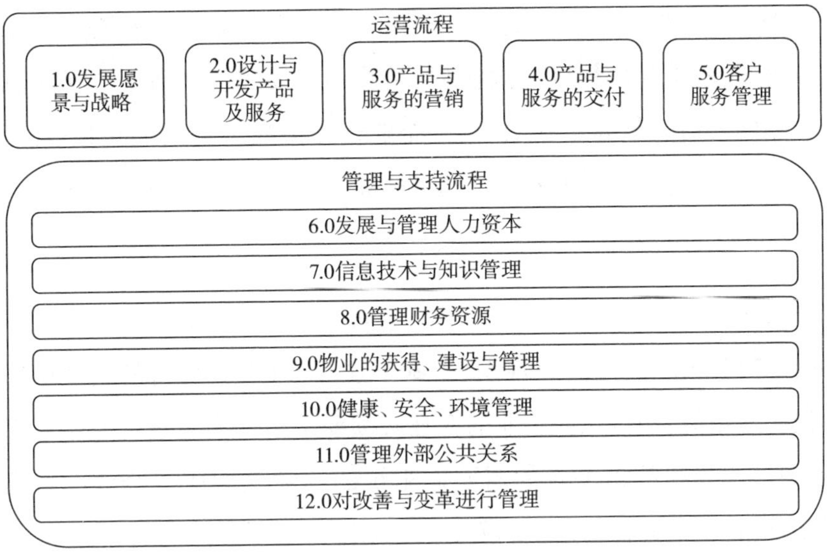

图 4－21　APQC 核心流程规划

2. 绩效重要性矩阵

根据不同流程对企业的重要性程度以及流程本身绩效水平的高低，我们可以对相关流程进行识别，并采取不同的管理方式，从而提高企业流程的管理水平。

具体来讲，我们可以采取如下步骤进行流程规划：

（1）首先根据企业内部经营运作特点，按照价值链分析法对企业内部的流程运作体系进行梳理，建立并明确企业的整体流程运作体系。

（2）按照绩效重要性矩阵要求，将影响流程重要性和绩效表现的相关因素进行识别，并按照 5 分制进行打分评价（5 分为最高，依次降低）。通常我们将流程绩效表现分解为及时性、准确性、低成本和易监控四个因子，而将流程重要性分解为产出价值、战略相关度、客户关注度三个因子（见表 4－8）。

表 4－8　流程绩效重要性矩阵分析表

	绩效表现				重要性		
	及时性	准确性	低成本	易监控	产出价值	战略关联度	客户关注度
流程 1							
流程 2							
流程 3							
流程 4							

（3）根据打分评价最终结果，可对不同流程采取不同的管理方式。

绩效表现差、重要性程度高的流程，是我们所要关注的重点。因为这类流程往往会影响到公司的整体运营效率，是企业运作中最为突出的短板；而那些绩效表现差、重要性程度低的流程往往不是我们所管理的重点性目标，对企业的运营效率提升影响比较有限，我们可以将其忽略。

3. 学习五角星

采用学习五角星进行流程规划，是基于这样一种假设前提：企业生产运营会受到各类利益相关者的影响，企业的存在必须要平衡和满足这些利益相关者的需要，为了满足这些利益相关者的需要而组织的活动就构成了企业的各类流程活动。因此，从利益相关者的角度出发，对现有各类流程进行识别和分析，可以更为有效地满足利益相关者的价值期望。

学习五角星中包括五类利益相关者的需求，分别是客户、标杆企业、员工、供应商和外部顾问。通过利益相关者对现有流程运作状况的评价，我们可以发现相关的问题流程，进而进行有效的分析和改进。

一般来说，供应商和客户经常直接与企业打交道，因此他们的评价多与企业所接触的相关界面流程有关，有助于企业外部相关流程的改进分析。某些特别挑剔的顾客所提出的观点往往正是流程进行全新设计时所考虑的目标。

标杆企业相关流程的分析评价则要结合企业自身的实际运营情况，选择与自身情况相接近的流程进行分析。指出标杆管理所能达到的水平，可以使企业可改进的领域显现出来。

顾问作为专业人士，能够从专业管理的外部角度对企业流程现状提出专业化的指导意见，具有较强的科学性和合理性。流程管理的实施工作一定要由可承受变化的企业员工来完成，因此顾问所提出的意见往往更具有现实性。

员工作为企业内部流程的执行者，对流程的运作情况最为熟悉和了解，也能提出针对性的改进意见。

上述学习五角星方法是我们开展流程分析、发现问题流程的重要诊断工具和方法。

4. 成本 – 收益矩阵

成本 – 收益矩阵（见图 4 – 22）主要是针对流程的花费成本与产出价值之间的

关系进行分析评价，通过发现绩优流程，提高公司对现有流程的价值管控能力，增加流程的增值空间。

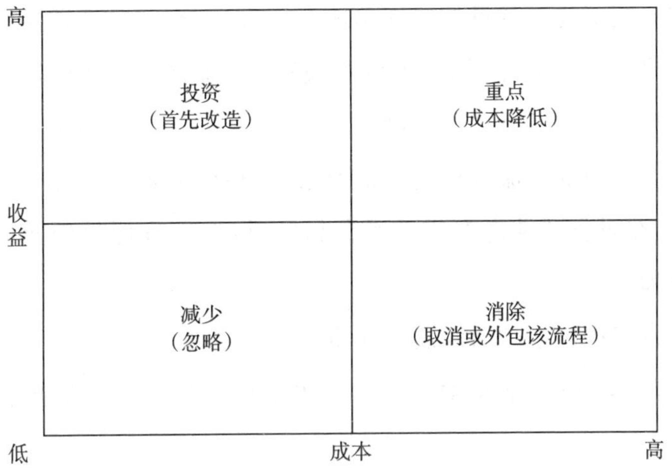

图 4－22　成本－收益矩阵

我们将流程按照收益与成本的相对关系分为 4 类：

（1）收益高、成本低的运作流程是我们优先进行流程优化和再造的对象，应重点对其进行投资和建设。比如对于高科技企业来讲，产品研发活动花费的成本低而产出价值大，其流程活动应是公司考虑的重点。

（2）收益高、成本高的流程，是公司流程运作体系中不可缺失的重要组成部分，应着重降低其运营成本，以增加企业的增值空间。对于许多企业来讲，职能部门的管理活动就是最为突出的例子：它们对企业来讲是履行监控和管理职能的必要体现，但如果成本耗费过高，由于这些活动成本最终都将由消费者买单，将不利于提升企业的产品价格竞争能力。

（3）收益低、成本高的流程对于企业来讲，耗费了企业过多的人力、物力、财力，其流程的实际表现与企业的期望存在着较大的差距，我们可考虑取消或者外包。比如美国著名的体育用品商耐克公司，如果由它自己进行生产制造，显然并不划算，因此它将低价值的生产制造环节都外包给中国、越南等许多企业，利用这些国家的廉价劳动力实行 OEM 生产，省去了大量的管理费用，而耐克只进行必要的质量监控，将最核心的产品研发环节和市场营销环节掌握在自己手中，从中赚取了大量的利润。

（4）收益低、成本也低的流程环节我们可以逐渐减少，并最终将其忽略掉。这类流程由于往往对企业并不能起到较大的支撑和管理作用,其存在的必要性也大打折扣,可以考虑将其取消。

以上我们介绍了几种常见的流程总体规划方法,有些方法适用于通过流程现状分析识别需要优化的流程(如成本-收益矩阵、绩效重要性矩阵),有些方法适用于通过流程利益相关者诉求分析进行流程规划(如学习五角星),有些方法适用于基于公司价值实现的全流程规划(如价值链分析法),本书介绍的方法是基于企业价值链分析,在对企业业务逻辑关系分析的基础上,确保每项业务活动都能够对应相应的流程。

企业在进行流程规划的时候需要注意:

(1)可以是多项业务活动对应一个流程,也可以是一项业务活动对应一个流程。

(2)如存在某个流程过于复杂的情况,可以将其拆分为多个流程,也可以将其作为一个一级流程,而将流程某个或某几个业务活动作为一个二级流程来支撑它。

(3)流程规划通常会包括流程名称、对应业务活动、流程归口部门(流程主人)、流程相关部门、流程输入、流程输出、流程增值方式、流程供应商、流程客户、流程核心步骤、流程类型等内容,当然企业也可以根据自己的实际需要对规划内容进行删减。

【案例4－8】 接【案例4－6】浙江华孚色纺集成研发、整合营销、集成供应链流程规划

表4－9 浙江华孚色纺集成研发流程规划

一级流程清单	二级流程清单	对应业务活动编号	流程主人	流程相关部门	流程输入	流程输出
R1. 产品线规划和管理流程		1.1、1.2、1.3、1.5、4.6	产品开发中心	公司领导、营销系统、产品设计中心、经营管理中心	产品中长期规划	年度产品线规划图
R2. 产品开发流程		2.1、2.2、2.8、2.9、3.1—3.13	产品开发中心	营销系统、品质中心、产品设计中心、经营管理中心、财务系统、生产大区、生产工厂	产品需求调研 产品线规划	新产品项目评价和总结
	R21. 产品市场信息研究和分析流程	2.1	产品开发中心	营销系统、采购与物流系统、生产大区、生产工厂	产品市场信息收集计划	产品市场信息需求趋势分析报告
	R22. 产品立项评估流程	2.8、2.9	产品项目部	公司领导、营销系统、产品设计中心、开发中心、经营管理中心	年度产品开发计划 年度产品线规划图	技术和收益评估分析
	R23. 项目生产性评审流程	3.6、3.9	产品项目部	产品设计中心、生产大区、生产工厂、品质中心	新产品小试	项目可生产性评审确认报告

续表

一级流程清单	二级流程清单	对应业务活动编号	流程主人	流程相关部门	流程输入	流程输出
	R24. 项目成本管理流程	3.4、3.8	产品项目部	采购中心、财务系统、产品设计中心	新产品项目预估成本	新产品成本检讨、分析和总结
	R25. 项目质量评审流程	3.5、3.7	品质中心	产品设计中心、生产大区、生产工厂、产品项目部	项目质量标准	质量评审确认报告
	R26. 产品结案评审流程	3.12	产品项目部	产品设计中心、生产大区、生产工厂、产品项目部	项目各类评审报告	项目评审报告
	R27. 新产品技术转移管理流程	3.13	产品设计中心	开发中心、采购中心、品质中心	新产品项目结案评审	新产品技术资料系统维护和知识档案
	R28. 新产品推广流程	4.1—4.6	产品项目部	公司领导、营销系统、产品设计中心	新产品推广评审	新产品收益分析、评价和总结
	R29. 新材料/新工艺/新技术研究和导入流程	2.2、2.3	产品开发中心	采购中心、营销系统、生产大区	研究计划	导入立项评审

续表

一级流程清单	二级流程清单	对应业务活动编号	流程主人	流程相关部门	流程输入	流程输出
R3. 设计变更管理流程		3.3、3.10、3.11	产品开发中心	营销系统、品质中心、经营管理中心、财务系统、生产大区、生产工厂	设计变更申请	设计变更总结分析
R4. 专色设计流程		1.4、1.5、2.5、2.6、2.7	产品设计中心	营销系统、经营管理中心、开发中心	专色年度规划	色咭标准制作和发布
	R41. 市场色彩趋势研究和分析流程	2.5	产品设计中心	外部顾问、开发中心、营销系统	市场色彩趋势调研计划	市场色彩趋势分析报告
	R42. 色咭制作与发放流程	2.7	产品服务部	产品设计中心、销售大区、市场中心	色咭标准制作和发布	色咭发放
	R43. 新替原料引进流程	2.2、2.3	采购中心	研发生产系统	新替原料开发	原料进入商品目录

表 4－10　浙江华孚色纺整合营销流程规划

一级流程清单	二级流程清单	对应业务活动编号	流程主人	流程相关部门	流程输入	流程输出
S1. 营销预测与计划流程		1.3—1.9	营销管理中心	市场中心、销售大区、终端开发部、产品研发中心、经营管理中心、品牌传讯部	年度整合营销计划	月度预测与销售计划
	S11. 销售承包管理流程	1.10	营销管理中心	销售大区、财务系统、公司领导	销售承包方案	评价和结果应用
S2. 客户开发和管理流程		1.7、3.1、3.2、3.3、3.4、4.1	营销管理中心	销售大区、市场中心、财务系统	年度客户规划	客户满意度分析
	S21. 价值客户评价流程	3.3、4.1	营销管理中心	销售大区、财务系统、公司领导	价值客户标准	评价结果应用
	S22. 终端开发管理流程	3.1	营销管理中心	终端开发部、市场中心、销售大区	终端开发计划	终端开发总结分析
S3. 客户订单管理流程		3.7、3.8	经营管理中心	销售大区、采购与物流系统	客户询单/PO	客户订单转单
	S31. 新产品报价流程	3.7	经营管理中心	财务中心、产品设计中心	报价申请	价格审批
	S32. 订单变更流程	3.7	经营管理中心	营销管理中心	订单变更需求/申请	订单变更审批

续表

一级流程清单	二级流程清单	对应业务活动编号	流程主人	流程相关部门	流程输入	流程输出
	S33. 打样管理流程	3.7	营销管理中心	各销售大区	打样申请	样品提交
S4. 客户服务流程		4.2—4.9	产品服务部	销售大区、品质中心、物流中心、经营管理中心	客户服务年度计划	客户服务总结分析
	S41. 价值客户项目管理流程	4.3	营销管理中心	各销售大区	客户需求	客户服务记录
	S42. 大客户项目管理流程	4.2	营销管理中心	各销售大区	客户需求	客户服务记录
	S43. 客户投诉/退货处理流程	4.7	营销管理中心	各销售大区	受理投诉	投诉得到妥善处理
	S44. 客户满意度管理流程	4.5	营销管理中心	各销售大区	客户满意度调查方案	客户满意度结果发布
S5. 市场推广流程		1.6、2.2—2.6	市场中心	销售大区、营销管理中心	市场推广计划	市场活动效果评估
	S51. 市场活动管理流程	2.4—2.6	市场中心负责人	品牌传讯部	市场活动选题	活动效果评估

续表

一级流程清单	二级流程清单	对应业务活动编号	流程主人	流程相关部门	流程输入	流程输出
S6. 市场拓展流程		2.1—2.6	市场中心	营销管理中心	市场拓展计划	市场拓展总结
S7. 品牌管理流程		1.9、2.13、2.15、2.16	品牌策划部	市场中心、销售大区	品牌战略	品牌监测与分析
	S71. 品牌推广活动管理流程	2.13、2.15、2.16	品牌策划部	市场中心、销售大区	品牌活动选题	活动效果评估

表 4-11　浙江华孚色纺集成供应链流程规划

一级流程清单	二级流程清单	对应业务活动编号	流程主人	流程相关部门	流程输入	流程输出
P1. 生产计划流程		1.2	经营管理中心	生产大区、生产工厂、品质中心、物流中心	销售预测计划	生产计划下发
	P11. 外协加工流程	1.11、3.12	经营管理中心	采购中心	外协加工计划	外协加工产品入库
P2. 物料需求计划流程		1.9	经营管理中心	采购与物流系统	生产计划/ 物料市场趋势分析	物料需求计划下达
	P21. 原料市场调研流程	1.4	采购中心	公司领导	信息收集	市场调研报告
	P22. 性价比管理流程	1.7	经营管理中心	采购中心、品质中心、公司领导	原料市场研究	性价比评审结论
	P23. 一级配棉流程	1.8	经营管理中心	研发与生产管理中心、公司领导	销售预测	一级配棉方案
	P24. 呆滞料处理流程	2.7	经营管理中心	采购中心、品质中心、财务中心	呆滞料提报	呆滞料完成处理和账务处理
P3. 采购流程		1.10、2.1—2.6	采购与物流管理部	品质中心、采购中心、财务中心、经营管理中心	物料需求计划	采购物料入库

续表

一级流程清单	二级流程清单	对应业务活动编号	流程主人	流程相关部门	流程输入	流程输出
	P31. 供应商选择与引进流程	2.2	采购与物流管理部	采购中心、品质中心、审计中心、财务中心	供应商标准建立	合格供应商进入供应商库
	P32. 供应商评价与考核流程	2.2	采购与物流管理部	采购中心、品质中心、审计中心、财务中心	供应商考评申请	考评结果应用
	P33. 采购招标执行流程	2.3	采购中心	品质中心、审计中心、财务中心、公司领导	招标采购需求	招标合同签订
	P34. 电子盘采购执行流程	2.3	采购中心	品质中心、审计中心、财务中心、公司领导	期货采购申请	物料到货
	P35. 现货采购执行流程	2.3	采购中心	品质中心、审计中心、财务中心、公司领导	现货采购申请	物料到货
	P36. 采购价格管理流程	2.3	采购与物流管理部	财务中心、公司领导	采购价格申请	采购价格审批
	P37. 进口报关报检流程	2.3	采购中心	进出口公司	进口申请	通关

续表

一级流程清单	二级流程清单	对应业务活动编号	流程主人	流程相关部门	流程输入	流程输出
P4. 原料检验控制流程		2.4	品质中心	采购中心、物流中心、经营管理中心、生产大区、生产工厂	原料检验申请	原料检验报告
	P41. 原料品质异常判定处理流程	2.5	品质中心	品质中心、采购中心	品质检验报告	异常物料处理
P5. 生产过程控制流程		3.1—3.12、3.16	研发与生产管理中心	经营管理中心、品质中心、物流中心、生产大区、生产工厂	生产计划/客户订单	成品入库
	P51. 生产承包管理流程	3.1	研发与生产管理中心	生产大区、生产工厂	生产计划	生产承包方案考评方案
	P52. 按单领退料流程	3.7、3.8	生产工厂	研发与生产管理中心	领料申请	领退料台账
	P53. 生产异常反馈处理流程	3.6—3.12	研发与生产管理中心	生产大区、生产工厂、品质中心、采购中心	异常反馈申请	处理措施跟进
	P54. 成品入库管理流程	3.16	物流中心	生产工厂	入库申请	入库

续表

一级流程清单	二级流程清单	对应业务活动编号	流程主人	流程相关部门	流程输入	流程输出
P6. 成品检验控制流程		3. 14	品质中心	经营管理中心、生产大区、生产工厂	成品送检申请	成品检验分析
	P61. 成品品质异常判定处理流程	3. 15	品质中心	经营管理中心、生产大区、生产工厂	成品不合格报告	不合格品处理
P7. 设备生命周期管理流程		5. 1—5. 9	纱线中心/染色中心	生产大区、生产工厂、采购中心	设备需求和管理规划	设备报废和账务处理
	P71. 设备选型评审流程	5. 2	纱线中心/染色中心	生产工厂、品质中心	设备采购需求	设备选型确定/跟踪分析
	P72. 设备技术改造项目管理流程	5. 7	纱线中心/染色中心	生产工厂、品质中心	技改项目立项	项目通过验收
	P73. 设备调拨流程	5. 3—5. 5	财务中心	研发与生产管理中心	调拨申请	设备接收
	P74. 设备检修流程	5. 8	纱线中心/染色中心	研发生产系统	设备检修计划	设备检修台账

续表

一级流程清单	二级流程清单	对应业务活动编号	流程主人	流程相关部门	流程输入	流程输出
	P75. 设备维修流程	5.8	纱线中心/染色中心	研发生产系统	设备报修申请	设备维修分析
P8. 出货交付流程		4.1—4.8	经营管理中心	品质中心、物流中心、生产大区	成品入库/出货计划指令	客户签收
	P81. 出口报关商检流程	4.4	物流中心	进出口公司、营销系统	出口申请	通关

【案例4－9】 接【案例4－7】深圳信睿咨询财经服务、人力资源流程规划

表4－12 深圳信睿咨询财经服务流程规划

一级流程清单	二级流程清单	对应业务活动编号	流程主人	流程相关部门	流程输入	流程输出
F1. 经营预算管理流程		1.1、2.1、2.2、4.1	财务部	各事业部/中心、总裁	年度经营计划	年度预算执行分析报告
	F11. 预算调整流程	2.2	财务部	各事业部/中心、总裁	年度经营预算	预算调整结果
F2. 年度投资流程		1.2、2.3、2.4、3.1	投资管理部	财务部、投资委员会、总裁	年度经营计划	投资项目总结
	F21. 投资项目尽职调查流程	2.3	投资管理部	财务部、投资委员会、总裁	投资项目计划	投资项目尽职调查报告
	F22. 固定资产管理流程	3.1	财务部	各事业部/中心、总裁	固定资产验收报告	固定资产管理台账
	F23. 存货管理流程	3.1	财务部	仓储部、运营副总	存货入库信息	存货库存报表
F3. 年度融资管理流程		1.3、1.4	财务部	总裁	年度经营预算	年度融资方案
F4. 资金管理流程		2.5、3.2、3.3、3.4	财务部	各事业部/中心、总裁	月度资金使用计划	资金管理报表

续表

一级流程清单	二级流程清单	对应业务活动编号	流程主人	流程相关部门	流程输入	流程输出
	F41. 理财管理流程	3.3	财务部	总裁	理财计划	理财收益报告
F5. 往来账管理流程		3.5、3.6	财务部	各事业部/中心、总裁	往来票据	往来账处理结果
F6. 会计核算流程		1.5、1.6、2.6—2.12	财务部	各事业部/中心、总裁	业务票据	会计报表
	F61. 费用报销流程	2.11	财务部	各事业部/中心、总裁	费用票据	费用报表
F7. 税务管理流程		1.7、2.13	财务部	总裁	税务计划	税务报表
F8. 财务分析流程		4.2、4.3	财务部	各事业部/中心、总裁	会计报表	财务分析报告

表 4－13　深圳信睿咨询人力资源流程规划

一级流程清单	二级流程清单	对应业务活动编号	流程主人	流程相关部门	流程输入	流程输出
HR1. 人力资源规划流程		1.1	人力资源部	各事业部/中心、总裁	公司发展战略、年度经营计划	年度人力资源规划报告
HR2. 组织管理流程		2.1—2.6	人力资源部	各事业部/中心、总裁	公司发展战略	公司一级结构、二级结构、部门使命与职能
	HR21. 岗位说明书编写流程	2.6	人力资源部	各事业部/中心	组织职位管理手册	岗位说明书
HR3. 招聘管理流程		3.1—3.10	人力资源部	各事业部/中心、总裁	招聘需求表	符合岗位要求的人才
	HR31. 内部招聘流程	3.3—3.7	人力资源部	各事业部/中心、总裁	招聘需求表	符合岗位要求的人才
	HR32. 试用管理流程	3.12	人力资源部	各事业部/中心	录用通知	入职手续办理完结
HR4. 培训管理流程		4.1—4.9	人力资源部	各事业部/中心、总裁	培训需求	培训档案
HR5. 员工绩效管理流程		5.1—5.5	人力资源部	各部门负责人、分管领导	公司年度经营计划	考核结果

续表

一级流程清单	二级流程清单	对应业务活动编号	流程主人	流程相关部门	流程输入	流程输出
HR6. 干部述职流程		5.6	总裁办	各事业部/中心、总裁	部门目标责任书、部门年度业务计划	述职评价结果
HR7. 薪酬福利管理流程		6.1—6.12	人力资源部	各事业部/中心、总裁	年度经营计划	薪酬福利政策
	HR71. 薪酬核算与发放流程	6.5—6.7	人力资源部	各事业部/中心、财务部、总裁	绩效成绩、考勤记录等	工资核算表
HR8. 劳动合同管理流程		7.2	人力资源部	各事业部/中心	劳动合同书、劳务协议	劳动合同档案
HR9. 劳动纠纷处理流程		7.5	人力资源部	各事业部/中心	劳动纠纷发生	劳动纠纷结案、协议书
HR10. 员工异动流程		7.3	人力资源部	各事业部/中心	异动申请书	员工岗位调整到位
HR11. 企业文化建设流程		8.1—8.4	人力资源部	各事业部/中心、总裁	公司文化规划方案	企业文化建设总结

三、业务流程规划

业务流程(Business Process,简称 BP),又称“订单实现流程”,主要是指直接参与企业经营运作的相关流程,业务流程是企业价值实现的关键,因此企业在进行流程规划的时候首先要识别出具体有哪些业务流程。

1. 核心业务流程特点分析

前面我们讲过,按照流程的功能特点进行划分,可以分为核心业务流程、核心管理流程和核心辅助流程。其中,核心业务流程是企业为了实现经营目标,按照客户需求,向市场生产、制造并提供产品/服务的活动,说白了就是直接为企业创造价值的活动。

从企业自身来看,其经营活动是以价值创造为核心的,价值创造贯穿了企业业务运作的各个环节,形成了企业内部业务活动的一体化。它们之间是相互关联并相互影响的。如果某个业务活动运作不畅,将会导致企业整体业务运作体系遭受巨大影响。

从企业实现自身价值的路径看,企业从发现顾客需求到满足顾客需求基本上是一个循环,可以让企业所创造的价值最终在市场上通过交换得到体现。因此,企业的核心业务流程可以看作是以发现顾客需求为起点、以满足顾客需求为重点的企业经营活动的横向一体化进程,简单地讲,也就是我们常说的产—供—销体系,基本上所有企业都具有相同的或者相类似的横向业务运作流程。比如说所有的制造型企业都具有材料供应、产品开发、生产运行、成品储运、市场营销和售后服务环节,而服务型企业都由材料供应、产品开发、服务提供、市场营销和售后服务等基本环节构成,不同的是少了生产环节。

2. 核心业务流程规划说明

进行核心业务流程划分,必须要注意把握企业的核心价值链要素、满足企业的经营管理需要、照顾客户需求以及遵循配套管理体系要求。

(1)把握企业的核心价值链要素,是指企业在进行核心业务流程设计时必须要分清楚哪些是直接创造价值的业务活动,哪些是为创造价值提供辅助支持服务的管理活动和辅助活动。企业的业务活动具有横向连贯性,在设计相关业务流程体系时,应注重整体的完整,不可缺失相关重要的业务运作环节。

(2)满足企业的经营管理需要,是指对于相关核心业务的设计,我们应识别出哪些是急需改进的，哪些是有待改进的，哪些是继续维持的，哪些是可以忽略的。这些方法前面已经详细介绍过，这里就不再赘述。以满足企业的经营管理需要为出发点，将业务流程进行有效的分类，我们才能够提高对业务流程管理的针对性和有效性。

(3) 照顾客户需求，是指企业生存和发展的基础是发现和满足客户需求，企业内部必须建立起以市场为导向、以客户需求为目标的业务流程运作体系以及业务流程管理模式。

一般来讲，企业核心业务流程分为以下几类，如表 4 – 14 所示：

表 4 – 14　企业核心业务流程分类

业务类别	业务活动	典型业务流程
集成研发	市场调研、需求管理、产品规划、产品定义、研发项目管理、开发验证、上市管理、生命周期管理	产品市场调研管理流程、需求管理流程、产品规划管理流程、产品定义管理流程、新产品开发流程、开发验证流程、产品试制流程、新产品上市管理流程、产品生命周期管理流程
整合营销	品牌宣传、市场推广、渠道开发、客户开发、订单开发、销售合同评审、订单交付管理	促销活动管理流程、展会推广流程、市场活动管理流程、销售订单开发流程、订单评审流程、订单交付管理流程
集成供应链	计划管理、采购执行、制程管理、仓储及物流	生产计划管理流程、采购计划管理流程、采购订单管理流程、制程管理流程、仓储管理流程、物流管理流程
集成财务服务	投资、融资、资本运作	投资规划流程、投资项目管理、股权投资管理流程、投资收益评审流程、融资规划流程、股权融资管理流程、理财管理流程

四、管理流程规划

管理流程(Management Process，简称 MP)，主要是指企业实施开展各种管理活动的相关流程。虽然它并不直接为企业经营目标负责，但管理流程可以通过对业务开展进行监督、控制和协调，确保业务流程顺利进行，因此当业务流程规划完成后就必须对相关管理流程进行规划。

1. 核心管理流程特点分析

为了有效地对企业的业务运作活动进行监督、控制、协调、计划、指挥,我们需要进行相应的管理活动实施,而实施这些管理活动的流程即是企业的管理流程。不同的企业具有不同的管理流程,同一家企业不同的战略举措也会导致不同的管理流程。换句话讲,管理流程具有较强的个性化色彩,它代表了企业经过长期积累、有效整合的管理技能、管理机制、管理手段和管理方式,是企业核心竞争能力的主要体现。

当然我们还应该看到,管理技术在一定程度上仍具有共通性。通过参考借鉴标杆单位的优秀管理流程做法,并结合自身的实际情况和管控要求,进行针对性的设计服务,才是正确的解决方法。

与业务流程不同,管理流程主要是对某一具体业务运作环节实施管理和监督,它并不具有横向一体化的色彩。某一管理流程运作的好坏并不会对其他管理流程的运作造成直接的影响和障碍,这一点与业务流程是不相同的。

2. 核心管理流程规划说明

职能部门掌握着公司的相应资源,对下属业务单位进行监督管理,形成了不同的管理活动。由于资源本身代表着企业对生产经营活动的投入,从这个道理上讲,我们按照资源的分类,就可以对相应的管理流程进行不同的划分。

一般来讲,我们将企业内部的资源分为以下几类,如表 4 – 15 所示:

表 4 – 15　企业核心管理流程分类

资源类别	含义说明	典型管理流程
人力资源	能够推动公司业务发展的具有智力劳动和体力劳动的人员的集合	人力资源规划流程、薪酬管理流程、绩效管理流程
财务资源	指公司所掌握的相关资金、资产、现金等综合财务资源	预算管理流程、投资管理流程、固定资产管理流程、内部审计流程、财务核算管理流程
信息资源	指公司内部存在的,通过综合开发利用能够对企业经营产生良好效益和影响的信息总和	信息化系统管理流程

续表

资源类别	含义说明	典型管理流程
市场资源	指公司所掌握的相关市场信息、品牌形象、营销渠道、客户信息等资源	品牌管理流程、市场信息管理流程、经销商管理流程、顾客管理流程
供应链资源	指公司所掌握的相关供应商信息、物料信息、市场供应状况等对公司采购仓储起促进和提升作用的相应资源	供应商管理流程、原料采购检验流程、招标采购管理流程
技术资源	指公司内部的相关技术成果、技术标准、技术方案等经转化可为企业技术发展提供保障的资源	专利管理流程、技改项目管理流程、技术保密管理流程
管理资源	指公司内部所掌握的相关管理技能、管理技术、管理经验的集合	战略规划流程、战略调整调整、制度建设流程

需要说明的是，对于上述资源的划分，并没有一个统一的标准。由于许多企业的管理活动寓服务于其中，因此随着公司管理重点的调整和变化，管理流程和辅助流程之间也是可以相互转换的。另外，并不是所有管理职能对应流程都是管理流程。

五、辅助流程规划

辅助流程（Service Process，简称 SP），主要是指为企业的管理活动和业务活动提供各种后勤保障服务的流程。业务流程、管理流程规划完成后，企业还需要对所有辅助流程进行系统规划，以确保业务流程和管理流程有效实施。

1. 核心辅助流程特点分析

辅助类流程主要是指公司的相关辅助工作业务和管理工作等正常开展的工作之间的传递和转移的过程。管理类流程针对某一具体业务环节进行管理和监督，具有较强的导向性和针对性。而辅助类流程则不具有上述的特点，它所服务的对象并不针对企业价值链的某一特定环节，同时辅助类流程之间也不具有必然的逻辑关系，它可以是单独、孤立存在的。

2. 核心辅助流程规划说明

进行核心辅助流程的划分，并没有特定的方法和技术。一般来讲，主要是从为企业提供的各种后勤保障服务的角度入手进行划分。常见的企业后勤保障服务包括办公用品服务、用车管理服务、食堂保障服务、人力支持等等。由于辅助流程并不直接创造价值，而只是消耗成本，同时对于价值创造的提升作用也没有管理流程那么明显和直接，因此并不是我们所关注的重点。

【案例4－10】 不同企业核心流程规划

为了让读者朋友能够充分理解企业核心流程规划的基本思路，全面认知企业核心流程，下面我们选取了几个典型行业核心流程规划案例供大家参考。

(1)某地产企业核心业务流程规划：

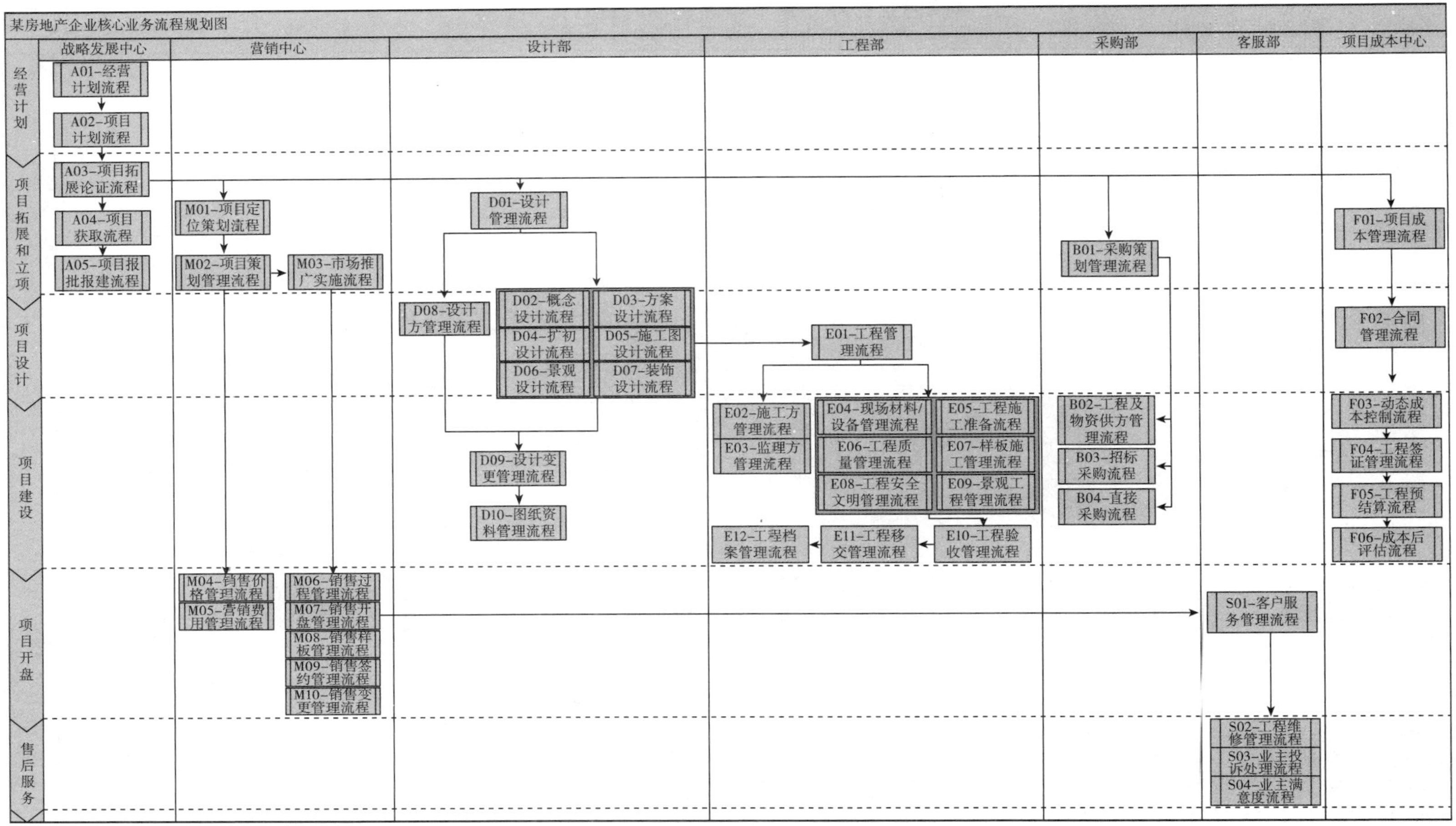

图 4－23　某地产企业核心业务流程规划

（2）某物业管理企业核心业务流程规划：

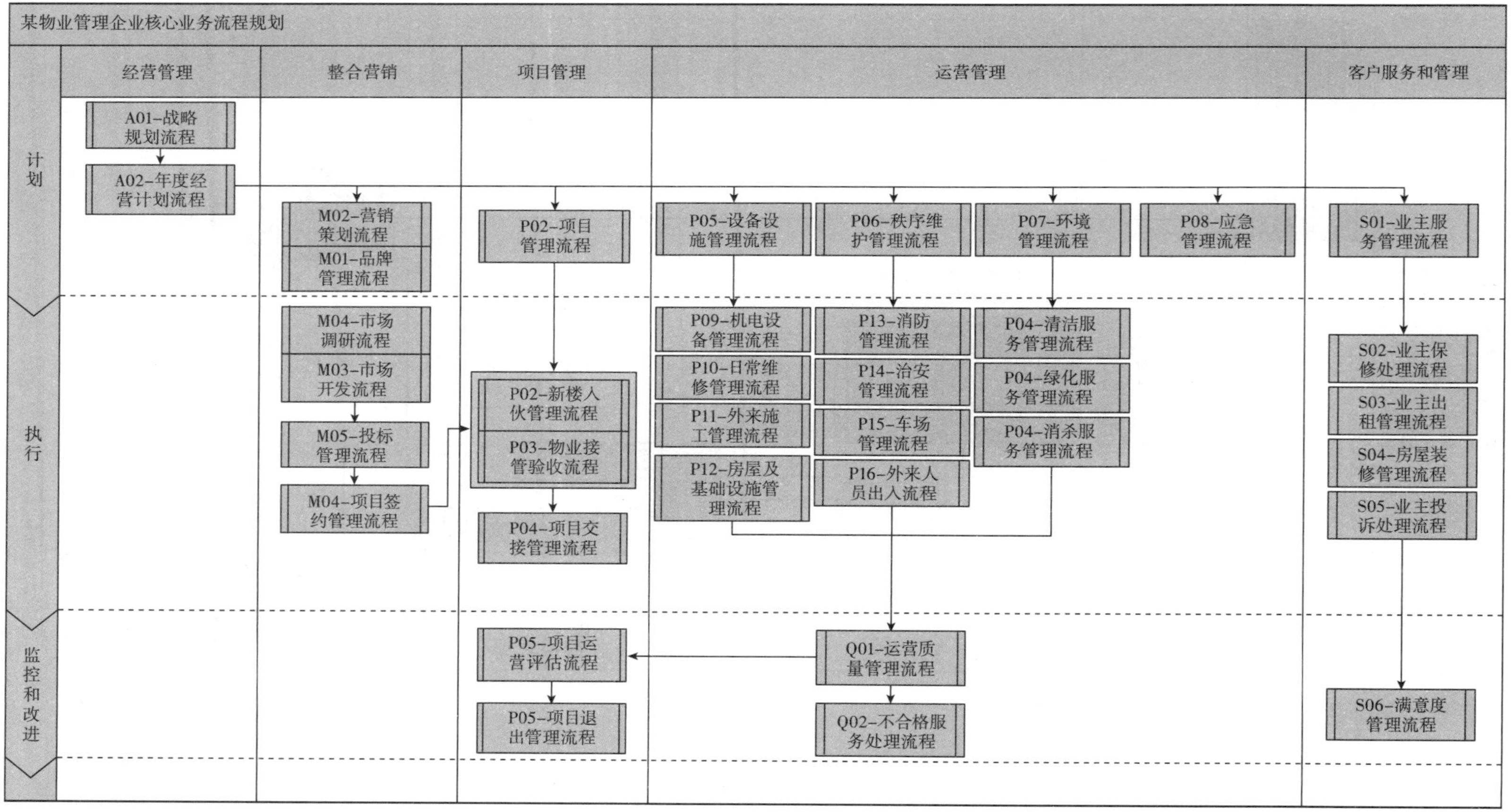

图 4-24　某物业管理企业核心业务流程规划

（3）某奶制品企业核心业务流程规划：

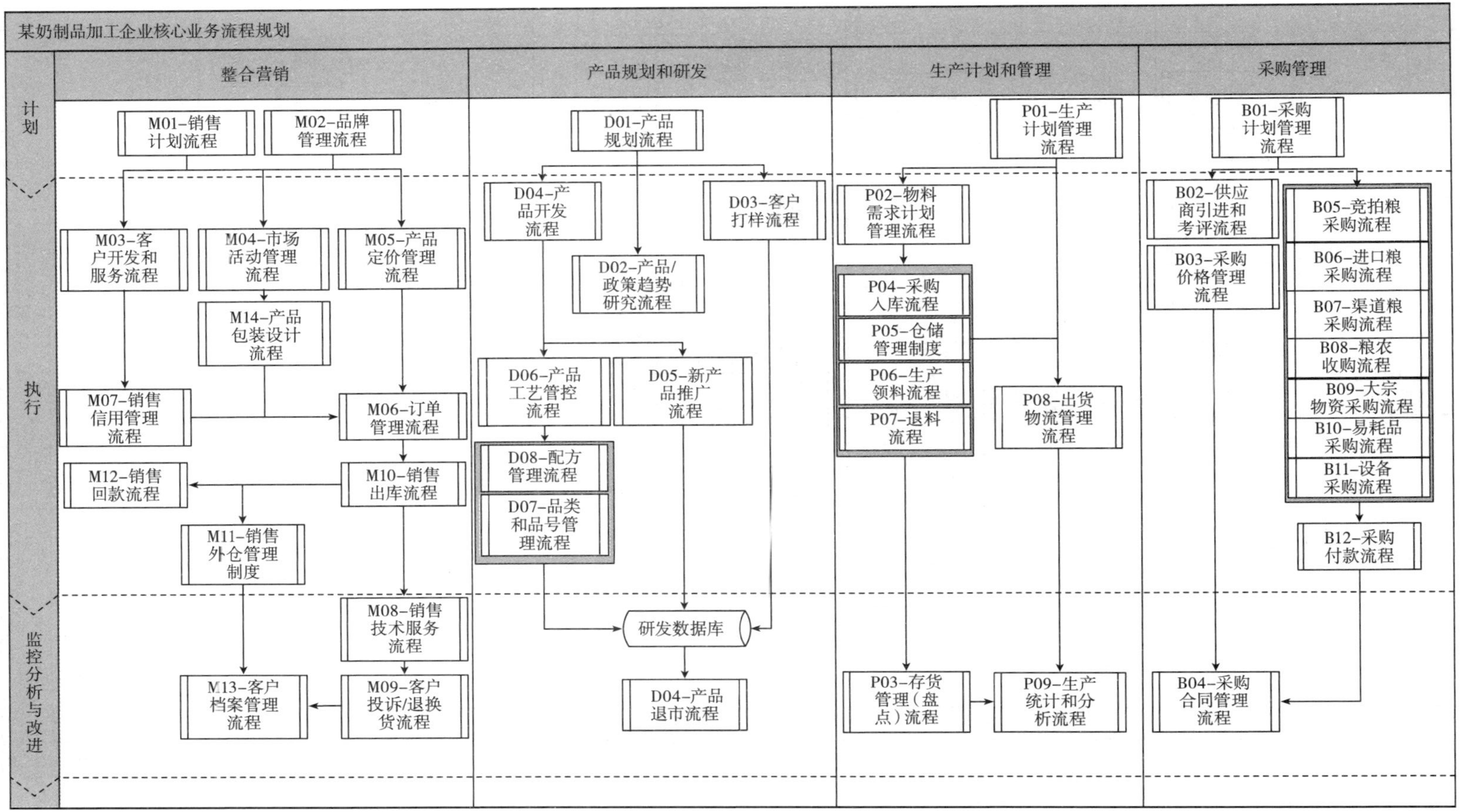

图 4－25　某奶制品企业核心业务流程规划

（4）某纺织企业核心业务流程规划：

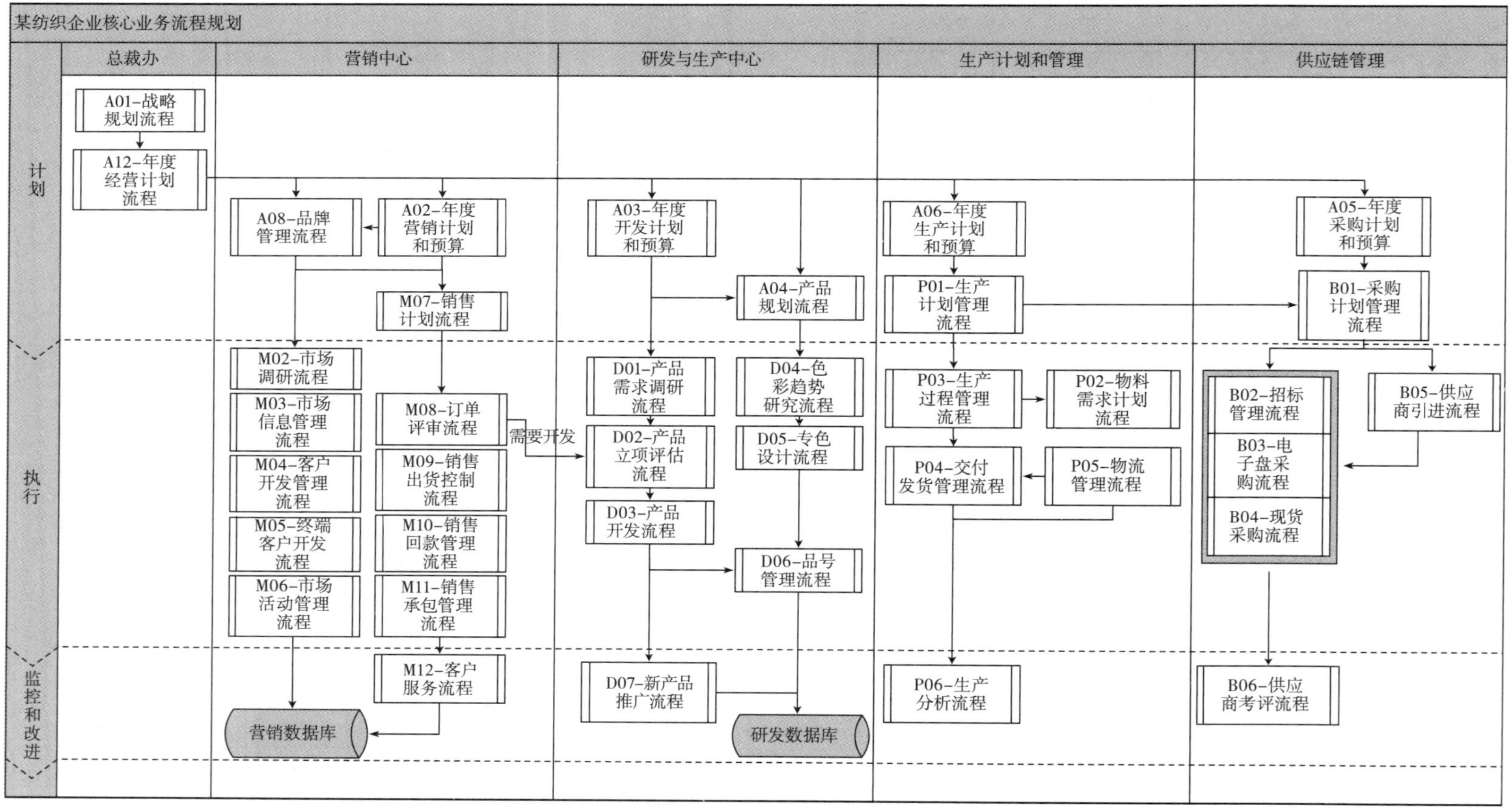

图 4－26　某纺织企业核心业务流程规划

（5）化肥企业核心流程规划：

表 4－16　某化肥企业核心流程规划

流程名称	总经理	公司办	人力资源部	法务部	财务部	审计监察部	市场部	客户服务部	销售部	技术发展部	质量管理部	生产管理部	设备动力部	生产分厂	采购部	物流部
战略规划流程	★	◆	◆		◆		◆		◆	◆		◆			◆	
战略实施与调整流程	★	◆	◆		◆		◆		◆	◆		◆			◆	
投资决策流程	★				◆	◆										
工作计划管理流程		★	◆	◆	◆	◆	◆	◆	◆	◆	◆	◆	◆	◆	◆	◆
会议管理流程		★	◆	◆	◆	◆	◆	◆	◆	◆	◆	◆	◆	◆	◆	◆
流程/制度管理流程		◆	★	◆	◆	◆	◆	◆	◆	◆	◆	◆	◆	◆	◆	◆
企业文化建设流程			★				◆	◆								
信息系统管理流程		★	◆	◆	◆	◆	◆	◆	◆	◆	◆	◆	◆	◆	◆	◆
组织管理流程		◆	★	◆	◆	◆	◆	◆	◆	◆	◆	◆	◆	◆	◆	◆
内部审计流程		◆	◆	◆	◆	★	◆	◆	◆	◆	◆	◆	◆	◆	◆	◆
办公用品管理流程		◆	★	◆	◆	◆	◆	◆	◆	◆	◆	◆	◆	◆	◆	◆
办公类固定资产管理流程			★		◆											
行政出车管理流程		◆	◆	◆	◆	◆	◆	◆	◆	◆	◆	◆	◆	◆	◆	★
人力资源规划流程		◆	★	◆	◆	◆	◆	◆	◆	◆	◆	◆	◆	◆	◆	◆

续表

流程名称	总经理	公司办	人力资源部	法务部	财务部	审计监察部	市场部	客户服务部	销售部	技术发展部	质量管理部	生产管理部	设备动力部	生产分厂	采购部	物流部
招聘计划管理流程		◆	★	◆	◆	◆	◆	◆	◆	◆	◆	◆	◆	◆	◆	◆
内部招聘流程		◆	★	◆	◆	◆	◆	◆	◆	◆	◆	◆	◆	◆	◆	◆
外部招聘流程		◆	★	◆	◆	◆	◆	◆	◆	◆	◆	◆	◆	◆	◆	◆
工作分析流程		◆	★	◆	◆	◆	◆	◆	◆	◆	◆	◆	◆	◆	◆	◆
员工异动流程		◆	★	◆	◆	◆	◆	◆	◆	◆	◆	◆	◆	◆	◆	◆
劳动合同管理流程			★	◆												
培训计划制订流程		◆	★	◆	◆	◆	◆	◆	◆	◆	◆	◆	◆	◆	◆	◆
入职培训流程		◆	★	◆	◆	◆	◆	◆	◆	◆	◆	◆	◆	◆	◆	◆
在职培训流程		◆	★	◆	◆	◆	◆	◆	◆	◆	◆	◆	◆	◆	◆	◆
经营目标制定及分解流程		◆	★	◆	◆	◆	◆	◆	◆	◆	◆	◆	◆	◆	◆	◆
绩效指标词典建立流程		◆	★	◆	◆	◆	◆	◆	◆	◆	◆	◆	◆	◆	◆	◆
部门绩效考评流程		◆	★	◆	◆	◆	◆	◆	◆	◆	◆	◆	◆	◆	◆	◆
部长（厂长）绩效考评流程			★													
干部述职管理流程		◆	★	◆	◆	◆	◆	◆	◆	◆	◆	◆	◆	◆	◆	◆
年度薪酬预算流程			★		◆											

续表

流程名称	总经理	公司办	人力资源部	法务部	财务部	审计监察部	市场部	客户服务部	销售部	技术发展部	质量管理部	生产管理部	设备动力部	生产分厂	采购部	物流部
职能部门员工薪酬核算流程			★		◆											
生产分厂员工薪酬核算流程			◆		◆							◆		★		
薪酬层级异动管理流程		◆	★	◆	◆	◆	◆	◆	◆	◆	◆	◆	◆	◆	◆	◆
年度财务预算管理流程		◆	◆	◆	★	◆	◆	◆	◆	◆	◆	◆	◆	◆	◆	◆
预算执行与调整流程		◆	◆	◆	★	◆	◆	◆	◆	◆	◆	◆	◆	◆	◆	◆
年度税务筹划流程					★											
产品成本核算流程					★					◆	◆	◆	◆	◆		
财务费用核算流程					★											
营业收入核算流程					★		◆	◆	◆							
管理费用核算流程		◆	◆	◆	★	◆	◆	◆	◆	◆	◆	◆	◆	◆	◆	◆
固定资产管理流程					★								◆			◆
年度资金计划流程			◆		★				◆						◆	
费用报销管理流程		◆	◆	◆	★	◆	◆	◆	◆	◆	◆	◆	◆	◆	◆	◆
资金管理流程					★											
财务投资管理流程					★											

续表

流程名称	总经理	公司办	人力资源部	法务部	财务部	审计监察部	市场部	客户服务部	销售部	技术发展部	质量管理部	生产管理部	设备动力部	生产分厂	采购部	物流部
财务分析管理流程		◆	◆	◆	★	◆	◆	◆	◆	◆	◆	◆	◆	◆	◆	◆
生产计划管理流程									◆			★		◆	◆	
生产进度控制流程												★		◆		
生产例会管理流程										◆	◆	★	◆	◆	◆	
成品/半成品检验流程										◆	★			◆		
质量异常处理流程										◆	★	◆	◆	◆		
产品质量分析流程										◆	★	◆	◆	◆		
生产安全管理流程		★									◆	◆	◆	◆		◆
生产设备日常维护流程												★	◆	◆		
生产设备大修管理流程												◆	★	◆		
设备选型/更新/报废流程					◆					◆		◆	★	◆		
TPM 管理流程												★		◆		
生产成本控制流程					◆							◆		★		
新产品研发规划流程							◆			★	◆	◆	◆			
新产品立项/研发/评审流程					◆		◆			★	◆	◆	◆		◆	

续表

流程名称	总经理	公司办	人力资源部	法务部	财务部	审计监察部	市场部	客户服务部	销售部	技术发展部	质量管理部	生产管理部	设备动力部	生产分厂	采购部	物流部
新产品试制管理流程										★		◆		◆		
技术引进管理流程										★		◆	◆	◆		
产品工艺管理流程										★	◆	◆	◆	◆		
技术规范管理流程										★	◆	◆	◆	◆		
技术改造管理流程										★	◆	◆	◆	◆		
技改工程实施流程										★	◆	◆	◆	◆		
土建项目管理流程										★						
采购计划管理流程												◆			★	◆
生产物资采购/入库流程					◆						◆	◆			★	
零星物资采购/入库流程					◆								◆		★	
原辅料检验流程											★				◆	
采购价格管理流程					◆										★	
货款支付流程					◆										★	
原辅料领用流程					★							◆		◆		
库存盘点流程					★							◆			◆	

续表

流程名称	总经理	公司办	人力资源部	法务部	财务部	审计监察部	市场部	客户服务部	销售部	技术发展部	质量管理部	生产管理部	设备动力部	生产分厂	采购部	物流部
供应商评价流程					◆					◆	◆	◆		◆	★	
合格供应商管理流程					◆					◆	◆	◆		◆	★	
供应商档案管理流程															★	
品牌规划流程							★	◆	◆							
品牌宣传流程							★	◆	◆							
产品包装设计流程				◆			◆	★	◆							
市场调研流程							★	◆	◆							
营销渠道管理流程							◆	◆	★							
常规销售合同评审流程				◆					★							
特殊销售合同评审流程				◆					★	◆	◆	◆		◆		
销售产品定价流程					◆		★	◆	◆							
销售计划管理流程									★			◆		◆		
订单跟踪及处理流程									★			◆		◆		
销售产品发货管理流程									★					◆		◆
顾客信用管理流程				◆	◆				★							
顾客满意度管理流程								★	◆							

续表

流程名称	总经理	公司办	人力资源部	法务部	财务部	审计监察部	市场部	客户服务部	销售部	技术发展部	质量管理部	生产管理部	设备动力部	生产分厂	采购部	物流部
顾客投诉处理流程								★	◆							
应收账款管理流程					◆				★							
呆坏账管理流程				★	◆				◆							

备注:“★”表示流程归口部门(流程主人);“◆”表示流程相关部门。

（6）金凯德集团核心流程规划：

表4－17　金凯德集团核心流程规划

流程名称	流程层级规划			流程类型规划		
	公司级流程	部门级流程	岗位级流程	业务流程	管理流程	辅助流程
1. 战略管理流程						
1.1 战略规划流程	√				√	
1.2 年度经营计划管理流程	√				√	
1.2.1 年度研发规划流程	√			√		
1.2.2 年度投资规划流程	√				√	
1.2.3 年度品牌推广计划流程	√			√		
1.2.4 年度营销计划流程	√			√		
1.2.5 年度供应链计划流程	√			√		
1.2.6 年度流程与信息化建设计划流程	√				√	
1.2.7 年度人力资源规划流程	√				√	
1.2.8 年度经营预算流程	√				√	
2. 研发管理流程						
2.1 市场调研流程	√			√		
2.2 需求管理流程	√			√		
2.3 产品线管理流程	√			√		

续表

流程名称	流程层级规划			流程类型规划		
	公司级流程	部门级流程	岗位级流程	业务流程	管理流程	辅助流程
2.4 新产品定义流程	√			√		
2.5 新产品开发流程	√			√		
2.5.1 新产品开发立项流程	√			√		
2.5.2 新产品开发验证流程	√			√		
2.6 产品生命周期管理流程	√				√	
3. 资源管理流程						
3.1 物料供应商开发流程	√				√	
3.1.1 合格供应商管理流程	√				√	
3.2 贴牌工厂开发流程	√				√	
3.3 进口资源开发流程	√				√	
3.4 智力资源开发流程	√				√	
4. 安全门事业部流程						
4.1 订单管理流程		√		√		
4.1.1 常规订单评审流程		√			√	
4.1.2 特殊订单评审流程		√			√	
4.1.3 工程订单评审流程		√			√	

续表

流程名称	流程层级规划			流程类型规划		
	公司级流程	部门级流程	岗位级流程	业务流程	管理流程	辅助流程
4.2 生产计划管理流程		√			√	
4.3 采购管理流程						
4.3.1 采购订单管理流程	√			√		
4.3.2 采购货款管理流程	√				√	
4.4 制程管理流程		√			√	
4.5 仓储及物流流程	√			√		
5. 室内门事业部流程						
5.1 订单管理流程		√		√		
5.1.1 常规订单评审流程		√			√	
5.1.2 特殊订单评审流程		√			√	
5.1.3 工程订单评审流程		√			√	
5.2 生产计划管理流程		√			√	
5.3 采购管理流程						
5.3.1 采购订单管理流程	√			√		
5.3.2 采购货款管理流程	√				√	
5.4 制程管理流程		√			√	

续表

流程名称	流程层级规划			流程类型规划		
	公司级流程	部门级流程	岗位级流程	业务流程	管理流程	辅助流程
5.5 仓储及物流流程	√			√		
6. 贴牌工厂流程						
6.1 生产计划管理流程		√			√	
6.2 生产过程跟踪流程		√			√	
6.3 品质抽检流程			√			√
6.4 入库及发货流程		√		√		
7. 品质、工程、工厂管理流程						
7.1 研发品质管理流程		√			√	
7.2 原料品质管理流程		√			√	
7.2.1 原料品质检验流程		√			√	
7.2.2 不合格物料处理流程		√			√	
7.3 生产品质管理流程		√			√	
7.3.1 半成品品质检验流程		√			√	
7.3.2 成品品质检验流程		√			√	
7.4 工艺管理流程		√			√	
7.5 设备管理流程		√				√

续表

流程名称	流程层级规划			流程类型规划		
	公司级流程	部门级流程	岗位级流程	业务流程	管理流程	辅助流程
7.6 工厂管理流程		√				√
7.6.1 现场管理流程		√				√
7.6.2 安全管理流程		√				√
7.6.3 精益生产流程		√				√
8. 电商业务流程						
8.1 电商平台管理流程		√			√	
8.2 电商店铺管理流程		√		√		
8.3 商品管理流程		√		√		
8.4 电商订单管理流程		√		√		
8.5 电商物流及客服流程	√			√		
8.6 电商货款管理流程	√			√		
9. 市场营销流程						
9.1 品牌管理流程	√				√	
9.2 市场管理流程	√				√	
9.2.1 市场研究流程	√			√		
9.2.2 市场培训流程	√					√

续表

流程名称	流程层级规划			流程类型规划		
	公司级流程	部门级流程	岗位级流程	业务流程	管理流程	辅助流程
9.2.3 市场推广流程	√					√
9.2.4 促销管理流程	√			√		
9.2.5 客户体验流程	√					√
9.3 销售管理流程						
9.3.1 代理商开发与管理流程	√				√	
9.3.2 销售政策管理流程	√				√	
9.3.3 货款管理流程	√				√	
9.4 客户服务流程	√			√		
9.4.1 客户满意度管理流程	√				√	
9.4.2 客户投诉受理流程	√				√	
10. 财务管理流程						
10.1 预算管理流程	√				√	
10.2 费用报销流程	√				√	
10.3 会计核算流程		√			√	
10.4 资产管理流程	√				√	
10.5 财务分析流程	√				√	

续表

流程名称	流程层级规划			流程类型规划		
	公司级流程	部门级流程	岗位级流程	业务流程	管理流程	辅助流程
10.6 税务管理流程		√			√	
10.7 财务风险及合规管理流程	√				√	
11. 组织及人力资源流程						
11.1 招聘管理流程	√					√
11.1.1 内部招聘流程	√					√
11.1.2 外部招聘流程	√					√
11.2 培训管理流程	√					√
11.2.1 入职培训流程	√					√
11.2.2 在职培训流程	√					√
11.3 绩效管理流程	√				√	
11.4 薪酬管理流程	√				√	
11.5 指令管理流程	√				√	
11.6 流程与信息化管理流程	√				√	
11.7 组织管理流程	√				√	
11.8 组织文化管理流程	√				√	
11.9 集团管控流程	√				√	

续表

流程名称	流程层级规划			流程类型规划		
	公司级流程	部门级流程	岗位级流程	业务流程	管理流程	辅助流程
11.9.1 投资管理流程	√				√	
11.9.2 融资管理流程	√				√	
11.9.3 资金调度流程	√				√	
11.9.4 干部任用流程	√				√	
11.9.5 高管绩效管理流程	√				√	
11.9.6 审计管理流程	√				√	
11.9.7 印章及用印管理流程	√				√	
11.9.8 合同管理流程	√				√	
11.9.9 集团权限管理流程	√				√	
11.9.10 档案及保密管理流程		√				√
12. 行政后勤管理流程						
12.1 行政管理流程		√				√
12.2 后勤服务流程		√				√
12.3 基建管理流程		√				√

第五章　业务流程现状分析

中医在看病的时候，主张“四诊法”，即望诊、闻诊、问诊和切诊，简称为“望闻问切”。

战国时期著名医家扁鹊就精于此道，他晋见蔡桓侯时，通过望诊判断出桓侯有病，但是病情尚浅，病位还只是在体表肌理的部位。他劝蔡桓侯接受治疗，如不治则病情将会加深。桓侯因自我感觉良好，拒绝治疗。不久，扁鹊再度晋见桓侯时，指出其病情已加重，病位已进展到血脉，再次劝说其接受治疗，以免病情更加发展。桓侯仍然拒绝治疗，而且心中不悦，认为扁鹊在炫耀自己，并以此牟利。当扁鹊第三次晋见他时，认为病情已恶化，病位进入内部肠胃，如不及时治疗，终将难治，桓侯仍不予理睬。最后一次，扁鹊通过望诊，判断桓侯病情危重，已进入骨髓深处，病入膏肓，无法救治。果然不出所料，齐桓侯不久即发病，终于不治而死。

借用中医治病的原理，我们把企业流程问题分析的基本方法总结为“望”“闻”“问”“切”四类：

（1）“望”：通过流程绩效分析发现流程存在的问题。

（2）“闻”：通过流程文档调查、流程管理成熟度分析等手段发现流程存在的问题。

（3）“问”：通过访谈、问卷调查、作业时间分析法、作业成本分析法、作业质量分析法等方法发现流程存在的问题。

（4）“切”：通过测时法、标杆法、现场模拟、实际参与等方式发现流程存在的问题。

第一节 “望闻问切”，为业务流程把脉

中医讲究“望闻问切”，业务流程现状分析也不例外，企业可以利用不同的手段和方法对业务流程存在的问题进行全面诊断，进而提出业务流程优化的方向和重点。

业务流程问题分析的方法有很多，比如流程绩效分析、流程作业现场调查、文档查阅、问卷调查、研讨会、测时、现场模拟、实际参与、流程节点时间分析、标杆对比分析、作业时间分析、作业成本分析、作业质量分析等，下面我们将一一为读者进行阐述。

一、“望诊”：业务流程运作现状分析

中医云：“视其外应，以知其内脏，则知所病矣。”对流程问题，流程绩效分析就是一种非常理想的“望诊”方法。

流程绩效分析首先需要识别与流程相关的绩效指标，然后通过绩效数据的分析，发现流程存在的问题。

【案例5－1】 某企业集成供应链核心业务流程绩效指标

表5－1 某企业核心业务流程绩效指标识别

集成供应链核心业务流程	流程绩效指标	相关部门
生产计划管理流程	生产计划达成率	销售商务部、资材部、采购部、生产部
物料需求计划管理流程	物料需求计划达成率	资材部、采购部、仓储部
物料采购管理流程	物料齐套率	采购部、资材部
物料检验及入库流程	原料品质一次交检合格率	采购部、工艺部、质检部
生产过程控制流程	生产订单准时交付率	生产部、工艺部、采购部
生产成本管理流程	生产成本控制目标达成率	资材部、采购部、工程部、生产部、质检部
成品品质管理流程	成品不良率	工程部、生产部、质检部
仓储及物流管理流程	物流计划达成率	资材部、仓储部、销售商务部

【案例5－2】 东莞某电子企业集成供应链核心业务流程现状分析

深圳某电子企业集成供应链系统的核心业务包括计划、采购、制造、物流、质量、工艺等共6部分,具体见图5－1。

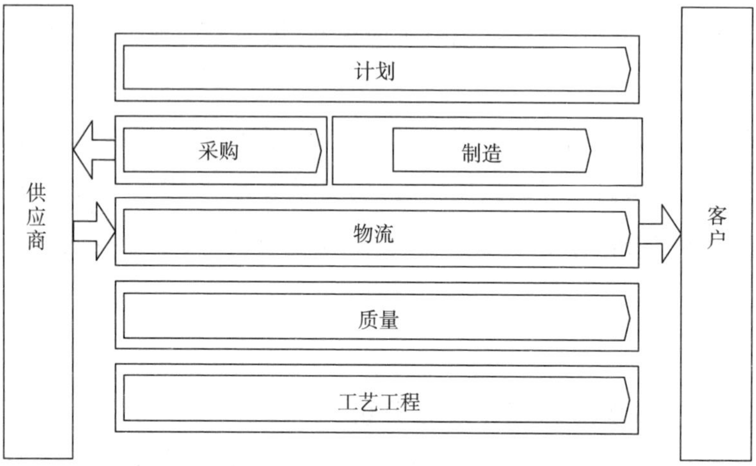

图5－1 东莞某电子企业集成供应链业务逻辑(第1层)

为了能够更加清晰地看到该企业集成供应链业务逻辑,我们将其业务逻辑关系图再细化展开,见图5－2。

根据前文提到的核心业务流程规划方法,我们为该企业规划的集成供应链核心业务流程清单如下:

计划流程包括:主计划管理流程、采购计划管理流程、生产计划管理流程、交货计划管理流程。

采购流程包括:采购认证流程、供应商管理流程、采购执行流程。

制造流程包括:贴片生产流程、组装生产流程、包装生产流程。

物流流程包括:采购物流管理流程、制造物流管理流程、销售物流管理流程和逆向物流管理流程。

质量流程包括:质量改进计划管理流程、原材料质量控制流程、制造过程质量控制流程、成品质量控制流程、逆向质量控制流程。

工艺流程包括:采购工艺工程管理流程、制造工艺工程管理流程、设备工艺工程管理流程、质量工艺工程管理流程。

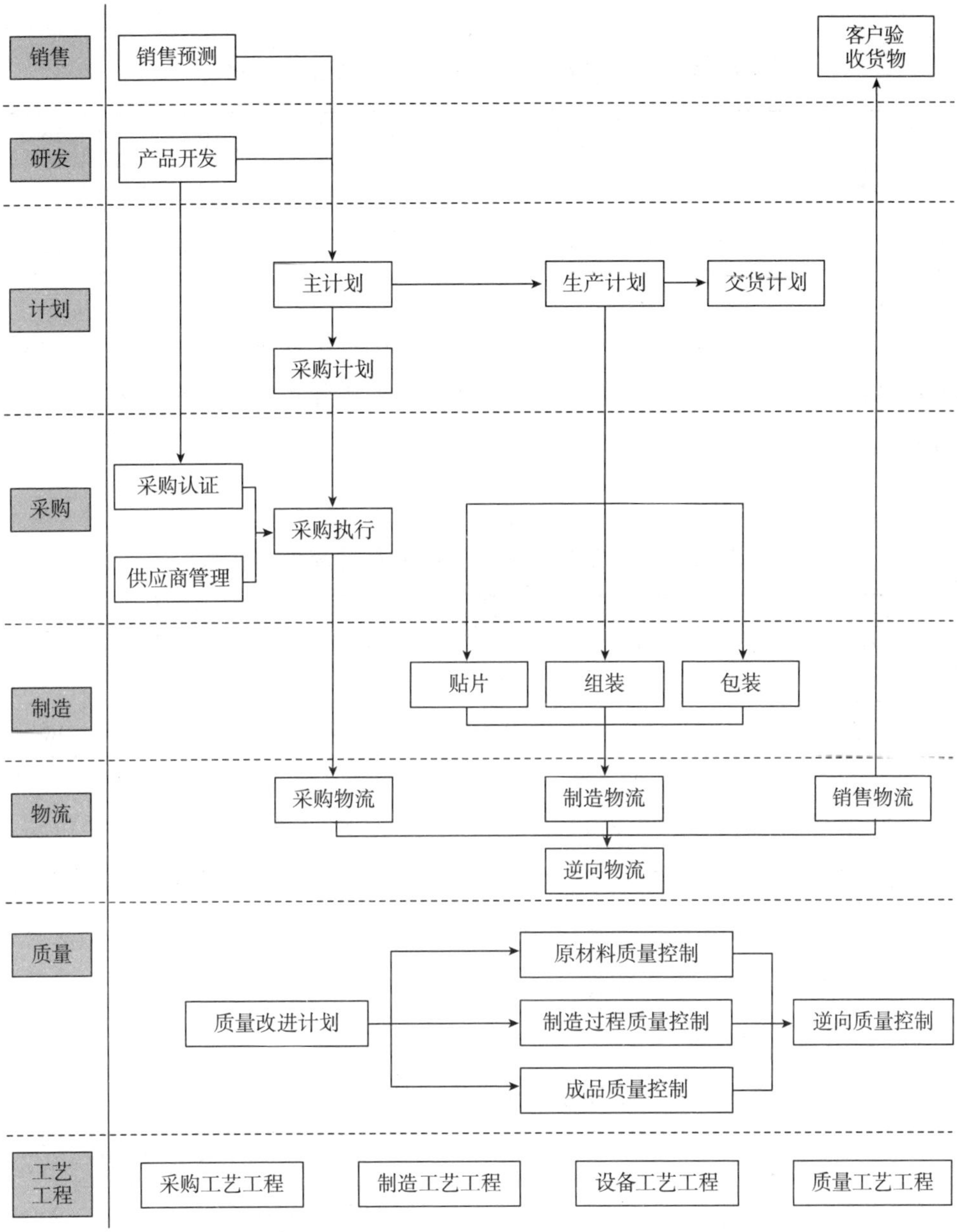

图5－2　东莞某电子企业集成供应链业务逻辑(第2层)

在帮助该企业进行集成供应链核心业务流程优化时,我们对相关流程绩效进行了分析:

(1)生产计划达成率。

表5-2　东莞某电子企业生产计划达成率分析表

年度	1月	2月	3月	4月	5月	6月	7月	8月	9月	10月	11月	12月
2016	92%	80%	75%	79%	62%	83%	91%	79%	94%	55%	88%	71%
2017	90%	81%	81%	90%	81%	80%	81%	89%	91%	87%	93%	88%

数据分析:生产计划达成率2017年较2016年有明显提升,但与行业水平(95%~98%)还存在很大的差距,这说明该企业生产计划管理流程还有很大提升和优化的空间。

(2)采购物料齐套率。

表5-3　东莞某电子企业采购物料齐套率分析表

年度	1月	2月	3月	4月	5月	6月	7月	8月	9月	10月	11月	12月
2016	82%	92%	94%	87%	86%	90%	92%	90%	94%	88%	90%	81%
2017	90%	83%	91%	90%	91%	92%	91%	89%	91%	97%	93%	96%

数据分析:物料齐套率2016年全年平均为88.9%,2017年全年平均为91.1%,2017年较2016年有一定的提升,从数据增长趋势来看,2017年进步明显。与采购物料齐套率相关的流程有采购计划管理流程、采购执行流程,该企业想要进一步提升物料齐套率就必须通过这两个流程的优化来实现。

(3)来料品质合格率。

表5-4　东莞某电子企业来料品质合格率分析表

年度	1月	2月	3月	4月	5月	6月	7月	8月	9月	10月	11月	12月
2016	89%	98%	97%	91%	95%	89%	93%	93%	92%	90%	88%	90%
2017	92%	86%	88%	96%	96%	95%	97%	96%	95%	90%	88%	87%

数据分析:2016年来料品质合格率下滑非常严重,2017年下滑趋势较2016年稍好;来料品质合格率指标波动很大,这说明公司对来料品质的可控性很差,该企业与来料品质合格率相关的采购认证流程、供应商管理流程、采购执行流程、原材料质量控制流程、逆向质量控制流程都存在优化的必要性。

(4)售后返修率。

表5-5 东莞某电子企业售后返修率分析表

年度	1月	2月	3月	4月	5月	6月	7月	8月	9月	10月	11月	12月
2016	12%	14%	18%	13%	20%	19%	12%	10%	18%	16%	17%	21%
2017	12%	10%	12%	11%	4%	7%	8%	9%	6%	4%	2%	3%

数据分析:2016年售后返修率平均为15.8%,2017年售后返修率平均为7.3%,售后返修率下降明显,这说明该企业贴片生产流程、组装生产流程、包装生产流程、成品质量控制流程等都有存在问题的可能。

通过以上分析,我们不难得出,该公司在计划管理、采购管理及采购物料质量方面均存在很多的问题,可以将计划、采购、生产、质量管控等相关流程作为重点优化的对象。

二、"闻诊":业务流程成熟度分析

"闻诊"在中医里面是指通过听声音和嗅气味两个方面,以分辨病情的虚实寒热。我们也可以通过文档调查、研讨会、流程成熟度分析等方法,对流程进行"闻诊"。

1.文档查阅法

在对流程开展调研的同时,我们应该收集与流程运作有关的制度、表单、文件、方案等文档,这些材料是支撑流程运行的基础。通过分析上述材料所记录的数据、规定、事件,可以推断流程实际运作的有效性。同时,文档本身制订得是否合理、是否充分满足了流程环节监控与管理需求、所需数据是否记录全面等问题,也会对流程有影响。

2.业务流程研讨会

召集与业务流程相关的部门和人员,大家共同对实际运作中存在的问题进行描述、分析,有助于避免由个人偏见造成的片面认识和理解,信息收集将更加真实和全面,同时也有助于提高各部门对流程系统运作的认识,增强相互协作和配合的能力。

3.业务流程管理成熟度分析

业务流程管理成熟度(Business Process Management Maturity,简称BPMM)分

析是通过对流程管理活动、流程中的角色认知与履行、流程文化、IT 对流程管理的支持、流程团队成员的流程管理技能、各级管理者对流程管理的看法及参与程度等多个维度进行评价，从而评估企业流程管理能力。

美国生产力与质量协会（APQC）把企业流程管理成熟度分为 5 级，分别是经验级、职能级、规范级、绩效级和标杆级（见表 5 – 6）。

表 5 – 6　APQC 流程管理成熟度分级

成熟度级别	级别定义
标杆级	改进已经成为全体员工的习惯，最佳的综合改进过程，证实达到了最好的结果
绩效级	分析、确认上下游工作的需求，并对过程进行不断改进，保证结果良好且保持改进趋势
规范级	管理系统基于过程方法的应用，管理体系有相对完整的规划性，但仍处于系统改进的初级阶段，可获得符合目标的数据和所存在的改进的趋势方面的信息
职能级	能对管理运作过程遇到的问题做出反应，但处于就事论事阶段，只是基于问题或纠正的反应式系统方法，改进的结果很少以数据或总结形式反映解决的方法和过程
经验级	企业管理没有采用系统方法的证据，没有结果或结果不好，处于非预期结果阶段，充满突发性错误，危机四伏，管理人员"忙"而"盲"

知名的咨询机构埃森哲把流程管理成熟度也分为 5 级，分别为非正式的、基础的、形成中的、被管理的、优秀的，处于不同级别的流程具有其明显的特征，如表 5 – 7所示：

表 5 – 7　埃森哲流程管理成熟度

成熟度阶段	流程管理特征
优秀的	（1）流程思想普及于整个组织 （2）流程拥有者为客户代言人 （3）有良好的评估与回报
被管理的	（1）流程是主要动机 （2）组织以流程为中心，但职能管理依然存在 （3）流程拥有者为资深领导 （4）利用评估架构

续表

成熟度阶段	流程管理特征
形成中的	(1)流程开始具有影响 (2)流程拥有者有更大权限 (3)公司以混合模式运作 (4)功能与流程都存在评估
基础的	(1)流程已被定义 (2)流程拥有者作为项目主管主导流程相关工作 (3)功能拥有者仍是主要领导 (4)面向任务与功能的评估
非正式的	(1)流程及其拥有者未做明确定义 (2)随机的评估,不与结果相联系

三、“问诊”:业务流程满意度分析

“问诊”是中医中常见的一种方法。《素问 · 三部九候论》中提道:“必审问其所始病,与今之所方病,而后各切循其脉。”对流程问题的分析,可以通过访谈、问题收集与反馈等多种方式进行。

1. 访谈

访谈是进行流程调研最为常见的方法。通过与流程运作各个环节相关人员进行面对面的沟通和交流,能够了解到实际流程运行的真实情况和存在的问题,从中查找出造成问题的真实原因,便于将来对流程改进对症下药。

2. 问卷调查

为了增强流程调研过程中的相关数据和信息收集的全面性,企业可以适度开展问卷调查。开展问卷调查,有助于提高员工对流程改进的参与程度,并能较全面地体现公司各个运作部门对企业整体流程运作效率的看法。但是问卷调查也有一定局限性,主要表现为相关问题比较固化,不能给人以开放性的思考,因此需要结合其他方法一同使用。

【案例 5 - 3】 某企业流程管理现状调查问卷(一)

1. 您是否认同贵公司“现有的管理流程和业务流程以及制度体系能有效支持组织高效运作”这种说法?

A. 完全不认同这种说法　　B. 不太认同这种说法　　C. 中立

D. 基本认同这种说法　　E. 完全认同这种说法

2. 您认为贵公司目前业务流程是否清晰明了？

A. 非常清晰　　B. 比较清晰　　C. 一般　　D. 不太清晰　　E. 很不清晰

3. 您对本职位所涉及的工作流程是否清晰明了？

A. 非常清晰　　B. 比较清晰　　C. 一般　　D. 不太清晰　　E. 很不清晰

4. 您认为贵公司的核心业务流程存在的问题是(限选三项)

A. 公司没有规范核心业务流程　　B. 流程环节过多,管控不力

C. 核心业务流程受到职能的不合理制约　　D. 规范的流程未得到执行

E. 流程效率低下,周期比较长　　F. 运行流程缺乏及时优化

G. 流程没有实现信息化　　H. 流程主人不清晰

I. 流程文化未形成

5. 您认为贵公司产品研发环节的主要问题是(限选两项)

A. 没有中长期产品研发规划　　B. 产品研发人员短缺

C. 新产品储备不足　　D. 新产品研发流程不规范

E. 产品技术含量不高　　F. 研发对生产、销售的支持不够

6. 您认为贵公司在生产管理环节的主要问题是(限选三项)

A. 缺少流程或程序规范　　B. 工艺流程有待优化

C. 生产成本控制不到位　　D. 生产计划协调不力

E. 订单经常不能准时完成　　F. 生产设备陈旧

G. 生产设备维护不够　　H. 生产管理人员不足

7. 您认为贵公司采购环节中的主要问题是(限选三项)

A. 采购及时性差　　B. 采购管理缺乏计划性

C. 采购管理部门对市场信息不了解　　D. 采购成本高

E. 缺少流程规范　　F. 流程有待优化

8. 您认为贵公司销售管理环节的主要问题是(限选三项)

A. 缺乏完整的全程营销策划　　B. 销售政策调整灵活性低

C. 市场推广力度不足　　D. 销售人员积极性未得到充分调动

E. 销售理念落后于竞争对手　　F. 企业形象和品牌问题

G. 缺少流程规范　　H. 流程有待优化

9. 您认为贵公司人力资源管理中主要存在的问题(限选三项)

A. 人力资源规划缺失　　B. 组织混乱,职责不清

C. 缺乏岗位任职资格体系　　D. 缺乏职位发展通路

E. 员工招聘效率低下　　F. 员工缺乏系统培训

G. 激励机制不健全　　H. 人力资源相关流程不健全

10. 您认为贵公司财务管理中主要存在的问题(限选三项)

A. 预算体系不健全　　B. 财务核算机制不健全

C. 税务筹划能力弱　　D. 费用报销时间过长

E. 财务分析缺失　　F. 资金管理不规范

G. 财务权限混乱　　H. 财务相关流程有待优化

【案例5-4】 某企业流程管理现状调查问卷(二)

1. 下列关于流程说法,哪些较符合您的观点?(限选三项)

A. 好的业绩结果源自好的流程再造

B. 流程再造应该关注整体最优,而不是局部最优

C. 好的流程应该为客户创造价值,并且有明确的产出

D. 流程只是将做事程序例行化

E. 流程化容易固化思想,不利于灵活和创新

F. 流程建设应该追求全面、系统、精细化

2. 您认为流程规划的主要目的是(限选两项)

A. 梳理流程清单

B. 对流程进行分类分级管理

C. 理清不同流程之间的逻辑关系和接口

D. 评估流程的重要性

E. 明确流程责任人

3.1 您认为公司"现行流程文件是否与实际业务运作完全相符"?

A. 是　　B. 否

3.2 如果您认为不相符合,您认为最主要的原因是什么?

A. 业务变化太快　　B. 流程责任人未及时进行更新

C. 流程不实用,喜欢走"捷径"　　D. 管理者不以身作则,带头破坏流程

4.1 您对公司之前开展的流程梳理的效果评价是?

A. 非常好　　B. 比较好　　C. 一般　　D. 不太好　　E. 很不好

4.2 如果您认为流程梳理的效果不佳,您认为最主要的原因是什么?

A. 业务部门不配合,觉得没必要　　B. 流程再造部门不懂业务

C. 缺乏流程管理相关知识　　D. 流程梳理只是描述现状,意义不大

5. 您认为公司的流程存在的主要问题是(限选两项)

A. 未识别和区分核心流程

B. 流程中各部门职责界定不清,存在扯皮现象

C. 流程设计存在本位主义,没有充分考虑客户需求

D. 流程环节过多,管控不利

E. 各部门的流程大多是部门各自设计为主,没有全局流程

F. 配套表单不完善(制度、表单、组织、授权、风控)

6. 如果流程得不到有效执行,您认为最主要的原因是什么?(限选两项)

A. 缺乏奖惩机制　　B. 缺乏良好的宣贯和沟通

C. 管理者没有以身作则　　D. 缺乏流程检查,不能持续强化

E. 流程组织没有得到有效运行

7. 您认为公司各部门在协同方面存在的问题(限选两项)

A. 虽然大家都有解决问题的意识,但是缺乏协作机制

B. 组织过于复杂,流程比较烦琐

C. 流程设计时没有充分考虑跨部门协作

D. 资源配置不足,有心无力

E. 职责不清,出现推诿扯皮

F. 部门本位意识严重

G. IT 支撑不足

8.1 您如何看待公司的办事效率?

A. 很高,问题能够得到及时解决　　B. 一般,但不会影响工作的日常工作

C. 低,经常影响到工作的正常开展　　D. 很低,严重影响到工作的正常开展

8.2 如果您认为办事效率不高,其最主要原因为

A. 相互扯皮　　B. 人员过多,人浮于事　　C. 职责、流程不清晰

D. 权责不匹配　　E. 人员素质不高

9. 您认为公司在发展战略管理中需优先强化的环节是(限选两项)

A. 发展战略研究和分析　　B. 战略规划沟通和宣贯　　C. 战略目标分解
D. 年度经营计划制订　　E. 经营会议管理　　F. 战略检讨回顾
G. 战略调整

10. 您认为公司在市场营销需优先强化的环节是(限选两项)
A. 市场研究和分析　　B. 市场策略策划　　C. 营销计划制订
D. 渠道开拓与管理　　E. 订单评审　　F. 报价管理
G. 订单履行与交付　　H. 订单信用风险管理　　I. 客户需求管理
J. 客户服务　　K. 回款管理

11. 您认为公司在研发过程中需优先强化的环节是(限选两项)
A. 产品规划　　B. 产品立项评审　　C. 研发进度管理
D. 研发质量管理　　E. 成本与风险控制　　F. 试产(小试、中试)
G. 产品生命周期管理　　H. 新产品报价

12. 您认为公司在订单实现过程中需优先强化的环节是(限选三项)
A. 生产计划　　B. 生产组织　　C. 生产成本控制　　D. 品质管理
E. 生产异常管理　　F. 生产分析　　G. 物料计划管理　　H. 设备管理
I. 产品交付　　J. 物流配送　　K. 生产统计

13. 您认为公司在采购与物料管理中需优先优化的环节是(限选两项)
A. 采购管理　　B. 供应商开发　　C. 供应商评价
D. 采购成本管理　　E. 物料库存管理

14. 您认为公司在财务管理中需优先强化的环节是(限选三项)
A. 预算管理　　B. 成本核算　　C. 财务分析　　D. 税务筹划
E. 财务审计　　F. 财务风险控制　　G. 资金管理　　H. 应收管理
I. 应付管理　　J. 资产管理

15. 您认为公司在人力资源管理中需优先强化的环节是(限选三项)
A. 人力资源规划　　B. 招聘与配置　　C. 部门组织结构优化
D. 岗位分工　　E. 绩效管理　　F. 培训开发
G. 薪酬管理　　H. 员工关系管理　　I. 企业文化活动
J. 人才梯队建设

16. 您认为公司在综合服务(行政、后勤等)中需优先强化的环节是(限选两项)
A. 会议管理　　B. 公文管理　　C. 安全管理　　D. 后勤服务

E. 体系文件管理　　F. 办公管理

17. 您认为公司信息化管理中需优先强化的环节是?

A. 电子数据、档案管理　　B. 业务信息发布管理

C. 硬件和网络管理　　D. 信息安全管理

18. 您认为公司流程规范对企业最核心价值是什么?(限选两项)

A. 风险控制　　B. 效率提升　　C. 知识管理　　D. 合理授权

E. 培养公司核心管理能力

19. 您认为公司目前流程再造机制存在的最主要问题是(限选两项)

A. 缺乏正式的流程组织　　B. 流程再造团队专业能力需要提升

C. 缺乏有效的激励　　D. 没有构建持续的强化机制

E. 责权利不匹配

20. 您对公司流程管理方面还有哪些建议?

四、"切诊":业务流程绩效分析

"切诊"是指医者用手指按病人腕后桡动脉搏动处,借以体察脉象变化,辨别脏腑功能盛衰、气血津精虚滞的一种方法。在流程管理中,我们可以通过测时、现场模拟、实际参与等多种手段对流程存在的问题进行系统分析。

1. 测时法

测时法就是通过对流程过程中每个步骤实际耗时进行测量与记录,然后分析用时最长的环节及浪费时间最多的环节,从而发现影响流程效率的环节及原因。

【案例5-5】 某企业采购管理流程利用测试法分析的结果

表5-8　某企业采购管理流程效率分析表

流程步骤	持续时间(分钟)	传递或等待时间(天)
(1)填写采购单	6	/
(2)送采购部经理签字	/	0.5
(3)采购部经理签字	3	/
(4)送采购单到财务部	/	1
(5)财务部审核登记	3	/

续表

流程步骤	持续时间(分钟)	传递或等待时间(天)
(6)送回采购部	/	0.5
(7)采购部核查采购物品清单	3	/
(8)发出订货信息	/	1
(9)供应商备货	/	1
(10)货物运输	180	/
(11)送检验中心化验	5	/
(12)卸货入库	120	/
时间合计	320	4
增值时间/非增值时间 = 320 分钟/(4 天 ×8 小时/天 ×60 分钟/小时) = 320 分钟/1920 分钟 = 16.7%		

通过表 5-8 可以看出,导致采购周期较长的主要环节分别为步骤 2(送采购部经理签字)、步骤 4(送采购单到财务部)、步骤 6(采购单送回采购部)、步骤 8(发出订货信息)、步骤 9(供应商备货)等几个步骤,要想对该流程进行优化、提升其运作效率,企业必须从以上几个环节着手进行压缩。

2. 标杆法

标杆法是企业开展流程管理的理论基础之一。选择标杆的作用在于可以根据标杆企业的做法选择衡量企业流程的绩效指标,并根据标杆企业的经营成果确定本企业的目标,同时还可以借鉴标杆企业在解决企业相应问题时候的思路和工作办法,探索新的处理问题的方法。

进行标杆管理,主要有选标、对标、超标三个步骤,其具体含义如下:

(1)选标:向业内或业外的最优秀企业学习,确定学习对象。

(2)对标:不断寻找和研究一流公司的最佳实践,并以此为基准与本企业进行比较、判断和分析,从而使自身企业得到不断提高和改进,进入赶超一流企业、创造优秀业绩的管理循环过程。

(3)超标:通过学习,企业重新进行思考和改进经营实践,创造自己的最佳实践,实际上就是模仿创新的过程。

3. 流程作业现场调查

流程作业现场调查主要是用来对运作类流程进行诊断的一种方法。通过观察实际作业活动、记录活动耗费时间、对作业现场环境进行查看、询问相关作业操作人员等手段，对流程运作的基础进行了解。

【相关知识链接】 泰勒铁锹实验

早先工厂里工人干活是自己带铲子。铲子的大小也就各不相同，而且铲不同的原料时用的都是相同的工具，那么在铲煤沙时重量如果合适的话，在铲铁砂时就过重了。泰勒研究发现每个工人的平均负荷是21磅，后来他就不让工人自己带工具了，而是准备了一些不同的铲子，每种铲子只适合铲特定的物料，这不仅使工人的每铲负荷都达到了21磅，也是为了让不同的铲子适合不同的情况。为此他还建立了一间大库房，里面存放各种工具，每个的负重都是21磅。同时他还设计了一种有两种标号的卡片，一张说明工人在工具房所领到的工具和该在什么地方干活，另一张说明他前一天的工作情况，上面记载着干活的收入。工人取得白色纸卡片时，说明工作良好，取得黄色纸卡片时就意味着要加油了，否则的话就要被调离。将不同的工具分给不同的工人，就要进行事先的计划，要有人对这项工作专门负责，需要增加管理人员，但是尽管这样，工厂也是受益很大的，据说这一项变革可为工厂每年节约8万美元。

通过铁锹实验，泰勒对每一套动作的精确时间做了研究，从而得出了一个"一流工人"每天应该完成的工作量。这一研究的结果是非常杰出的，堆料场的劳动力从400～600人减少为140人，平均每人每天的操作量从16吨提高到59吨，每个工人的日工资从1.15美元提高到1.88美元。

4. 现有解决方案跟踪与研究

通过对现有解决方案的跟踪和研究，我们可以更为深刻地理解现有流程运作中存在的问题，验证解决方案的有效性和执行程度，挖掘流程运作中实际存在的干扰因素和问题，更为有效地对流程进行分析和研究。

五、抽丝剥茧：挖掘流程真正存在的问题

前面我们系统地介绍了业务流程现状分析的种种方法，企业在进行流程问题分析的过程中必须因地制宜，同时，也不要被流程的种种假象所迷惑。为了让读

者朋友能够更加准确地了解流程现状分析的过程,下面简单介绍一下在流程现状分析过程中需要重点关注的几个切入点:

1. 如何识别并分析流程问题区域

一个流程在运行的过程中经常会出现这样那样的问题,这些问题可能会非常严重,直接影响流程的效率和“增值”,也有可能问题的存在对流程本身没有很大的影响,所以企业在进行流程现状分析的时候,第一个需要考虑的问题就是先把流程存在的问题找出来,然后根据问题的严重程度进行区分。

2. 如何识别并评估流程中的关键活动

在一个流程中,我们经常会把所有的活动分为关键活动、非关键活动,增值活动、非增值活动等,那么企业在进行流程现状分析的时候,首先需要关注关键活动、增值活动的状态。

3. 如何分析流程中的角色与活动匹配问题

另外,在企业流程现状分析的过程中,还需要重点思考各个角色在流程过程中的定位与职责履行状况,如果发现某个或某几个流程定位有误或出现偏差的时候,企业应该进行纠正。

【案例5-6】 大家都知道,企业内部很多流程都与产品成本控制相关,比如新产品研发流程、生产工艺管理流程、采购管理流程、生产制造流程、产品检验流程等,因为这些流程会分别涉及研发成本、工艺成本、原材料成本、生产成本及检验成本。在很多企业,管理者想当然地会认为,企业的产品成本绝大部分是在生产环节发生的,所以企业把产品成本控制的核心放在生产成本的控制方面。

这个看似非常合理的做法,其实是一个完全错误的认识,我们对浙江某企业产品成本分析的结果,如图5-3所示。虽然85%的产品成本在生产制造环节发生,但生产环节对产品成本的影响只有5%,虽然只有5%的成本发生在研发环节,但研发环节对产品成本的影响度却高达60%,另外只有3%的成本发生在工程设计环节,但工程设计环节对成本的影响则高达20%。由此可见,企业要想降低产品成本,首先应该从研发下手,然后依次是工程设计、品质检验、计划安排,而不是将重点放在生产制造环节。

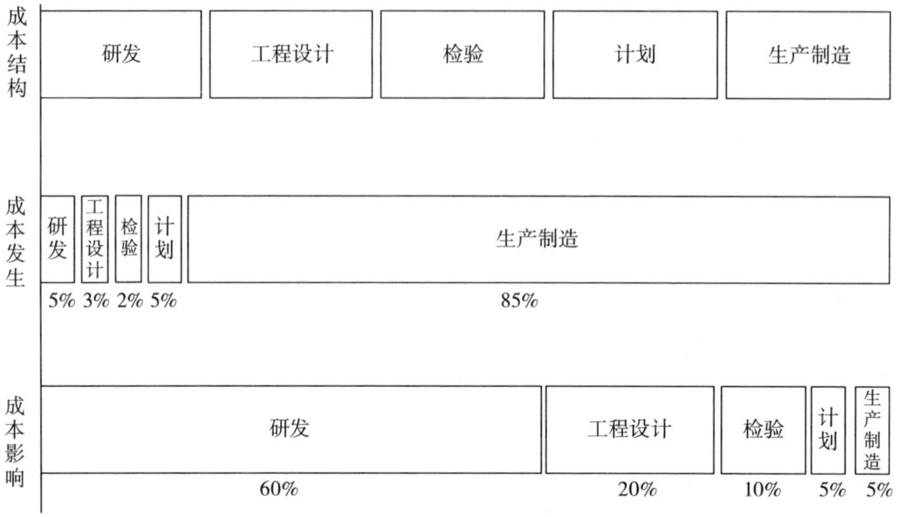

图 5－3　浙江某企业产品成本问题分析

同理，我们对该企业的产品品质相关的流程也进行了分析，最终得出的结论是：产品品质最终是从生产制造环节表现出来的，但影响产品品质的环节却有很多，诸如研发、工艺、原材料、生产制造、检验过程、仓储物流等，而且对产品品质影响度从大到小排列依次为：研发、原材料、工艺、生产制造、检验、仓储物流。由此可见，要想提升产品品质，首先应该从研发端开始，因为研发端确定需要的原料，其次是生产制造，然后才是原材料及工程设计、品质检验，最后是仓储物流，仅从制造端进行改进和提升很多时候是徒劳的，如图 5－4：

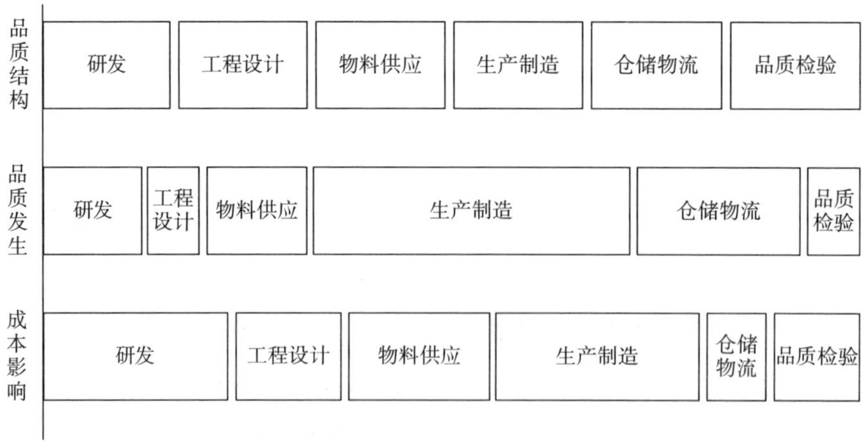

图 5－4　浙江某企业产品品质问题分析（示意）

第二节　业务流程问题分析实践

如何快速有效地发现流程存在的问题？通过多年的实践总结，我们认为，流程问题的分析可以从以下几个方面思考：流程责任分析、流程效率分析、流程风险控制分析、流程知识传承分析、流程授权分析、流程绩效分析、经营提升分析。总之，只要把握以上内容，企业便可轻松地发现流程存在的问题，为下一步进行流程优化提供依据。

一、流程责任分析

最常见的流程问题就是流程相关责任人之间的责任界定不清，虽然流程描述时企业会尽可能地厘清流程角色之间的职责，但在实际工作中，往往会在流程交接点上出现模糊地带，甚至“真空”之处，如对流程交付物的理解不一致、工作交付标准不一致、时间节点把握不一致、流程意识不同步等现象，最终导致流程角色之间责任不清，协同困难，因此流程问题分析的第一步就是要顺利厘清流程相关责任人之间的工作职责。

二、流程效率分析

根据前文对流程的定义我们知道，不管是业务流程、管理流程，还是辅助流程，都有其特定的增值方式。不同的流程其增值方式会不同，有些流程是为了时间更短（如订单交付流程），有些流程是为了成本更低（如成本管理流程、采购价格管理流程），有些流程是为了质量更好（如研发品质管理流程、原材料品质管理流程、成品品质管理流程），有些流程是为了客户更满意（如客诉受理流程、客户满意度管理流程），有些流程是为了风险更低（如销售订单评审流程、供应商开发与评价流程、采购价格管理流程、财务分析流程）。总之，每个流程都期望每循环一次比前次更好，其实这就是流程效率的体现。

因此，流程问题分析的第二步就是要分析流程在效率提升方面是否还存在空间，因为企业进行流程管理的终极目的就是要提升运营效率。特别是在互联网时代，天下已经没有新鲜事，你能做出来的东西，别人很快也能做出来，那么企业唯一能够取胜的关键就是效率。

三、流程风险控制分析

企业经营过程中，随时都会面临授权不当、成本上升、质量隐患、安全隐患、环保隐患、客户投诉、决策失误、宏观政策调整、对手不正当竞争、关键岗位员工流失、核心客户流失、核心供应商背叛等一系列潜在的经营风险。一个合理、健全的流程，一定要做到对流程涉及的相关风险进行预警和控制。大家试想一下，如果没有对企业经营过程流程进行规范，那么企业的任何风险控制都要靠人去实现，而人又存在能力差异、流动性、忠诚度、工作疏忽等诸多方面的限制。因此，企业进行流程问题分析的另外一个关键点在于识别风险点并检讨与这些风险点相关的流程是否存在问题。

四、流程知识传承分析

戴维·海姆在《重新定义流程管理》一书中提到，组织孤岛和知识鸿沟是创新的两大障碍[①]。组织孤岛的形成源于传统职能式组织模式，职能式组织模式更多地强调组织内部的分工，如前文提到的，传统组织分工强调横向到边、纵向到底，而忽略了部门之间、岗位之间的协同问题，最终造成厚厚的部门墙。知识鸿沟是由部门之间、上下级之间的信息流被阻断而形成的，戴维·海姆用“打电话游戏”（即由一个人将口信悄悄地传给另外一个人，直到本队的最后一个人并让他说出最终听到的内容）告诉我们：在企业中，大量存在类似的现象，信息传递过程中的失真，最终使重要细节往往无法到达真正需要它的人那里。

存在组织孤岛的企业往往是低效的，同样缺乏知识传承的企业是很可怕的，因为企业管理成熟度以及经营能力的提升一定是要通过不断积累和传承企业在过往经营过程中的知识沉淀，在很多企业，知识只是存放在员工个人电脑中，甚至存放在员工大脑中，而且是零散的。没有经过流程连接的知识体系不能为企业提升经营和管理能力带来任何帮助，所以企业在进行流程问题分析的时候，也可以从这个维度着手。

---

① 海姆.重新定义流程管理：打造客户至上的创新流程[M].楚建伟，译.北京：中国人民大学出版社，2017：7.

五、流程授权分析

在绝大多数中国企业都存在这样一个现象:企业高层非常想放权给总监甚至经理,但下属总是不敢甚至不愿意接受。为什么呢? 因为在大多数企业,企业老板有着“神”一般的权威,老板“一支笔”在很多企业都是非常常见的现象,那么在这种情况下,如果缺乏流程体系的合理分工和对权限的划分,事实上,老板的所谓授权也就只能是空谈了。

另外,缺乏有效授权的企业其运营效率会大打折扣,同时也会存在潜在的决策风险。因此,在对流程问题进行分析的时候,也有必要同步对流程权限设置是否有效进行分析。

六、流程绩效分析

流程绩效分析是最有效、最直接的流程问题分析手段,如【案例5－2】企业可以通过分析流程对应绩效表现,发现流程中存在的问题。

很多企业在推行绩效管理的时候,最头疼的一件事情就是绩效数据很难收集,最终导致绩效管理只能停留在纸面上。其实企业做绩效管理的另外一个目的就是要通过流程客观记录每个环节的相关数据流和信息流。

七、经营提升分析

在企业中,流程的增值可能体现在效率提升、成本降低、销售增加、利润增长、质量提高方面,也可能体现在客户满意、员工满意方面,总之,这与每个流程的目的(绩效目标)有关。虽然流程个体增值方式存在差异,但企业总体流程目的只有一个——提升经营业绩。

综上所述,企业还可以按照以下思路进行流程问题分析,如表5－9所示:

(1)流程的问题区域在哪里?

(2)该流程的关键活动有哪些? 存在什么问题?

(3)在本流程中各部门的角色定位和职责履行是否到位,是否存在错位的现象?

(4)问题的具体表现是什么?

(5)如果问题得不到改善,可能会导致的结果是什么?

(6)流程应该从哪些维度进行优化?

表 5－9　流程问题分析表

序号	存在的问题	对应流程步骤	具体表现	可能导致的结果	优化思路

另外，企业还可以用以下方式对流程问题进行分析，如表 5－10 所示：

表 5－10　企业流程问题分析表

流程核心步骤	是否关键活动		是否增值活动		可能存在的问题						
	是	否	是	否	责任界定	流程效率	风险控制	知识传承	有效授权	绩效管理	经营提升

【案例5－7】 深圳某企业流程问题分析举例

（1）深圳某企业订单管理流程问题分析：

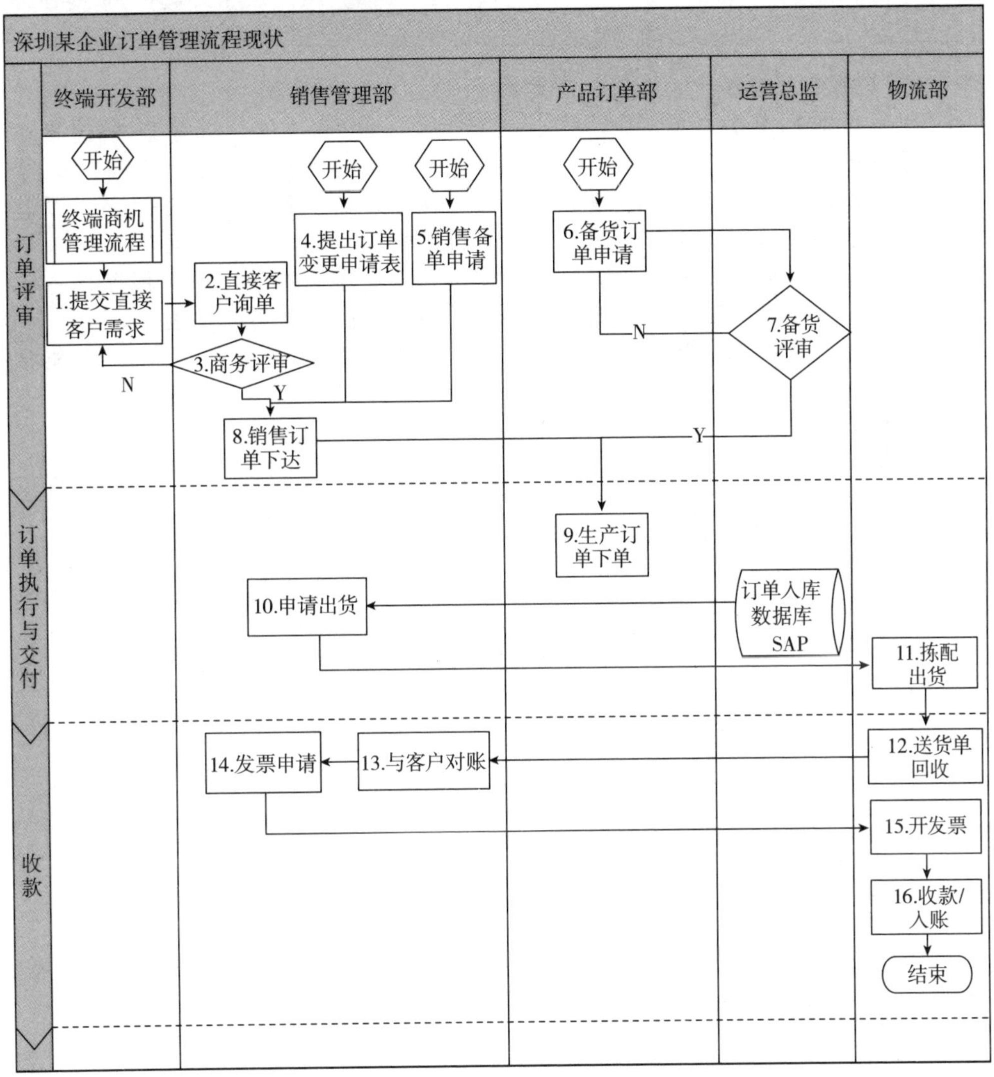

图5－5 深圳某企业订单处理流程（现状）

表 5－11　深圳某企业订单处理流程问题分析

分析纬度	现状/问题点	对应流程步骤	问题来源	原因分析	可能导致的结果
流程接口规划明确	(1)原订单管理缺乏统筹管理,各类订单的需求分散到不同的程序文件中进行管理,特别是终端开发与订单管理的接口不明确,终端商机转化产生的客户需求没有系统纳入订单管理流程	步骤1、步骤4、步骤5、步骤6	责任界定	(1)订单管理缺乏一个部门统筹进行管理 (2)端到端流程没有进行有效分段	效率影响:流程环节交叉在一起,导致冗长,各环节散乱在不同的作业程序中,缺乏一根主线 潜在风险:可能导致问责难
	(2)原订单管理与客户服务标准等文件都是独立运作的,相互之间的关系接口不清楚	步骤1、步骤4、步骤5、步骤6	责任界定	缺乏统一梳理和规范,文件间的接口关系没有理顺	效率影响:各自按照各自的标准进行执行,可能导致效率不高
影响本流程运行的核心问题	(1)客户信用风险在出货申请后才进行评审,有些滞后	步骤10	流程授权	SAP系统中遵循惯例进行此项设置	潜在风险:降低客户满意度
	(2)目前部分销售区域存在对常规品种进行备货的情况	步骤5	风险控制	常规品种备货的管控力度不够	潜在风险:可能导致异常库存
	(3)逾期订单的处理方式和责任界定不清	步骤8、步骤9	责任界定	对于逾期订单界定存在争议,没有统一标准	潜在风险:导致异常库存,责任无法界定
	(4)当实际生产产量与生产订单数量存在差异时,出货订单的销售捆绑的规则界定不清楚	步骤8、步骤9	风险控制	缺乏统一梳理和规范	潜在风险:导致异常库存

续表

分析纬度	现状/问题点	对应流程步骤	问题来源	原因分析	可能导致的结果
	(5)审批权限不明确： ①对于财务进行信用预警的客户转单审批权限不明确 ②销售备单的审批权限不明确 ③异常出货申请审批的权限不明确	步骤3、步骤7	流程授权	未进行梳理	效率影响：影响流程效率 潜在风险：授权不明确，工作无法推进

(2)深圳某企业客户满意度管理流程问题分析：

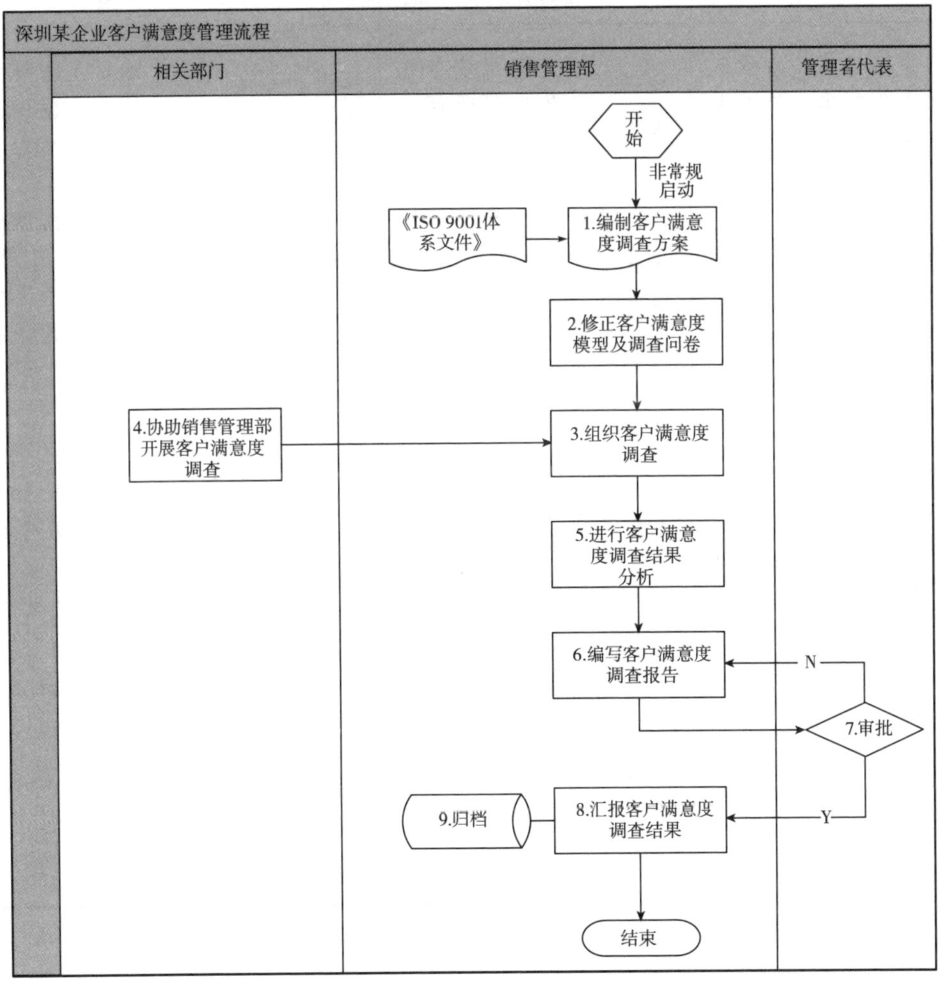

图5-6　深圳某企业客户满意度管理流程(现状)

表 5－12　深圳某企业客户满意度管理流程问题分析

存在的问题	对应流程步骤	问题来源	具体表现	可能导致的结果	优化思路
客户满意度指导思想	步骤 1	经营提升	(1) 应付 ISO 体系审核的要求 (2) 公司内部对客户满意度的管理不够重视	客户满意调查流于形式，无法了解客户的真实需求，无法获取公司的有效改善点	(1) 培养员工客户服务意识 (2) 建立完善的客户满意度体系
缺乏科学合理的客户满意度模型和问卷	步骤 2	知识传承	(1) 无满意度调查的模型 (2) 调查问卷过于复杂，调查问题的针对性不够	(1) 无法获取客户的真实需求 (2) 调查信息针对性和有效性不够	(1) 建立客户满意度模型 (2) 根据客户类别设计调查问卷
客户满意度信息收集渠道单一	步骤 3、步骤 4、步骤 5	知识传承	客户满意度信息收集仅限于问卷调查	获取的信息不够完整	建立多种模式的满意度的信息收集方式
客户满意度调查信息分析不够	步骤 6	流程效率	(1) 只进行了定性的分析 (2) 分析报告过于简单，没有深入分析其原因	(1) 无法获取客户的真实需求 (2) 无法从分析报告中获取改进的需求	建立满意度分析报告目录，并按目录要求进行调查数据的分析
客户满意度信息的发布，目前只对公司内部发布	步骤 3、步骤 4	流程效率	满意度调查报告只是在管理评审中发布	(1) 无法让客户了解公司满意度的结果，调查后没有进行信息的回馈 (2) 无法让客户了解公司客户满意度改进的措施	扩大客户满意度调查发布的范围（管理评审、客户、公司内部相关部门）
客户满意度弱项分析改进不足	步骤 8	流程绩效	没有针对满意度弱项进行改进	(1) 客户不重视 (2) 不满意问题重复出现，客户服务工作无法改进	导入 CS100 工程

第六章 业务流程优化与再造

业务流程优化与再造虽然含义不同，应用场景也存在差异，但都是企业进行流程管理的核心环节，在第五章进行流程问题分析的基础上，企业需要根据流程实际存在的问题以及优化思路对流程进行优化与再造。

第一节 业务流程优化基本方法

流程优化的方法有很多，如：优化流程顺序、剔除非增值环节、压缩无效消耗、模板化与标准化、业务流程自动化与信息化、资源重新配置、端到端打通、流程中心型组织变革、分权等等。

一、优化流程顺序

调整流程顺序就是指根据相关流程侧重点控制方式的不同，对流程运作过程和顺序进行调整，使各环节的负荷与处理时间尽量均衡。任何流程的运作都需要资源的支持，而这种资源的支持是有限的。在这种情况下，通过均衡处理可以使流程的运作更加顺畅，避免运作环节中相应短板的出现，达到效率最优化。

均衡处理的方式主要有两种：变串为并和调整作业顺序。

1. 变串为并

对于许多串行工作，我们可以考虑将其进行并行处理，以提高流程运行效率，减少流程节点活动的干扰。一般而言，在企业内部存在着两种形式的并行：一种是各独立单位从事相同的工作,这时我们要将它们视为一体,统筹处理,分散执行。比如:许多企业内部存在着业务单元分散采购的问题,在这种情况下,如果能将有限的采购需求进行集中处理,不但可以降低采购成本,同时还能够缩短相应的采购周期。还有一种情况是各独立单位从事不同的工作,而这些工作最终必须组合在一起。

2. 改变作业顺序

通过观察流程运行的各个环节,对不合时宜的作业活动进行作业顺序的调整,以求获得流程上的改善和突破。比如:一项产品移送到一栋楼里,然后再返回到原来的楼里。文件在同一栋楼的不同部门之间送来送去,在这个阶段,我们需要检查作业顺序以判断是否能够减少文件的长途旅行时间。

二、剔除非增值环节

剔除非增值环节就是减少相关活动的数量,提高活动的质量。在我们将多余的活动进行清除后,对于剩下的活动应进行简化。

寻找过于复杂的活动可以从以下三个方面着手:

1. 简化表格

在许多企业中常常可以发现许多表格填写不正确,我们应对其背后的原因进行分析,而不是简单地责备填错表的人员。通过重新设计表格,将可以获得明显的改善,避免日常工作中寻找相关填表人或者要他们就某些模糊事项提供解释或说明。

2. 简化语言

对客户和组织内部成员的沟通都应清晰易懂。语言要简单明了,尤其要注意以下两项:

(1)少用术语、行话和缩写,除非对工作任务很关键,否则不要使用新的术语和行话,确保能先清楚定义这些词语。

(2)尽量少地使用首字母组合词,除非它是多次重复使用,并被广泛理解和认同的。请记住,永远不要使用文件中没有定义的缩写词。

3. 简化程序

许多程序往往过分复杂,难以理解。在某些情况下,可以很明显地判断员工无法做到总是能够按照正常的程序进行作业活动。曾经有一位国企安全管理部门的负责人这样讲过:“我们内部的安全管理制度一共有60多个,详细地规定了开展安全管理的各种方式、管理措施和处理方法,但实际上在运作时,员工并不清楚到底应该怎么去操作和实行,往往是出现事件后,才去翻阅相关的制度,没有起到应有的作用。”

对程序进行简化,我们应针对实际业务运作进行改进,比如:

是否可通过合并职责以减少程序?

负责业务作业的人是否可以评估产出以确保它是无差错的?

……

【案例6-1】 江苏某企业制造系统流程优化案例分析

2017年我们曾经受江苏一家企业的委托,对该企业的制造系统流程进行了全面的优化,该企业专门为一家汽车制造集团加工发动机零部件。

当时的情况是,这家企业从接到订单到组织采购、生产到第一批交货需要将近60天,我们的目标是将整个加工周期缩短20%。

为了达成这一目标,我们首先对该企业从接到订单、采购、生产到交货整个环节的所有工作进行逐一普查,一共列举了826个具体的动作。然后把这826个动作按照流程优化的一些方法进行梳理,找到每个动作的先后顺序和承接关系。同时对非增值的动作进行压缩和合并,并在此基础上对该企业制造系统的组织结构和产线分布进行了调整和优化。

最终的结果是,我们将原来的826个动作缩减到540个,将原来制造系统的部门从12个减少到8个,整个产品的交期从60天缩短到45天,交期缩短15天。

在这个案例中,我们主要采用优化流程顺序、剔除非增值环节、流程中心型组织变革等方法对该企业制造系统流程进行了全面优化,超出了项目预期目标。

三、压缩无效消耗

压缩无效消耗的重点是流程运作中所有没有必要的非增值作业活动。那么,怎么判断作业活动是增值的还是非增值的?用迈克尔·波特的话讲,顾客愿意付费的就是增值的。我们可以发现,在一些刚刚引入流程管理概念的企业里会发生许多的非增值活动,而这些非增值活动往往是由于企业长期的管理方式、工作习惯演变而来的。在职能分割的情况下,每人只会对自己的个人和组织绩效负责,无人看到大量浪费的存在。

在这里以日本丰田公司为例进行说明比较。丰田认为在企业内部,随时都有85%的人没有开展有效的工作,其中:

5%的人看不出是在工作;

25%的人正在进行等待;

30%的人为增加库存而工作(由于这类活动对公司没有直接的贡献,因此丰田不认为这些活动为工作);

25%的人正在按照低效的标准或方法进行工作。

丰田公司的看法可能与我们日常的看法不太一致,但却由此可以看出,丰田公司非常注重业务活动运作细节,通过对业务活动细节的重新设计以提高生产运营系统的效率。

常见的无效消耗包括:

1. 过度生产、过度供应

任何超出实际需求的生产和供应都是巨大的浪费,它不但将造成企业资金流的紧张,不利于提高资金的使用效率,同时还会增加企业额外的负担,为过多的生产和供应提供不必要的成本支出(仓储费用、管理费用、人工成本等)。这不但在制造行业广泛存在,在服务行业也经常可见,比如许多餐厅常常不得不扔掉准备过多的食物。

2. 等待时间

等待包括物料的等待、文件处理的等待、人员等待等等。等待只会造成流程运行效率的下降,增加各种成本。如果等待的时间长到下一事物已经出现,问题可能会变得更加严重。这时,要么是原来等待的事务被打断,要么待处理的文件和物品增加,通行时间延长,文件、物品的处理跟踪将更加困难和复杂,但却没有什么实质性的价值能交给客户。

3. 移动和转移

任何物品的移动都需要花钱。物品和文本的转移要通过人员和设备来完成,不必要的转移将占用从事增值作业的时间。在中国很多企业常常可以看见一份文件在数个不同的部门之间进行转移,造成大量的时间和人力浪费,企业真正花在有价值创造的活动的时间十分有限,这些活动并不会给客户带来任何直接或间接的收益，仅仅是在消耗成本和费用。

4. 清除缺陷、故障和返工

业务流程目标应该设定为所有的事都一次做好，避免解决遗留问题的人工成本、物料成本、时间耽搁以及机会成本。任何流程一旦牵涉对前期缺陷的处理甚至返工时，流程的复杂程度便呈几何倍数增加，例如：包含退货、换货处理的财务结算、物流、销售流程比不包含退货、换货的流程复杂很多。

5. 官僚主义

官僚主义作风在一些大企业最为常见，常见的官僚现象包括：

不必要的审查、监督、协调、审批、审核；

拖沓的节奏；

多余的文档和副本；

礼节性或荣誉性的签字；

文件与操作的脱节；

毫无价值、拖沓冗长的会议；

……

这些现象将会麻痹执行流程人员的思想，人为减缓流程运作的效率，降低流程运行时间，造成大量的审批程序、等待时间和各项烦琐的非增值作业，而这些活动对顾客没有任何价值可言。

6. 重复工作

每项工作的执行都应尽量增加价值。如果一项作业活动是重复的，它就不会增加价值而只会增加成本。经常可以看见一个部门在向电脑输入数据，由于不能信息共享，可能另一个部门也会进行重复的相同作业。

对这种现象进行改进，应该从跨越部门边界的整个价值链角度进行考虑：当任何信息在价值链上的一个点上输入后，新数据要素出现后可以追加在已存在的信息上，这样不仅消除了不必要的数据重复输入，同时也消除了多次输入数据时的误差和不匹配。

7. 重排格式

重排格式指的是数据从一种格式转换成另一种格式，比如将相关图表从一种表现方式转换成为另一种表现方式。这也是一种重复作业,常常发生在信息穿越组织边界的时候。产生重排格式的原因在于不同的企业信息系统存在差异,甚至于同一家企业在不同的时期、不同的部门采用的管理信息系统自成一体,互不对接。这种现象并不能创造直接的价值,作为企业应尽量使格式通用化。

8. 监督、检验和控制

企业内部存在着各种监督、检验和控制程序,这些管理方式对于减少企业的经营风险确有好处。但如果企业对相关质量保证、生产率状况、财务状况等经营运作系统缺乏清醒的认识,人为地增加一些不必要的控制程序,将许多不该管的事情管了,将会增加企业内部的管理层次和管理内容。随着内部员工对这种管理方式的质疑不断增加,许多监督和控制也将会逐渐失去效用。

9. 协调

同监督、控制一样,协调也是一个经典的官僚行为。虽然确保不同部门之间的相互匹配及环节运作是好事,但认清流程作为整体目标却更为重要。

【相关知识链接】 大野耐一的"消除七大浪费"的理论

表 6-1 消除七大浪费分析

名称	定义	特征	原因
过量生产的浪费	生产超过需求数量或生产速度超过需求速度	(1)囤积的物资库存 (2)额外的设备、投资和人力 (3)不均衡的物料流程 (4)复杂的库存管理体系 (5)大批量 (6)隐藏问题——取消和返工	(1)流程能力不足 (2)缺乏沟通 (3)转换时间设置不合理
等待的浪费	生产线流到下站流程过程中,未能平衡所造成的等待、上道工序材料不良、制作不良造成下道的等待或者是物料未能及时供应造成生产线的等待、设备故障未能及时修复的等待,都称为等待的浪费	(1)等待机器的人 (2)等待人的机器 (3)等人的人 (4)工作失衡 (5)设备故障	(1)工作方法不持续 (2)机器换模时间长 (3)人、机器低效 (4)缺乏合适的设备

续表

名称	定义	特征	原因
搬运的浪费	超过必要程度的搬运距离、作业到一半暂时放置、重复搬运、移动堆积物品、应一次搬运分多次搬运、应使用栈板而未使用造成的重复搬运或者是流程布置不顺造成的搬运等	(1)需要人力审查或返工 (2)重复搬运折返	(1)物流路径设计不合理 (2)仓储分布不合理
加工的浪费	作业本身不稳定，或作业人员本身不熟悉，导致无法以最恰当的速度进行加工或应一次加工而分成两次以上加工造成的损失	(1)流程瓶颈 (2)缺乏明确的用户规格说明 (3)冗余的批准环节 (4)超量的信息和报告	(1)工艺变更的同时流程未进行相应优化 (2)未输入用户要求 (3)无效的政策或程度 (4)不恰当决策
库存的浪费	仓库资金费、搬运费、管理费、折旧、损耗等库存管理费用以及物品老化等导致的损失	(1)库存积压 (2)遇到问题时大量返工 (3)工艺变更导致前置时间延长 (4)过多的物料处理和存储空间	(1)流程和供应商供货能力不足 (2)无法控制的瓶颈流程 (3)不准确的预测 (4)换模时间长
动作的浪费	步行、把物料或工具拿来却放在一边、采用不自然的作业姿势，以及因判断错误导致损失或采用四级、五级动作都记为浪费等	(1)观察或步行寻找工具 (2)过度伸展或弯腰 (3)机器与物料相距太远 (4)设备之间无传输带	(1)设备、办公室和工厂布局不合理 (2)工作场所缺乏组织性 (3)不可持续的工作方法
制造不良的浪费	因员工操作疏忽所造成的返工、物料不良在加工时未发现所造成的物料及人力的浪费	(1)需要人力审查或返工 (2)封存或报废产品 (3)被动反应而非主动应对 (4)态度恶劣，客户满意度低	(1)流程失效 (2)缺乏标准化作业 (3)缺乏培训 (4)作业人员失误 (5)供应商能力不足

说明：以上内容在大野耐一的理论基础上根据中国企业实际做了部分优化。

四、模板化与标准化

模板化和标准化是企业进行流程优化的一种常见方法，华为的任正非先生深谙此道，他指出：规范化管理的要领是工作模板化，什么叫作规范化？就是我们把所有的标准工作做成标准的模板，就按模板来做。一个新员工只要能看懂模板，就会按模板来做。而这个模板是前人摸索几十年才总结和提炼出来的，你不必再去摸索。各流程管理部门、合理化管理部门，要善于引导各类已经优化的、已经证实行之有效的工作模板化。对于一些重复运行的流程，工作一定要模板化。一项工作达到同样绩效，少用工，又少用时间，这才说明管理进步了。我们认为，抓住主要的模板建设，又使相关模板的流程联结起来，才会使信息化管理成为现实。

企业要想实施模板化和规范化管理，其具体操作方式有四种：

1. 实施标准化管理

随着企业业务运作规模的扩大，通过标准化方式可以将企业流程的运作习惯、管理标准、实施程序进行固化，避免“一人一个样”现象的产生，减少人为的因素干扰。相关的标准化主要以流程文件的形式进行体现，它主要包括书面说明、流程图和表单。在这里应该注意：

明确流程中各个部门的职责和权限；

包括涉及紧急情况的处理；

标准文件中每一处解释都是唯一的；

便于理解；

有明确的最低工作绩效标准；

有规范的操作规程；

……

同时所有员工都应该收到同一个流程版本的副本，然后按流程进行培训。流程文件及其执行应该定期检查和更新。

2. 明确流程管理的侧重点

流程是企业进行有效管理的一种手段，根据企业在不同管理时期的经营需要，我们需要明确相关流程的相应管理侧重点，也就是流程的管理目标：

有些流程侧重于成本控制；

有些流程侧重于快速反应；

有些流程侧重于风险控制；

有些流程侧重于知识传承；

有些流程侧重于权力分配；

有些流程侧重于服务或产品附加值提升；

有些流程侧重于服务或产品质量提升；

……

某企业生产订单过多，造成生产系统满负荷运转，在此情况下，公司应考虑加快生产运作效率，缩短生产周期，尽量提前完成订单；但当公司产品质量存在缺陷时，公司领导认为宁可延长生产周期，也要确保产品质量合格，以确保公司的长远效益，建立良好的口碑。

3. 防止犯错误

再好的流程也需要人员去执行。因此，提高流程执行人员的工作责任心、减少流程运作中的错误，对于确保流程正常运作具有十分重要的意义。比如下面这些情形也许就是我们在日常执行流程活动中可能碰见的错误：

在文件上将名字签在了错误的地方；

估计可以更快地完成工作却忘记了意外事故的发生；

写好了信件却装错了信封；

好不容易打通了电话却拿错了文件；

上了飞机才发现忘记了重要物品没有带；

……

执行流程难免会碰见错误，在执行流程的过程中，我们需要不断加强对流程执行人员的培养和教育，尽量避免错误的产生。

4. 工作模板化

工作模板化就是将已经成熟的表单、文件进行模板化管理，这样就可以避免和杜绝因为不同的人对同一件事情的不同理解而造成的重复工作。在一般情况下，企业可以考虑将如下工作进行模板化管理：

需要全体员工或绝大多数员工填写的表单，如请假单、工作计划、工作总结、内部联络单等；

在日常工作中需要频繁填写的表单或使用的文件,如市场调研报告、产品策划书、新品批量生产报告、品质检验报告、财务报表、财务分析报告、产品质量分析报告、销售预测报表、人力资源报表等;

需要在不同部门收集和提取相关数据和信息的表单和文件,如生产日报、品质日报、销售日报、发货日报等;

……

企业推行模板化管理可以让管理不断沉淀,使企业管理成熟度逐步提升。

五、业务流程自动化与信息化

信息化与自动化是进行流程优化的重要手段,随着社会总体劳动力资源趋于枯竭的程度加深,以及信息化管理手段在企业内部扮演作用的加重,信息化与自动化已经成为很多企业进行流程优化的首选。

下面是常见的一些运用自动化进行处理的作业活动:

1. 脏活、累活、难活

这是日产公司投资生产系统改造的一条原则。日产公司认为对于这类作业活动并不总是需要依靠人员来完成。如果实施自动化改造,工作质量将会得到大幅度的提高;因为对作业机器来讲,它将突破人员的局限性,既不在乎工作条件的艰苦,也不受艰苦工作条件的影响。

2. 枯燥作业

枯燥的作业活动将会使员工产生厌倦的情绪,不利于保持长期的良好精神状态。因此所有单调乏味的工作都可以作为自动化处理的对象,这些工作包括生产车间的作业任务、简单单调的数据录入,或者是核对报表的匹配事项等等。

3. 数据采集

在传统的企业管理中手工的信息收集和统计的活动成本是相当大的,它分布在每一个业务流程里。如果能用机器代替人员进行数据采集,不但可以节省大量的时间,同时还可以增加数据的准确性。比如:超市里面普遍运用的条形码技术就极为方便地实现了每天销售产品状况的统计和分析;另外企业实施 ERP 系统可以将分散在每个供应链环节的数据全部整合在一起进行统计与分析。

4. 数据传送

将数据由一种格式转变成为另一种格式，或者从一个人转送到另一个人，由一个系统传输到另一个系统，这些都是自动化的首选对象。虽然有时由于计算机系统标准的不统一可能会造成转换数据过于复杂，但它却可以避免重复录入相同数据，减少因为数据不匹配而带来的麻烦。

5. 数据分析

每个公司都有大量数据，但是却不一定有足够的分析报告。信息分析正是信息系统的优势。通过拥有适当的软件，我们就可以随时做出设定的分析报告。

虽然信息化和自动化在进行流程处理时有巨大的优势，但它也有其局限性，仅仅只能够用于可以控制住的流程。在对企业内部流程进行自动化的时候，遵循80/20 原则是一个基本的准则。也就是说，企业不要期望通过自动化系统将流程中的所有情况都能够处理好，而应将目标设定在 80% 的功能实现上，这样仅仅需要 20% 的成本和时间。

考虑到所有例外情况的 100% 自动化解决方案的开发不但需要很长的时间，而且往往可靠性也不理想，维护成本很高。未来如果企业需要对流程进行调整和优化，也往往因为巨大的信息化系统投资而却步。因此将信息化系统与人员相互结合使用，双方优势互补，是企业进行信息化建设与管理最为有效的手段。

【相关知识链接】 中国制造 2025 对企业流程自动化与信息化的要求

到 2020 年，我国基本实现工业化，制造业大国地位进一步巩固，制造业信息化水平大幅提升。重点领域关键核心技术进一步提升，优势领域竞争力进一步增强，产品质量有较大提高。制造业数字化、网络化、智能化取得明显进展。

到 2025 年，制造业整体素质大幅提升，创新能力显著增强，全员劳动生产率明显提高，两化(工业化和信息化)融合迈上新台阶。

我国将紧密围绕重点制造领域关键环节，开展新一代信息技术与制造装备融合的集成创新和工程应用。支持政产学研用联合攻关，开发智能产品和自主可控的智能装置并实现产业化。依托优势企业，紧扣关键工序智能化、关键岗位机器人替代、生产过程智能优化控制、供应链优化，建设重点领域智能工厂/数字化车间。在基础条件好、需求迫切的重点地区、行业和企业中，分类实施流程制造、离散制造、智能装备和产品、新业态新模式、智能化管理、智能化服务等试点示范及应用推广。建立智能制造标准体系和信息安全保障系统,搭建智能制造网络系统平台。

到2020年,制造业重点领域智能化水平显著提升,试点示范项目运营成本降低30%,产品生产周期缩短30%,不良品率降低30%。到2025年,制造业重点领域全面实现智能化,试点示范项目运营成本降低50%,产品生产周期缩短50%,不良品率降低50%。

【案例6-2】 福特公司采购流程优化案例分析

福特汽车公司生产汽车所用的零部件有大约2/3是从外部购入的,其主要工作流程为:

采购部门向供应商发出采购订单,并将订单副本送给公司财务部;供应商发货,福特验收部门进行验货合格后进入库房,并开具收货凭证;同时,供应商将发票送给公司财务部。财务部收到订单副本、收货凭证及供应商发票后安排给供应商付款,如图6-1:

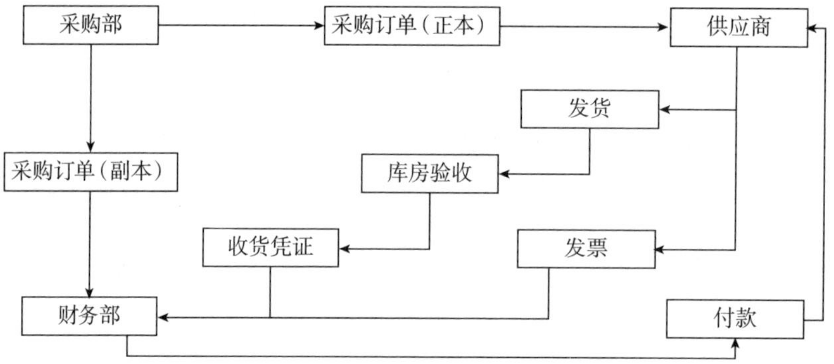

图6-1 福特公司采购流程(优化前)

在进行流程再造之前,福特汽车公司北美货款支付处共有500多名员工,财务部只有当订单副本、收货凭证、发票三者一致时,才能准以付款。部门内部大量时间花费在处理三者的不吻合之上,从而造成人员、资金和时间的浪费。

管理机构最初认为,通过理顺操作程序和装备新的信息系统,这个部门的员工可以减少到400人左右。然而,福特公司随即发现在它们拥有22%股份的马自达公司,仅仅只有5个人在做同样的工作。即使考虑到两家公司的规模和业务量的差别,这一差距也是巨大的。经过对其标杆单位的研究分析,福特公司决定进行业务流程再造,如图6-2:

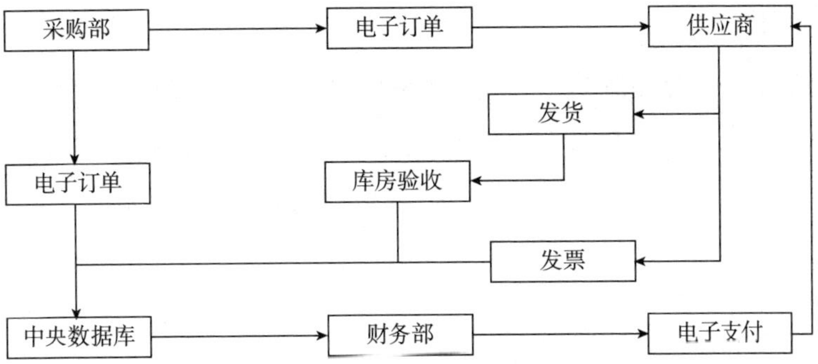

图 6－2　福特公司采购流程(优化后)

经过优化后的流程变为:

采购部门发出订单,同时将订单内容输入联机中央数据库;

供应商发货,验收部门核查来货是否与数据库的内容相吻合。如果吻合就入库收货,并由中央数据库通知财务部,由计算机进行自动按时付款。

在原先的会计部门需要核对 14 项数据,经过流程再造后,不需再核对发票,仅仅需要核对 3 项数据,大大减轻了劳动强度。部门人员的数量也减少了 70%,远远超过了预计的 20% 的目标。

这是一个典型的通过信息化手段进行流程优化的案例。

六、资源重新配置

对于任何一家公司而言,企业所拥有和可支配的资源一定是有限的,如何集中优势资源去做对于企业而言最有价值的流程环节,这是每家企业都必须思考和解决的问题。

根据多年的实践经验,我们认为企业在进行流程优化的时候就必须要思考每个流程实施的资源评估,对于有些资源不足的流程,可采取两种模式来解决,其一调配其他资源,其二思考进行流程外包。

七、端到端打通

端到端打通就是要通过企业从顾客到供应商的整合,使其流程更加顺畅、连贯,以满足客户的需要。常见的端到端打通方式如下:

1. 整合工作

有时将几项工作合并成为一项是可能的。通过合并相似或连续的工作,可以大大加快组织内部的物流和信息流速度,使得一项工作更有利于完成。每当一项工作由一个人交接到另一个人,都是一次发生错误的机会,因此需要设定一定的辅助设施或机制。

2. 整合团队

团队作业可以完成单个个体所无法完成的复杂作业。虽然团队在运作时,可能仍需要保留一定的向职能部门报告的关系,但它们是一个结合在一起的流程日常运作组织。相关联的团队成员空间距离的拉近意味着许多问题将不再出现,一旦出现问题也能得到及时、快速的解决。

3. 整合顾客

整合顾客主要是指将企业所提供产品或服务的过程与相关顾客的业务流程有机地结合在一起,使顾客和企业紧密联系在一起,竞争对手将更加难以插入。目前这种方式已经在国内的许多企业中出现,比如:汽车企业在研发新款汽车的时候,往往会邀请许多潜在的客户以及老客户对研发的产品提出各种意见和建议,作为进行产品研发的重要指导思想;手机企业通过建立外部客户对新手机的试用机制了解一线顾客的需求。通过这种企业—客户双方互动的关系,将使得产品更具针对性,更好地满足顾客的需求。

4. 整合供应商

通过消除企业与供应商之间不必要的官僚手续,可以极大地提高效率。与客户的整合一样,这里也需要建立信任与伙伴关系。当然必要的检验也是需要进行保留的。现在制造行业中的准时生产方式对供应商和制造上提出了更高的要求,要求他们在多方面进行合作,共同工作,整合订单流、票据流、数据流、物流等等。

关于供应商的整合目前在很多行业都有非常成熟的应用,比如说整车企业在研发一款新车的时候,往往会将各个零部件委外研发,并按照整车研发进度要求供应商完成零部件定义、开发、测试、验证工作。

八、流程中心型组织变革

企业在进行流程优化的时候要求同步进行流程中心型组织的设计和变革，流程中心型组织变革有3个层面：

1. 员工流程管理思想和意识的培养

员工能否接受并践行流程管理的思想和方法是企业进行流程优化成败的关键所在，企业通过流程优化要让员工充分理解流程管理的好处，让员工从被动接受到主动需求流程管理变革。

2. 传统职能式组织体系的调整

流程管理对于传统的职能式管理的挑战在于要打破部门墙，用海尔的经验来讲就是要“拆墙”，拆掉部门之间、岗位之间的壁垒。

3. 流程价值的体现

要让员工能够体会到流程管理带来的好处，首先就是要让企业的流程价值最大化得以发挥。

九、分权

流程管理的最终目标在于提高企业运营效率和经营绩效，而授权可以在一定程度上帮助企业实现这一目标，因为企业通过合理的授权，一方面可以调动员工的积极性，因为在很多公司，每个岗位的责、权、利其实是不对等的，这就造成很多员工承担了责任，但没有权力保证，也没有利益保障，最终导致工作无法开展；另一方面，企业通过授权体系促使员工能力提升，缺乏授权体系的企业，员工工作基本上是“等、靠、要”，有了授权保障，员工可以变被动为主动；此外，企业可以通过授权体系，压缩审批环节，提升流程效率。

第二节 业务流程再造基本方法

虽然与流程优化目的不同,但业务流程再造也有很多方法,常见的方法有价值链重构、战略调整、业务流程外包、组织再造等。

一、价值链重构

流程再造需要完全打破原来价值链体系的束缚,重新定义企业的价值链模型和商业模式,进而使企业获得重生,企业一旦发现现有的价值链已经失去了竞争优势,或者目前企业盈利能力大幅下降,就必须思考对价值链进行创新与重构。

其实,在很多企业价值链重构并不是新鲜玩意,很多企业早已把波特价值链模型当中的支持活动,诸如采购、技术开发甚至人力资源当成基本活动来经营。

【案例6-3】 广州某企业价值链重构展示

广州某企业是一家以生物及基因技术为核心的高科技企业,专注于女性抗衰业务,公司创始人始终坚持“技术领先”的经营理念,每年技术研发投入巨大,产品在女性抗衰领域有明显的竞争优势。可是该企业在经营的过程中却遇到了业绩增长瓶颈,实际经营业绩与研发投入远远不成正比。

经过深入研讨,我们发现该企业目前的价值链布局存在巨大的问题:从图6-3可以看到,该企业价值链基本活动与其他企业并无多大差异,从理解客户需求、新产品研发、集成供应链、营销及服务到满足客户价值主张。

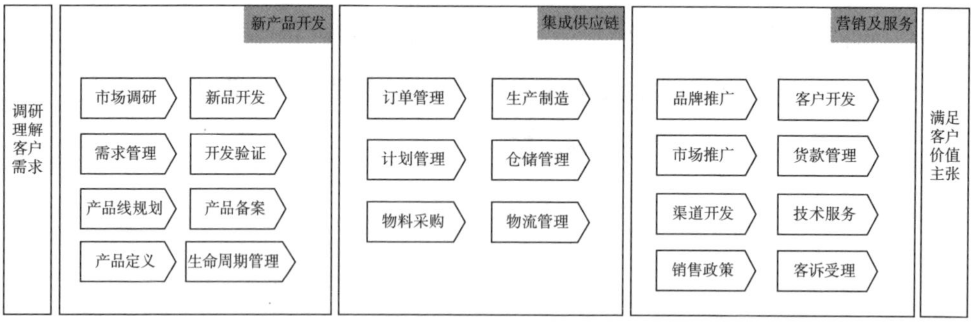

图6-3 广州某企业价值链(现状)

在实际业务开展的过程中,虽然该企业对客户需求理解透彻,也因此能开发并制造出令客户尖叫的产品,但该企业客户订单在交付的过程中有一定的特殊性,与其他企业不同的是,其他企业只需要将产品卖给消费者就可以了,而该企业不仅仅要将产品卖给客户,更重要的是要通过持续技术服务才能完整交付客户订单。这就需要该企业不仅提供好的产品,更关键的是还需要持续输出为客户提供技术服务的技能和人才,可是这项业务在该企业的价值链中并没有规划出来,也就造成了该企业目前的经营窘境。

为了解决这一问题,我们在该企业价值链中增加了一项"教育训练"业务(如图6-4)。新产品开发从理解客户需求开始,挖掘客户需求,并在此基础上开发满足客户需求的产品,而教育训练则从理解市场需求开始,挖掘渠道及门店技术服务需求,并在此基础上开发满足市场需求的课程,通过持续提供培训输出技术服务技能。

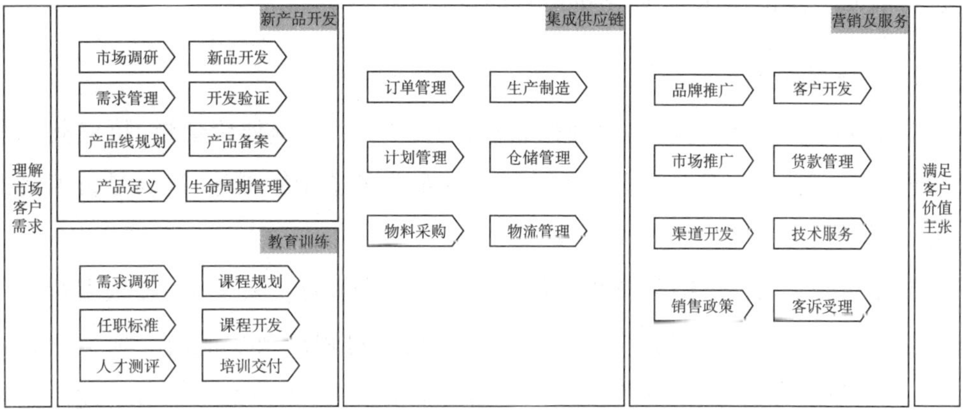

图6-4 广州某企业价值链(优化)

这样一来,在该企业的核心业务中既能提供好产品,又能输出技术服务技能,双管齐下才能产生良好的经营业绩。

随着全球一体化进程的不断加剧,现代企业正面临着两个巨大的挑战:第一,原先以研发、供应、生产、销售为一体的企业价值链正面临着分化的威胁;第二,越来越多以单一价值链为核心的企业如雨后竹笋般纷纷崛起。

在进行价值链重组时,我们首先应该明确企业的发展战略,然后选择关键环节进行重组。那么企业如何进行价值重组呢?

常见的企业价值链重组有两种方法,即价值链整合、价值链分解。

1. 价值链整合

不管是位于价值链上游的制造厂家,还是居于价值链下游的销售商,存在于市场上的竞争能力都取决于三种能力,即创造市场的能力、发现市场的能力和控制成本的能力。控制成本的能力在一种竞争互动的市场背景下,不仅表现为整合企业内部资源的能力,更表现为整合市场资源的能力。

多数时候,生产成本只是总成本的一部分。重点是,在重视降低生产成本的同时,还需要跳出本企业的范畴,认真审视整个价值链,通常在上游价值链即原料供应环节和下游价值链即销售环节寻求成本降低的重要途径。

同样的道理,创造市场的能力和发现市场的能力在很多时候也要求企业要跳出自身的圈子,向前或向后拓展,这就是在本节战略转型中我们会讲到的企业一体化战略。

所以说价值链重组的第一个办法就是企业尽可能在自己现有价值链的基础上进行前向一体化、后向一体化价值链整合。

2. 价值链分解

资源优势明显、市场控制力强的企业通过向上下游延伸价值链,可使其竞争力更强,这是做加法,但有些资源条件受限的企业更适于做减法,这就是价值链的分解。

专业化分工与价值链分解相辅相成。由于资金和能力的限制,在很多行业一种产品从开发、采购、生产到营销所形成的价值链过程已很少能由一家企业来完成,于是价值链开始分解,一些新的企业加入了价值链,并在某个环节上建立起新的竞争优势。这种竞争优势表现为在该环节上具有成熟、精湛的技术和较低的成本,它们的进入使一些大而全、小而全的企业在竞争中处于劣势,迫使它们不得不放弃某些增值环节,而选择若干具有比较优势的环节集中培育,重新建立起自己的优势竞争地位,这种情况在产品结构复杂的行业中较为普遍。

这时候的企业不是进行价值链的增加,而是减少价值链的个别环节,以便能够集中优势资源将自己的核心竞争力在某个或某几个点上进行突破。这就是近几年很多企业都在思考的价值链再造的问题,下面我们一起来分析一下,作为中国经济的主体,制造业价值链是如何再造的。

近 20 多年来,制造业的产品价值创造体系,即价值链体系正在经历着大规模的重组。中国制造业通过产业转移和积极吸纳而保持了经济的持续快速增长。

企业作为一个整体,其竞争优势来源于在设计、生产、营销等过程以及辅助过程中所进行的许多相互分离的活动,来自为企业的相对成本地位和差别化程度奠定基础的整个产业价值链配置系统。为了营造和保持竞争优势,管理者必须在整个价值链配置系统中不断地寻求适合培育与强化自身核心竞争力的定位,并同时管理好与企业创造价值相关联的其他环节,这样企业的竞争优势才会持久。企业价值链管理的核心是价值链重组,即对企业战略、增值运营流程以及支撑它们的系统、政策、组织和结构的快速、彻底、急剧地重组,以达到工作流程和生产力的最优化。在进行价值链重组时,我们首先应该明确企业的发展战略,然后选择关键环节进行重组。

不同行业中的企业,其关键环节也可能存在很大差异。例如:按订单生产和OEM生产模式的企业,关键环节可能是生产制造与供应链;服装、食品等消费品行业的关键环节可能是分销;金融、电信等服务业的关键环节则可能是客户服务。即使同一个企业,面对外部竞争环境的变化,其关键环节也不是固定不变的。因此,掌握选择关键环节的原则是至关重要的。一般来说,只有选取那些能够满足公司发展战略和经营目标、满足竞争需求、现有效率低下、阶段性收益最大的环节进行重组,才可以取得以点带面、最后全面突破的效果。

综上所述,价值链整合也好,价值链分解也罢,任何价值链的调整都需要对内部业务流程进行全面升级与再造。

二、战略调整

经营环境无时无刻不在发生变化,企业发展战略也需要不断优化与调整,相应地企业业务流程也需要根据战略调整进行再造。

企业可以选择的战略调整方向有前向一体化、后向一体化、横向一体化、多元化、并购、剥离等等。这些都是可能的选择之一,也可以进行战略组合选择,但究竟是选择单一战略还是组合战略,关键是要评估企业自身的资源状况,因为没有一家企业能够拥有足够的资源来选择和实施对其有益的所有战略。

弗雷德·R.戴维教授在《战略管理(第10版)》一书中将企业可以选择的战略一共分为四大类:一体化战略、加强型战略、多元化战略、防御型战略,具体见表6-2:

表 6－2　可供企业选择的战略类型①

战略类型		战略适合企业	对应流程
一体化战略	前向一体化战略（属纵向一体化的一种）：获得分销商或零售商的所有权或加强对他们的控制	（1）现有分销商、零售商对出厂价格压得过低，或不可靠，或不能满足企业销售需要 （2）现有经销商（下游行业）有较高利润，通过前向一体化进入下游行业 （3）稳定的生产对企业十分重要（通过前向一体化提高需求预测能力） （4）可利用的高质量经销商有限，阻碍企业产品销售 （5）企业具备销售自己产品所需要的资金和人力资源	分销管理流程、终端客户开发流程、终端客户服务流程、物流配送流程、终端货款管理流程等
	后向一体化战略（属纵向一体化的一种）：获得供方的所有权或增强对供方的控制	（1）对原料价格提得过高，或不可靠，或不能满足企业生产需要 （2）现有供应商（上游行业）利润丰厚，通过后向一体化进入上游行业 （3）原材料价格稳定至关重要（通过后向一体化提高原料价格控制能力） （4）企业所处行业正在迅速发展，对上游资料需求将不断加强 （5）供应商数量少而需方竞争者数量多，企业需要尽快地获得所需资源 （6）企业具备自己生产原材料所需要的资金和人力资源	原料研发流程、原料生产管理流程、原料品质控制流程、原料仓储管理流程、原料物流管理流程等

① 戴维. 战略管理（第 10 版）［M］. 李克宁，译. 北京：经济科学出版社，2006.

续表

战略类型		战略适合企业	对应流程
一体化战略	横向一体化战略：获得与本企业竞争公司的所有权或加强对其的控制	(1)企业所在行业竞争较为激烈 (2)企业所在行业规模经济较为显著 (3)企业的横向一体化符合反垄断法的规定，并能在局部取得一定的垄断地位 (4)企业所在产业增长潜力较大 (5)企业具备横向一体化所需要的资金、人力资源等	企业并购流程、股权投资流程、客户开发流程、订单开发流程、计划管理流程、采购管理流程、生产管理流程、客户服务流程等
加强型战略	市场渗透战略：努力扩大市场营销，提高现有产品或服务的市场份额	(1)企业产品或服务在当前市场还未达到饱和 (2)现有用户对企业的产品或服务还有很大的提升空间 (3)整个行业主要竞争者的市场份额在下降 (4)规模的大幅提升可以带来更大的竞争优势	渠道开发流程、客户开发流程、订单开发流程、客户服务流程等
	市场开发战略：将现有产品或服务打入新的市场	(1)通过努力可以获得新的市场、更加优质的销售渠道 (2)企业现在经营的市场领域已经取得了巨大的成功 (3)存在未开发或未饱和的市场 (4)企业存在生产过剩的能力 (5)企业所从事的领域迅速成为全球化的产业	渠道开发流程、订单开发流程等
	产品开发战略：通过改进和研究新的产品或服务增加销售	(1)现有产品或服务处于生命周期的成熟阶段或衰退阶段 (2)企业所处行业属于高速发展的高科技产业 (3)主要竞争对手可以提供更具性价比和竞争力的产品或服务 (4)企业擅长或已经拥有极强的产品研发能力	产品规划流程、新产品开发流程、新产品上市管理流程、产品生命周期管理流程等

续表

战略类型		战略适合企业	对应流程
多元化战略	集中多元化战略：增加新的但与原业务相关的产品或服务	(1)企业参与竞争的产业属于零增长或缓慢增长的产业 (2)增加新的但与原业务相关的产品或服务会促进现有产品或服务的销售 (3)现有产品处于生命周期衰退阶段	客户开发流程、订单开发流程、计划管理流程、采购管理流程、生产管理流程、客户服务流程等
	横向多元化战略：向现有用户提供新的与原业务不相关的产品或服务	(1)通过增加新的产品或服务，企业从现有产品或服务中得到的盈利可显著增加 (2)企业参与竞争的产业属高度竞争或低成长状态 (3)企业可以利用现有的渠道向现有客户销售新的产品	客户开发流程、订单开发流程、计划管理流程、采购管理流程、生产管理流程、客户服务流程等
	混合多元化战略(又称无关多元化)：增加新的与原业务不相关的产品或服务	(1)企业主营业务的销售额和盈利能力在迅速下降 (2)企业拥有拓展新业务的资源 (3)企业现有产品和服务已达到饱和状态 (4)企业有机会拓展与原业务不相关的新市场机会	发展战略管理流程、投资管理流程、新产品开发流程、新产品交付流程等
防御型战略	收缩战略(重组战略、扭转战略)：企业通过减少成本与资产而重组企业，以扭转销售和盈利下降	(1)企业虽然具有一定的竞争力，但在所属产业领域不能持续实现经营目标 (2)企业在特定产业中处于竞争弱势地位 (3)企业需要进行产业重新布局与调整	战略调整流程、商业模式优化流程等
	剥离战略：出售、分拆、转让企业的任何一部分产品或服务	(1)企业为了维持竞争力需要投入超出承受范围的资源 (2)部分业务经营业绩表现不佳 (3)需要剥离的业务与企业整体战略定位不一致	战略调整流程、商业模式优化流程等
	清算战略：为了实现有形资产价值而将公司的全部资产分块出售	(1)企业通过收缩、剥离战略但仍不能达到经营预期 (2)公司可以通过清算战略将资产损失降到最低	战略调整流程、商业模式优化流程等

另外，对于企业战略的分类和选择，迈克尔·波特在20世纪80年代提出的战略三部曲，即《竞争战略》《竞争优势》《国家竞争优势》中提到，各种战略使企业获得竞争优势的3个基本点是：成本领先、差异化、专一经营，通常我们也把波特的这一思想称为“一般性战略”。

1. 成本领先战略

成本领先战略也称为低成本战略，是指企业通过有效途径降低成本，使企业的全部成本低于竞争对手的成本，甚至是在同行业中最低的成本，从而获取竞争优势的一种战略。根据企业获取成本优势的方法不同，我们把成本领先战略概括为如下几种主要类型：

(1)简化产品型成本领先战略，使产品简单化，即将产品或服务中添加的花样全部取消。

(2)改进设计型成本领先战略，通过设计及工艺改进，大幅度降低研发、制造成本，从而获得战略成功。

(3)材料节约型成本领先战略，通过引进新材料，节约材料成本，从而获得竞争优势。

(4)人工费用降低型成本领先战略，通过压缩编制，提高人力资源效率，节省人工费用，让企业获得竞争优势。

(5)生产创新及自动化型成本领先战略，通过生产模式的创新以及自动化、信息化水平的提升，节省成本，获得成功。

与成本领先战略相关的流程有产品成本管控流程、新产品研发流程、产品工艺管理流程、采购管理流程、人力资源规划流程、定岗定编管理流程、信息化规划流程等。

2. 差异化战略

差异化战略就是将公司提供的产品或服务差异化，形成一些在全产业范围中具有独特性的东西。差异化战略可以通过以下手段和途径去实现：

(1)追求产品品质的优异化，创造独家所有，确保市场占有率小而投资回报率高。

(2)追求产品专利权的优异化，以专利保护技术创新，以此区隔市场。

(3)追求产品创新力的优异化，技术第一，是最先进的产品。

(4)追求产品周边服务的优异化,创造特性和附属性功能。

(5)追求售前和售后服务的优异化。

(6)追求品牌的优异化,强调产品的品牌诉求。

与差异化战略相关的流程有品质控制流程、知识产权管理流程、新产品开发流程、客户服务流程、品牌宣传及推广流程、市场推广流程等。

3. 专一经营战略

专一经营战略也称集中化战略、目标集中战略等,是指主攻某一特殊的客户群、某一产品线的细分区段或某一地区市场。企业专一化经营战略的确定,需要满足以下某些条件:

(1)拥有特殊的受欢迎的产品。

(2)开发了专有技术。

(3)不渗透的市场结构。

(4)不易被模仿的生产、服务以及消费活动链。

与专一经营战略相关的流程有新产品开发流程、知识产权管理流程、市场推广流程、供应链开发流程等。

综上所述,不管是弗雷德·R. 戴维提出的一体化战略、加强型战略、多元化战略、防御型战略,还是迈克尔·波特提出的成本领先、差异化、专一经营战略,只要涉及战略调整,企业都必须根据战略对内部流程进行全面升级与再造。

三、业务流程外包

业务流程外包(Business Process Outsourcing,简称 BPO),是指企业将业务流程以及相应的职能外包给供应商,并由供应商对这些流程进行重组。

目前常见的企业业务流程外包有研发流程外包、供应链流程外包、制造流程外包、营销流程外包、人力资源流程外包、财务流程外包等。单从人力资源流程外包来讲,小到员工招聘面试流程外包、员工培训实施流程外包、员工社保外包、员工福利外包,大到员工招聘流程外包、员工培训流程外包、员工薪酬外包,再到人力资源全流程外包,都已经有非常成功的实施案例,可见,业务流程外包已成为企业业务流程再造的一项必然选择。

随着企业竞争的加剧和社会分工的明细化,越来越多的企业开始思考将辅助流程、管理流程，甚至非核心业务流程进行外包，由专业的公司来协助企业实现流程价值。

因为这个道理很简单，对于任何一家企业而言，只需要做好自己的核心业务流程就可以使企业的经营价值最大化，而其他的辅助流程、管理流程以及非核心的业务流程所产生的价值贡献会远远低于核心业务流程的价值。而企业外包出来的这些流程，又是很多专业的流程外包公司最擅长的，同时也是这些外包公司的核心业务流程。这样一来，每家公司都做自己最擅长的事情，各自都能保证自身利益的最大化，诸如苹果把生产外包给富士康就是这个道理。

有人把企业业务流程外包称为“21 世纪企业发展的新模式”，因为企业可以通过业务流程外包达到以下目的：

（1）有效地改善辅助业务对核心业务的支持作用，增加整体盈利。公司业务可划分为核心业务与辅助业务，BPO 运作的主要对象是对整体业务起支撑作用的辅助业务，如财务（财务账务处理、税务筹划等）、信息系统（网站设计与维护、OA 系统外包、ERP 系统维护、服务器外包、搜索引擎等）、人力资源（员工招聘、培训、社会保险、员工福利等）、销售渠道管理（渠道拓展、销售管理等）、生产（工）管理、供应体系等）、法务（法务咨询、合同审核、法务纠纷处理等）、物业、后勤等。这些辅助业务对外承包给专业化公司后，其业务质量能得到显著而迅速的改善，从而对核心业务起到推动作用，增加整体盈利。

（2）突出对核心业务的重点管理，同时实现对辅助业务的有效控制。将部分辅助业务外包，有助于公司管理层以更多的时间和精力，将更多资源投入核心业务。而在辅助业务管理上，作为业务承揽方的外部专业化公司，对其承揽项目的服务等级、成本构成、质量检测等有着明确的标准和承诺，这样，公司就可以根据合同的履行情况实行对辅助业务的成本 - 质量控制，实现预期目标。

（3）提高外包业务质量的同时，也将这一业务领域改变成为具有创造性的领域。在公司内部，辅助业务常被视为“日常性工作”，是一笔“经常性费用”。当由外部专业化公司的雇员们接手这些业务后，这些业务的性质不再是“日常性工作”，而是“新的就业机会”。他们能以一种充满激情的态度，富有创造性地去完成这些工作。此外，外部专业化公司常常是所从事业务领域中的技术领先者，它们对所承包的业务施以优化设计、科学运作与管理，并跟踪最新技术发展，不断更新公司的系统。

(4)有利于在新的市场环境中打破传统的行业(业务)界线,与外部公司形成跨业务领域的联合,构成长期的战略伙伴关系,增强彼此的竞争力。

四、组织再造

组织再造也是目前企业在竞争中常用的一种竞争手段,同时也是业务流程再造的一种趋势。因为传统强调以职能管理为核心的企业管理模式已经面临前所未有的调整。

企业组织管理经历了3个阶段:

第一阶段:强调职能管理为核心。

第二阶段:流程管理得到承认,但职能管理仍处于主导地位。

第三阶段:关键流程驱动企业运营。

这3个阶段的发展,是符合中国企业对管理的逐渐认知和竞争环境的变化的。关于组织分工和协作的问题我们在前面谈了很多,在这里就不再赘述,未来企业的管理一定是强调流程为王。

流程管理强调通过跨部门的协作实现企业经营管理活动的简单化和高效化。它以结果为导向,倒推相关运作过程,关注的是结果的产生和产生结果的过程,并将企业的经营管理重点突出表现为关注客户服务、关注企业产出效果、关注不同组织之间的协同服务,而不是自上而下的职能划分。

流程管理要求企业建立相应的扁平化组织结构,将所有业务、管理活动都视为一个流程,注重其连续性,以全流程运作的观点取代个别部门或人员的看法;注重系统效率的提高和整体绩效表现,而不是单个环节所产生的亮点。在组织运作上要求打破部门的本位主义,鼓励不同职能部门之间的相互合作,共同追求企业的整体流程绩效;将企业的不同部门之间相互关联的行为视为一个总流程的流程集合,对这个集合进行管理和控制,强调全过程的协调和目标化,这与传统的组织管理模式有很大不同。

第三节　业务流程优化与再造衡量

业务流程优化与再造有很多成熟的方法,但不同企业在进行业务流程优化与再造的时候如何才能做到最优其实是没有标准答案的。我想读者朋友可能还会有一个问题要问,那就是我们做流程优化与再造的标准是什么?换句话来讲,什么样的流程才是好流程呢?根据多年的实践,我们认为可以从以下几点衡量流程优化与再造效果。

一、增值活动

我们在前面已经提到,企业流程管理的核心目的是“增值”,当然每个流程、每项活动的“增值”方式可能有所不同,但流程优化与再造的时候,始终要把握这样一个原则:“该活动有增值价值吗?”如果没有,就一定要想办法将该活动剔除掉,最终保证流程中的每项活动都是“增值”的。

就如前文提到的山娃放羊的案例,这个流程有四个核心步骤:放羊、赚钱、娶媳妇、生孩子。这四个步骤中缺一不可,每项活动都为下一次流程循环奠定基础。

二、面向客户

我们在谈到流程的六大构成要素的时候提到,客户就是流程输出结果的最终消费者,企业进行流程优化与再造的时候,当然要保证面向客户,并且保证客户的满意。

不同流程的客户是有差异的,可能是企业外部的客户(代理商、经销商、终端客户、供应商),也可能是企业内部的客户。总之,企业流程优化与再造必须紧紧围绕客户诉求,将那些与客户诉求无关或者弱相关的业务活动尽可能减掉。

三、目标导向

我们在谈到战略、流程和组织的关系的时候,曾经讲过,战略决定企业做正确的事,组织决定企业正确地做事,而流程则可以帮助企业高效、低成本、低风险地做事。流程的存在一定是为了企业战略的实现,如果企业流程优化离开了战略的引导和战略目标的实现,那将是毫无意义的。

另外，回到流程管理的基本原则，我们强调流程管理必须坚持“目标导向、结果导向”原则，任何一个流程，其增值方式不同，而衡量增值方式的指标以及所要达到的目标也是不同的。

四、结果导向

好流程一定有明确的结果导向，同时也会体现在流程绩效上，因此衡量一个流程是否是好流程的关键环节就是看这个流程最终的结果是否达到了流程客户的核心诉求。我们通常所说的“结果不会说谎”这句话用在衡量流程结果上是再恰当不过了，只要结果不理想，表面上再好的流程也都是“镜中花”“水中月”。

五、体系化

通过前文介绍我们知道，企业的流程按类型分为业务流程、管理流程、辅助流程，按层级分为集团级流程、公司级流程、部门级流程、岗位级流程，另外每个流程又包括流程图、流程步骤说明、流程相关制度、流程相关文件、流程相关表单、流程相关绩效指标、流程相关权限划分、流程风控体系等。一套好的流程体系一定是全价值链打通、全层级优化、全员参与、全天候执行的，同时也能确保流程在执行过程中风险可控。因此，流程体系化的衡量就是要将价值链及业务蓝图上下游相关的流程、制度、表单、权限及流程指标设计出来并确保有效执行。

六、自我优化

世界上唯一不变的就是变化。竞争环境的变化是永恒的，流程客户需求也是随时变化的，流程管理就是要帮助企业在周边环境发生变化时使运营和管理能尽快赶上并能适应这种变化。环境的变化必须带来运营和管理的不断调整和变化，而运营和管理的变化必然要反映到流程上，所以说，企业流程管理一定是动态的，而且流程管理成熟的企业也一定有健全的流程自我优化机能，企业的流程优化一定不是什么“抽风运动”，而是需要有一整套完成的配套体系保证流程持续改进，永不过时。

第七章　业务流程配套设计

流程设计工作仅仅是流程管理中的一个环节，在将新的运行流程设计出来后，我们还需要根据流程运行的需要，进行相关配套体系的设计，搭建流程的基础运行平台。

一个完整的流程应该包括：流程名称、流程编号、流程版本、流程归口部门、流程相关部门、流程决策部门、流程制定目的、流程适用范围、流程核心步骤、流程图、流程核心步骤说明、与本流程相关的制度或文件、与本流程相关的表单、与本流程相关的绩效指标、与本流程相关的权限、与木流程相关的风险控制等。

根据我们的实践，流程配套设计共包含 5 大部分，它们分别是：

（1）基于流程的组织职位设计。根据流程执行的需要，对组织职能、岗位设置进行调整和优化。

（2）基于流程的制度及表单设计。将流程运行过程中的接口、节点活动、配套机制予以细化和规范是流程配套设计中非常关键的环节，通常分为流程配套制度设计、流程配套表单设计两部分。

（3）基于流程的绩效指标设计。建立相应的绩效指标，以衡量流程运行质量的好坏。

（4）基于流程的职权与分权设计。根据流程审核、审批节点，优化公司职权和分权体系，真正实现“授权中层”“让听得到炮声的人决策”。

（5）基于流程的内控体系设计。将流程相关内控风险点进行识别，并在此基础上规划风险控制矩阵，确保企业合规经营。

第一节　流程中心型组织变革

在设计流程的过程中，为了确保流程更加有效地运作，我们可能会对一些岗位、部门的职能进行调整：有的岗位、部门职能可能会新增，有的岗位、部门职能可能会减少，还有的岗位、部门甚至会取消。在这种情况下，我们需要对岗位、部门与流程之间的匹配度进行梳理，找出相互之间的对应关系，并进行重新的界定，这就是本书所说的流程中心型组织变革。

一、职能中心型组织、流程中心型组织及战略中心型组织

大家都知道，传统的企业一般都会选择职能中心型组织作为企业组织体系运作的核心，但随着企业经营环境的变化、行业竞争的加剧、实现企业发展战略及达成年度经营目标的需要。只强调分工的传统组织模式已经不能适应全新经营环境的需求。为了满足这一需求，很多管理学家和企业开始探讨和尝试使用基于流程的组织模式，这种尝试极大地推动了矩阵式组织模式的进步，同时也让很多企业开始关注组织协作和流程。

但很快人们又发现，脱离了企业的战略去强调分工和协作的组织模式也会存在诸多问题，由此战略中心型组织便应运而生。美国著名管理学家罗伯特·S.卡普兰和戴维·P.诺顿在他们合著的《战略中心型组织》中提出了战略中心型组织的概念，他们强调企业的组织体系必须面向战略，由此形成了职能中心型组织、流程中心型组织和战略中心型组织三种组织形态。

表7-1　职能中心型组织、流程中心型组织和战略中心型组织比较

	职能中心型组织	流程中心型组织	战略中心型组织
关注重点	以职能为导向，强调分工	以流程为导向，强调协作	以战略为导向，强调目标
组织特征	直线式、职能式	扁平化、网络型	混合型
适应环境	稳定、变化慢	不稳定、变化快	不稳定、变化快
管理方式	行政命令	相互协调	强调协同
权力结构	集权	分权	分权，员工自主管理
职位设计	个人化职位	以团队为基础	个人与团队相结合

续表

	职能中心型组织	流程中心型组织	战略中心型组织
管理制度	严密	有较大的灵活性	灵活性极强
工作目标	领导、职位要求	客户需求	目标导向
员工素质	一般要求	较高要求	极高要求
文化特征	单一文化	多元文化	混合文化

从表 7－1 可以看出，流程中心型组织打破了传统职能中心型组织部门墙、变化慢、客户意识不强等诸多弊端，为企业提升运营效率奠定了基础。

二、流程中心型组织特点

流程中心型组织是相对于职能中心型组织而言，它强调以流程为导向，以提升组织效率和顾客满意为宗旨。

流程中心型组织的兴起和快速发展并不是偶然的，促使它产生的驱动力来自三个方面：

（1）组织外部的环境发生了变化，全球经济一体化，技术更新快，顾客需求多样化，这些外部的变化都推动着组织的改变。

（2）传统的职能中心型组织的缺点导致组织的内驱力不足，机构臃肿，部门之间互相推诿，存在“部门墙”，组织效率低下，不能满足激烈的市场竞争需要。

（3）管理理论的发展，如流程再造、价值链、核心竞争力等理论为流程中心型组织的诞生和发展提供了丰厚的理论基础。

为了让读者朋友们能够清晰认识流程中心型组织的特征，在这里我认为有必要对其优缺点进行阐述，以便大家在流程中心型组织建设的过程中，取其长，避其短。

1. 流程中心型组织的优点

（1）具有明确的工作程序，员工明确上下游工作关系；

（2）明确的授权机制，使基层员工能够参与公司决策，公司决策的成功率很高；

（3）打破了以部门为中心的工作壁垒，工作效率很高；

（4）坚持以顾客为中心，使员工在工作的过程中“眼睛向外”，以满足顾客需求为工作准则；

(5)实现了组织的扁平化管理，减少管理层次，压缩管理成本。

2. 流程中心型组织的缺点

(1)决策分散，决策速度慢；

(2)基于团队而非基于个人，对员工的素质要求较高；

(3)多元化的文化氛围，使公司内部的管理较难统一。

三、流程中心型组织变革要点

既然流程中心型组织强调以流程为导向，企业在建设流程中心型组织的过程中可以按照以下思路进行：

1. 核心价值链选择与分析

对于不同的企业，其战略不同，价值链选择也会存在差异，企业可以选择产—供—销"通吃"，也可以选择其中的一两项做精、做强。

通常来讲，企业的核心价值主要围绕采购(供应商开发、采购价格、采购交期与服务、物流、仓储等)、生产(生产计划、制程、交付等)、销售(销售定价、销售策略、订单处理、市场推广、促销、客户服务、客户关系、咨询服务、批发经营、终端零售等)进行。但由于企业的核心目的在于追求经济效益最大化，所以企业在核心价值链选择的时候需要根据自己的核心能力抓住最有价值的关键点就可以了。

2. 识别并建立核心流程

企业核心价值链分析清楚后，职能中心型组织强调分工，将每个业务系统的核心业务进行分解，而流程中心型组织则强调协作，需要建立不同核心业务之间的逻辑关系，并用流程将它们串起来，这就是职能中心型组织与流程中心型组织最本质的区别。

从企业运作的核心来看，职能分解是基础，流程协作才是核心，因为企业战略的实现必须依靠流程的高效运作，因此企业在价值链分析清楚之后，必须对核心流程进行识别。

3. 核心流程优化与再造

企业的战略在不同发展时期会有所调整，企业的年度经营计划要求不同，每年的流程关注重点也会不同，所以说，企业的流程需要与时俱进，进行必要的调整和优化。企业在对流程进行调整的时候，一般会有两种办法：其一是在现有流程的基础上进行必要的优化，我们称之为流程优化；其二是对现有的流程进行全面的改造，我们称之为流程再造。

4. 建立流程团队

流程建立起来之后，为了保证流程能够落地并产生作用，流程中心型组织建设还需要企业做好两件事情：流程团队建立、流程管理思想建设。

企业内部建立流程团队一共有以下几种形式：

(1)长期流程团队：是指按照既定的业务流程，从流程总协调人，到流程各环节的"流程团队"共同组成的流程团队。这个流程团队相对比较稳定。

(2)临时流程团队：是指为了某项特定的工作和某个特定的流程，需要临时为某个流程运行而建立的团队。这个团队会随着该项特定工作的结束而解散，如很多以项目制运作为核心的企业，每个项目启动会专门成立项目小组，这个小组按照项目管理流程进行工作，当该项目结束后，项目小组也就随机解散。

除了流程团队的建设，企业在推进流程中心型组织建设的过程中，还有一个问题也是非常关键的，那就是训练一批有流程管理思想的员工队伍。因为强调流程管理就必须打破条块分割的职能管理思想，同时要求所有员工要从以前的"以领导为核心"向"以流程为核心"转变。如果在这个过程中从员工的认识、思想以及工作方法和技巧上不加以改变和调整，恐怕流程中心型组织的建设将困难重重。

5. 建立流程绩效评价体系

职能中心型组织强调职能的有效履行，所以在绩效评价的时候就会设置一些关于职能管理的 KPI，流程中心型组织建设也是一样的道理，要想使流程中心型组织能够发挥其作用，建立必要的基于流程的绩效评价体系也是必不可少的。

流程中心型组织的考评体系必须以流程的结果来衡量流程团队各成员的工作业绩，鼓励以顾客为中心，倡导协作文化。

第二节　业务流程配套制度与表单设计

通过流程图我们可以非常清晰地了解和认识不同部门在流程中所承担的职能,它是一种动态的描述方式。这种描述方式简单、直接,易于让人理解,但也存在一些不足之处,比如流程步骤描述过于简洁、流程接口介绍不清晰、流程监控方式不详细、流程绩效管理未充分体现等等。要解决这些问题,我们可以建立相配套的流程相关制度及表单。通过相关制度的建立,将上述问题进行详细的说明、解释、介绍和补充,便可以解决流程执行与落实的问题;通过相关表单的建立,将流程用表单固化下来,易于理解,也便于操作。

一、业务流程配套制度设计

传统企业内部管理以制度为主,对流程和表单的管理非常弱化,在这种管理思路的驱动下,我们看到,每家公司都有很多的制度,有些公司内部的管理制度有几十个,甚至几百个。制度很多,但执行状况如何呢?根据笔者的经验,很多公司的制度执行状况都不好。

认真分析一下,原因不外乎以下几个:

(1)制度太多,员工不可能花太多时间去学习每个制度;

(2)制度的体系性不强,制度之间的衔接不好,导致没办法执行;

(3)每个制度的内容太多,员工很难对每项条款都能理解、掌握;

(4)制度编写不规范,将很多流程、表单需要解决的问题,期望用制度来表达。

随着企业对流程管理认识的加强,目前很多企业提出了"制度瘦身计划",在这种情况下,企业加强了流程和表单管理,同时减少或简化制度。

一般来讲,如果企业建立了完善的流程体系的话,制度就成了流程的配套,公司编写制度的目的是解释流程中非常重要的环节和说明原则性的问题。

既然这样,我们该如何设计满足流程需要的制度体系?企业编写制度的原则和基本内容又包含哪些?

(1)制度属性:包括版本号、制度编号、制度名称等。

(2)制度目的:用来说明制度描述的主要内容、制度适用于哪些管理环节。

(3)制度适用原则:用来说明制度制定及公司在制度规定领域的基本管理要

求和原则。

(4)制度正文:用来描述制度相关规定和说明。

(5)制度附加说明:用来说明制度的归口部门、解释与修正部门、制度执行时间等。

二、业务流程配套表单设计

像前面的描述一样,表单也是为了帮助企业流程能顺利运作的,因为流程告诉员工某件事情该如何做,制度是对流程重要环节的说明和解释,而表单则是员工在具体执行流程实际操作。一般来讲,一张完整的管理表单,应该包括:

(1)表单属性:包括归口部门、编号、版本号、表单名称等。

(2)表单输入:用来说明表单填写人的基本信息和核心意图。

(3)表单输出:用来说明表单审核人的基本意见。

(4)填表说明:用来说明表单的填写要求和填写规范。当然,对于有些比较简单的表格,填表说明可以忽略,同时填表说明可以放在表格当中,也可以单独说明。

第三节 业务流程配套权限设计

华为的任正非说过,华为倡导"授权中层",那么如何进行授权呢?哪些权力需要下放?哪些权力需要集中?每个职位有哪些权力?同一问题,权力究竟如何划分?是一级审批,还是二级审批,多级审批?关于这些问题,在企业进行流程配套设计的时候需要一并考虑。

一、业务流程权限类型

在流程描述的过程中,我们会经常用到"◇"符号,这是一个决策符号,表示流程在这个环节需要进行一个决策,是行还是不行,是通过还是不能通过,其实,企业就在这个环节完成了职权和分权的分配工作。在跨部门的流程图当中,流程的上端是流程相关部门，流程正文是流程流转环节和顺序，“◇”符号对应的部门就是相应权力的拥有者。因此，通过流程体系进行企业的分权体系设计是非常科学合理的。

流程权限是流程责任人实施流程活动的资格，通常情况下，流程责任人的职位越高，其权力就会越大。为了能够让流程责任人充分发挥其职责，流程必须赋予其相应的职权，如果某个流程责任人处在流程某个环节，却没有相应的权限，那么他是无法承担起流程责任的。

业务流程权限类型分为四种，分别为人事权、财务权、资源调配权及信息权。常见的人事权有人事任免权、员工考核权、奖金分配权、组织调整权等；常见的财务权有对外投资权、企业融资权、预算编制权、预算调整权、超预算修正权、成本控制权、费用审批权等；常见的资源调配权有办公类固定资产调配权、设备类固定资产处置权、生产类固定资产处置权、低值易耗品处置权、不良资产处置权、不合格产品处理权等；常见的信息权有财务信息知晓权、档案查询权、产品信息知晓权、合理化建议权、相关报表信息知晓权、经济合同评审权等。

同时，流程权限层次也分为三种，分别为提案（提报）、审核、批准。为了提升流程效率并能够有效控制风险，对于简单的事项企业可以通过一级审批或二级审批方式进行，对于有些需要多人审批的流程事项，可以采用会审的方式集体审批，总之流程审批最好控制在两级，最多不要超过三级。

二、业务流程授权原则

为了提升流程效率，同时有效控制流程风险，我们将流程授权原则归结为：

（1）对流程环节授权而非对整个流程授权。这是业务流程授权的第一原则，流程是一系列、连续的、有规律的活动，这就意味着每个流程中都会有若干个环节和步骤，业务流程授权时需要针对流程涉及权限分配的具体环节和步骤进行授权。

（2）对流程角色授权而非对人授权。很多企业在进行流程授权的时候，往往误认为是对具体某个人的授权，殊不知正确的流程授权仅仅是对流程角色（流程责任人）进行授权。对人的授权是指具体的某个人，而流程角色（流程责任人）可能是很多人构成的。

（3）就近授权，“让听得到炮声的人去决策”。流程授权一定要让最贴近业务实际的流程角色（流程责任人）进行决策，因为越接近业务实际就越有发言权，也更能准确、有效地进行决策。

(4)采用两级授权,最多不要超过三级。最有效的流程授权是两级授权,即对某项流程决策事项通过审核、批准进行授权,授权如果超过三级,甚至达到四级、五级的话,一定会影响流程效率。

(5)责权对等。授权可以改变流程相关者有责无权的状态,有利于调动流程责任人的积极性。但在实践中要防止有权无责或者权责失当的现象:有权无责,用权时就容易出现随心所欲、缺乏责任心的情况;权大责小,用权时就会疏忽大意,责任心也不会很强;权小责大,流程责任人无法承担权力运用的责任。因此,授予多大的权力,就要有多大的责任,要求多大的责任就应该授予多大的权力,权力和责任要对等。

(6)授权不等于撒手不管,离开监督的授权必然滋生腐败。流程授权的同时要加强授权管控,企业可以通过流程审计、流程绩效分析等手段对滥用权限、越权、不作为等行为进行检讨,发现问题,及时优化。

【案例7-1】 某高科技企业产品研发流程权限分配

表7-2 某高科技企业产品研发流程权限分配表

业务流程名称	流程授权内容	提报	审核			审批
			初审	复核	会审	
产品规划流程	《年度产品线规划路径图》	研发部	研发总监		销售、市场部负责人	产品委员会
产品立项管理流程	项目立项申请单	研发部经理				研发总监
	项目立项任务书	项目经理	研发部经理		研发总监	总经理
	项目计划表	项目负责人			项目成员	研发副总
产品开发流程	项目开发周计划与总结	项目负责人			项目成员	研发副总
工程试产流程	产品总体设计方案	项目负责人				制造副总
	周工程试产计划	生产计划员	生产部经理		项目成员	研发副总

续表

业务流程名称	流程授权内容	提报	审核			审批
			初审	复核	会审	
可生产性评审流程	产品设计图纸	产品工程师	工程部经理			制造副总
	产品设计工艺评估报告	工程 IE				工程部经理
	可生产性评估报告	工程 IE	制造副总		项目成员	研发副总
产品结案流程	试产总结报告	工程部测试组	项目负责人	工程部经理		制造副总
	项目稽查表	工程部 IE	工程部 IE 主管			工程部经理
	项目分析表	品管部 QA	品管部 QA 主管			品管部经理
	项目文件输出清单	生产部	项目负责人			制造副总
	产品规格书	项目负责人			工程、品管	制造副总
	产品列表	项目负责人			工程、品管	制造副总

第四节 业务流程绩效体系设计

在将流程设计完成后，我们还应分析相关流程客户的需求，并建立明确的绩效指标，以此作为衡量流程运作好坏的标准。在流程绩效设计过程中，我们应明确相关问题，包括：由谁来负责流程运作？承担流程运作中的哪些职能？用什么指标进行衡量？具体的需求标准是怎样的？怎么去评价它？由谁来进行评价？

一、战略绩效、职能绩效与流程绩效

传统企业的绩效指标主要有两个来源,即基于战略的 KPIs(Key Performance Indicators of Strategy)和基于职能的 KPIo(Key Performance Indicators of Organization),传统企业过于强调部门职能的有效运行,最终导致部门之间的壁垒越来越强;流程企业的绩效指标也主要有两个来源,即基于战略的 KPIs 和基于流程的 KPIp(Key Performance Indicators of Process),流程企业强调流程的实现,透过基于流程的 KPIp 考核,使部门之间的协调更畅顺,效率更高。

我们知道,KPIs 是用来衡量企业战略及经营目标是否顺利达成,是企业经营的最终目的,KPIp 是用来衡量战略及经营目标实现过程是否高效、高质量、高客户满意度、低成本,是直接影响目标实现的关键,KPIo 是用来衡量组织内部分工及部门、岗位职责履行是否有效。

我们通常讲:先有战略,后有流程,最后才是组织。企业战略要想顺利实现,建立以客户为导向的流程中心型组织非常有必要,而流程落地及有效实施的前提是企业内部的组织职位体系健全,分工明确。可以这么讲,KPIs 衡量的是结果,而 KPIp 衡量的是结果产生的过程,KPIo 衡量的是确保结果实现的基础。

二、业务流程绩效指标规划

既然业务流程绩效指标非常重要,那么如何进行基于流程的 KPIp 设计呢?

首先,我们要清晰地知道,核心业务流程的目的在于创造价值,也就是增值。这种增值可能是效率提升、成本降低、销售增加、利润增长、质量提高,也可能是客户满意、员工满意,这与每个流程的目的(绩效目标)有关。

根据流程的目的,也就是流程的“增值”,搞清楚该流程的“增值”方式是什么?是效率提升?是客户满意?还是成本降低?抑或销量增加?

其次,确定 KPIp 的承接部门。在每个业务流程当中,我们都会看到有多个部门参与,那么这些部门都需要对 KPIp 的最终结果负责。

最后,对业务流程指标进行定义。流程指标定义包括指标名称、指标编号、指标来源、相关部门、指标目的、计算公式、特殊说明、计量单位、统计周期、指标极性、数据输出部门、数据输出时间、指标考核周期、指标考核方法、指标性质等。

【案例7-2】 某高科技企业核心业务流程指标(KPIp)识别

表7-3 某高科技企业整合营销KPIp规划

整合营销业务流程	KPIp名称	KPIp归口部门	KPIp相关部门
年度营销规划流程	年度营销规划批准时间	营销总监	市场部、销售部
品牌推广流程	品牌知名度	市场部	销售部
市场调研流程	月度市场调研报告输出时间	市场部	销售部
市场推广流程	市场推广有效性评价	市场部	销售部
客户开发流程	新开发客户数量	销售部	市场部
销售商机管理流程	销售商机开发数量	销售部	总经办
销售订单管理流程	订单准时交付率	销售部	计划部、生产部、仓储部、物流部
销售货款管理流程	销售回款回笼率	销售部	财务部
市场物料管理流程	市场物料有效性评价	市场部	销售部、仓储部、物流部
营销预算管理流程	营销预算控制率	销售部	市场部、财务部

表7-4 某高科技企业集成研发KPIp规划

集成研发业务流程	KPIp名称	KPIp归口部门	KPIp相关部门
产品开发规划流程	年度产品开发计划输出时间	产品委员会	研发部、销售部、市场部
客户需求评审流程	客户需求评审及时率	研发部	销售部、生产部、工艺部
产品调研及需求管理流程	产品定义书(V0.1)输出时间	市场部	开发部、生产技术部、采购部、产品委员会
新产品开发流程	新产品开发计划达成率、新产品销售收入	研发部	销售部、品质部、生产部、工艺部、采购部
产品生命周期管理流程	产品销售周期	开发部	产品委员会、销售部、工艺部、生产部、采购部

表 7－5　某高科技企业集成供应链 KPIp 规划

集成供应链业务流程	KPIp 名称	KPIp 归口部门	KPIp 相关部门
年度产能规划流程	年度产能规划输出时间	制造总监	生产部、设备部、销售部
供应商开发流程	供应商开发计划达成率	采购部	工艺部、质量部、财务部
订单交付计划管理流程	订单交付计划达成率	计划部	销售部、采购部、生产部、设备部、工艺部
备品配件采购流程	备品配件质量合格率、备品配件断货次数	计划部	采购部、生产部、设备部
物料采购流程	物料采购齐套率	采购部	仓储部、生产部
物料检验流程	原料一次交检合格率	品质部	采购部、仓储部
生产计划管理流程	生产计划达成率	计划部	生产部
制程管理流程	生产计划达成率	生产部	计划部、采购部、设备部
成品检验流程	成品一次交检合格率	品质部	生产部、仓储部
成品入库及出库流程	成品仓储完好率	仓储部	生产部、销售部
成品发货流程	成品发货及时率	物流部	销售部、仓储部

【案例 7－3】　某高科技企业核心业务流程指标（KPIp）定义

表 7－6　某高科技企业订单准时交付率定义表

指标名称	订单准时交付率	指标编号	YX－KPIp－001
指标来源	订单管理流程	相关部门	营销部、计划部、采购部、生产部、仓储物流部
指标目的	准时交付订单，降低订单交付滞后		
计算公式	准时交付订单数量/其间应交付订单总量×100%		
特殊说明	(1) 其间应交付订单总量包括正常订单、经评审通过的紧急插单 (2) 本指标统计以订单张数为口径		
计量单位	%	统计周期	周
指标极性	越大越好	数据输出部门	商务管理部
数据输出时间	每月 2 日	指标考核周期	月
指标考核方法	比率法	指标性质	定量指标

表 7-7　某高科技企业原材料交检合格率定义表

指标名称	原材料交检合格率	指标编号	CG-KPIs-001
指标来源	采购管理流程	相关部门	采购部、品质管理部
指标目的	提高原材料采购质量，减少、杜绝由原材料质量问题造成的待工、停产、降低产品质量等负面影响		
计算公式	合格原料批数占总进货批数的比率（合格批数÷总批数×100%）		
特殊说明	(1)原材料交检合格率只统计A类、B类物料 (2)数据以品质管理部检测记录为主		
计量单位	%	统计周期	天
指标极性	越大越好	数据输出部门	品质管理部
数据输出时间	每月2日	指标考核周期	月
指标考核方法	比率法	指标性质	定量指标

第五节　基于流程的内控体系规划

企业进行业务流程再造的一个重要的目的在于风险控制，因为业务流程在运行的过程中随时都会面临人员异动、经营环境变化、政策调整、业务腐败、客户诉求发生变化、流程执行不力、合同履行变更、商业机密泄露、安全事故、环境污染等风险，因此在流程配套设计时企业必须预先识别相关风险点，并建立风险识别与防范措施，只有这样才能保证业务流程有效运行。

一、企业内控体系构成

根据国家财政部、证监会、审计署、银监会、保监会联合颁布的《企业内部控制基本规范》，要求企业必须按照以下原则①建立与实施内部控制体系：

（1）全面性原则。内部控制应当贯穿决策、执行和监督全过程，覆盖企业及其

① 摘自《企业内部控制基本规范》。

所属单位的各种业务和事项。

(2)重要性原则。内部控制应当在全面控制的基础上,关注重要业务事项和高风险领域。

(3)制衡性原则。内部控制应当在治理结构、机构设置及权责分配、业务流程等方面形成相互制约、相互监督,同时兼顾运营效率。

(4)适应性原则。内部控制应当与企业经营规模、业务范围、竞争状况和风险水平等相适应,并随着情况的变化及时加以调整。

(5)成本效益原则。内部控制应当权衡实施成本与预期效益,以适当的成本实现有效控制。

《企业内部控制基本规范》还要求企业内控体系应当包括以下要素:

(1)内部环境。内部环境是企业实施内部控制的基础,一般包括治理结构、机构设置及权责分配、内部审计、人力资源政策、企业文化等。

(2)风险评估。风险评估是企业及时识别、系统分析经营活动中与实现内部控制目标相关的风险,合理确定风险应对策略。

(3)控制活动。控制活动是企业根据风险评估结果,采用相应的控制措施,将风险控制在可承受度之内。

(4)信息与沟通。信息与沟通是企业及时、准确地收集、传递与内部控制相关的信息,确保信息在企业内部、企业与外部之间进行有效沟通。

(5)内部监督。内部监督是企业对内部控制建立与实施情况进行监督检查,评价内部控制的有效性,发现内部控制缺陷,应当及时加以改进。

同时,《企业内部控制应用指引》指出,企业应从以下 18 个方面[①]建立内控体系:

(1)组织架构。包括组织架构的设计、组织架构的运营。

(2)发展战略。包括发展战略的制定、发展战略的实施。

(3)人力资源。包括人力资源的引进与开发、人力资源的使用与退出。

(4)社会责任。包括安全生产、产品质量、环境保护与资源节约、促进就业与员工权益保护。

(5)企业文化。包括企业文化的培育、企业文化的评估。

---

① 摘自《企业内部控制应用指引》。

(6)资金活动。包括筹资、投资、营运。

(7)采购业务。包括购买、付款。

(8)资产管理。包括存货管理、固定资产管理、无形资产管理。

(9)销售业务。包括销售、收款。

(10)研究与开发。包括立项与研究、开发与保护。

(11)工程项目。包括工程立项、工程招标、工程造价、工程建设、工程验收。

(12)担保业务。包括调查评估与审批、执行与监控。

(13)业务外包。包括承包方选择、外包业务实施。

(14)财务报告。包括财务报告的编制、财务报告的对外提供、财务报告的分析利用。

(15)全面预算。包括预算编制、预算执行、预算考核。

(16)合同管理。包括合同的订立、合同的履行。

(17)内部信息传递。包括内部报告的形成、内部报告的使用。

(18)信息系统。包括信息系统的开发、信息系统的运行与维护。

另外,为了确保《企业内部控制基本规范》的有效运行,国家还制定了《企业内部控制评价指引》及《企业内部控制审计指引》。

二、企业内控风险与对应流程识别

虽然不同企业存在行业不同、内部价值链选择有异等区别,但都可以按照国家《企业内部控制基本规范》建立完善的内控体系,而内控体系的建立又离不开业务流程、管理流程及辅助流程,因为企业的任何风险点都与企业的核心业务同步出现或发生(见表7-8)。

表7-8 企业内控风险及对应流程识别

内控体系	潜在风险	对应流程
组织架构	(1)治理结构形同虚设,缺乏科学决策和良性运行机制,可能导致企业经营失败,难以实现发展战略 (2)组织架构设计不科学,权责分配不合理,可能导致机构重叠、职能交叉、推诿扯皮,运行效率低下	组织管理流程、投资决策流程、重大事项决策流程、指令管理流程等

续表

内控体系	潜在风险	对应流程
发展战略	(1)缺乏明确的发展战略或实施不到位,可能导致企业盲目发展,丧失发展机遇、动力和后劲 (2)发展战略过于激进,脱离企业实际或偏离主业,可能导致企业过度扩张或经营失败 (3)发展战略因主观原因频繁变动,可能损害企业发展的连续性或导致资源浪费	发展战略规划与实施流程、年度经营计划制订与管理流程等
人力资源	(1)人力资源缺乏或过剩、结构不合理、开发机制不健全,可能导致企业发展战略难以实现 (2)人力资源激励约束制度不合理、关键岗位人员管理不完善,可能导致人才流失、经营效率低下或关键技术泄密 (3)人力资源退出机制不当,可能导致法律诉讼或企业声誉受损	人力资源规划流程、招聘管理流程、培训管理流程、员工薪酬管理流程、目标绩效管理流程、员工异动流程等
社会责任	(1)安全生产措施不到位,责任不落实,可能导致企业发生安全事故 (2)产品质量低劣,侵害消费者利益,可能导致企业巨额赔偿、形象受损甚至破产 (3)环境保护投入不足,资源耗费大,造成环境污染或资源枯竭,可能导致企业巨额赔偿、缺乏发展后劲或停业	安全管理流程、成品质量管理流程、客户质量投诉处理流程、环境保护管理流程、事故预防及处理流程等
企业文化	(1)缺乏积极向上的企业文化,可能导致员工丧失对企业的认同感,企业缺乏竞争力 (2)缺乏开拓创新、团队协作和风险意识,可能导致企业发展目标难以实现,影响可持续发展 (3)缺乏诚实守信的经营理念,可能导致舞弊事件发生,造成企业损失,影响企业信誉 (4)忽视企业并购重组中的文化差异和理念冲突,可能导致并购重组失败	企业文化建设流程、文化活动组织流程、危机事件处理流程等
资金管理	(1)筹资决策不当,引发资本结构不合理或无效融资,可能导致企业筹资成本过高或债务危机 (2)投资决策失误,引发盲目扩张或丧失发展机遇,可能导致资金链断裂或资金使用效率低下 (3)资金调度不合理、营运不畅,可能导致企业陷入财务困境或资金冗余 (4)资金活动监控不严,可能导致资金被挪用、侵占、抽逃或受欺诈	预算管理流程、融资管理流程、投资管理流程、资金管理流程、应收账款管理流程、应付账款管理流程等

续表

内控体系	潜在风险	对应流程
采购业务	(1)采购计划安排不合理,市场变化预测不准确,造成库存短缺或积压,可能导致企业生产停滞或资源浪费 (2)供应商选择不当,采购方式不合理,招投标或定价机制不科学,授权审批不规范,可能导致采购物资质次价高,出现舞弊或遭受欺诈 (3)采购验收不规范,付款审核不严,可能导致采购物资、资金损失或信用受损	供应商开发流程、合格供应商管理流程、供应商绩效评价流程、采购计划管理流程、采购实施流程(议价采购、招标采购、期货采购等)、采购价格管理流程、采购付款管理流程等
资产管理	(1)存货积压或短缺,可能导致流动性不足、存货价值贬损或生产中断 (2)固定资产更新改造不够、使用效能低下、维护不当,可能导致企业缺乏核心竞争力、资产价值贬损、安全事故或资源浪费 (3)无形资产缺乏核心技术、权属不清、技术落后、存在重大技术安全隐患,可能导致企业法律纠纷、缺乏可持续发展能力	存货盘点流程、呆滞品处理流程、设备采购流程、设备安装及调试流程、设备维护保养流程、固定资产管理流程、专利申请流程、无形资产管理流程等
销售业务	(1)销售政策和策略不合理、市场变化预测不准确、销售渠道维护不够等,可能导致销售不畅、库存积压、经营难以为继 (2)客户调查不到位,结算方式选择不当,账款回收不力,可能导致销售款项不能收回或遭受欺诈 (3)销售过程存在舞弊行为,可能导致企业利益受损	销售政策管理流程、销售预测管理流程、渠道开发与维护流程、销售账款管理流程、呆坏账处理流程、销售订单管理流程等
研究与开发	(1)研究项目未经科学论证或论证不充分,可能导致创新不足或资源浪费 (2)研发人员配备不合理或研发过程管理不善,可能导致研发成本过高、舞弊或研发失败 (3)研究成果转化利用不足、保护措施不力,可能导致企业利益受损	市场调研与需求管理流程、新产品定义流程、新产品立项流程、新产品开发流程、新产品开发验证流程、新产品上市流程、新产品生命周期管理流程等

续表

内控体系	潜在风险	对应流程
工程项目	(1)立项缺乏可行性研究或者可行性研究流于形式,决策不当,盲目上马,可能导致难以实现预期效益或项目失败 (2)项目招标暗箱操作,存在商业贿赂,可能导致中标人实质上难以承担工程项目、中标价格失实及相关人员涉案 (3)工程造价信息不对称,技术方案不落实,概预算脱离实际,可能导致项目投资失控 (4)工程物资质次价高,工程监理不到位,项目资金不落实,可能导致工程质量低劣,进度延迟或中断 (5)竣工验收不规范,最终把关不严,可能导致工程交付使用后存在重大隐患	工程项目可行性研究流程、工程项目招标管理流程、工程概算流程、工程预算管理流程、工程进度管理流程、工程质量管理流程、工程监理流程、工程竣工验收流程、工程决算流程、工程交接流程等
担保业务	(1)对担保申请人的资信状况调查不深,审批不严或越权审批,可能导致企业担保决策失误或遭受欺诈 (2)对被担保人出现财务困难或经营陷入困境等状况监控不力,应对措施不当,可能导致企业承担连带经济责任 (3)担保过程中存在舞弊行为,可能导致经办审批等相关人员涉案或企业利益受损	担保调查评估及审批流程、担保执行及监控流程等
业务外包	(1)外包范围确定不合理、承包方选择不当,可能导致企业遭受损失 (2)外包业务监控不严、服务质量低劣,可能导致企业难以发挥业务外包的优势 (3)业务外包存在商业贿赂等舞弊行为,可能导致企业相关人员涉案	业务外包供应商选择及评估流程、业务外包采购流程、业务外包商务合同评审流程、业务外包质量监控流程等
财务报告	(1)财务报告编制违反会计法律法规和国家统一的会计准则制度,可能导致企业承担法律责任、遭受损失和声誉受损 (2)提供虚假财务报告,误导财务报告使用者,造成决策失误,干扰市场秩序 (3)不能有效利用财务报告,难以及时发现企业经营管理中存在的问题,可能导致企业财务和经营风险失控	财务报告编制流程、财务报告发布流程、财务分析流程等

续表

内控体系	潜在风险	对应流程
全面预算	(1)缺乏预算或者预算体系不健全,可能导致企业盲目经营 (2)预算目标不合理、预算编制不科学,可能导致企业资源浪费或发展目标难以实现 (3)预算缺乏刚性、执行不力、考核不严,可能导致预算管理流于形式	预算编制及审批流程、预算调整流程、预算外支出审批流程、超预算支出审批流程等
合同管理	(1)未订立合同、合同内容存在重大疏漏,可能导致企业合法权益受到侵害 (2)合同履行不力或监控不当,可能导致诉讼失败,经济利益受损 (3)合同纠纷处理不当,可能损害企业信誉和形象	合同文本规范化流程、常规合同评审流程、特殊合同评审流程、合同盖章及存档流程、合同履行监控流程等
内部信息传递	(1)内部报告系统缺失、功能不健全、内容不完整,可能影响生产经营有序运行 (2)内部信息传递不通畅、不及时,可能导致决策失误、相关政策措施难以落实 (3)内部信息传递中泄露商业秘密,可能削弱企业核心竞争力	企业信息发布流程、保密管理流程等
信息系统	(1)缺乏整体规划或者规划不合理,可能导致企业形成信息孤岛或重复建设,导致企业经营管理效率低下 (2)系统开发不符合内部控制要求,授权管理不当,可能导致无法利用信息技术实施有效控制 (3)系统运行维护和安全措施不到位,可能导致信息泄露或毁损,系统无法正常运行	信息系统规划流程、信息系统需求管理、信息系统采购流程、信息系统实施流程、信息系统维护流程、信息系统集成流程、信息系统安全管理流程等

【案例7-4】 某高科技上市企业销售合同风险识别与控制

表7-9 某高科技企业销售合同风险控制矩阵

流程名称	销售合同流程	相关部门	法务部、销售部、商务部、财务部、公司领导
控制目标	与客户订立销售合同前,需明确双方权利和义务,确保开展销售活动的依据充分、可靠,客户信用状况良好,且经具有评审资质的工作人员对合同内容进行了审核确认		
风险描述	若销售合同订立前,双方权益未明确,合同评审不严谨,可能导致合同内容存在重大疏漏和欺诈;或未经授权对外订立销售合同,可能导致公司合法权益受到侵害		

续表

内控合规要求	(1)企业在销售合同订立前,应当与客户进行业务洽谈、磋商或谈判,关注客户信用状况、销售定价、结算方式等相关内容 (2)重大的销售业务谈判应当吸收财会、法律等专业人员参加,并形成完整的书面记录 (3)销售合同应当明确双方的权利和义务,审批人员应当对销售合同草案进行严格审核。重要的销售合同,应当征询法律顾问或专家的意见 (4)合同管理部门应当加强合同登记管理,充分利用信息化手段,定期对合同进行统计、分类和归档,详细登记合同的订立、履行和变更等情况,实行合同的全过程封闭管理					
风险编号	控制描述	控制类型	控制方式	控制频率	控制文档	相关部门
C01	合同价格审批	预防性	人工	随时	《销售合同跟踪记录表》	销售部、商务部
C02	产品交付条件评审	预防性	人工	随时	《销售合同跟踪记录表》	商务部
C03	合同条款审核	发现性	人工	随时	《销售合同》	商务部、法务部、财务部
C04	大额合同审核	发现性	人工	随时	《销售合同》	公司领导
C05	合同签订、盖章	预防性	人工	随时	《销售合同》	人事行政部
C06	合同保管	预防性	人工	随时	《销售合同》	人事行政部

第六节　流程配套设计验证

实践是检验真理的唯一标准。相关配套体系设计出来之后,由于仅仅是设计人员在设计过程中的一种理想化思维的产物,因此还需要投入实际运行中,与现实情况进行结合,才能发现设计中存在的种种问题,并予以改正。

对配套体系进行验证,我们可以根据上面所讲的方式,对配套体系的实施过程进行跟踪,并及时进行改善和修正,常见的有以下几种方法。

1. 部门研讨与沟通

相关计划、表单、数据等配套材料在投入运行之前,应与流程的归口部门和负责人员进行沟通讨论,征询他们的修改意见和建议,并根据流程操作人员的实际操作经验判断配套体系的合理性和可行性。

2. 运行过程跟踪

相关配套体系在投入运行的过程中,应及时对其运行状况进行指导与监督,以使配套体系能够在预定的轨道上运行,避免执行过程中的走样和偏差。

3. 运行改进调整

针对配套体系实际运行过程中存在的相关问题和矛盾,流程设计人员应及时对其进行记录、调整和修改,以确保配套体系能够满足流程运行的需要。

4. 定期执行沟通讨论

流程配套体系在运行一段时间后,针对流程运作过程中的实际变化情况,流程设计人员与流程执行部门可通过定期沟通,对流程配套体系进行相互探讨,以便进行不断的改善和完善。

第八章　业务流程信息化

在流程设计的过程中，我们面对大量新产生和发生变化的数据，可能需要对原有的数据采集方式进行调整。因此应深入分析现有的IT系统是否可以支持新的流程运作？需要进行哪些方面的调整？是否需要开发新的功能模块或信息系统？如何根据不同流程之间的接口实现相关信息系统的数据兼容？需要投入多少人力、物力和财力？是否值得投入？

通过上述问题的回答，我们可以为新设计的流程搭建良好的流程运作平台，提高相关数据采集的有效性，同时也可以回过头对流程进行调整与修改，以便于更好地适应企业的运行情况和承受能力。比如有些信息系统如果按照新的流程进行运作，需要进行大量的财务资金投入，而这种投入是企业所不能承受的，在这种情况下，我们就有必要对相关流程的输出数据、数据采集方式进行调整和优化。

第一节　业务流程信息化规划

业务流程信息化是业务流程再造五步法的最后一个步骤，随着信息化在企业管理过程中扮演的角色越来越重要，业务流程再造完成后，为了确保业务流程固化与落实，企业有必要科学规划业务流程信息化需求。

一、企业信息系统生态图

可以这么说，ERP是企业信息化建设的最高境界，而从MRP(Material Requirement Planning，物料需求计划)开始，再到MRPⅡ(Manufacture Resource Planning，制

造资源计划)、DRP(Distribution Resource Planning,分销资源计划)、CRM(Customer Relationship Management,客户关系管理)、SCM(Supply Chain Management,供应链管理)、PLM(Product Lifecycle Management,产品生命周期管理)、OA(Office Automation,办公自动化),最后才是 ERP(Enterprise Resource Planning)。(见图 8-1)

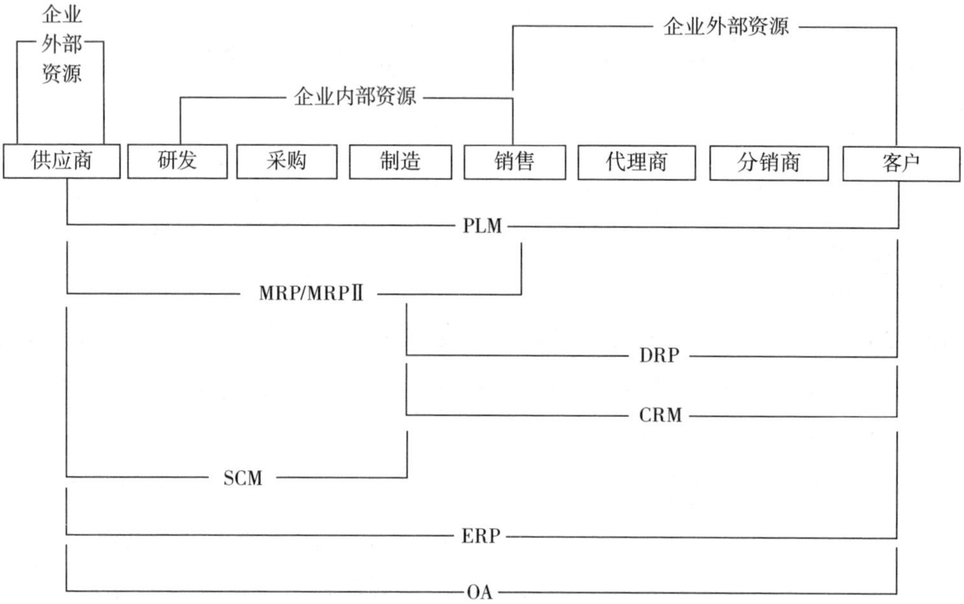

图 8-1 企业信息系统生态图(示意)

二、业务流程信息化规划

业务流程信息化规划是指根据企业发展战略及业务需要,在对企业业务流程全面优化与再造的基础上,结合行业信息化实践经验及企业实际、信息技术发展趋势等,提出符合企业实际需求的信息化建设目标及实施计划。

业务流程信息化规划核心工作包括企业业务蓝图绘制、企业业务逻辑关系分析、流程信息化需求识别、信息系统架构设计、信息系统选型、信息系统实施策略规划、信息系统实施预算、信息系统实施人员准备等。总之,企业业务流程信息化规划必须立足企业实际,支撑企业业务高效运营与发展战略实现。

业务信息化规划一般分为现状调研与需求分析、愿景制定与架构设计、项目规划与实施计划三大步骤:

(1)现状调研与需求分析阶段旨在调查、分析企业业务战略、目标、需求和信息技术应用情况，通过对企业业务及信息化现状进行分析，并根据行业最佳实践和技术发展趋势，总结行业业务与信息化发展规律，为愿景制定与架构设计阶段提供基础和依据。

（2）愿景制定和架构设计阶段旨在根据企业业务及信息化现状，结合行业最佳实践和技术发展趋势，对企业信息系统建设进行规划，指明企业在应用和管理信息技术方面的发展方向，指导信息技术结构和功能的设计，确定应该实施的技术解决方案和建议，回答企业未来应该如何应用信息技术的问题，使企业对信息化建设未来蓝图有一个较确切的认识和理解。

（3）项目规划和实施计划阶段旨在通过比较信息化现状与信息化愿景，分析主要差距、找出改进机会、设定总体目标、明确实施计划、提出变革策略、进行风险分析、确定面临的挑战，项目组以此为基础确定整体的项目体系，提出建议实施的信息技术项目，设计信息系统项目工作包，制定项目的实施计划，设计主要的系统功能架构，进行投资估算，分析项目实施的效果、存在的风险以及建议采取的保障措施，明确主要数据及其信息流动关系，并提出项目进度安排及优先次序，为企业实现信息化建设蓝图提出明确的任务和完成方法。

【案例8－1】 深圳某高新技术企业信息化建设总体规划

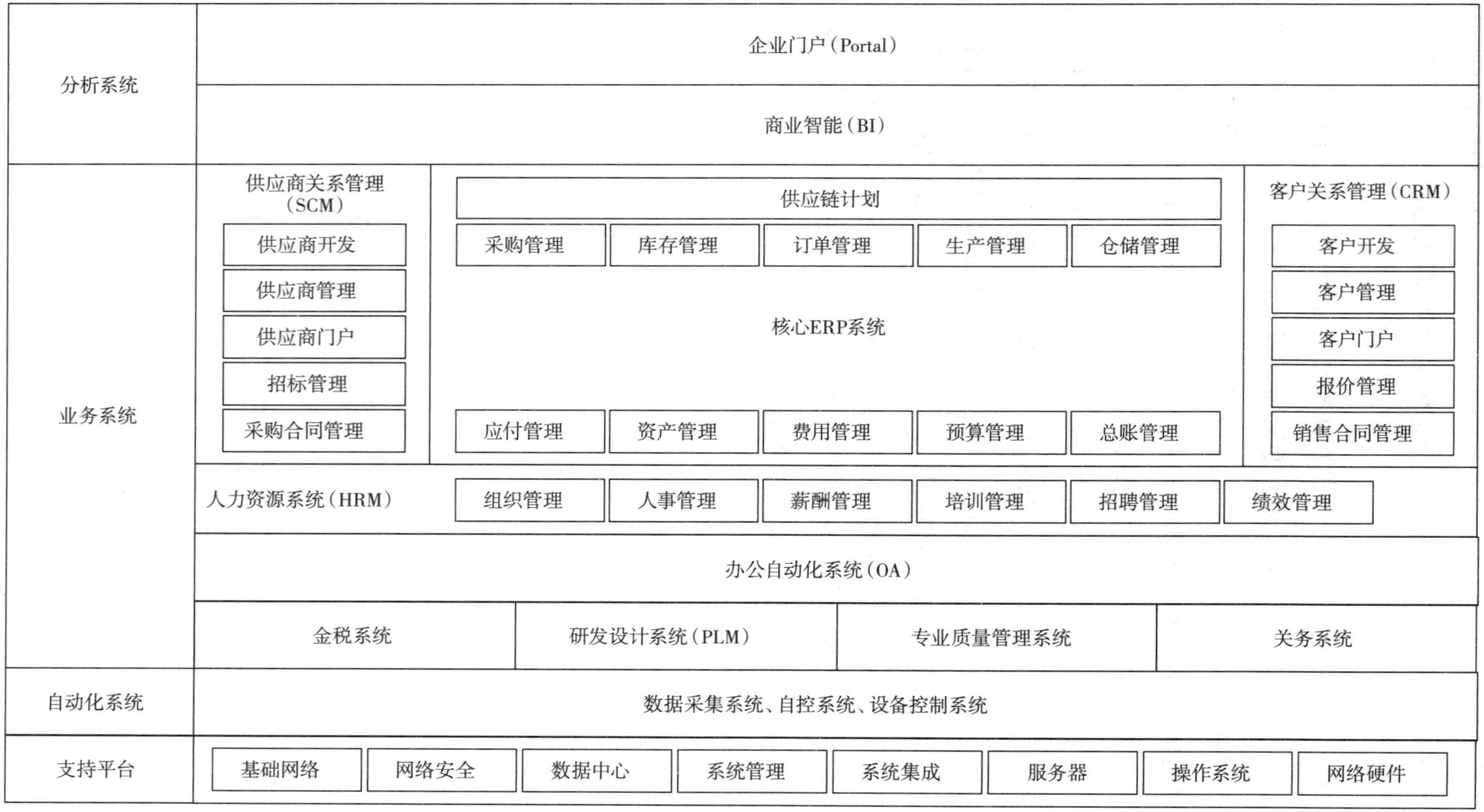

图8－2 深圳某高新技术企业信息化建设总体规划（示意）

从图8-2可以看到，该企业信息系统分为四个层面，分别为分析系统、业务系统、自动化系统及支持平台，其中分析系统中的商业智能（BI）是完全基于业务系统（SCM、CRM、ERP、OA、金税系统、PLM、质量管理系统、关务系统、HRM），商业智能（BI）可以实时反映经营数据，同时也可为企业决策层决策提供支持。另外，该企业的业务系统几乎涵盖了企业核心业务的各个方面，而自动化系统中的数据采集系统、自控系统、设备控制系统又为业务系统的正常运营提供了基础数据抓取和传递的功能。

第二节　信息系统与业务流程信息化

借用信息系统对业务流程进行固化是一种比较有效的方法，有很多现成而且非常适用的信息系统可供企业选择，当然企业也可以按照自己的流程实际定制开发相关信息系统。

一、ERP与业务流程信息化

ERP的应用，不仅仅是引入一套现代化的管理软件，使企业的日常经营管理活动自动化，更重要的是它对企业传统的管理模式将进行根本性的变革，使其更加合理化、科学化。可以毫不夸张地说，企业应用ERP后效益的提高，一方面来自ERP软件本身，另一方面得益于业务流程重组。实际上，ERP软件的功能实现要求企业必须进行一定的业务流程重组。ERP软件的应用改变了我们传统的管理模式，它将企业的管理活动按照其功能分为财务、人力资源管理、绩效管理、计划、采购、生产等模块，这种模块化要求企业对原有的管理方法进行重新组织和安排，以保证ERP模块的正常运作。

事实上，有人认为，企业实行BPR是应用ERP和推进信息化建设的基础，对推动企业管理现代化将起到积极的作用。有证据表明，在ERP导入之前进行业务重组或优化，将大大提高ERP系统的实施效果。

根据我们的经验，企业在导入ERP系统的时候应该按照以下思路进行：

先规划，后导入。企业在正式导入ERP之前，需要对自己的流程体系进行全面细致的规划和分析，同时根据企业自己的战略定位和业务发展需要，明晰企业相关流程。

先BPR，后ERP。同时，为了保证企业ERP系统的适应性，企业还需要对目前流程运作状况进行分析，并进行适当的优化和再造，保证流程体系的科学性。

【案例8-2】 山东某公司基于BPR的ERP系统实施(以营销系统为例)

山东某公司是一家国内最大的硫基复合肥生产基地。为了提升公司整体运营效率，2016年受该公司的委托，我们对该公司的流程体系进行了全面的优化与再造，并在此基础上，为了保证流程体系的落地和固化，该公司又委托国内一家知名的ERP企业(名称略去)在我们优化之后的流程基础上对现有ERP系统进行全面升级。

该公司的销售模式：

(1)通过发展省级经销商的方式建立自己在全国各地的销售网络。

(2)销售方式主要分为现款销售、信用销售两种。其中，现款销售是指经销商先交钱，公司后发货的销售方式；信用销售是指公司按照每家经销商的信用额度先发货，经销商货售出后再回款的销售方式。

基于以上的销售模式，该公司期望ERP系统在二次开发时能够实现经销商网上下单、订单审批、订单跟踪、发货管理、经销商信用管理、销售价格管理、调价管理、返利结算、退货管理、缺货管理、成品库存管理、销售货款管理、销售数据管理、竞争对手及竞品管理、销售人员管理、销售预测、滚动销售计划管理、销售合同管理、销售费用管理、市场物料管理、市场活动管理、客户满意度管理、客诉受理等功能。

为了实现以上功能，打通信息流、物流、资金流之间的关系，我们为该企业规划了如下流程体系：

(1)销售政策制定和实施流程，相关表单有销售政策审批表。

(2)市场调研流程，相关表单有市场信息调查表、竞争对手基本信息表、竞争对手市场信息调查表、竞争对手竞品信息调查表。

(3)销售渠道管理流程，相关表单有业务拜访记录表。

(4)经销商管理流程，相关表单有合格经销商名录、经销商业绩评价表。

(5)经销商信用管理流程，相关表单有经销商信用评价表、经销商信用汇总表。

(6)销售产品价格管理流程,相关表单有产品价格建议表、产品定价评估反馈表、产品价格调整表。

(7)销售合同评审流程,相关表单有常规合同评审表、特殊合同评审表。

(8)促销管理流程,相关表单有促销品申请表、促销效果评审表。

(9)销售计划管理流程,相关表单有销售订单、订单分解表、区域销售预测表、区域销售计划表、公司销售滚动计划、销售计划变更表。

(10)订单处理及跟踪流程,相关表单有订单变更申请表。

(11)销售产品发货管理流程,相关表单有出库单、发货单、提货单、领料单。

(12)应收账款管理流程,相关表单有对账单、呆坏账处理申请表。

(13)客户满意度管理流程,相关表单有客户满意度调查问卷。

(14)客户投诉处理流程,相关表单有客户投诉记录表、客户投诉处理表。

(15)销售费用管理流程,相关表单有销售费用报销单、销售费用预支申请表。

(16)成品仓储管理流程,相关表单有仓库盘点表、在仓成品等级表。

同时,通过 ERP 系统企业要实现以下报表,包括考核报表(包括销售计划达成率、物流运输计划完成率、订单处理周期、销售部订单发货率等)、统计报表(包括订货量统计报表、市场剩余产品统计报表、销售费用统计报表、销售回款统计报表、各区域销售数据统计报表、不同产品销售统计报表等)、管理报表(包括业务执行跟踪分析、成本收入分析、销售汇总分析、应收分析、销售缺补货分析、销售专用报表等)。

二、CRM 与业务流程信息化

CRM(Customer Relationship Management,客户关系管理),既是一个管理术语,也是一种客户经营策略,同时也是一个管理信息系统,主要是利用计算机自动化分析销售、市场营销、客户服务以及应用支持等流程的软件系统。

在本书中我们所谈的就是企业客户关系管理信息系统,我们主要来谈企业如何利用 CRM 系统进行相关流程固化。一般而言,企业实施 CRM 系统会有以下几个目的:

(1)沉淀客户资源。在很多企业,客户资源都是掌握在业务员手中的,业务人员一旦发生变化,客户资源也就随之而流失,这一现象在很多制药企业、咨询机构或其他以项目制、大客户运营为主的企业尤为普遍,企业可以通过 CRM 系统将客户资源沉淀下来。

(2)管控销售过程。企业实施CRM系统,还有一个重要目的就是要对销售过程进行管理,从销售商机挖掘、销售阶段管理(意向阶段、合作内容确认阶段、合同谈判阶段、合同签订阶段、合同履行阶段)、客户生命周期进行全过程管理。

(3)传递优秀经验,规范企业流程。通过CRM系统,可以把企业优秀销售人员管理客户的流程整理出来,通过系统来固化,从而可以使得每个人员能够掌握最好的销售流程。

(4)提升销售项目管理能力和结案率。通过CRM系统,可以给企业销售管理流程设定关键管理点,促使销售管理者能够及时提供相关支持,帮助销售人员更好地管理销售流程,提高客户满意度和销售结案率。

(5)固化销售流程,压缩新人上岗培训周期。CRM系统规范了企业销售管理相关所有的流程,新的员工或者岗位调动的员工只要按照系统的流程来做就可以很快熟悉新的岗位,从而减少了企业培训的工作,提高了员工上岗的速度。

(6)提升销售管理效率。CRM系统详细地规定了符合企业特色的流程,并对关键点进行控制,可以有效地防止企业人员犯错。比如:很多销售人员常犯的错误就是内部成本还没有核算就给客户报价,易导致公司项目产生差错,通过CRM系统可以设定内部成本未经核算就无法进行报价的流程,从而防止出错。

(7)总结优秀经验,做好知识传承。通过CRM系统的使用,可以记录公司所有人员与客户接触以及与客户所有的交易往来,从而系统地把客户相关知识记录到系统中来,企业可以通过对相关数据的分析,总结出优秀的经验,做好知识传承。

(8)提升二次销售比率。只要公司授权的人员进入系统,就可以全面了解客户的喜好和客户的过去成交记录,筛选并重点挖掘核心及潜力客户,实现二次或多次销售。

常见的CRM系统主要可以实现以下功能:客户档案管理、客户联系信息管理、市场活动信息管理、销售机会管理、销售漏斗管理、销售过程管理、销售人员日常管理、销售数据分析等。

另外,CRM相关的流程主要有销售商机管理流程、客户拜访流程、销售过程管理流程、客户满意度管理流程、客户投诉处理流程、客户档案管理流程、客户信用管理流程等,企业可以通过CRM系统的实施对以上流程进行有效固化。

三、SCM与业务流程信息化

SCM(Supply Chain Management,即供应链管理),是一种集成的管理思想和方法,它执行供应链中从供应商到最终用户的物流的计划和控制等职能。从单一的企业角度来看,是指企业通过改善上、下游供应链关系,整合和优化供应链中的信息流、物流、资金流,以获得企业的竞争优势。

根据ERP原理,SCM是围绕核心企业,主要通过信息手段,对供应的各个环节中的各种物料、资金、信息等资源进行计划、调度、调配、控制与利用,形成用户、零售商、分销商、制造商、采购供应商的全部供应过程的功能整体。

供应链管理是关于相关联企业之间业务过程的链接管理。买卖双方处在供应链的两端,SCM可以连接所有的领域,如供应商、消费者、仓库、批发商/零售商发行人之间的物流管理、信息交换,服务和货物交换,制造商的货物制造等。SCM要求所有处于供应链中的企业都能够以实时的模式协同工作,最大限度地降低存货。SCM使得企业采用准时生产方式(JIT)成为可能,帮助企业减少存货周期,降低成本。实施SCM系统,可以为企业带来如下帮助:

(1)提升预测的准确性。

(2)提高供货能力。

(3)降低库存。

(4)缩短生产周期,加快市场响应速度。

(5)减少工作流程周期,提高生产率,降低供应链成本。

企业在实施SCM系统的时候,密切相关的流程有供应商开发流程、合格供应商管理流程、供应商评价流程、物料需求计划管理流程、采购计划流程、采购下单流程、采购过程管理流程、生产过程管理流程、生产入库流程、发货管理流程。

四、DRP与业务流程信息化

DRP(Distribution Resource Planning,分销资源计划),是基于IT技术和预测技术对不确定的顾客需求进行预测分析以规划确定配送中心的存货、生产、派送等能力的计划系统。通过DRP系统可以实现对成本、库存、产能、作业等的良好控制,从而尽可能使顾客满意。

在现实商业体系中,企业可选择的分销体系有很多,常见的有“营销中心+办事处”模式、“营销中心 + 分公司”模式、“营销中心 + 分公司 + 办事处”模式、“多事业部 + 多营销中心 + 分公司 + 办事处”模式、“营销中心 + 分公司 + 办事处 + 专卖店”模式、“营销中心 + 分公司 + 办事处 + 加盟店”模式等。不同模式背后代表企业对 DRP 系统的需求是不同的，物流、信息流、资金流传递路径和控制措施也是不同的，但不管哪种模式，企业 DRP 系统期望实现的功能都是大同小异的（见表 8－1）。

表 8－1　企业 DRP 系统基本功能①及对应流程

DRP 功能（1 级）	DRP 功能（2 级）	DRP 功能（3 级）	对应流程
销售过程管理	订单管理	订单录入、订单审核、订单中止、订单发货、多批次发货、面向多连锁店发货、面向多仓库发货、期货订单处理、订单转采购等	订单评审流程、订单录入及变更流程、订单发货流程等
	代销商品管理	代销订单、代销订单审核、代销出库发货、代销销售订单、代销商品入库、代销商品退货、代销销售结算等	代销订单评审流程、代销商品出库流程、代销商品退货流程、代销结算流程
	日配销售管理	日配销售订单录入、日配销售订单审核、日配销售订单汇总、日配销售配送单生成、日配销售生产计划单、日配销售入库、日配销售结算	日配销售订单审核流程、日配销售配送流程、日配销售入库流程、日配销售结算流程等
	退货管理	退货单处理（质量召回退货、代销退货、残次品退货、折价退货等）、退货验收与审核、退货单结算、退货入库	退货单处理流程、退货验收流程、退货结算流程、退货入库流程等

① 吴文钊. 决战营销——企业分销资源计划（DRP）原理与实现［M］. 北京：电子工业出版社，2004：502.

续表

DRP 功能（1 级）	DRP 功能（2 级）	DRP 功能（3 级）	对应流程
销售过程管理	专卖店管理	销售过程管理（销售小票录入、销售小票日终汇总、价格变动与优惠）、销售采购管理（采购单录入、采购单上传、入库单生成、入库验收、采购入库处理）、商品核算（盘点单处理、调拨单处理、报残单处理、商品核算、日进销存报表）、独立核算点核算处理、专卖店报表（销售日报、进销存日报）	专卖店销售过程管理流程、专卖店采购流程、专卖店商品核算流程等
	销售计划管理	客户计划、业务员计划、部门计划、公司计划	销售计划管理流程
	采购过程管理	采购单处理、采购到货处理、采购退货、采购计划	采购计划管理流程、采购执行流程等
	库存管理	日常出入库管理、调拨管理、借出管理、库存盘点、库存损益处理、库存核算	商品入库管理流程、商品调拨流程、商品出库流程、库存盘点流程等
	价格管理	变价处理、地区价差、批量优惠、现付优惠、促销优惠、期货优惠	价格管理流程、价格调整流程等
	运输管理	运输线路、物流商信息录入、运费管理、运输状态跟踪、运费结算	物流管理流程
	应收处理	收款管理（零售收款确认、录入收款单、按订单收款、收款单确认、收款核销、自动核销处理、作废收款单、退货转退款）、冲应收处理	收款管理流程
	应付处理	采购付款处理、采购退款处理、冲应付处理	付款管理流程
	费用管理	营销中心费用预算、分支机构费用预算、日常费用预算	销售费用预算流程、预算使用申请流程

续表

DRP 功能（1 级）	DRP 功能（2 级）	DRP 功能（3 级）	对应流程
	结算规则管理	返点结算、返款结算	返点结算流程
	期末结算	商品核算、商品账结转、保管账结转、在途商品结转	……
业务查询	订单处理过程查询	代发货商品一览表、计划发货商品一览表、客户发货统计表、销售出库明细、商品销售汇总、客户商品销售汇总、客户商品类别销售汇总、商品品牌销售明细表、商品品牌销售汇总表、日销售进度报表、销售税金汇总表等	……
	退换货过程查询	……	……
	各种销售排名	……	……
	销售趋势查询	……	……
	代销商品查询	……	……
	采购过程查询	……	……
	应收应付查询	……	……
	资金在途查询	……	……
	费用查询	……	……
	返点返利查询	……	……
	价格管理查询	……	……
	库存信息查询	……	……
	……	……	……

五、PLM 与业务流程信息化

PLM(Product Lifecycle Management，产品生命周期管理)，是基于 IT 技术对产品从“设计—开发—试产—测试—量产—售后服务”这一系列流程信息进行一元化管理的系统。可见，PLM 系统涵盖了从产品研发、制造到售后服务的所有流程。

久次昌彦在《PLM 产品生命周期管理》一书中将企业实施 PLM 分为 10 个步骤①，如表 8－2 所示：

表 8－2　PLM 系统实施步骤及核心工作

实施步骤	核心工作
PLM 构建准备	PLM 导入目标、组建团队、改善目标
业务流程分析	业务流、课题一览、管理数据
PLM 解决方案定义	PLM 功能概要、系统化计划书
PLM 系统设计	PLM 设计书
PLM 系统构建	PLM 开发设计书、功能说明书
系统质量管理	质量检查要点、流程评价、变更管理
转移及发布管理	转移计划书
项目管理	开发日程、发布管理
系统基础设施建设	系统基础设施清单、系统基础设施设计书
系统运行	系统使用报告、使用改善计划

从图 8－3 可以看出，PLM 贯穿产品规划、开发到交付的全过程，因此与 PLM 相关的业务流程也很多，包括产品规划流程、客户需求分析流程、新产品开发流程、新产品试制流程、新产品验证流程、新产品生产流程、产品交付流程等。

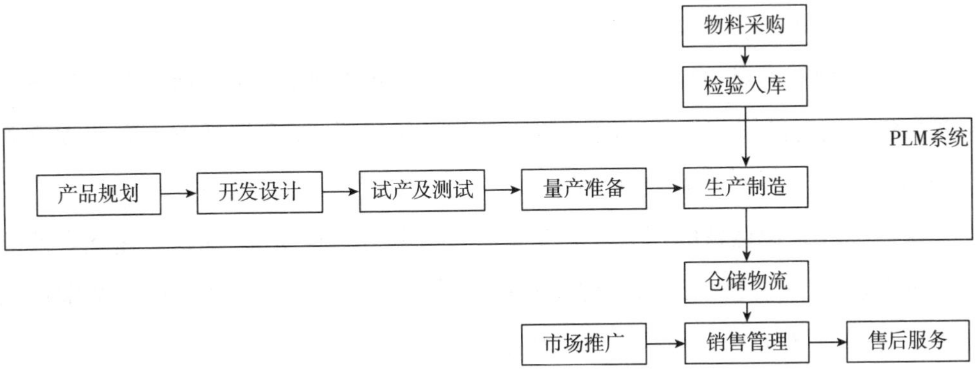

图 8－3　PLM 系统示意

① 久次昌彦. PLM 产品生命周期管理[M]. 王思怡，译. 北京：东方出版社，2017：205.

六、OA 与业务流程信息化

前面讲到，企业可以通过 ERP、SCM、CRM，甚至 DRP、PLM 等系统对相关流程进行固化，但这些系统绝大多数都是以业务流程的固化为主，而且这些系统基本上也都是围绕物流、信息流和资金流展开的。那么有什么办法可以使企业的管理流程进行全面固化，同时有没有系统是建立在以岗位和人为基础的呢？

这就是我们要提到的协同管理平台。协同管理平台就是基于企业管理流程的固化，同时以岗位和人为核心的企业管理系统，通常称之为 OA 系统。

1. OA 平台概述

随着协同市场的发展以及企业对协同管理管理需求的不断提升，企业对管理平台的需求和理解，已经不仅仅停留在传统 OA 办公自动化、无纸化办公的概念上，转而向企业管理纵深和全面的协同管理平台上进行延伸。传统 OA 仅仅是传统办公自动化，即侧重公文、行政事务的无纸化办公系统，并没有深入企业全面管理及核心业务流程的管理中去，而真正适合企业全面管理应用的就应该是办公、人力资源、市场及销售、客户服务、项目管理、财务及费用管理、库存和订单、战略地图及平衡计分卡、目标与计划管理、工作协同、知识管理等核心管理流程综合统一、解决企业全方位管理的协同管理平台。

上海泛微把协同管理平台总结为“1248”①：

“1”：一条主线，贯穿年度经营目标实施，到执行协助、监督检查、绩效计划执行、绩效评价与衡量这一企业经营的主线。

“2”：两个基本点，企业管理的本质在于管人和管事，协同管理平台必须在管人方面建立完善的岗位执行、文化融合、学习成长体系，而在管理方面要建立完善的 PDCA、借鉴学习和经验分享机制。

“4”：抓住企业运营的四大核心要素——流程、信息、文化、知识。建立有效的组织内信息、文化、流程、知识等构建和更新管理机制，落实“管事理人”基本点的自我发展，真正有效提升组织的管理生命力。

“8”：构建八大应用平台，包括统一门户管理平台、统一目标绩效管理平台、统一数据管理平台、统一流程管理平台、统一知识管理平台、统一综合事务处理平台、统一通信整合平台、统一业务集成平台。

---

① 摘自 www. weaver. com. cn.

2. 基于 OA 的流程管理

前面我们对协同管理平台进行了简单的介绍，当然，我们不可能对企业如何实施协同管理平台进行详细阐述，在这里，我们需要重点阐述的是企业如何利用协同平台进行管理流程的规划、优化和固化。

基于协同平台的流程体系管理分为以下几个步骤：

(1)企业流程体系规划。这与本书前文所讲的内容相同，要求企业必须通过核心价值链分析、核心业务逻辑分析，系统识别和规划企业的业务流程体系、管理流程体系和辅助类流程体系，同时还需要识别一级、二级、三级流程。

(2)企业 OA 流程识别。因为企业在协同平台中落地流程的时候，不像 ERP、CRM 或 SCM 业务系统那样，可以将一个完整的业务流程进行落地，而是需要识别一个完整的管理流程，哪些环节需要在协同平台上去实现，在这里就有一个识别和规划的规程。

(3)企业 OA 流程绘制与固化。企业 OA 流程的描述一般是按照职位和权限大小进行绘制的，并实现在协同平台当中进行流程管理。

另外，为了确保流程实现有效固化，企业流程 OA 化时需要把握以下几个原则：

(1)风险控制。在企业内部，可能会存在很多的风险控制点，诸如授权不当、滥用职权、评审点设置不合理、人员变动等，那么在这种状况下，企业就需要思考将这些关键控制点在协同平台上进行固化，避免人为地造成失控。

(2)知识传承。在企业内部还会经常面临这样的一些问题，诸如：因为员工的离职或职位变动造成之前该岗位沉淀的一些知识和经验的“失忆”；深藏在员工大脑当中的优秀经验无法复制；分散于员工办公电脑当中的数据、文档无法进行汇总分析和传递等等。企业要想解决类似这样的问题，可以思考将与这些知识相关的流程在协同平台上进行固化，然后通过协同平台协助企业实现知识传承的目的。

(3)效率提升。大家还会记得在本书第五章分享的【案例 5－5】，之所以造成该企业采购流程效率低下的主要原因就在于各个审批环节不及时，导致大量的时间处于等待和待审批的状态。其实只要我们稍加关注，类似这样的问题随时随地都可能会发生和出现，如何解决？比较可行的办法就是将这些环节统统纳入协同管理平台，让需要审批的领导随时都能进行流程的审批。

(4)系统集成。在很多企业，最难协同和解决的就是不同系统之间的集成问题，系统之间数据不兼容、数据不能共享，造成大量的人力浪费，同时也增加了数据分析的差错风险。在这种情况下，企业可以通过协同平台将这些数据进行统一整合，由协同平台统一到不同的系统中抓取数据，然后在协同平台中统一生成报表系统和管理驾驶舱，方便领导查询和决策。

【案例8-3】 深圳某企业OA流程规划一览

表8-3 深圳某企业OA流程规划表(部分)

一级流程	二级流程	OA流程
1.战略及年度经营计划管理流程	1.1 企业发展战略规划流程	1.1.1 企业发展战略规划发布流程
	1.2 年度经营计划管理流程	1.2.1 年度经营计划编制流程
		1.2.2 年度经营计划分解流程
		1.2.3 年度经营计划检讨流程
		1.2.4 年度经营计划调整流程
	1.3 目标绩效管理流程	1.3.1 公司年度KPI目标计划/检讨流程
		1.3.2 部门(高管)年/季度KPI目标卡及检讨流程
		1.3.3 KPI变更流程
		1.3.4 KCI评价流程
		1.3.5 部门绩效指标变更流程
		1.3.6 岗位指标词典变更流程
		1.3.7 岗位考核流程
		1.3.8 部门月/季度KPI收集流程
	1.4 工作计划管理流程	1.4.1 部门季度绩效行动计划编制流程
		1.4.2 部门月度绩效计划检讨流程
2.综合管理流程	2.1IT管理流程	2.1.1 IT设备申请流程
		2.1.2 IT设备报废流程
		2.1.3 IT权限变更申请流程
	2.2 流程管理流程	2.2.1 公司制度及一、二级流程审批流程
		2.2.2 部门制度及三级流程审批流程
		2.2.3 流程/制度/表单发布流程
		2.2.4 流程/制度/表单执行评审流程

续表

一级流程	二级流程	OA 流程
	2.3 保密管理流程	2.3.1 非常规文件发放申请流程
		2.3.2 常规文件发放申请流程
		2.3.3 脱机使用申请流程
		2.3.4 文件使用申请流程
		2.3.5 保密策略变更申请流程
	2.4 会议管理流程	2.4.1 会议室申请流程
		2.4.2 会议纪要审批流程
		2.4.3 会议决议跟踪及评价流程
	2.5 档案管理流程	2.5.1 电子档案归档审批流程
		2.5.2 档案借阅审批流程
3. 人力资源管理流程	3.1 组织管理流程	3.1.1 组织结构调整申请流程
		3.1.2 岗位编制调整申请流程
	3.2 招聘管理流程	3.2.1 招聘需求申请流程
		3.2.2 招聘面试流程
		3.2.3 招聘评价流程
		3.2.4 试用期考核流程
		3.2.5 试用转正评价流程
	3.3 培训管理流程	3.3.1 培训申请流程
		3.3.2 培训效果评价流程
		3.3.3 培训课件审批流程
	3.4 异动管理流程	3.4.1 异动申请流程
		3.4.2 异动工作交接流程
	3.5 企业文化管理流程	3.5.1 文化活动费用申请流程
	3.6 薪酬管理流程	3.6.1 薪酬层级异动申请流程
		3.6.2 年度调薪审批流程
	3.7 人事事务管理流程	3.7.1 特殊考勤申请流程
		3.7.2 请假申请流程
		3.7.3 加班申请流程

续表

一级流程	二级流程	OA 流程
		3.7.4 临时外出申请流程
	3.8 员工满意度管理流程	3.8.1 员工满意度调查流程
		3.8.2 员工满意度调查报告发布流程
		3.8.3 员工满意度管理弱项改进流程
4. 行政管理流程	4.1 公共关系管理流程	4.1.1 公关活动审批流程
		4.1.2 公关费用申请流程
	4.2 办公用品管理流程	4.2.1 办公用品申请流程
		4.2.2 快递申请流程
		4.2.3 名片申请流程
		4.2.4 礼品申请流程
		4.2.5 用车申请流程
	4.3 公章管理流程	4.3.1 公章用印申请流程
		4.3.2 业务类订单合同盖章申请流程
		4.3.3 非业务类订单合同盖章申请流程
5. 财务管理流程	5.1 财务核算流程	5.1.1 财务核算单据审核流程
	5.2 财务预算管理流程	5.2.1 预算编制审批流程
		5.2.2 预算调整申请流程
		5.2.3 超预算及预算外项目报销申请流程
	5.3 财务分析管理流程	5.3.1 财务分析会议决议执行监督流程
	5.4 财务费用管理流程	5.4.1 出差申请流程
		5.4.2 借款审批流程
		5.4.3 差旅费报销审批流程
		5.4.4 招待费报销审批流程
		5.4.5 其他费用报销审批流程
	5.5 资金管理流程	5.5.1 非材料付款流程
		5.5.2 材料付款流程
6. 研发管理流程	6.1 产品规划流程	6.1.1 产品规划书审批流程
		6.1.2 产品规划发布流程

续表

一级流程	二级流程	OA 流程
	6.2 研发项目管理流程	6.2.1 研发项目计划管理流程
		6.2.2 产品重大变更申请评审流程
		6.2.3 风险备料申请流程
		6.2.4 试产通知流程
		6.2.5 转量产通知流程
		6.2.6 项目奖金申请流程
		6.2.7 技术文件审批流程
7. 供应商及采购流程	7.1 供应商开发流程	7.1.1 供应商资料确认流程
		7.1.2 供应商考核认证流程
	7.2 合格供应商管理流程	7.2.1 合格供应商名录更新流程
		7.2.2 供应商档案更新流程
	7.3 采购计划管理流程	7.3.1 采购计划审批流程
		7.3.2 采购计划调整流程
	7.4 采购执行流程	7.4.1 供应商订单审批流程
		7.4.2 采购异常审批流程
	7.5 采购货款管理流程	7.5.1 采购货款支付审批流程
	7.6 采购检验、入库流程	7.6.1 采购检验申请流程
		7.6.2 采购检验结果审批流程
8. 生产及工程管理流程	8.1 试产管理流程	8.1.1 物料试产通知流程
		8.1.2 料号申请流程
		8.1.3 BOM 申请流程
		8.1.4 夹具申请流程
	8.2 ECN/ECR 管理流程	8.2.1 ECR 工程变更申请流程
		8.2.2 ECN 工程变更通知流程
	8.3 生产计划管理流程	8.3.1 生产计划审批流程
		8.3.2 生产计划变更审批流程
		8.3.3 物料需求申请审批流程
		8.3.4 物料报废申请审批流程

续表

一级流程	二级流程	OA 流程
8. 生产及工程管理流程	8.4 生产过程管理流程	8.4.1 生产异常处理流程
		8.4.2 停线申请流程
	8.5 生产检验及入库流程	8.5.1 生产检验申请流程
		8.5.2 生产检验结果审批流程
		8.5.3 不合格品处理审批流程
		8.5.4 仓库盘点异常处理申请流程
9. 营销管理流程	9.1 市场管理流程	9.1.1 市场物料设计评审流程
		9.1.2 市场物料制作计划审批流程
		9.1.3 市场物料发放需求审批流程
	9.2 促销管理流程	9.2.1 促销方案审批流程
		9.2.2 促销费用申请流程
		9.2.3 促销效果调查流程
	9.3 销售计划管理流程	9.3.1 销售计划评审流程
		9.3.2 销售计划变更流程
	9.4 销售订单管理流程	9.4.1 常规销售订单评审流程
		9.4.2 特殊订单评审流程
		9.4.3 订单变更审批流程
		9.4.4 销售发货处理流程
	9.5 销售账款管理流程	9.5.1 销售对账流程
		9.5.2 逾期账款收缴流程
		9.5.3 呆坏账处理流程
	9.6 客户满意度管理流程	9.6.1 客户满意度调查流程
		9.6.2 客户满意度调查报告发布流程
		9.6.3 客户满意度管理弱项改进流程

七、企业信息系统集成

前面提到，企业为了对相关业务流程进行自动化管理会导入和实施诸如ERP、CRM、PLM、SCM、HRM等系统，但系统之间数据如何共享，这就需要企业应用系统集成（Enterprise Application Integration，简称EAI）了。

1. 信息系统的高度集成是业务流程真正落地的基础

传统企业在利用信息化手段进行业务流程固化的时候，很多情况下都是自动自发地进行局部固化，很少有企业一开始就进行全面细致的信息系统规划，最终导致信息系统不兼容、数据不能有效共享、信息孤岛密布、数据传递缓慢、重复投资等现象比比皆是。

信息系统集成需要解决三个层面的问题：

（1）根据战略进行价值链分析，全面细致考虑业务布局，绘制业务蓝图。

（2）根据业务蓝图统一系统底层架构，并在每个应用系统实施时提前规划系统接口及数据共享。

（3）统一规划和布局硬件系统。

2. 拥有集成平台的企业才是真正的互联网企业

互联网时代企业经营的另外一个重要成功因素就是平台，可以这么说，哪家企业的平台构建得更加完善，它就更能在互联网转型过程中抢得先机。

张瑞敏在2014年海尔互联网创新交互大会上提出“企业平台化、用户个性化、员工创客化”，确实是这样，不管是海尔布局ehaier、RRS，还是海立方，其实都是一种平台思维。

集成平台要求企业在平等的基础上，由多方（企业、供应商、分销商、其他利益相关体）共同构建资源共享、实现共赢的开放的一种商业系统。

3. 开放是互联网时代业务流程再造的主旋律

安卓是开放的，小米是开放的，苹果未来一定也会走向开放。开放是互联网时代企业业务流程再造的主旋律。

在未来，企业必须思考打通B2Bi（Business to Business integration）、B2Ci（Business to Customer integration）和EAI之间的关系，让它们之间无缝连接。

其中，B2Bi要求一个企业与另一个企业实现应用系统之间的整合，与供应商、经销商、零售商等合作伙伴之间建立更加紧密的协作关系；B2Ci要求企业实现内部系统(主要是 ERP 系统)和 Web 应用之间的整合;EAI 要求企业实现内部应用系统之间的整合。只有实现 B2Bi、B2Ci、EAI 的高度集成,才能够保证企业实现真正的开放。

4. 移动互联或将彻底颠覆传统信息系统

"移动互联网的概念即将消失,因为互联网就是移动互联网。"IDG 投资人武连峰在 2013 年安卓全球开发者大会上曾经这样说道。

移动互联网,就是将移动通信和互联网二者结合起来,使其融为一体。移动通信和互联网成为当今世界发展最快、市场潜力最大、前景最诱人的两大业务,它们的增长速度是任何预言家都未曾预料到的,所以可以预见,移动互联网将会创造经济神话。

移动互联网的优势决定其用户数量庞大。2012 年 9 月底,全球移动互联网用户就已达 15 亿,基于庞大用户数的不断增长,近年来,移动社交的发展势头正劲。

成功的移动互联网商业模式,需要提升平台价值、聚集客户,针对其目标市场进行准确的价值定位,以平台为载体,有效整合企业内外部各种资源,建立起产业链各方共同参与、共同进行价值创新的生态系统,形成一个完整的、高效的、具有独特核心竞争力的运行系统,并通过不断满足客户需求、提升客户价值,建立多元化的收入模式,使企业达到持续盈利的目标。

可以想象,未来的互联网,不会再区分桌面互联还是移动互联,未来的互联网一定是建立在物联网的基础上,任何人、任何物、任何时间、任何地点都永远会在线上,随时互动。

试想一下,在这样的情形之下,用户、产品、渠道、企业四位一体的新商业模式必会应运而生。到那个时候,不同的互联主体已经不会关注哪个信息系统解决什么具体问题,他们会更加关注自己的问题是如何解决的。

想想,这会是信息系统集成的最高境界吧。

第三篇　核心业务流程再造

大家都知道,企业的核心业务流程就是企业订单实现的过程,从接到订单,到组织研发和生产,并通过物流和客户服务等环节最大化满足客户需求的过程中,企业实现了增值。本篇我们将通过系统介绍整合营销(Integrated Marketing,简称IM)、集成产品研发(Integrated Product Development,简称IPD)、集成供应链(Integrated Supply Chain,简称ISC)、集成财经服务(Integrated Financial Services,简称IFS)等,帮助企业建立高效的核心业务运作体系。

第九章　整合营销核心业务流程再造

在营销领域,现代营销学之父菲利普·科特勒曾经提出“优秀的企业满足需求,杰出的企业创造市场”的观点,并对传统的营销4Ps(产品Product、价格Price、渠道Place、促销Promotion)理论进行了大胆创新。定位理论创始人杰克·特劳特指出,企业只有两项任务:其一,在企业外部的用户头脑中确立一个用以决胜的“位置”;其二,以这个“位置”为导向配置企业内部的所有资源并进行运营管理,才能创造出最佳的经营成果。具体而言,是指企业必须在外部市场竞争中界定能被顾客心智接受的定位,回过头来引领内部运营,才能使企业产生的成果(产品和服务)被顾客接受进而转化为业绩。美国西北大学整合营销传播教授、整合营销传播之父唐·舒尔茨提出从品牌和客户投资回报(ROCI)的角度思考IMC(Integrated Marketing Communications,整合营销传播)。唐·舒尔茨提出的SIVA理论主张以消费者需求为中心,提出解决方案(产品和服务),并通过合适的途径传播出去、销售出去,满足消费者需求。

不管是科特勒、特劳特,还是舒尔茨,都对全球营销理论的创新以及帮助企业获得营销成功有着巨大的贡献,他们的理论迄今为止在营销界都有举足轻重的地位,企业合理利用这些理论,并结合自身实际对营销业务流程进行全面再造对提升企业经营业绩至关重要。

第一节 整合营销核心业务流程规划

传统企业认为“酒香不怕巷子深”，但在互联网时代这句话受到了极大的挑战，因为每个消费者随时都会收到海量的碎片化信息，而且获得信息的手段五花八门，因此这句话应该调整为“酒香还要会吆喝”。

如何整合一切资源（包括自媒体、主力门户、社交平台、传统媒介、销售环节、代理商、消费者、公共媒介、口碑等）扩大企业品牌影响力，创新市场推广模式，拓宽销售渠道，实现最大化获客与订单开发，需要企业对市场营销相关流程进行全面规划与再造，这就是本书所倡导的整合营销核心业务流程再造。

一、整合营销概述

传统的营销以4Ps（产品 Product、价格 Price、渠道 Place、促销 Promotion）和4Cs（顾客 Customer、成本 Cost、便利 Convenience、沟通 Communication）为理论基础，两种不同的营销理论，其流程强调的侧重点有所不同。

1.4Ps 关注的重点

（1）产品的组合（Product）：主要包括产品的实体、服务、品牌、包装。它是指企业提供给目标市场的货物、服务的集合，包括产品的效用、质量、外观、式样、品牌、包装和规格，还包括服务和保证等因素。

（2）定价的组合（Price）：主要包括基本价格、折扣价格、付款时间、借贷条件等，它是指企业出售产品所追求的经济回报。

（3）分销的组合（Place）：主要包括分销渠道、储存设施、运输设施、存货控制，它代表企业为使其产品进入和达到目标市场所组织、实施的各种活动，包括途径、环节、场所、仓储和运输等。

（4）促销的组合（Promotion）：促销组合是指企业利用各种信息载体与目标市场进行沟通的传播活动，包括广告、人员推销、营业推广与公共关系等等。

基于4Ps营销理论，企业的营销流程主要关注：产品设计与开发流程、产品生产流程、产品检验流程、产品包装流程、产品定价流程、返利管理流程、折扣（折让）管理流程、销售渠道开发与管理流程、销售发货流程、销售管理流程、销售货款管理流程、促销管理流程、产品宣传流程、市场推广流程、客户服务流程等。

2.4Cs 关注的重点

(1)顾客(Customer):主要指顾客的需求。企业必须首先了解和研究顾客,并根据顾客的需求来提供产品。同时,企业提供的不仅仅是产品和服务,更重要的是由此产生的客户价值。

(2)成本(Cost):不单是企业的生产成本,或者说 4Ps 中的价格,它还包括顾客的购买成本。同时也意味着产品定价的理想情况,应该是既低于顾客的心理价格,也能够让企业有所盈利。此外,顾客购买成本不仅包括其货币支出,还包括其为此耗费的时间、体力和精力消耗、购买风险等。

(3)便利(Convenience):即为顾客提供最大的购物和使用便利。4Cs 营销理论强调企业在制订分销策略时,要更多地考虑顾客的方便,而不是企业自己方便。要通过好的售前、售中和售后服务来让顾客在购物的同时,也享受到了便利。

(4)沟通(Communication):4Cs 营销理论认为,企业应通过与顾客进行积极有效的双向沟通,建立基于共同利益的新型企业 - 顾客关系。

基于 4Cs 营销理论,企业的营销流程主要关注:客户需求调研流程、客户画像管理流程、价格管理流程、成本管理流程、售前管理流程、售中管理流程、售后管理流程、销售过程管理流程、客户满意度管理流程、客户关系管理流程等。

从上面的分析来看,不管是 4Ps,还是 4Cs,在其理论主张下,企业虽然很重视营销过程中各个环节流程的管理,但这些流程很难突破传统职能管理思想的束缚,难以发挥协同效应。

3.基于整合营销(IM)的流程优化

我们认为,企业要建立一套切实可行、高效的营销流程管理体系,用 IM(Integrated Marketing,整合营销)管理思想会更加有效。

唐·舒尔茨教授从 20 世纪 80 年代就开始研究 IMC(Integrated Marketing Communications,整合营销传播),提出从品牌和客户投资回报(ROCI)的角度思考 IMC,并提出了以解决消费者需求为中心的 SIVA 理论(解决方案 Solutions、信息 Information、价值 Value、途径 Access)。SIVA 理论主要是以消费者需求为中心,在消费者解决自身需求的系列行为轨迹上找寻营销的关键环节。

IM 其实就是在 IMC 的基础上,为了保证客户价值主张最大化满足,企业从研究客户核心诉求着手,提出解决方案(产品和服务),并通过适当的途径传播、销售出去,满足客户需求的过程。

唐·舒尔茨主张企业的任何营销行为必须围绕现有客户与潜在客户的价值主张开始,其实企业内部的营销核心业务流程的设计也需要按照这个思路展开:

(1)我们的客户是谁?现有客户在哪里?潜在客户在哪里?

(2)客户的核心价值主张是什么?如何评估?

(3)为了最大化满足客户价值,我们需要提供什么样的最佳产品(服务)?

(4)以什么样的方式让顾客知道我们的产品(服务)?

(5)如何才能保证我们提供的产品(服务)是最有价值的?

(6)我们如何才能从品牌、广告、市场、促销、价格、销售政策、客户关系维护、客户服务等多个维度达到以上目的?

二、整合营销业务逻辑关系图与流程规划

根据整合营销理论,企业的任何行为,不论是品牌定位、广告宣传、市场推广、市场活动、促销活动、销售政策、客户开发、订单开发、客户服务,还是客诉受理、客户满意度管理等都必须围绕挖掘客户需求,进而通过提供最佳产品(服务)满足客户需求来展开。根据多年的实践,我们把企业整合营销业务共分为六个阶段,每个阶段包括若干项业务活动(见表9-1)。

表9-1 整合营销核心业务活动汇总

业务阶段	核心业务活动
营销规划	营销战略及定位(客户、市场)、年度营销规划(年度品牌建设计划、年度市场推广计划、年度目标分解、年度渠道及客户开发计划、年度客户服务计划、年度客户满意度提升计划)
品牌宣传	品牌定位、品牌宣传、媒介管理(电视媒介、平面媒介、官网、官微、博客、微博等)、品牌知名度管理、品牌美誉度管理、品牌忠诚度管理
市场推广	市场调研、市场推广(展会)、市场活动(促销活动、新品上市活动、节点活动等)、市场物料(产品手册、DM广告、活动物料等)
渠道及订单开发	销售政策、产品价格、渠道开发、订单评审、销售预测、销售合同管理、订单交付、渠道仓管理、信用管理、客户对账、销售货款管理、退(换)货管理
终端管理	加盟店(专卖店)管理、门店商品规划、门店客户服务、店务管理
客户服务	售前服务、售中服务、售后服务、客户关系维护、客户满意度调查与管理、客户投诉管理、客户档案管理

当然，不同行业、不同类型的企业整合营销业务阶段与业务活动会存在一定的差异，需要企业根据自己的实际情况进行合理规划。

【案例9－1】 江苏某高科技企业整合营销业务活动及逻辑关系图

江苏某高科技企业是一家数字电视、智能电视、高清电视端到端全套解决方案供应商，受该企业委托，我们对该企业整合营销、集成研发、集成供应链及集成财经服务业务逻辑进行了系统分析，并在此基础上为该企业规划出了业务流程清单。

该企业产品营销属于典型的大客户及渠道客户营销模式，以下是该企业整合营销核心业务活动规划（见表9－2）及业务逻辑关系图（见图9－1）。

表9－2 江苏某高科技企业整合营销核心业务活动规划表

业务阶段	业务活动项数	主要业务活动名称
1. 营销规划	7项	1.1 年度营销计划；1.2 年度销售目标（渠道、客户、产品、月份）；1.3 年度品牌建设计划；1.4 年度市场研究及推广计划；1.5 年度客户及渠道开发计划；1.6 年度营销政策；1.7 年度营销预算
2. 品牌宣传及市场推广	6项	2.1 品牌宣传及推广（品牌宣传、品牌监测与危机管理、品牌形象维护）；2.2 展会推广实施（展会选择、展会策划、参展管理）；2.3 渠道推广、选择与实施；2.4 媒介推广、选择与实施；2.5 市场推广效果评估；2.6 市场信息收集与分析
3. 客户及订单开发	16项	3.1 客户搜寻；3.2 需求分析与商机开发；3.3 营销方案拟订；3.4 营销方案讲解；3.5 预研管理；3.6 销售订单评审；3.7 销售合同签订；3.8 订单执行监控；3.9 季度/月度销售目标分解与关键策略规划；3.10 月度销售预测及计划；3.11 销售货款管理；3.12 销售数据与报表管理；3.13 销售总结与分析；3.14 客户档案管理；3.15 销售费用控制；3.16 销售费用分析
4. 客户服务	7项	4.1 客户满意度检测；4.2 客户满意度弱项改进；4.3 客户投诉受理；4.4 客户维修处理；4.5 客户技术服务需求响应；4.6 客户技术服务需求处理；4.7 客户服务档案管理

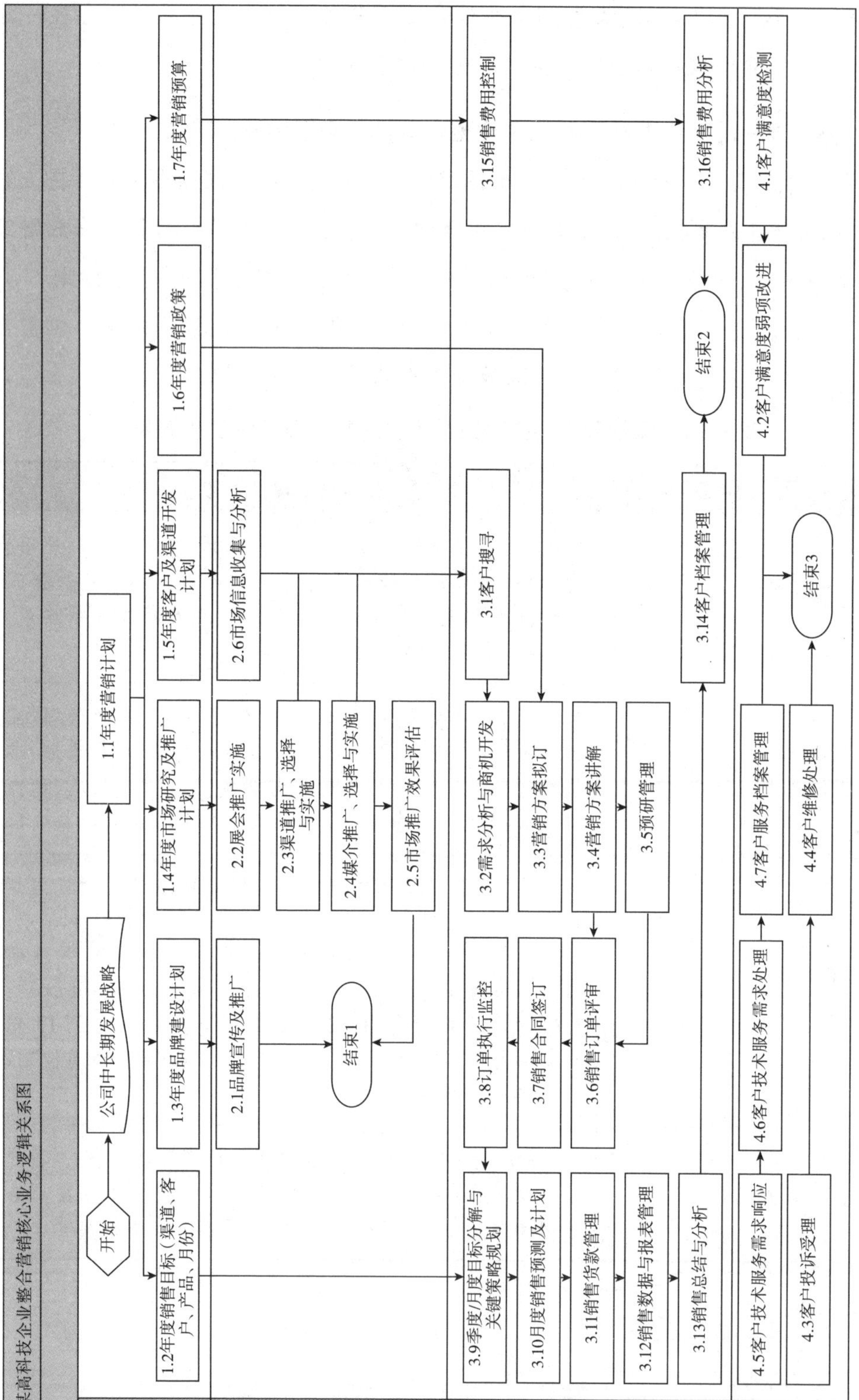

图 9－1 江苏某高科技企业整合营销业务逻辑关系图

表 9－3　江苏某高科技企业整合营销核心业务流程规划

一级流程清单	二级流程清单	对应业务活动编号	流程主人	流程相关部门	流程输入	流程输出
营销预测与计划流程		1.2、3.9、3.10	销售部	计划部、销售部、生产部	销售预测提报	月度销售计划
市场研究和分析流程		1.4	市场部	销售部门	市场布局规划	市场研究分析报告
市场推广流程		2.2、2.3、2.4、2.5	市场部	销售部、研发中心、产品中心	市场推广计划	市场活动效果评估
	参展管理流程	2.2	市场部	销售部门、研发中心	市场活动选题	活动效果评估
品牌策划与宣传流程		1.3、2.1	市场部	销售部门	品牌战略	品牌监测与分析
	品牌危机处理流程	2.1	市场部	销售部门	品牌活动选题	活动效果评估
客户开发与管理流程		1.5、3.1—3.6、3.14	销售部门	商务管理部	年度客户规划	客户档案
	新产品报价流程	3.3—3.6	商务管理部	销售部门、研发中心、产品中心、采购部	报价申请	价格审批
销售订单管理流程		3.6—3.13	销售部门	计划部、总经理室、产品中心、研发中心（前端）	客户询单、PO	客户订单转单

续表

一级流程清单	二级流程清单	对应业务活动编号	流程主人	流程相关部门	流程输入	流程输出
	订单变更流程	3.8	商务管理部	计划部、制造体系、销售部门、产品中心	订单变更需求/申请	订单变更审批
客户满意度管理流程		4.1、4.2	品管部	销售部门	客户满意度调查方案	客户满意度结果发布
客户投诉处理流程		4.3	品管部	品管部、销售部门	受理投诉	投诉得到妥善处理
客户技术服务流程		4.5、4.6、4.7	售后服务部	品管部、销售部门	客户服务年度计划	客户服务总结分析

第二节　整合营销核心业务流程再造

整合营销核心业务流程有很多,常见的有品牌规划流程、品牌宣传流程、市场调研流程、市场推广流程、渠道开发流程、营销渠道管理流程、常规销售合同评审流程、特殊销售合同评审流程、销售产品定价流程、销售计划管理流程、订单跟踪及处理流程、销售产品发货及物流管理流程、应收账款管理流程、呆坏账管理流程、客户信用管理流程、客户满意度管理流程、客户投诉处理流程等,当然不同企业也会存在一定的差异,本节摘选部分常用的整合营销业务流程加以详细说明。

一、品牌宣传流程

第一部分:品牌宣传流程图。

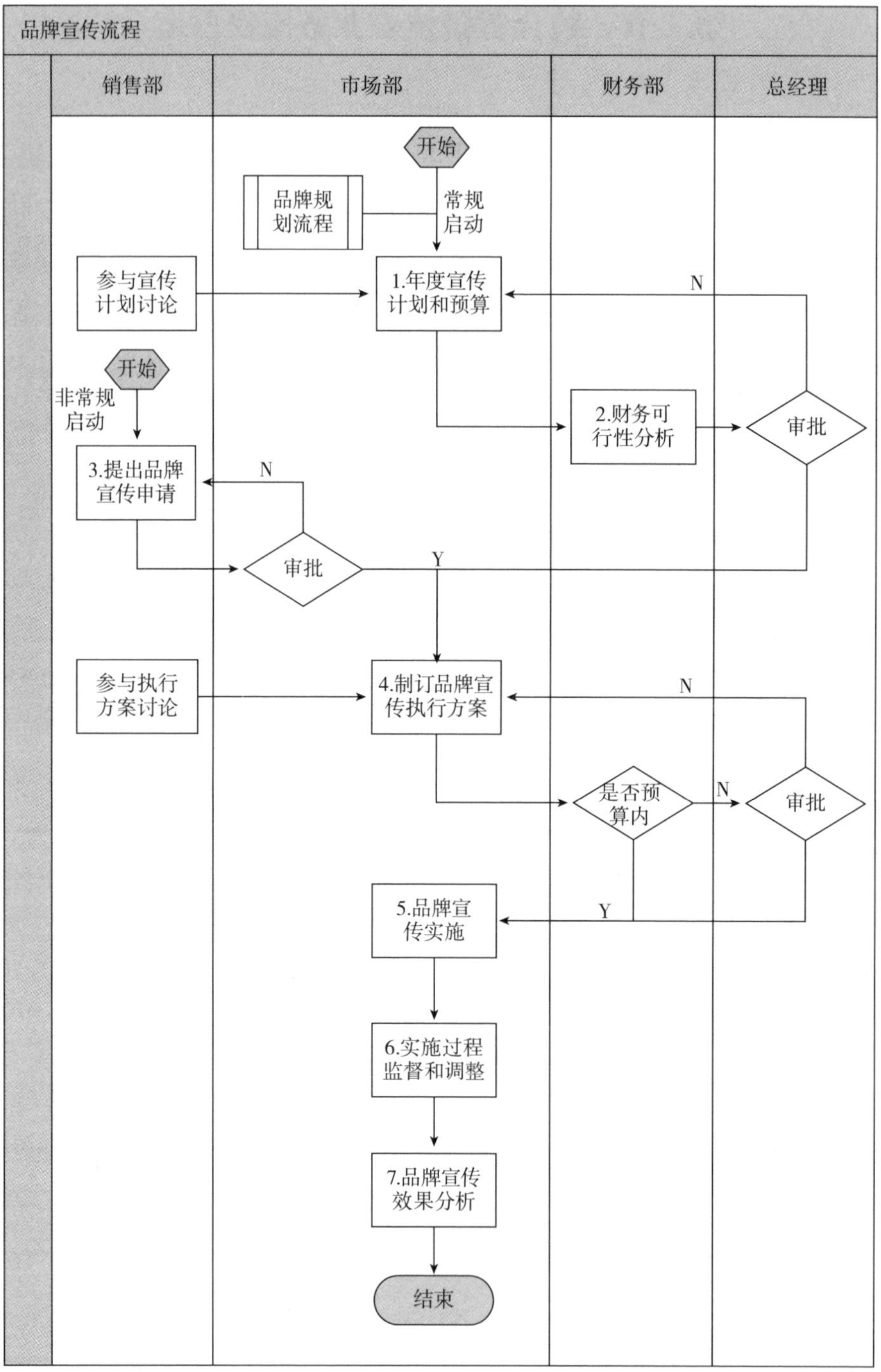
品牌宣传流程
销售部
市场部
财务部
总经理
开始
品牌规划流程
常规启动
参与宣传计划讨论
1.年度宣传计划和预算
N
开始
非常规启动
2.财务可行性分析
审批
3.提出品牌宣传申请
N
审批
Y
参与执行方案讨论
4.制订品牌宣传执行方案
N
是否预算内
N
审批
5.品牌宣传实施
Y
6.实施过程监督和调整
7.品牌宣传效果分析
结束

图 9-2　品牌宣传流程

第二部分:品牌宣传流程核心步骤说明及风险点控制。

表9-4　品牌宣传流程核心步骤说明及风险点控制

流程核心步骤	核心步骤说明	流程风险点	相关制度/文件	相关表单
1.年度宣传计划与预算	市场部根据年度销售目标、品牌规划,编制年度品牌宣传计划和预算	预算失控	《年度宣传计划及预算》	
2.财务可行性分析	财务部对品牌宣传计划和预算进行财务可行性分析	缺乏可行性评审		
3.提出品牌宣传申请	销售部针对区域销售状况提出品牌宣传申请			《品牌宣传申请表》
4.制订品牌宣传执行方案	市场部根据年度宣传计划以及区域市场申请,制订品牌宣传执行方案		《品牌宣传执行方案》	
5.品牌宣传实施	市场部依照品牌宣传执行方案执行品牌宣传			
6.实施过程监督与调整	市场部监督品牌宣传过程,并针对市场反应、异常情况进行品牌宣传调整	品牌宣传无效		
7.品牌宣传效果分析	对品牌宣传效果进行分析,总结品牌宣传工作经验		《品牌宣传效果评估报告》	

第三部分:品牌宣传流程相关制度与表单。

表 9－5　品牌宣传申请表

<table>
<tr><td>申请部门</td><td></td><td>申请区域</td><td></td></tr>
<tr><td>品牌宣传目标</td><td colspan="3">□提升品牌知名度　□帮助区域招商　□促进销量提升
□提升品牌美誉度　□传播社会责任　□其他</td></tr>
<tr><td>目标客户群体</td><td colspan="3">□潜在代理商　　□潜在终端客户　　□其他</td></tr>
<tr><td>期望宣传媒介</td><td colspan="3">□自媒体(□官网 □官微 □博客 □微博 □其他)
□电视媒体(□央视 □湖南卫视 □江苏卫视 □湖南卫视 □其他)
□平面媒体(□高速广告 □楼宇广告 □墙体广告 □杂志广告 □其他)
□互联网媒体(□门户网站 □抖音 □今日头条 □百度 □其他)
□其他</td></tr>
<tr><td>费用预算</td><td></td><td>起止时间</td><td></td></tr>
<tr><td>部门意见</td><td colspan="3"></td></tr>
<tr><td>副总意见</td><td colspan="3"></td></tr>
</table>

第四部分:品牌宣传流程绩效指标。

表 9－6　品牌宣传流程绩效指标

序号	流程绩效指标	相关部门
1	品牌宣传费用预算控制	市场部、销售部、财务部
2	品牌宣传效果评价	市场部、销售部

第五部分:品牌宣传流程权限分配。

表 9－7　品牌宣传流程权限分配表

<table>
<tr><td rowspan="2">序号</td><td rowspan="2">分权事项</td><td rowspan="2">提案</td><td colspan="3">审核</td><td rowspan="2">批准</td><td rowspan="2">知会</td></tr>
<tr><td>初审</td><td>审核</td><td>会审</td></tr>
<tr><td>1</td><td>年度品牌宣传计划及预算</td><td>市场部长</td><td></td><td></td><td>财务部、销售部</td><td>总经理</td><td></td></tr>
<tr><td>2</td><td>品牌宣传申请</td><td>销售部长</td><td>市场部长</td><td>财务部长</td><td></td><td>营销副总</td><td>总经理</td></tr>
<tr><td>3</td><td>品牌宣传执行方案</td><td>市场部长</td><td></td><td></td><td>财务部、销售部</td><td>营销副总</td><td>总经理</td></tr>
</table>

二、市场调研流程

第一部分：市场调研流程图。

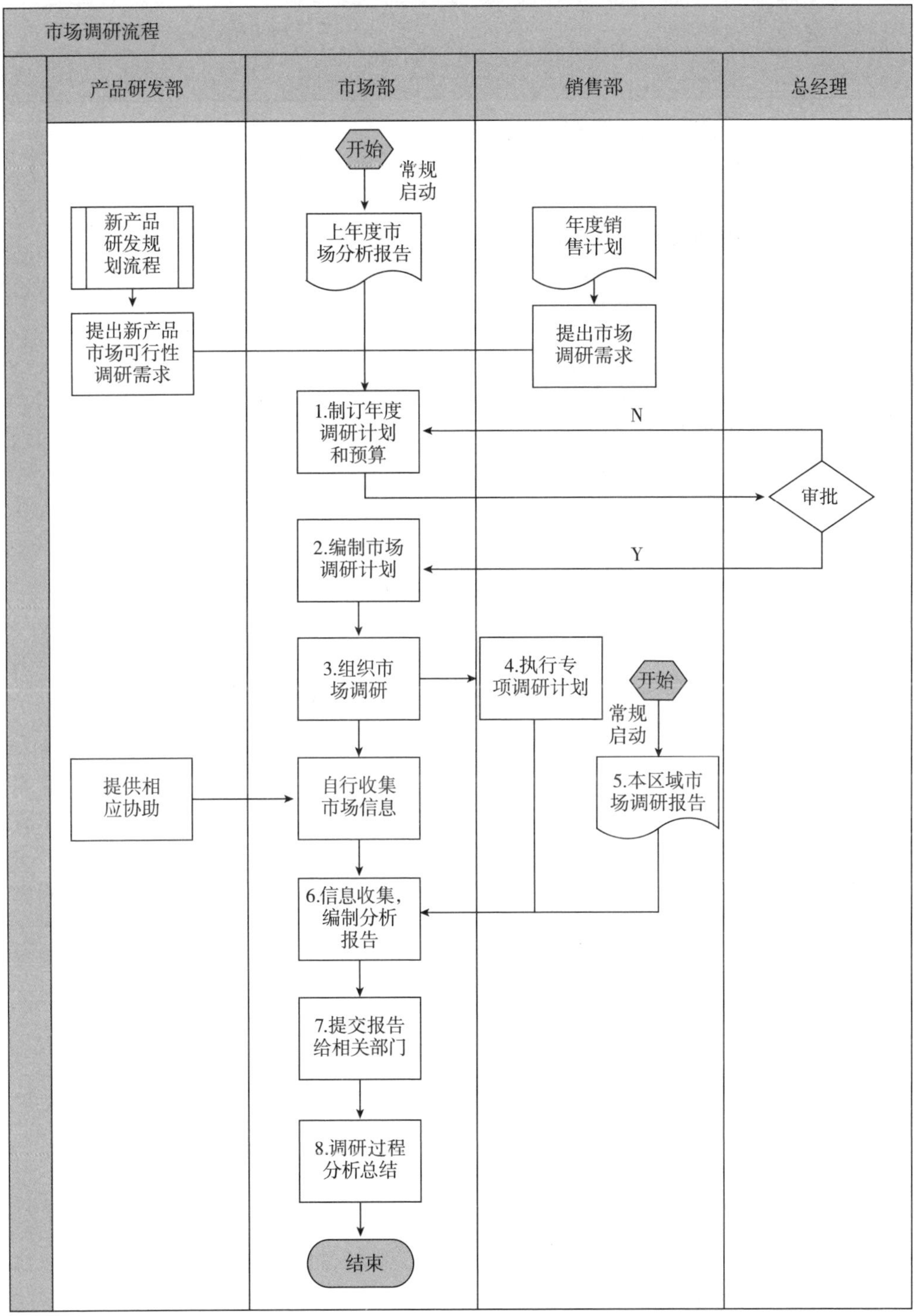

图 9－3　市场调研流程

第二部分：市场调研流程核心步骤说明及风险点控制。

表 9-8　市场调研流程核心步骤说明及风险点控制

流程核心步骤	核心步骤说明	流程风险点	相关制度/文件	相关表单
1. 制订年度调研计划和预算	市场部根据产品研发部提出的新产品立项调研需求、销售部提出的新市场开拓和原有市场现状调研需求、本部门确定的调研需求、行业市场趋势调研需求编制年度调研计划和预算	市场调研预算失控	《年度调研计划及预算》	
2. 编制市场调研计划	市场部编制常规调研（行业分析报告）和专项调研（其他部门和本部门提出调研需求）实施方案			
3. 组织市场调研	市场部执行调研计划，组织相关的人员和部门参与市场调研活动	调研信息不准确		
4. 执行专项调研计划	销售部需要按照市场部的要求参与市场调研			
5. 本区域市场调研报告	销售部需要根据市场部的要求，定期提供本区域市场的调研报告		《市场调研报告》	《竞争对手基本信息调查表》《竞争对手产品信息调查表》《竞争对手市场信息调查表》
6. 信息收集，编制分析报告	市场部收集所需要的信息，并对信息进行汇总和筛选，编制分析报告			
7. 提交报告给相关部门	市场部将调研报告提交给相应的部门，作为部门决策和分析的依据	调研报告决策价值不高		
8. 调研过程分析总结	市场部对调研过程进行分析总结			

第三部分：市场调研流程相关制度与表单。

表9－9 竞争对手基本信息调查表

<table>
<tr><th colspan="6">竞争对手基本情况</th></tr>
<tr><td>公司名称</td><td colspan="2"></td><td>注册资本</td><td colspan="2"></td></tr>
<tr><td>公司地址</td><td colspan="2"></td><td>网址</td><td colspan="2"></td></tr>
<tr><td>联系电话</td><td colspan="2"></td><td>E－mail</td><td colspan="2"></td></tr>
<tr><td>主要品牌</td><td colspan="2"></td><td>邮编</td><td colspan="2"></td></tr>
<tr><td>单位性质</td><td colspan="2"></td><td>员工人数</td><td colspan="2"></td></tr>
<tr><th colspan="6">竞争对手产品信息</th></tr>
<tr><td>品牌/品种</td><td>质量</td><td>包装</td><td>出厂价</td><td>代理价</td><td>终端市场价</td></tr>
<tr><td></td><td></td><td></td><td></td><td></td><td></td></tr>
<tr><td></td><td></td><td></td><td></td><td></td><td></td></tr>
<tr><td></td><td></td><td></td><td></td><td></td><td></td></tr>
<tr><th colspan="6">竞争对手市场情况</th></tr>
<tr><td>竞争区域</td><td colspan="5">□全国　□区域</td></tr>
<tr><td>价格评价</td><td colspan="5">□高　□中　□低</td></tr>
<tr><td>促销手段</td><td colspan="5"></td></tr>
<tr><td>广告形式</td><td colspan="3">□电视　□平面　□网络　□自媒体</td><td>其他广告</td><td></td></tr>
<tr><td>品牌形象</td><td colspan="5">□好　□中　□差</td></tr>
<tr><td rowspan="2">销售人员</td><td colspan="5">销售人员数量：　人，销售管理人员数量：　人</td></tr>
<tr><td colspan="5">销售人员素质：□高　□中　□低</td></tr>
<tr><td>市场占有率</td><td colspan="5">□ 5%以下　□ 5%～10%　□ 10%～20%　□ 20%～30%
□ 30%以上</td></tr>
<tr><td>竞争优势</td><td colspan="5"></td></tr>
<tr><td>竞争劣势</td><td colspan="5"></td></tr>
<tr><th colspan="6">竞争对手综述</th></tr>
<tr><td colspan="6"></td></tr>
</table>

表 9－10　竞争对手产品信息调查表

单位名称					
品牌/品种	质量	包装	出厂价	代理价	市场价
	上市时间				
	市场活动				
	评论				
品牌/品种	质量	包装	出厂价	代理价	市场价
	上市时间				
	市场活动				
	评论				
综述					

表 9－11　竞争对手市场信息调查表

单位名称				
产品销售信息				
品牌/品种	上市日期	上市区域	市场反馈	
产品价格信息				
品牌/品种	调查日期	出厂价	代理价	终端市场价
市场行为信息				
发生时间	行为类别	行为描述		
	□价格调整　□广告　□促销 □成交量波动　□其他			

续表

	□价格调整　□广告　□促销 □成交量波动　□其他	
	□价格调整　□广告　□促销 □成交量波动　□其他	
综述		

第四部分：市场调研流程绩效指标。

表9－12　市场调研流程绩效指标

序号	流程绩效指标	相关部门
1	市场调研计划达成率	市场部、销售部、产品研发部
2	市场调研报告有效性评价	市场部、销售部、产品研发部

第五部分：市场调研流程权限分配。

表9－13　市场调研流程权限分配表

序号	分权事项	提案	审核			批准	知会
			初审	审核	会审		
1	年度调研计划及预算	市场部长			销售部、产品研发部	总经理	
2	市场调研分析报告	市场部长			营销副总		销售部、产品研发部、公司高层

三、市场推广活动管理流程

第一部分:市场推广活动管理流程图。

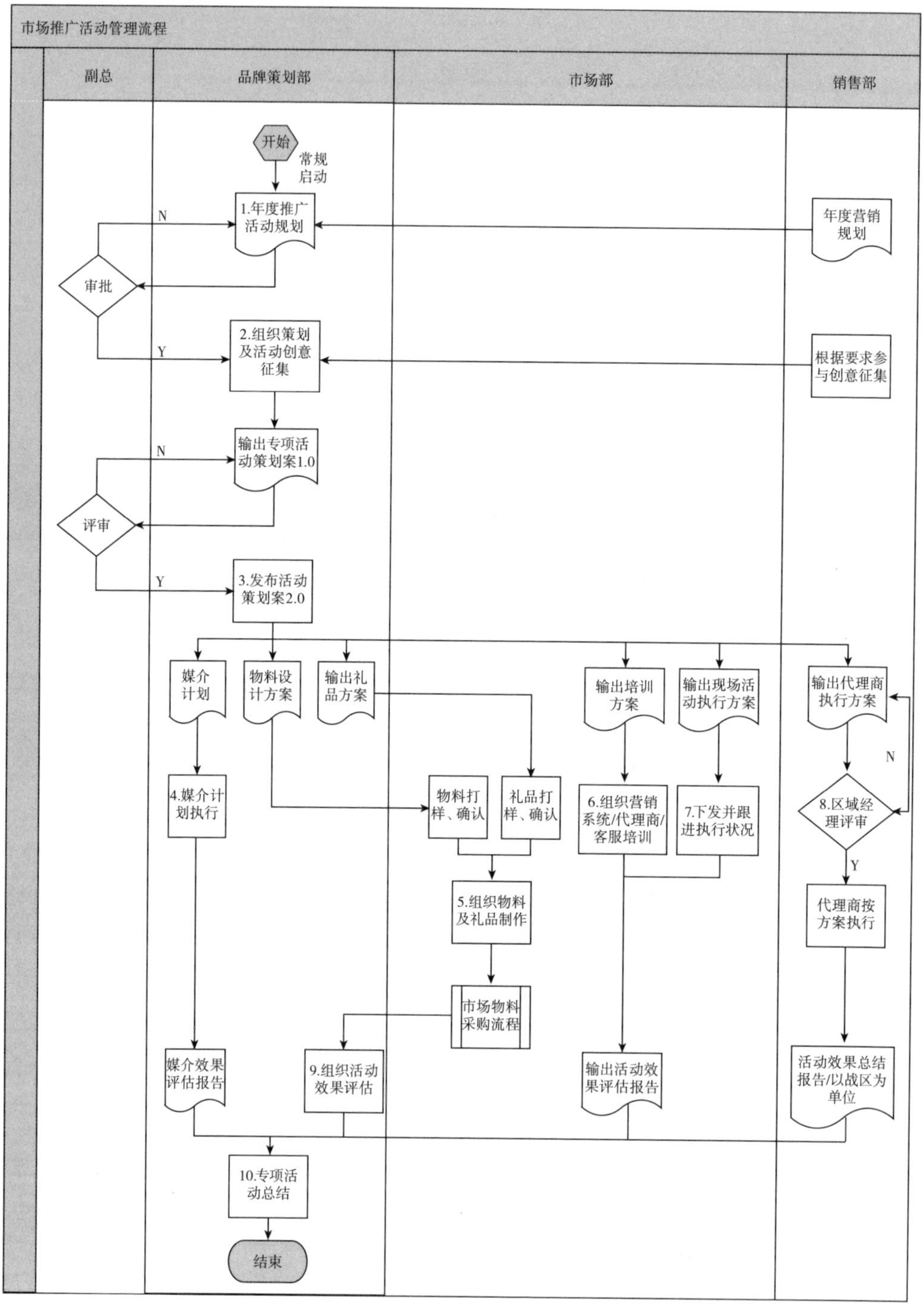

图9－4　市场推广活动管理流程

第二部分:市场推广活动管理流程核心步骤说明及风险点控制。

表9-14 市场推广活动管理流程核心步骤说明及风险点控制

流程核心步骤	核心步骤说明	流程风险点	相关制度/文件	相关表单
1.年度推广活动规划	由营销中心提供年度营销规划,品牌策划部发起,做出年度推广活动规划,提交给营销副总审批,审批通过,启动年度不同时节的促销活动准备		《年底促销活动规划》	
2.组织策划及活动创意征集	依据年度推广活动规划,品牌策划部确认当期需策划的推广活动需求后,发动营销中心、市场部,就当期活动创意提出建议			
3.输出并发布专项活动策划案	(1)品牌策划部输出专项活动策划案,并发起会议,总裁、营销副总参加,对方案(活动主题、形式、活动物料种类、数量等)进行评审 (2)评审通过,品牌策划部对应岗位开始进入媒介方案准备、活动物料设计、礼品方案落实等工作 (3)市场部对应输出培训方案、活动现场执行方案 (4)营销中心对应输出代理商执行方案	策划方案不切合实际	《整合营销传播策划方案》	
4.媒介计划执行	针对活动特性,媒介主管落实对应的媒介计划,邀约媒介洽谈,核实广告排期,发布媒体广告上线通知		《广告排期表》《广告上线通知》	
5.组织物料和礼品制作	根据物料和礼品计划,与采购部接洽,找样、安排供应商打样、确认样品		《样品确认书》《市场物料制作申请表》	

续表

流程核心步骤	核心步骤说明	流程风险点	相关制度/文件	相关表单
6. 组织培训	由市场部根据方案活动开发培训课件，并组织针对营销系统、代理商系统、客服的培训计划	培训组织不到位	《整合营销传播策划方案》——培训教案	
7. 输出现场活动执行方案	由市场部按照《整合营销传播策划方案》，输出现场活动执行方案，下发给营销中心、省代，并跟进执行状态		《整合营销传播策划方案》——现场活动执行方案	
8. 代理商执行活动方案	由营销中心各区域与省代沟通，省代依据《整合营销传播策划方案》输出当地执行方案，报大区经理审批，审批通过代理商执行活动方案			
9. 组织活动效果评估	由媒介主管输出针对活动的《媒介效果评估报告》、市场部输出《市场活动效果评估报告》，以区域为单位输出省代的《活动效果总结报告》	现场活动执行不到位	《媒介效果评估报告》《市场活动效果评估报告》《活动效果总结报告》	
10. 专项活动总结	品牌策划部汇集各方提供的总结，组织开展专项活动总结报告会议		《专项活动总结报告》	

第三部分:市场推广活动管理流程相关制度与表单(无)。

第四部分:市场推广活动管理流程绩效指标。

表 9－15 市场推广活动管理流程绩效指标

序号	流程绩效指标	相关部门
1	市场推广活动培训覆盖率	品牌策划部、市场部、销售部、代理商
2	市场推广活动有效执行率	品牌策划部、市场部、销售部、代理商
3	市场推广活动有效性评价	品牌策划部、市场部、销售部、代理商

第五部分:市场推广活动管理流程权限分配。

表 9－16 市场推广活动管理流程权限分配表

序号	分权事项	提案	审核			批准	知会
			初审	审核	会审		
1	年度促销活动规划	品牌推广部长				营销副总	市场部、销售部、代理商
2	专项活动策划案 1.0	品牌推广部长			市场部、销售部	营销副总	代理商
3	专项活动策划案 2.0	品牌推广部长				营销副总	采购部、市场部、销售部、客户服务部、代理商
4	专项活动代理商执行方案	代理商	大区经理		品牌策划部、市场部、销售部	营销副总	

四、销售政策制定与实施流程

第一部分:销售政策制定与实施流程图。

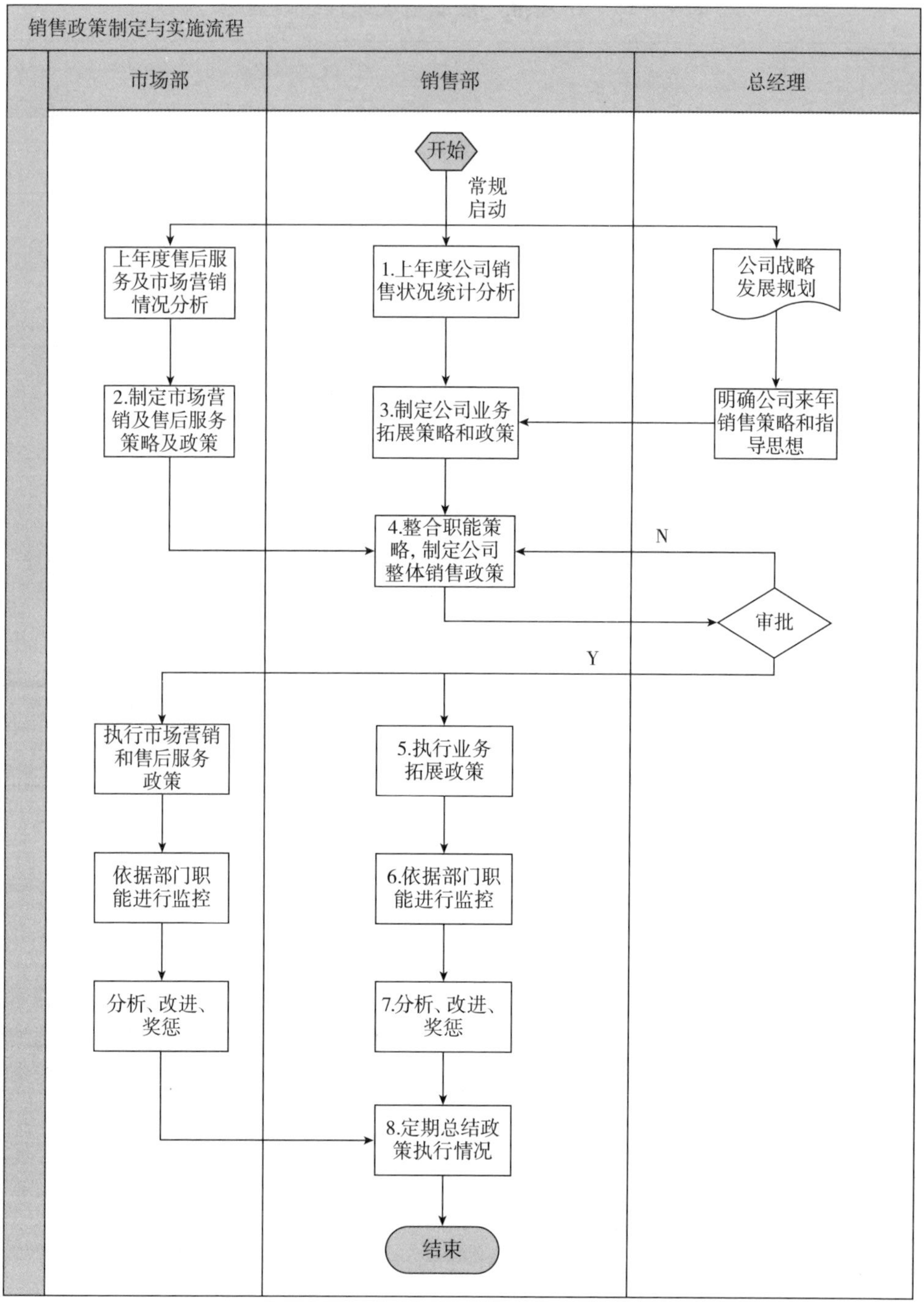

图 9-5　销售政策制定与实施流程

第二部分:销售政策制定与实施流程核心步骤说明及风险点控制。

表 9－17　销售政策制定与实施流程核心步骤说明及风险点控制

流程核心步骤	核心步骤说明	流程风险点	相关制度/文件	相关表单
1. 上年度公司销售状况统计分析	销售部根据上年度产品销售执行情况进行综合分析和总结;市场部根据上年度售后服务及市场营销情况进行综合分析			
2. 制定市场营销及售后服务策略及政策	市场部制定公司年度市场营销及售后服务的政策(包括市场方针、渠道拓展、品牌建设、客户服务体系建立等)	市场营销及售后策略无效		
3. 制定公司业务拓展策略及政策	销售部制定公司业务拓展具体执行政策(包括市场管理、结算规定、经销商管理、业务员奖惩方式等)	业务拓展策略无效		
4. 整合职能策略,制定公司整体销售政策	相关部门共同讨论,整合售前、售中及售后政策,形成公司整体销售政策		《年度销售政策》	
5. 执行业务拓展策略	依据部门职责,执行具体销售政策			
6. 依据部门职能进行监控	对销售政策的执行落实情况进行监督与控制	销售政策执行不到位		
7. 分析、改进、奖惩	对执行过程中发现的相关问题及时进行分析、改进和奖惩			
8. 定期总结政策执行情况	定期汇总分析,编制报告,并提交给公司领导,以随时掌握销售政策的执行落实情况			

第三部分:销售政策制定与实施流程相关制度与表单(无)。

第四部分:销售政策制定与实施流程绩效指标。

表 9-18 销售政策制定与实施流程绩效指标

序号	流程绩效指标	相关部门
1	销售政策有效执行率	市场部、销售部

第五部分:销售政策制定与实施流程权限分配。

表 9-19 销售政策制定与实施流程权限分配表

序号	分权事项	提案	审核			批准	知会
			初审	审核	会审		
1	年度市场营销及售后服务的政策 1.0	市场部长				营销副总	销售部、代理商
2	年度营销政策	销售部长			市场部、营销副总	总经理	销售部、代理商

五、营销渠道开发与管理流程

第一部分:营销渠道开发与管理流程图。

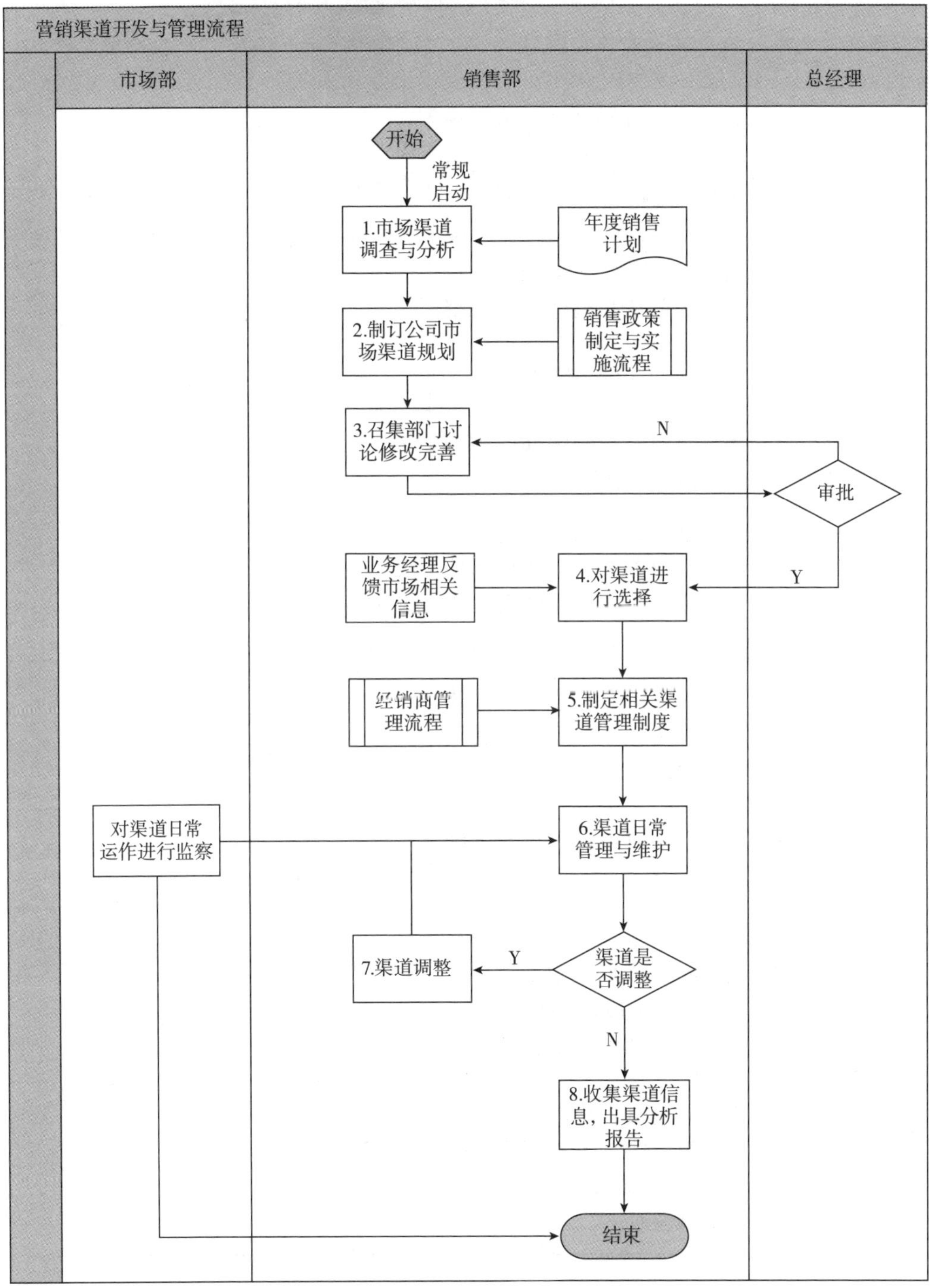

图 9－6　营销渠道开发与管理流程

第二部分:营销渠道开发与管理流程核心步骤说明及风险点控制。

表9-20　营销渠道开发与管理流程核心步骤说明及风险点控制

流程核心步骤	核心步骤说明	流程风险点	相关制度/文件	相关表单
1. 市场渠道调研与分析	销售部门对公司目前渠道现状进行诊断、调研和分析,提出相关策略和指导思想	市场调研不充分		
2. 制订公司市场渠道规划	销售部门针对现状分析,制订公司相关产品整体渠道规划(包括区域市场选择、渠道方式选择、渠道管理等)			
3. 召集部门讨论修改及完善	销售部门召集相关部门进行讨论修订,达成共识			
4. 对渠道进行选择	根据已制订完成的渠道规划文件和业务员反馈的市场信息,销售部门进行渠道具体选择	渠道选择失误		
5. 制定相关渠道管理制度	根据渠道整体规划,制定具体渠道管理制度,明确渠道管理规范及操作方式		《渠道管理制度》	
6. 渠道日常管理与维护	业务经理对渠道进行具体维护和建设			
7. 渠道调整	部门根据市场变化情况和公司战略调整需要,对渠道进行调整(含区域市场的拓展或放弃、渠道管理方式调整等)	渠道调整论证不充分		
8. 收集渠道信息,出具分析报告	定期对渠道管理情况进行汇总分析,并提交相关报告给公司领导,以加强对渠道的控制和信息沟通			

第三部分:营销渠道开发与管理流程相关制度与表单(略)。

第四部分:营销渠道开发与管理流程绩效指标。

表 9 – 21　营销渠道开发与管理流程绩效指标

序号	流程绩效指标	相关部门
1	渠道覆盖率	市场部、销售部
2	A 级营销渠道数量	销售部
3	B 级营销渠道数量	销售部
4	营销渠道年度升级计划达成率	市场部、销售部

第五部分:营销渠道开发与管理流程权限分配。

表 9 – 22　营销渠道开发与管理流程权限分配表

序号	分权事项	提案	审核			批准	知会
			初审	审核	会审		
1	年度渠道规划	销售部长			市场部、营销副总	总经理	
2	渠道调整申请	销售大区	销售部长			营销副总	市场部、财务部、物流部

六、经销商管理流程

第一部分:经销商管理流程图。

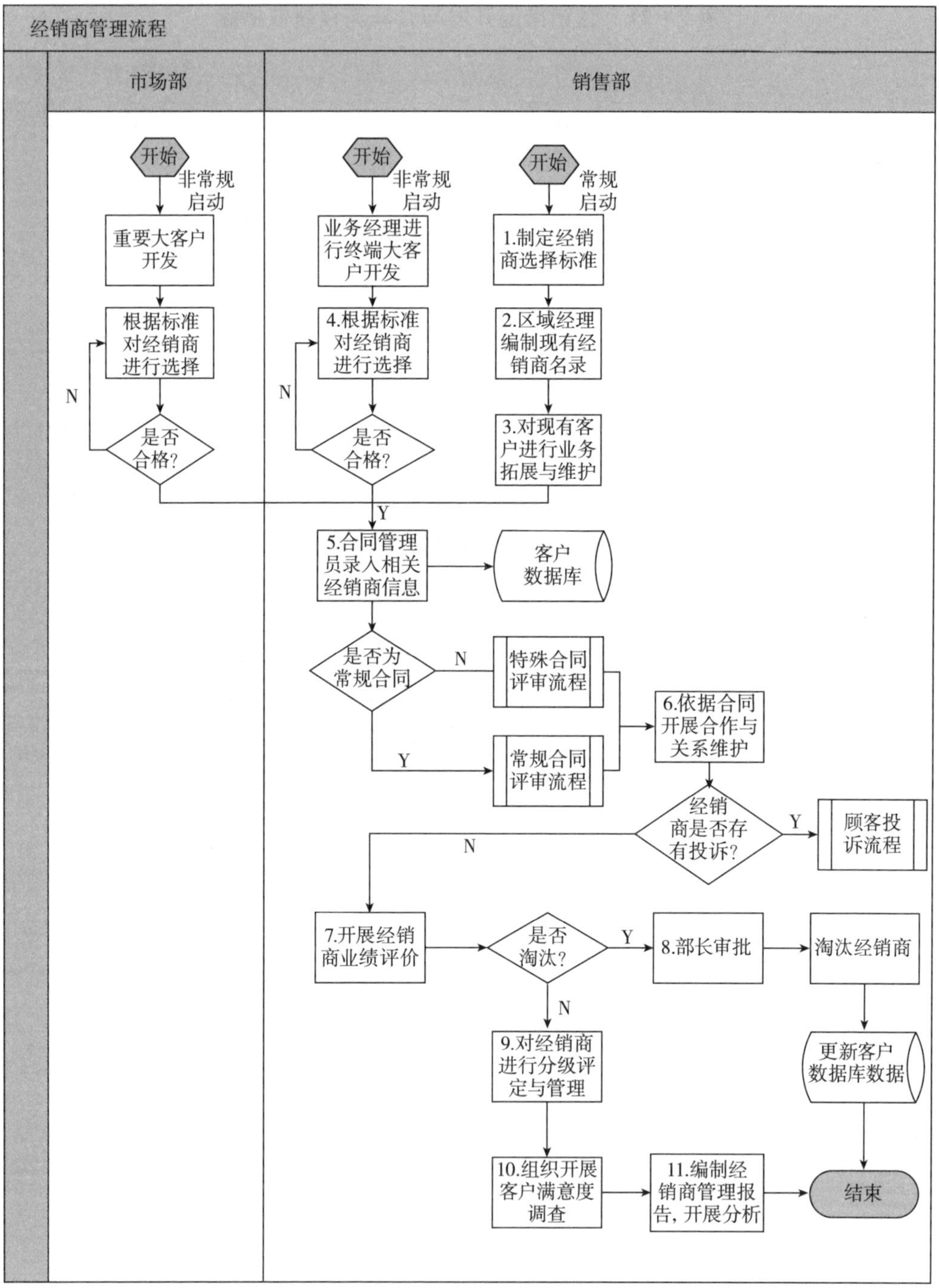

图 9－7　经销商管理流程

第二部分:经销商管理流程核心步骤说明及风险点控制。

表 9－23 经销商管理流程核心步骤说明及风险点控制

流程核心步骤	核心步骤说明	流程风险点	相关制度/文件	相关表单
1. 制定经销商选择标准	销售部门制定具体经销商选择标准和要求	经销商标准过低或过高	《经销商管理制度》	
2. 区域经理编制现有经销商名录	片区经理定期对片区内老客户名单进行整理,并根据经销商标准进行修订			
3. 对现有客户进行业务拓展与维护	业务经理对老客户开展业务拓展和关系维护			
4. 根据标准对经销商进行选择	业务经理根据公司所制定的经销商选择标准,对新客户进行选择	未按照标准进行经销商选择		
5. 合同管理员录入相关经销商信息	合同管理员录入合格经销商信息,并进入客户数据库		《经销商档案》(含基本信息、经营状况、拜访记录等)	
6. 依据合同开展合作与关系维护	业务经理根据所签订的合同,对经销商开展销售服务、日常沟通和关系维护			
7. 开展经销商业绩评价	业务经理根据经销商的业绩完成情况,开展对经销商的业绩评价	经销商业绩考核流于形式		《经销商业绩评价表》
8. 部长审批	部长对按照规定应予以淘汰的经销商进行审批			
9. 对经销商进行分级评定与管理	业务经理对合格经销商进行分级管理,以提高公司客户满意度,适应不同客户需求			《合格经销商名录》
10. 组织开展客户满意度调查	部门组织开展对客户满意度调查活动			
11. 编制经销商管理报告,开展分析	定期总结经销商管理活动情况,并提交相关报告给公司领导			

第三部分：经销商管理流程相关制度与表单。

表 9－24　经销商业绩评价表

<table>
<tr><td>经销商名称</td><td colspan="3"></td><td>所属片区</td><td colspan="2"></td></tr>
<tr><td>负责人</td><td colspan="3"></td><td>经销商联系方式</td><td colspan="2"></td></tr>
<tr><td>目前信用额度</td><td colspan="3"></td><td>上年销售业绩</td><td colspan="2">（万元）</td></tr>
<tr><td>合作时间</td><td colspan="3"></td><td>业绩评价时间</td><td colspan="2"></td></tr>
<tr><td colspan="7">业绩具体说明</td></tr>
<tr><td>计划销售数量</td><td></td><td>实际销售数量</td><td></td><td>完成率</td><td colspan="2"></td></tr>
<tr><td>上年网点数量</td><td></td><td>现今网点数量</td><td></td><td>增加/减少数量</td><td colspan="2"></td></tr>
<tr><td>货款及信用维护情况</td><td colspan="6"></td></tr>
<tr><td>销售收入及贡献</td><td colspan="6"></td></tr>
<tr><td>对促销的支持</td><td colspan="6"></td></tr>
<tr><td>经销商销售服务</td><td colspan="6"></td></tr>
<tr><td rowspan="2">片区经理意见</td><td>销售业绩片区排名</td><td></td><td>经销商等级</td><td></td><td>经销商信用建议</td><td></td></tr>
<tr><td colspan="6">综合评价：
评审人：　　日期：　　年　月　日</td></tr>
<tr><td>销售部长意见</td><td colspan="6">综合评价：
评审人：　　日期：　　年　月　日</td></tr>
</table>

表 9－25 合格经销商名录

序号	基本信息				业绩情况				异常记录
	经销商名称	负责人	联系电话	所属片区	全国业绩排名	信用额度	信用期限	评价等级	

第四部分:经销商管理流程绩效指标。

表 9－26 经销商管理流程绩效指标

序号	流程绩效指标	相关部门
1	经销商开发计划达成率	销售部、市场部
2	经销商考核合格率	销售部
3	经销商满意度	销售部、市场部

第五部分:经销商管理流程权限分配。

表 9－27 经销商管理流程权限分配表

序号	分权事项	提案	审核			批准	知会
			初审	审核	会审		
1	经销商标准	销售部长			营销副总	总经理	
2	新开发经销商	业务经理	销售部长			营销副总	市场部、财务部
3	经销商考核结果	业务经理	销售部长			营销副总	
4	经销商满意度评价报告	销售部长				营销副总	市场部

七、客户信用管理流程

第一部分:客户信用管理流程图。

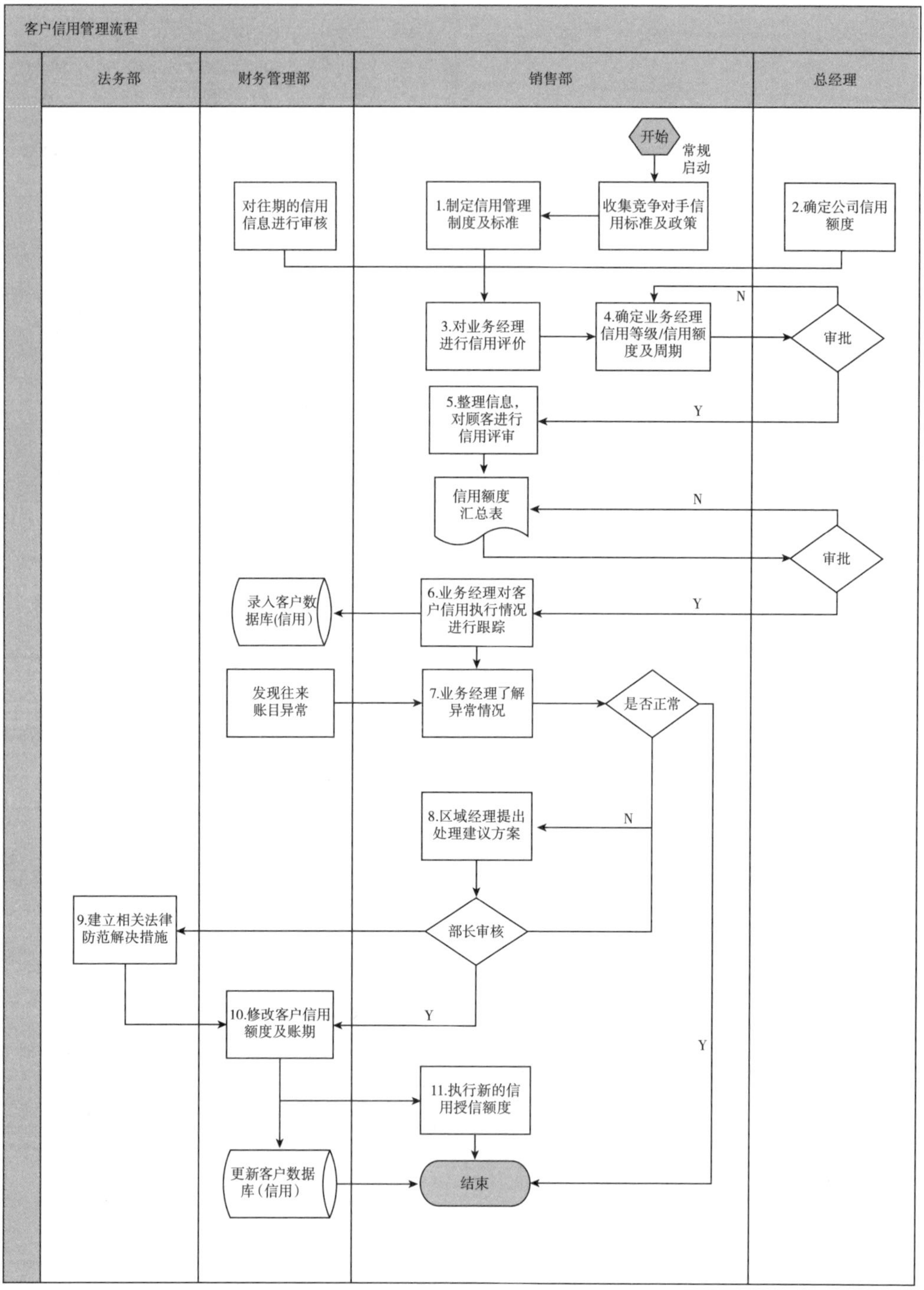

图9-8 客户信用管理流程

第二部分:客户信用管理流程核心步骤说明及风险点控制。

表 9－28　客户信用管理流程核心步骤说明及风险点控制

流程核心步骤	核心步骤说明	流程风险点	相关制度/文件	相关表单
1. 制定信用管理制度及标准	根据公司销售策略制定信用管理的相关制度/文件与标准		《客户信用管理制度》	
2. 确定公司信用额度	总经理确定公司年度信用额度,控制总数量			
3. 对业务经理进行信用评价	销售部根据业务员年度考核结果、销售业绩等情况对业务员进行信用评价	信用标准设计不合理	《业务员信用评价模型》	《业务员信用评价表》
4. 确定业务经理信用等级/额度及周期	根据对业务员信用评价情况,将业务员分为 AAA 级、AA 级、A 级、B 级、C 级五级,并根据上年度销售业绩确定其信用额度、信用周期			《业务员信用汇总表》
5. 整理信息,对顾客进行信用评审	相关部门开展联合评审,对各片区上报经销商额度进行审查,根据公司总控制信用额度得出公司信用额度汇总情况	信用评价不严格	《客户信用评价模型》	《客户信用汇总表》
6. 业务经理对客户信用执行情况进行跟踪	业务经理对客户信用额度使用情况进行监控与跟踪			
7. 业务经理了解异常情况	业务经理对财务部反馈的往来账务反常情况及日常运作异常情况进行调查分析	信用异常反馈不及时		《客户信用更改表》
8. 区域经理提出处理建议方案	片区经理对业务员上报的经销商异常情况提出处理建议方案(包括法律措施、财务建议等)			

续表

流程核心步骤	核心步骤说明	流程风险点	相关制度/文件	相关表单
9. 建立相关法律防范解决措施	法务部根据片区经理所提出的处理方案,建立相关法律防范措施			
10. 修改客户信用额度及账期	由片区经理提出经销商信用更改,经部长审批后,财务部修改经销商信用额度与账期			《客户信用更改表》
11. 执行新的信用授信额度	业务经理对经销商执行新的信用额度标准			

第三部分:客户信用管理流程相关制度与表单。

表 9-29 业务员信用评价模型

一级维度	权重	二级维度	权重
基本情况	30%	籍贯及户口所在地	8%
		年龄	5%
		婚姻状况	4%
		担保或押金	13%
素质考核	25%	综合能力	10%
		综合态度	15%
年度业绩	30%	与目标相比销售状况	3%
		坏账状况	8%
		渠道库存	4%
		销售量	5%
		在公司从事业务工作年限	10%
市场管理情况	15%	经销商及零售商档案	4%
		财务月报表及账本管理	3%
		上年授信使用状况	3%
		市场零售价管理	5%

表 9－30　客户信用评价模型

一级维度	权重	二级维度	权重
品质特性	30%	整体印象	4%
		行业地位	4%
		负责人品质	4%
		业务关系持续期	3%
		业务关系强度	3%
		合作诚意	4%
		市场覆盖率	4%
		诉讼记录	4%
资本状况	15%	资产状况	5%
		注册资本	4%
		年营业额	6%
信用履约	40%	授信额度利用率	5%
		信用履约率	15%
		按期履约率	15%
		呆/坏账记录	5%
风险防范	15%	落实保证措施	10%
		落实保障措施	5%

表 9－31　客户信用更改表

<table>
<tr><td>客户名称</td><td colspan="2"></td><td>联系电话</td><td></td></tr>
<tr><td>负责人</td><td colspan="2"></td><td>所属区域</td><td></td></tr>
<tr><td>相关业务员</td><td colspan="2"></td><td>业务员联系电话</td><td></td></tr>
<tr><td rowspan="3">更改原因说明
片区经理建议</td><td colspan="4">建议人：　日期：　年　月　日</td></tr>
<tr><td>原信用额度</td><td>原信用期限</td><td>建议信用额度</td><td>建议信用期限</td></tr>
<tr><td></td><td></td><td></td><td></td></tr>
</table>

续表

销售部长意见	审批人：　　日期：　　年　月　日
信用修改确认	确认人：　　日期：　　年　月　日

第四部分：客户信用管理流程绩效指标。

表 9-32　客户信用管理流程绩效指标

序号	流程绩效指标	相关部门
1	信用额度使用率	财务部、销售部
2	客户信用违规次数	财务部、销售部

第五部分：客户信用管理流程权限分配。

表 9-33　客户信用管理流程权限分配表

序号	分权事项	提案	审核			批准	知会
			初审	审核	会审		
1	信用评价模型	销售部长			财务部、市场部、营销副总	总经理	法务部
2	业务经理信用汇总表	销售部长			财务部、营销副总	总经理	法务部
3	客户信用汇总表	销售部长	财务部长		营销副总	总经理	法务部
4	客户信用异常处理申请	区域经理	财务部长			销售部长	法务部、营销副总

八、销售产品定价流程

第一部分：销售产品定价流程图。

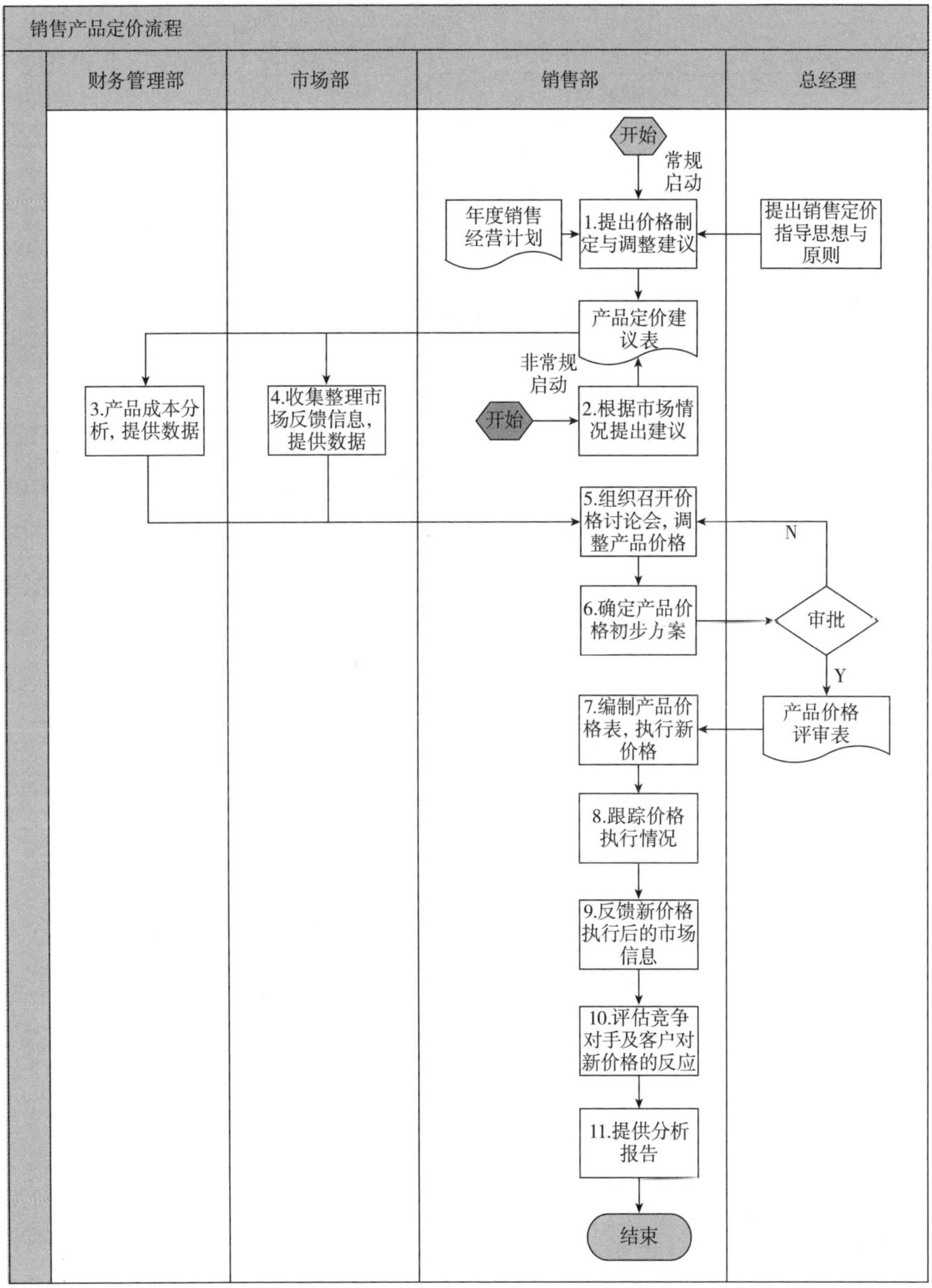

图 9-9　销售产品定价流程

第二部分:销售产品定价流程核心步骤说明及风险点控制。

表 9－34 销售产品定价流程核心步骤说明及风险点控制

流程核心步骤	核心步骤说明	流程风险点	相关制度/文件	相关表单
1. 提出价格制定与调整建议	销售部门根据公司年度销售计划及销售定价指导方针,定期启动常规产品调价及定价活动			《产品价格建议表》
2. 根据市场情况提出建议	业务员根据市场变化情况,提出对部分产品的非常规调价及定价建议			
3. 产品成本分析,提供数据	财务部根据所提出的产品价格初步建议,进行产品收益性分析	产品成本不准确或产品成本波动反馈不及时		
4. 收集整理市场反馈信息,提供数据	市场部对市场信息进行综合分析,对产品初步价格提供相关数据			
5. 组织召开价格讨论会,调整产品价格	销售部门组织开展跨部门联合评审,对产品价格进行修正、平衡和调整			
6. 确定产品价格初步方案	销售部门确定产品价格初步方案			
7. 编制产品价格表,执行新价格	编制新产品价格表,分发给各业务员及相关部门,并开始执行	新老产品价格执行时间与标准不一致		
8. 跟踪价格执行情况	销售部门对产品价格是否准确、如实执行进行监督	新价格执行监督不力		
9. 反馈新价格执行后的市场信息	业务经理对产品新价格的市场反应进行反馈			
10. 评估竞争对手及客户对新价格的反应	销售部门根据市场反馈信息,评估预测竞争对手可能行动,做好预防措施			《产品定价评估反馈表》
11. 提供分析报告	销售部门定期对产品价格执行后的情况进行总结分析,出具报告			

第三部分：销售产品定价流程相关制度与表单。

表 9－35　产品价格建议表

<table>
<tr><td>产品名称</td><td colspan="2"></td><td>产品规格</td><td colspan="2"></td></tr>
<tr><td>建议人</td><td colspan="2"></td><td>建议时间</td><td colspan="2"></td></tr>
<tr><td>定价类型</td><td colspan="5">□新产品定价　　□老产品调价　　□试销品定价</td></tr>
<tr><td colspan="6">同类产品价格状况</td></tr>
<tr><td>产品名称</td><td>包装规格</td><td>厂家</td><td>批发价格</td><td>零售价格</td><td>促销支持</td></tr>
<tr><td></td><td></td><td></td><td></td><td></td><td></td></tr>
<tr><td></td><td></td><td></td><td></td><td></td><td></td></tr>
<tr><td></td><td></td><td></td><td></td><td></td><td></td></tr>
<tr><td>产品定价建议</td><td colspan="5"></td></tr>
<tr><td>财务部意见</td><td colspan="5"></td></tr>
<tr><td>市场部意见</td><td colspan="5"></td></tr>
<tr><td>销售部意见</td><td colspan="5"></td></tr>
<tr><td>总经理审批</td><td colspan="5"></td></tr>
</table>

表 9－36　产品定价评估反馈表

<table>
<tr><td>产品类型</td><td></td><td>产品规格</td><td></td></tr>
<tr><td>定价类型</td><td colspan="3">□新产品定价　　□老产品调价　　□试销品定价</td></tr>
<tr><td>产品原价格</td><td></td><td>产品现价格</td><td></td></tr>
<tr><td rowspan="2">经销商
对定价反应</td><td colspan="3">□价格偏高　　□价格合适　　□价格偏低</td></tr>
<tr><td colspan="3">反馈描述：</td></tr>
<tr><td rowspan="2">用户
对定价反应</td><td colspan="3">□价格偏高　　□价格合适　　□价格偏低</td></tr>
<tr><td colspan="3">反馈描述：</td></tr>
<tr><td rowspan="2">竞争对手
对定价反应</td><td colspan="3">□价格偏高　　□价格合适　　□价格偏低</td></tr>
<tr><td colspan="3">市场反应：</td></tr>
</table>

续表

产品定价综合影响分析说明	
建议相关措施	
部长意见	

第四部分：销售产品定价流程绩效指标。

表 9－37　销售产品定价流程绩效指标

序号	流程绩效指标	相关部门
1	产品定价合理性评价（公司盈利能力、销量促进、客户反馈、市场反响）	市场部、财务部、销售部
2	新价格有效执行率	销售部

第五部分：销售产品定价流程权限分配。

表 9－38　销售产品定价流程权限分配表

序号	分权事项	提案	审核			批准	知会
			初审	审核	会审		
1	产品价格表	销售部长			市场部、财务部、营销副总	总经理	
2	临时调价申请	区域经理	销售部长	财务部		营销副总	
3	促销价格调整申请	市场部长	销售部长	财务部		营销副总	区域经理、代理商

九、常规销售合同评审流程

第一部分:常规销售合同评审流程图。

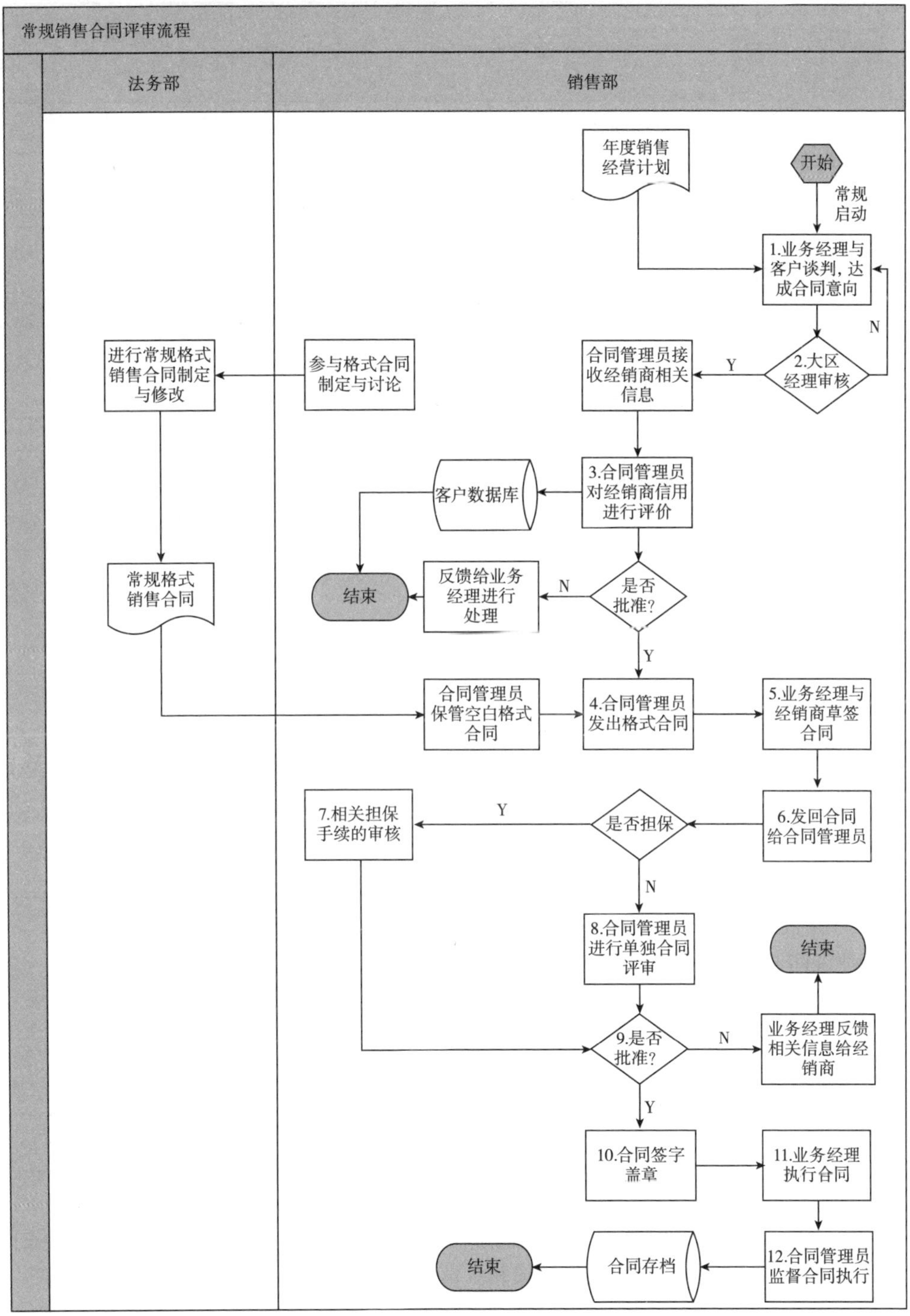

图 9－10　常规销售合同评审流程

第二部分：常规销售合同评审流程核心步骤说明及风险点控制。

表 9－39 常规销售合同评审流程核心步骤说明及风险点控制

流程核心步骤	核心步骤说明	流程风险点	相关制度/文件	相关表单
1. 业务经理与客户谈判，达成合同意向	业务经理与客户谈判，初步达成合同意向（包括产品种类、数量、金额等）	合同内容谈判不清晰		
2. 大区经理审核	片区经理对合同意向进行审核，对关键内容进行确认			
3. 合同管理员对经销商信用进行评价	合同管理员利用公司数据库对经销商进行信用审查			
4. 合同管理员发出格式合同	对于合格经销商，合同管理员向其业务员发出格式合同		《常规销售合同》	
5. 业务经理与经销商草签合同	业务员与经销商草签合同，经销商填写完成合同相关要项			
6. 发回合同给合同管理员	业务经理将草签后的合同发回给合同管理员审核			
7. 相关担保手续的审核	对于滚动销售合同，由法务部和合同管理员共同对其担保手续进行审查	担保手续不全		
8. 合同管理员进行单独合同评审	对于现金合同，由合同管理员对其进行单独评审			
9. 是否批准	合同管理员对合同进行评审，若合同评审不通过，应及时通知业务经理，业务经理与经销商及时沟通			
10. 合同签字盖章	合同管理员对合格合同签字盖章，并发给经销商，经销商接收到合同后反馈相关信息给合同管理员	合同签订不规范		《常规合同汇总表》

续表

流程核心步骤	核心步骤说明	流程风险点	相关制度/文件	相关表单
11. 业务经理执行合同	业务员按照合同规定与经销商进行销售服务、售后服务等			
12. 合同管理员监督合同执行	合同管理员对合同执行情况进行监督			

第三部分：常规销售合同评审流程相关制度与表单。

表9－40 常规合同汇总表

序号	合同编号	合同基本信息				合同说明		
		经销商名称	负责人	联系电话	所属片区	现金合同	滚动合同	合同金额

第四部分：常规销售合同评审流程绩效指标。

表9－41 常规销售合同评审流程绩效指标

序号	流程绩效指标	相关部门
1	常规合同评审违规次数	销售部、法务部
2	常规合同有效履行率	销售部

第五部分：常规销售合同评审流程权限分配。

表9－42 常规销售合同评审流程权限分配表

序号	分权事项	提案	审核			批准	知会
			初审	审核	会审		
1	常规合同模板	法务部				销售部长	
2	常规合同意向	业务经理				大区经理	
3	常规合同盖章	业务经理	大区经理	销售部长		合同管理员	

十、特殊销售合同评审流程

第一部分:特殊销售合同评审流程图。

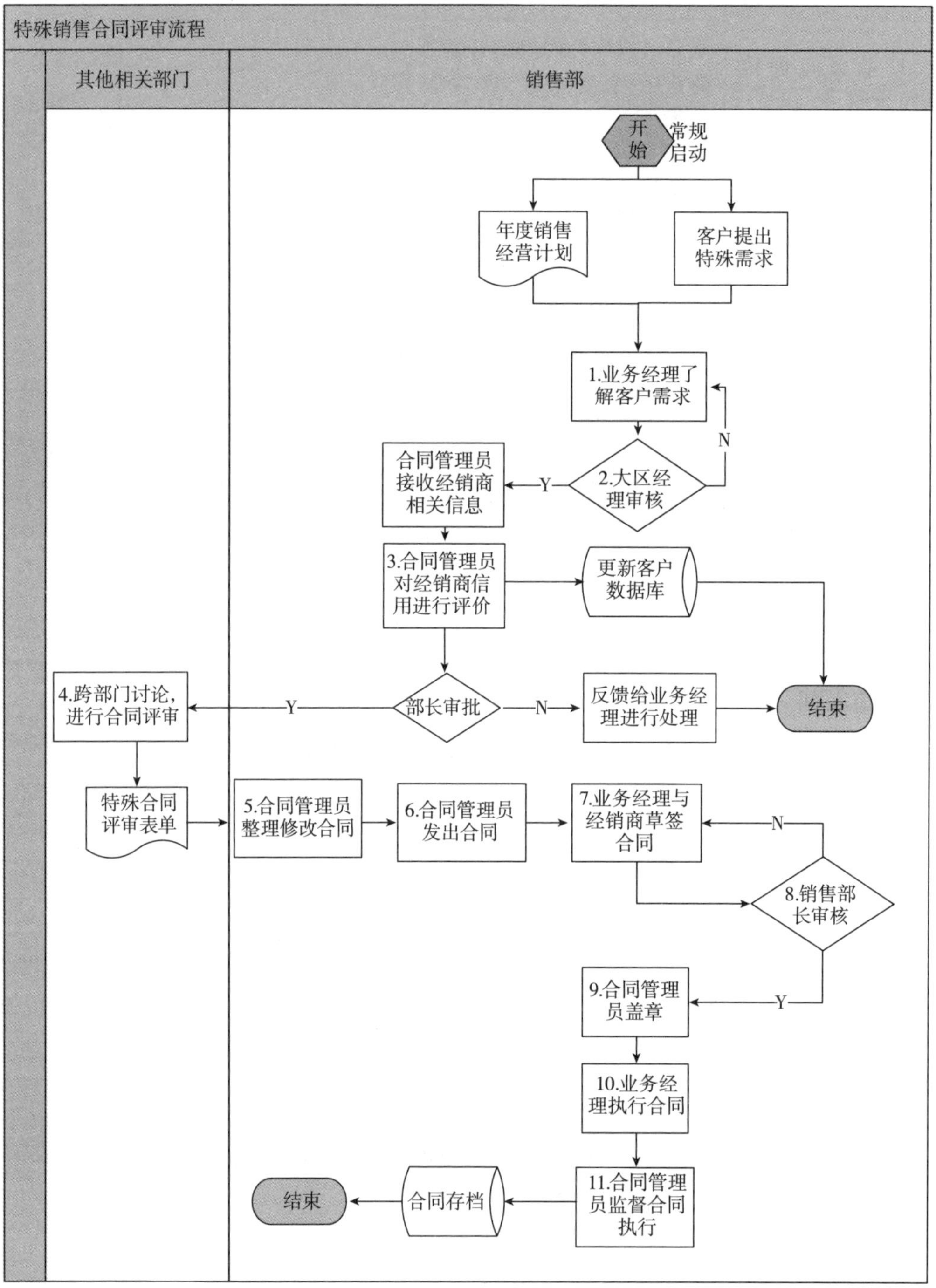

图 9－11　特殊销售合同评审流程

第二部分:特殊销售合同评审流程核心步骤说明及风险点控制。

表9-43 特殊销售合同评审流程核心步骤说明及风险点控制

流程核心步骤	核心步骤说明	流程风险点	相关制度/文件	相关表单
1. 业务经理了解客户需求	业务经理与客户沟通了解客户需求,针对客户特殊需要初步确定特殊合同意向	客户特殊需求不明确		
2. 大区经理审核	大区经理对合同意向进行审查,对特殊及关键事项做出确认			
3. 合同管理员对经销商信用进行评价	合同管理员对经销商进行信用审查			
4. 跨部门讨论,进行合同评审	相关部门开展跨部门评审,评价合同关键要素满足条件,就特殊合同意向进行审查	特殊条款评审不严		《特殊合同评审表》
5. 合同管理员整理修改合同	合同管理员根据部门评审意见,对合同进行调整修改,并通知业务经理转达经销商			
6. 合同管理员发出合同	合同管理员发出修改后的特殊合同			
7. 业务经理与经销商草签合同	业务经理与经销商草签合同,经销商确认合同相关特殊要项			
8. 销售部长审核	销售部长对草签后的合同进行审查			
9. 合同管理员盖章	合同管理员对合格特殊合同盖章,并发给业务经理	合同签订不规范		
10. 业务经理执行合同	业务经理按照合同规定与经销商开展合作			
11. 合同管理员监督合同执行	合同管理员对合同执行情况进行监督			《特殊合同汇总表》

第三部分:特殊销售合同评审流程相关制度与表单。

表 9－44　特殊合同评审表

合同编号		经销商名称	
经销商信用等级		评审限定时间	
相关评审部门	□销售部　□财务部　□产品研发部　□工艺部 □质量部　□生产管理部　□物流部　□采购部 □法务部		
特殊合同要求内容	合同草案见附件		
销售部意见及建议	签名： 日期：　年　月　日		
财务部意见及建议	签名： 日期：　年　月　日		
产品研发部意见及建议	签名： 日期：　年　月　日		
工艺部意见及建议	签名： 日期：　年　月　日		
质量部意见及建议	签名： 日期：　年　月　日		
生产管理部意见及建议	签名： 日期：　年　月　日		
物流部意见及建议	签名： 日期：　年　月　日		
采购部意见及建议	签名： 日期：　年　月　日		
法务部意见及建议	签名： 日期：　年　月　日		
合同管理员		表单完成时间	

表 9－45 特殊合同汇总表

序号	合同编号	合同基本信息				合同特殊说明			
		经销商名称	负责人	联系电话	所属片区	交期要求	质量要求	价格要求	包装要求

第四部分:特殊销售合同评审流程绩效指标。

表 9－46 特殊销售合同评审流程绩效指标

序号	流程绩效指标	相关部门
1	特殊合同评审违规次数	销售部、财务部、产品研发部、工艺部、质量部、生产管理部、物流部、采购部、法务部
2	特殊合同有效履行率	销售部

第五部分:特殊销售合同评审流程权限分配。

表 9－47 特殊销售合同评审流程权限分配表

序号	分权事项	提案	审核			批准	知会
			初审	审核	会审		
1	特殊合同意向	业务经理				大区经理	
2	特殊合同评审	业务经理			相关部门	销售部长	相关部门
3	特殊合同盖章	业务经理	大区经理	销售部长		合同管理员	

十一、促销品管理流程

第一部分：促销品管理流程图。

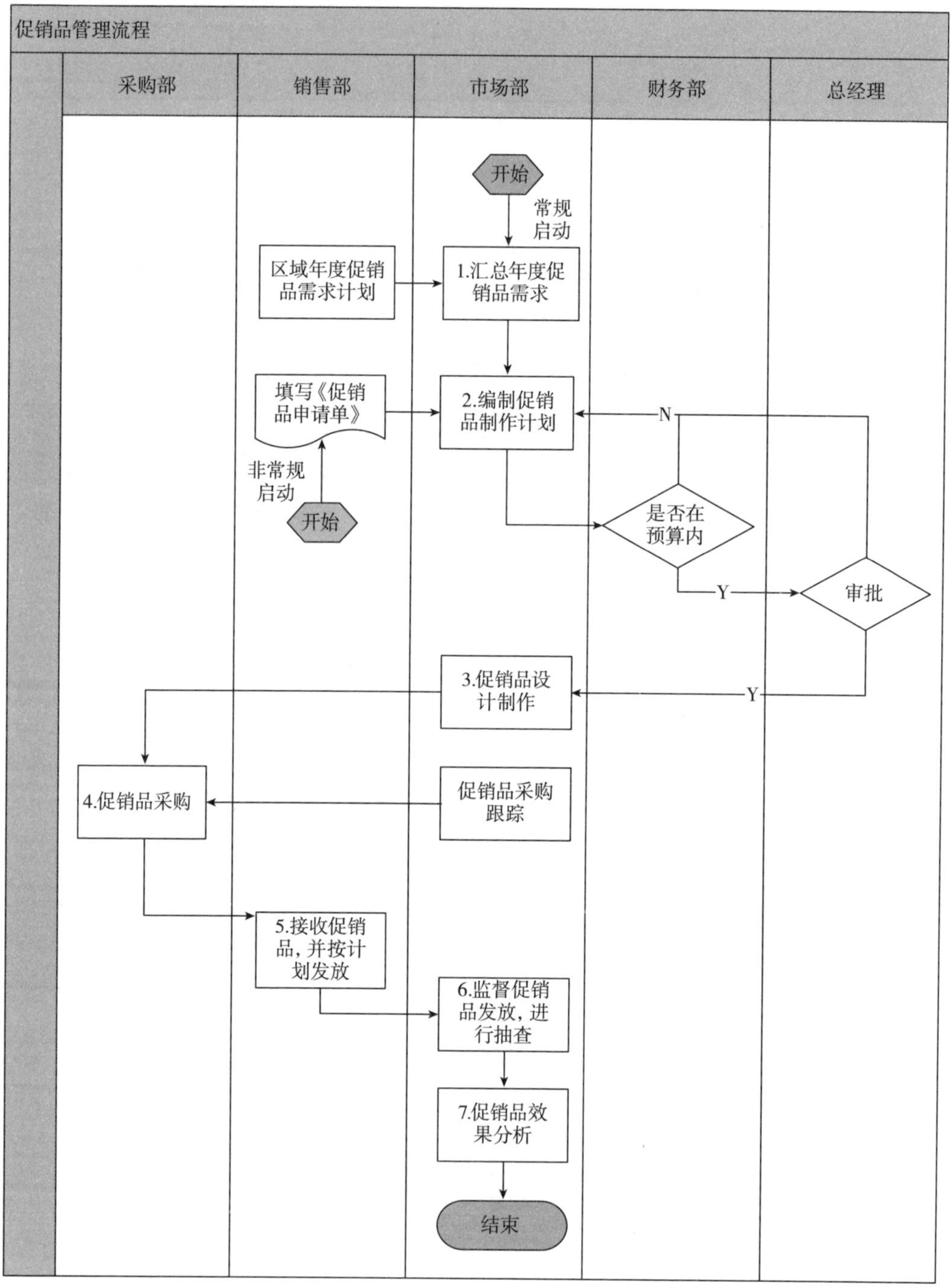

图 9-12　促销品管理流程

第二部分：促销品管理流程核心步骤说明及风险点控制。

表9－48 促销品管理流程核心步骤说明及风险点控制

流程核心步骤	核心步骤说明	流程风险点	相关制度/文件	相关表单
1. 汇总年度促销品需求	市场部根据年度销售政策、公司销售目标汇总年度需求			
2. 编制年度促销品制作计划	市场部根据区域市场的申请和年度促销品制作计划编制具体的促销品制作计划，并由财务管理进行预算控制，并呈交总经理审批			《促销品申请表》
3. 促销品设计制作	市场部依据审批的促销品制作计划进行促销品设计制作	促销品设计未达到预期		
4. 促销品采购	采购部按照促销品制作计划，联系厂家制作促销品，由市场部验收促销品质量，并将促销品发放给销售部			
5. 接收促销品，并按计划发放	销售部接到促销品后根据事前制订的促销品发放计划组织促销发放	促销品发放失控		
6. 监督促销品发放，进行抽查	市场部跟踪促销品发放过程，并对促销品发放状况进行抽查			
7. 促销品效果分析	市场部对促销品管理进行总结，分析总结促销品对销量的促进作用			

第三部分：促销品管理流程相关制度与表单。

表 9－49　促销品申请表

<table>
<tr><td>促销品申请人</td><td></td><td>申请时间</td><td colspan="2"></td></tr>
<tr><td>所在区域</td><td></td><td>产品预计销量</td><td colspan="2"></td></tr>
<tr><td>促销品种类</td><td></td><td>促销品数量</td><td colspan="2"></td></tr>
<tr><td>需求时间</td><td colspan="4"></td></tr>
<tr><td>促销品申请理由</td><td colspan="4"></td></tr>
<tr><td>促销活动描述
及费用预算</td><td colspan="4"></td></tr>
<tr><td>销售部长
审批意见</td><td colspan="4"></td></tr>
<tr><td rowspan="3">市场部意见</td><td colspan="4"></td></tr>
<tr><td>同意发放种类</td><td colspan="2">同意发放数量</td><td>预计发放时间</td></tr>
<tr><td></td><td colspan="2"></td><td></td></tr>
</table>

第四部分：促销品管理流程绩效指标。

表 9－50　促销品管理流程绩效指标

序号	流程绩效指标	相关部门
1	促销品发放覆盖率	销售部、市场部
2	促销品效果评价	销售部、市场部、采购部

第五部分：促销品管理流程权限分配。

表 9－51　促销品管理流程权限分配表

序号	分权事项	提案	审核			批准	知会
			初审	审核	会审		
1	促销品申请	区域经理	销售部长			市场部长	
2	年度促销品预算	市场部长	财务部长			总经理	销售部

十二、销售计划管理流程

第一部分：销售计划管理流程图。

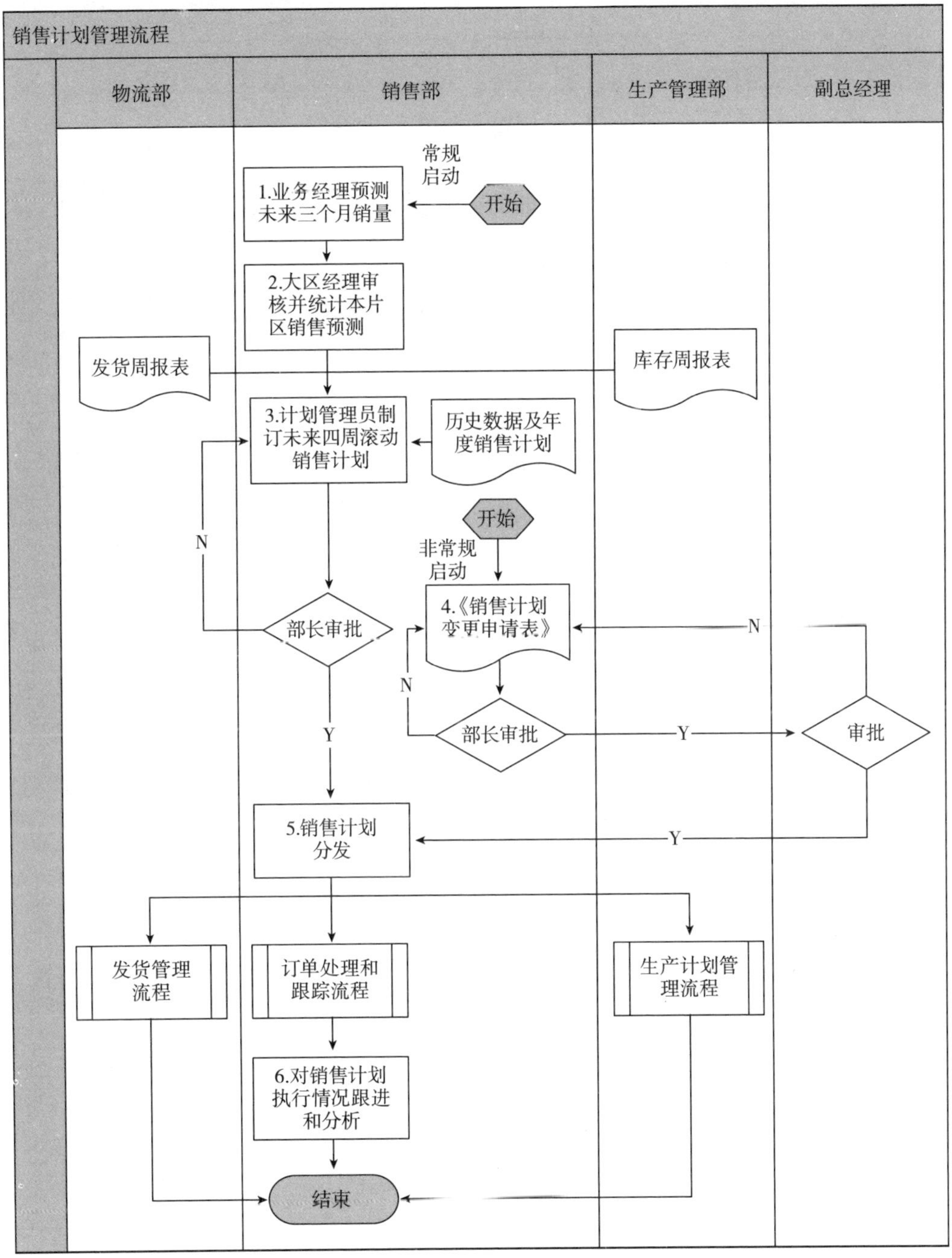

图9－13　销售计划管理流程

第二部分:销售计划管理流程核心步骤说明及风险点控制。

表9－52 销售计划管理流程核心步骤说明及风险点控制

流程核心步骤	核心步骤说明	流程风险点	相关制度/文件	相关表单
1. 业务经理预测未来三个月销量	业务经理根据本区域客户已经签订订单数量、区域销售的历史状况、目前的销售趋势预测未来三个月区域市场销量	销售预测不准		《销售预测表》
2. 大区经理审核并统计本片区销售预测	大区经理收集本区域内所有业务经理的销售预测,并结合自已的经验确定本片区销售预测,提交计划管理员			
3. 计划管理员制订未来四周滚动销售计划	计划管理员根据各片区上报的销售预测,参考历史销售数据制订未来四周滚动销售计划	滚动计划不准确		《销售计划表》
4.《销售计划变更申请表》	业务经理填写《销售计划变更表》,并部门负责人审批	计划变更审批不及时		《销售计划变更表》
5. 销售计划分发	计划管理员将销售计划提交生产管理部、物流部等相关部门,对销售计划进行分解制订			
6. 对销售计划执行情况跟进和分析	计划管理员对销售计划执行情况进行跟进和分析,并进行合理的总结			

第三部分:销售计划管理流程相关制度与表单。

表 9-53 销售预测表

合同编号	客户名称	合同数量	产品品种	产品规格	销售预测					
					第一月		第二月		第三月	
					数量	交期	数量	交期	数量	交期

表 9-54 销售计划表

产品品种	产品规格	产品数量	销售计划							
			第一周		第二周		第三周		第四周	
			数量	交期	数量	交期	数量	交期	数量	交期

表 9-55 销售计划变更表

<table>
<tr><td colspan="2">申请人</td><td></td><td>所属片区</td><td colspan="3"></td><td>联系电话</td><td colspan="2"></td></tr>
<tr><td rowspan="4">变更项目说明</td><td>合同编号</td><td></td><td>客户名称</td><td></td><td>所属区域</td><td></td><td>联系方式</td><td></td></tr>
<tr><td>原交期</td><td></td><td>原数量</td><td></td><td>原品种</td><td></td><td>原规格</td><td></td></tr>
<tr><td>变更交期</td><td></td><td>变更数量</td><td></td><td>变更品种</td><td></td><td>变更规格</td><td></td></tr>
<tr><td>变更原因及特殊要求</td><td colspan="7"></td></tr>
</table>

续表

部长审批			
副总审批意见			
执行跟踪	生产管理部	物流部	销售部

第四部分:销售计划管理流程绩效指标。

表 9-56 销售计划管理流程绩效指标

序号	流程绩效指标	相关部门
1	销售预测准确率	销售部
2	销售计划变更率	销售部、PMC、生产管理部
3	销售计划	销售部、PMC、生产管理部、采购部、物流部

第五部分:销售计划管理流程权限分配。

表 9-57 销售计划管理流程权限分配表

序号	分权事项	提案	审核			批准	知会
			初审	审核	会审		
1	区域销售预测	区域经理				大区经理	
2	未来四周滚动销售计划	计划管理员				销售部长	PMC、生产管理部
3	销售计划变更申请	区域经理	大区经理			销售部长	PMC、生产管理部

十三、销售订单处理及跟踪流程

第一部分:销售订单处理及跟踪流程图。

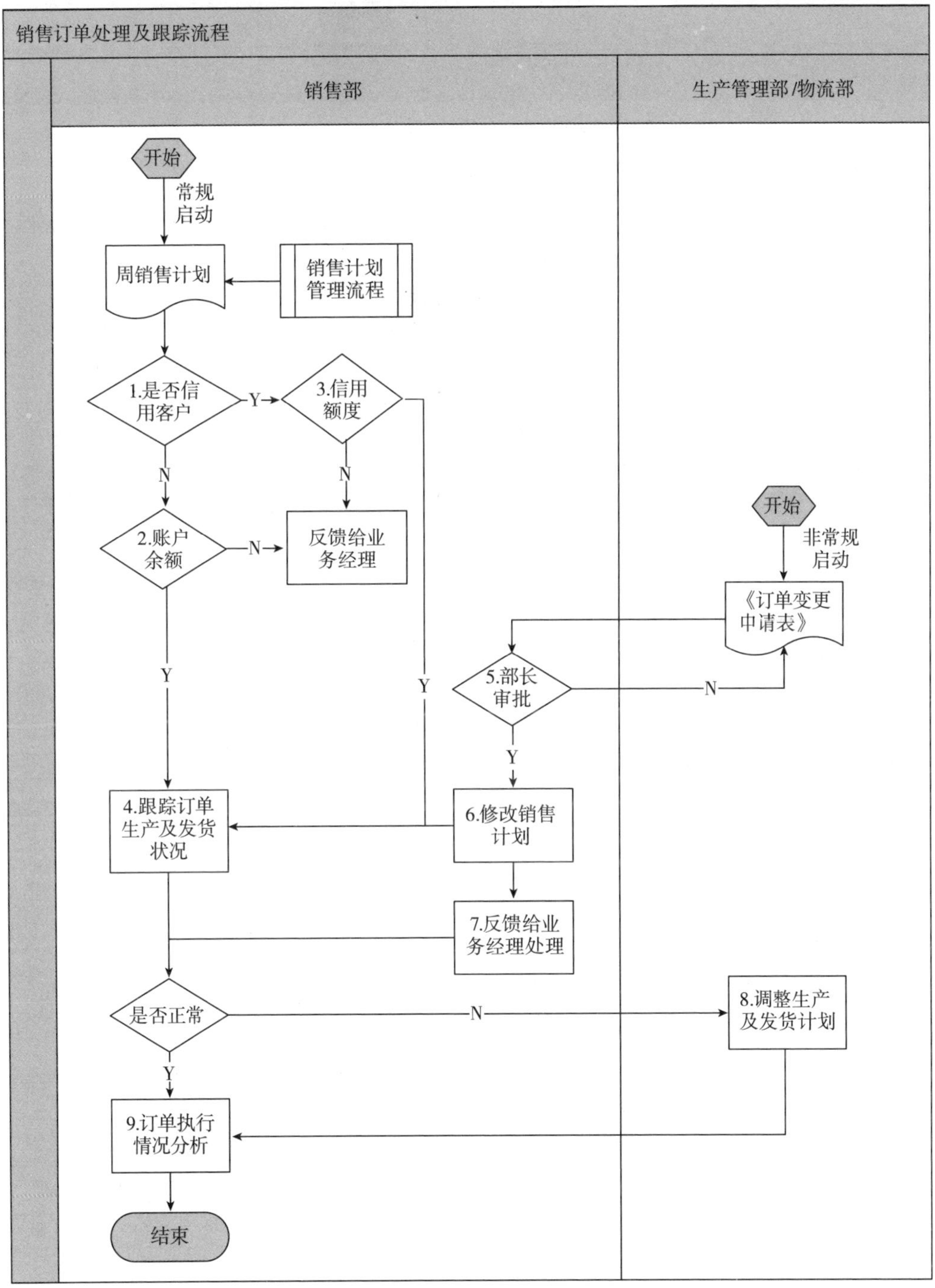

图 9-14 销售订单处理及跟踪流程

第二部分：销售订单处理及跟踪流程核心步骤说明及风险点控制。

表 9－58　销售订单处理及跟踪流程核心步骤说明及风险点控制

流程核心步骤	核心步骤说明	流程风险点	相关制度/文件	相关表单
1. 是否信用客户	计划管理员根据相关规定判断该客户为现金客户还是信用客户	信用审核把关不严		
2. 账户余额	若为现金客户则查询该客户的账户余额是否满足发货需要，若余额不足，则要求经理与客户协调处理			
3. 信用额度	若为信用客户则查询该客户的信用余额是否满足发货需要，若余额不足，则要求经理与客户协调处理			
4. 跟踪订单生产及发货情况	若该客户余额充足，则计划管理员跟踪订单发货情况以及订单生产情况	订单跟踪不及时		《订单变更申请表》
5. 部长审批	如果生产、运输部门不满足销售计划，则填写《订单变更申请表》交销售部门审批			
6. 修改销售计划	计划管理员根据审批的《订单变更申请表》修改销售计划			
7. 反馈给业务经理处理	业务经理接到销售计划变更通知后，通知经销商	订单变更反馈不及时		
8. 调整生产及发货计划	计划管理员跟踪生产、物流部门对订单的执行情况，如发现异常情况，则及时通知相关部门调整相关计划			
9. 订单执行情况分析	计划管理员定期总结销售计划执行情况			

第三部分：销售订单处理及跟踪流程相关制度与表单（略）。

第四部分：销售订单处理及跟踪流程绩效指标。

表 9－59　销售订单处理及跟踪流程绩效指标

序号	流程绩效指标	相关部门
1	销售订单处理及时率	销售部、生产部、物流部
2	订单变更次数	销售部、生产部、物流部

第五部分：销售订单处理及跟踪流程权限分配。

表 9－60　销售订单处理及跟踪流程权限分配表

序号	分权事项	提案	审核			批准	知会
			初审	审核	会审		
1	订单变更申请	生产计划员			生产部、物流部	销售部长	区域经理

十四、销售货款管理流程

第一部分：销售货款管理流程图。

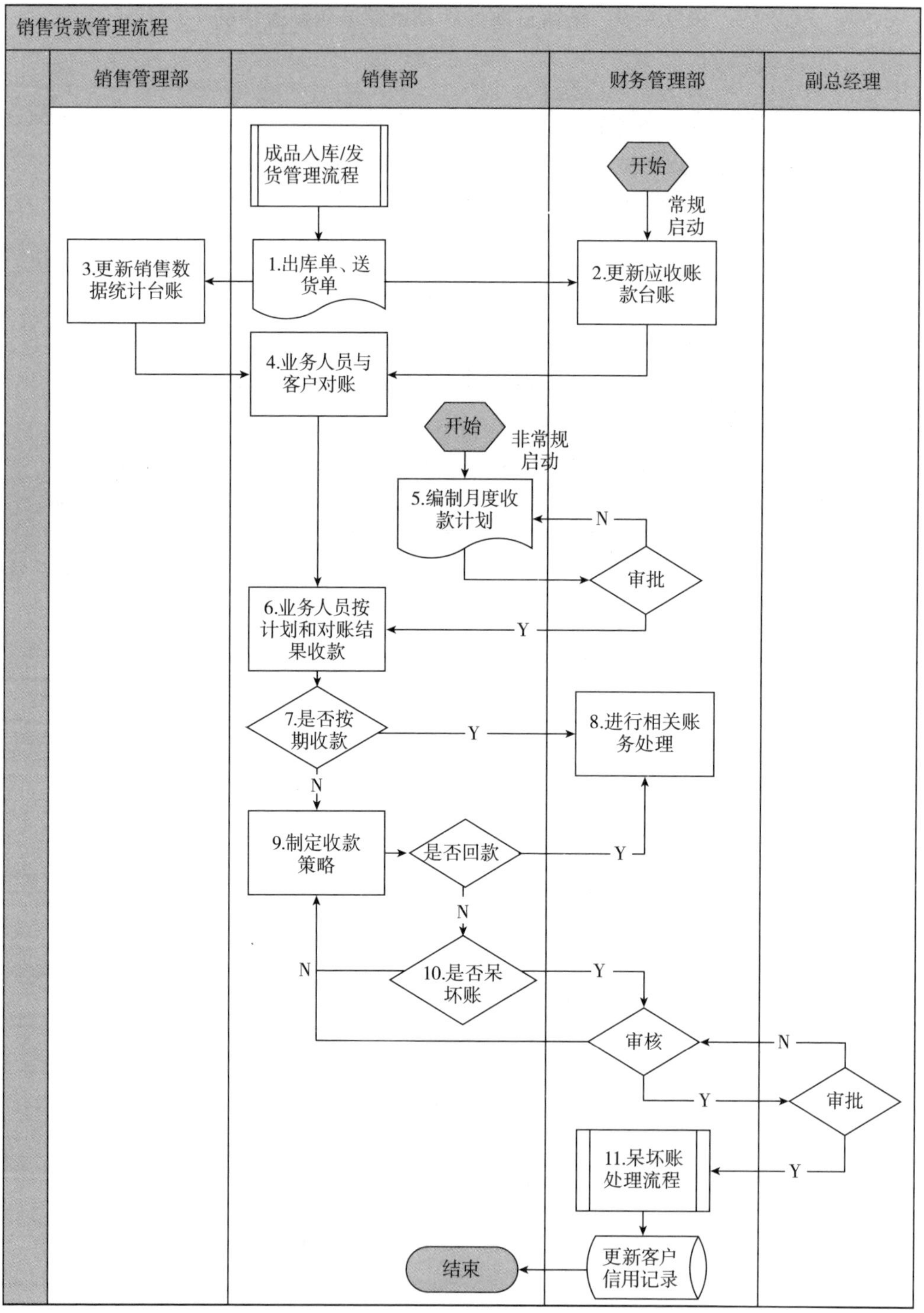

图 9－15　销售货款管理流程

第二部分:销售货款管理流程核心步骤说明及风险点控制。

表 9－61　销售货款管理流程核心步骤说明及风险点控制

流程核心步骤	核心步骤说明	流程风险点	相关制度/文件	相关表单
1. 出库单、送货单	根据《成品入库/发货管理流程》,出具《出仓单》《送货单》			《出仓单》《送货单》
2. 更新应收账款台账	财务核算部更新应收账款管理台账	应收账款台账更新不及时	《应收账款管理台账》	
3. 更新销售数据统计台账	销售管理部更新销售数据统计台账	销售数据统计台账更新不及时	《销售数据统计台账》	
4. 业务人员与客户对账	业务人员定期与客户对账,保证账务一致	对账不及时		
5. 编制月度收款计划	业务人员按照合同及销售状况按月编制回款计划			
6. 业务人员按计划和对账结果收款	回款计划经公司批准后,业务人员按照与客户对账情况进行货款跟催			
7. 是否按期收款	根据货款回收状况,确定相应的策略	未按期回款		
8. 进行相关账务处理	对于按期收回的货款,由财务核算部进行相关的账务处理			
9. 制定收款策略	对于未按期收回的货款,由销售部业务人员制定具体的收款策略	收款策略无效		
10. 是否呆坏账	对于已经采取相应的策略,但仍然未收回的款项,销售部业务员可以填写《呆坏账处理申请表》交公司领导审批			《呆坏账处理申请表》
11. 呆坏账处理流程	对于已经确定的呆坏账,按照公司《呆坏账处理流程》进行相关处理		《呆坏账处理流程》	

第三部分：销售货款管理流程相关制度与表单。

表 9－62　呆坏账处理申请表

<table>
<tr><td>申请人</td><td colspan="2"></td><td>合同编号</td><td colspan="2"></td></tr>
<tr><td>客户名称</td><td colspan="2"></td><td>联系方式</td><td colspan="2"></td></tr>
<tr><td>应收账款数量</td><td colspan="2"></td><td>有无担保</td><td colspan="2"></td></tr>
<tr><td>应回款时间</td><td colspan="2"></td><td>已拖欠时间</td><td colspan="2"></td></tr>
<tr><td>相关单据名称</td><td colspan="5">相关单据见附件</td></tr>
<tr><td>呆坏账形成说明</td><td colspan="5">区域经理：　　日期：　　年　月　日</td></tr>
<tr><td>销售部长审批</td><td colspan="5">部长签字：　　日期：　　年　月　日</td></tr>
<tr><td>财务部处理结果</td><td colspan="5">部长签字：　　日期：　　年　月　日</td></tr>
<tr><td rowspan="2">坏账处理申请</td><td>区域经理</td><td>销售部</td><td>财务部</td><td>营销副总</td><td>总经理</td></tr>
<tr><td></td><td></td><td></td><td></td><td></td></tr>
</table>

第四部分：销售货款管理流程绩效指标。

表 9－63　销售货款管理流程绩效指标

序号	流程绩效指标	相关部门
1	收款计划达成率	销售部
2	对账差错次数	财务部、销售部
3	呆坏账金额	财务部、销售部
4	呆坏账及时处理率	财务部、销售部

第五部分：销售货款管理流程权限分配。

表 9－64　销售货款管理流程权限分配表

<table>
<tr><td rowspan="2">序号</td><td rowspan="2">分权事项</td><td rowspan="2">提案</td><td colspan="3">审核</td><td rowspan="2">批准</td><td rowspan="2">知会</td></tr>
<tr><td>初审</td><td>审核</td><td>会审</td></tr>
<tr><td>1</td><td>月度收款计划</td><td>区域经理</td><td>销售部长</td><td></td><td></td><td>财务部长</td><td></td></tr>
<tr><td>2</td><td>呆坏账处理申请</td><td>区域经理</td><td></td><td></td><td>销售部、财务部、营销副总</td><td>总经理</td><td></td></tr>
</table>

十五、客户满意度管理流程

第一部分:客户满意度管理流程图。

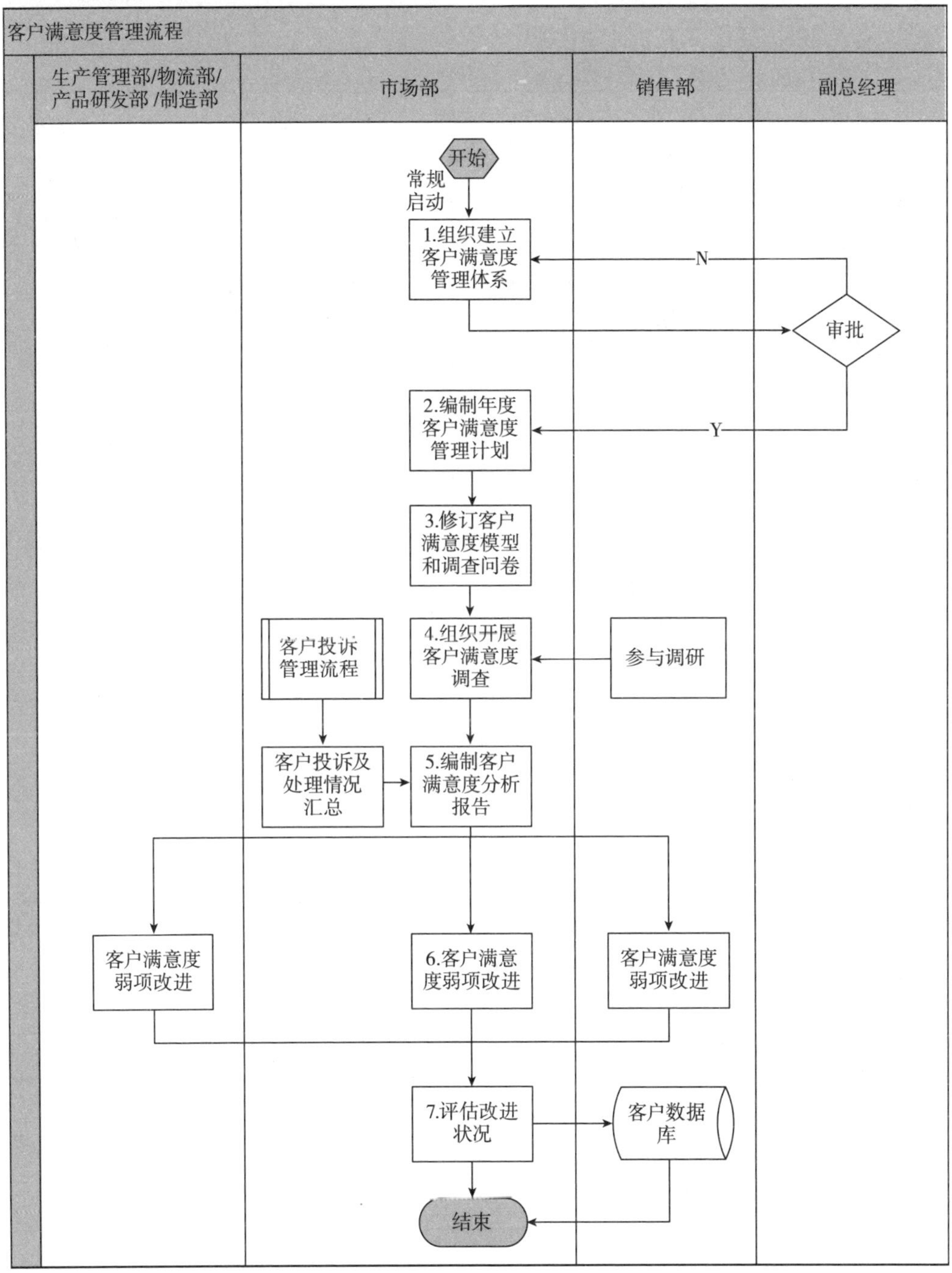

图 9－16　客户满意度管理流程

第二部分：客户满意度管理流程核心步骤说明及风险点控制。

表 9－65　客户满意度管理流程核心步骤说明及风险点控制

流程核心步骤	核心步骤说明	流程风险点	相关制度/文件	相关表单
1. 组织建立客户满意度管理体系	市场部制定客户满意度管理体系		《客户满意度模型》	
2. 编制年度客户满意度计划	根据客户满意度管理体系，市场部制订客户满意度管理工作计划		《年度客户满意度工作计划》	
3. 修订客户满意度模型及调查问卷	市场部根据企业所处现状，修订客户满意度模型和调查问卷		《客户满意度调查问卷》	
4. 组织开展客户满意度调查	市场部开展客户满意度调查，同时销售部参与客户满意度调研	满意度调查样本量不足		
5. 编制客户满意度分析报告	市场部根据收集的客户信息，结合客户投诉数据，采用特定方法对信息进行整理和分析，出具客户满意度分析报告	满意度有效问卷不足	《客户满意度分析报告》	
6. 客户满意度弱项改进	市场部将客户满意度分析报告提交相应部门，相应部门针对客户满意度弱项采取改善措施改进	满意度弱项改进策略未落实		
7. 评估改进状况	评估改进状况，并对过程进行分析总结，提高满意度调查的管理水平			

第三部分:客户满意度管理流程相关制度与表单(无)。

第四部分:客户满意度管理流程绩效指标。

表 9-66　客户满意度管理流程绩效指标

序号	流程绩效指标	相关部门
1	客户满意度	销售部、产品研发部、生产部、品质部、物流部、售后服务部
2	客户满意度弱项改进计划达成率	销售部、产品研发部、生产部、品质部、物流部、售后服务部

第五部分:客户满意度管理流程权限分配。

表 9-67　客户满意度管理流程权限分配表

序号	分权事项	提案	审核			批准	知会
			初审	审核	会审		
1	客户满意度模型及问卷	市场部长				营销副总	
2	客户满意度分析报告	市场部长					相关部门
3	客户满意度弱项改进计划	市场部长				营销副总	相关部门

十六、客户投诉处理流程

第一部分:客户投诉处理流程图。

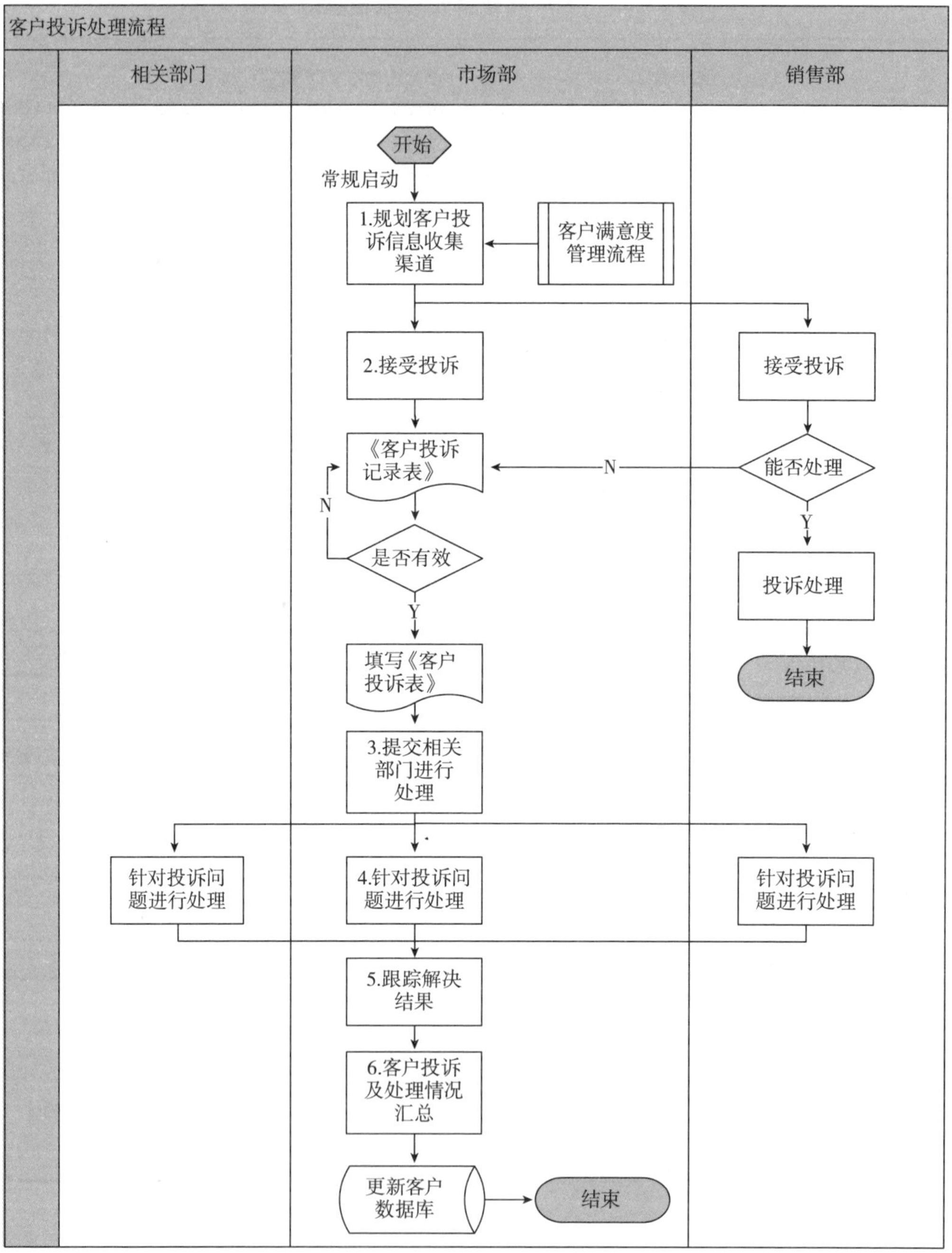

图9-17 客户投诉处理流程

第二部分:客户投诉处理流程核心步骤说明及风险点控制。

表 9－68 客户投诉处理流程核心步骤说明及风险点控制

流程核心步骤	核心步骤说明	流程风险点	相关制度/文件	相关表单
1. 规划客户投诉信息收集渠道	市场部规划客户投诉渠道,设计电话投诉渠道、直接向业务员投诉等	客户投诉信息无法收集		
2. 接受投诉	接到客户投诉,填写客户投诉记录表,记录投诉者姓名、联系方式、投诉类别、所在区域等信息	客户投诉未记录或记录不完整		《客户投诉记录表》
3. 提交相关部门进行处理	市场部对相关的投诉进行分类,并提交相关部门进行解决			
4. 针对投诉问题进行处理	市场部、产品研发部、生产管理部、品质部、物流部以及销售部根据市场部提供的投诉进行处理	客诉处理不及时		《客户投诉处理表》
5. 跟踪解决结果	市场部跟踪解决结果,并对部分投诉客户进行电话回访,了解对投诉处理的意见或者建议			
6. 客户投诉及处理情况汇总	市场部将客户投诉类别、投诉处理结果、客户对投诉处理结果的反应进行汇总			

第三部分:客户投诉处理流程相关制度与表单。

表 9－69 客户投诉记录表

时间	客户姓名	联系电话	区域	投诉描述	记录人	是否有效

表 9－70　客户投诉处理表

投诉编号		投诉时间	
客户姓名		联系电话	
所在区域		传真	
投诉描述			
投诉类型	□价格　□交期　□服务　□质量　□数量　□包装　□其他:		
投诉处理部门		投诉处理期限	
投诉处理原因分析			
投诉处理意见			
投诉处理结果记录	记录人:　日期:　年　月　日		
市场部审核意见	审核人:　审核日期:　年　月　日		

第四部分:客户投诉处理流程绩效指标。

表 9－71　客户投诉处理流程绩效指标

序号	流程绩效指标	相关部门
1	客诉响应及时率	市场部
2	客诉有效处理率	市场部、产品研发部、生产管理部、品质部、物流部、销售部
3	客诉平均处理周期	市场部、产品研发部、生产管理部、品质部、物流部、销售部

第五部分:客户投诉处理流程权限分配。

表 9－72　客户投诉处理流程权限分配表

序号	分权事项	提案	审核			批准	知会
			初审	审核	会审		
1	客诉处理结果	相关部门				市场部	销售部
2	客诉处理结果汇总	市场部					相关部门

第十章　集成研发核心业务流程再造

任何一家企业都是围绕满足顾客某种至关重要的需求而存在的，也就是说，不管这家企业是卖房子（如碧桂园、万科、恒大），还是卖手机（如华为、小米、苹果），还是卖服务（如阿里金服、腾讯微信），都离不开产品（服务）的设计与开发。大家都知道苹果的成功正是源于乔布斯对产品的精益求精，而小米的成功源于借助互联网浪潮进行生态链的构建。一言以蔽之，好的产品（服务）是企业成功的关键因素。

第一节　集成研发核心业务流程规划

目前，社会上对产品研发领域公认的理论体系有罗伯特·G. 库珀教授提出的以市场为驱动的新产品开发、IBM 提出的 IPD（Integrated Product Development）。

一、库珀以市场为驱动的新产品开发理论概述

罗伯特·G. 库珀教授提出的以市场为驱动的新产品开发流程为我们提供了很好的思路。库珀认为，全世界的企业都在参与一场前所未有的新产品战，战场遍及全世界的每个角落，无论是家用电器，还是工程用新型树脂，从软件到硬件，甚至电子商务领域，新产品战愈演愈烈，而且战争的最终结局是：那些在新产品上取得成功的企业必将获得持续的竞争优势，进而获得客户，获得市场。

库珀指出，新产品对于企业而言虽然非常重要，但新产品开发失败的可能性也不小。根据研究，他认为导致新产品失败的原因有以下三个维度，如表 10－1 所示：

表 10－1　新产品失败原因分析

维度	失败原因
市场维度	(1)前期市场评估不准 (2)未进行详细的市场调查 (3)未对目标客户进行产品原型测试 (4)新产品市场测试不足 (5)对新产品的发布重视不够,不能让目标市场在第一时间了解新产品
技术维度	(1)技术前期评估不足 (2)产品开发计划把握不准或开发周期过长,错过了最佳销售时间 (3)实验室内产品原型测试不过关 (4)新产品小试、中试环节问题解决不彻底,新产品带病上市 (5)新产品量产环节存在问题
新产品评审维度	(1)新产品规划及产品定义错误 (2)新产品立项评审把关不严 (3)新产品研发评审节点评审不严 (4)新品上市评审把关不严

为了解决上述问题,帮助企业建立快速、高效的新产品开发流程体系,库珀同时又提出了新产品开发过程中的 11 个关键环节①,如表 10－2 所示:

表 10－2　新产品开发关键环节定义

关键环节	说明
初选	决定进行项目的第一次决策,初步确定资源(人员和资金)
前期市场评估	快速的市场评估,客户需求、市场接受的可能性、竞争环境、主要依赖的内部资源
前期技术评估	提出问题,如能否开发该产品、怎样开发、能否制造出来等,主要基于内部讨论、内部能力及一些文献
详细的市场调查	具体的市场调查,如客户的需求调查、概念测试、定位研究和竞争分析,包括大量的实地考察和与客户的深入交流
开发前的市场及财务分析	决定进行一个全面的开发项目,如财务分析、风险评估、定性商业评估、市场竞争力、竞争优势
产品开发	真正开发产品
产品测试	在可控制的条件下或实验条件下,进行内部产品测试

① 库珀. 新产品开发流程管理(第 3 版)[M]. 青铜器软件公司,译. 北京:电子工业出版社,2012:27.

续表

关键环节	说明
客户测试	客户测试产品、实地分析、显著性分析、倾向性分析，将产品交给客户进行实地测试
市场测试或试销	基于小范围或区域内试销或市场测试
发布前的商业分析	发布的决策，发布前的最后一次商业和财务分析
开始生产	全线发布启动和操作

二、IPD 集成研发理论概述

与库珀的核心思想相似，目前国际、国内比较常用的产品开发理论大都以 IBM 提出的 IPD 为主。1992 年 IBM 在激烈的市场竞争下，遭遇了严重的财政困难，公司销售收入停止增长，利润急剧下降。经过分析，IBM 发现自身在研发费用、研发损失费用和产品上市时间等几个方面远远落后于业界最佳。为了重新获得市场竞争优势，IBM 提出了将产品上市时间压缩一半，在不影响产品开发结果的情况下，将研发费用减少一半的目标。为了达到这个目标，IBM 公司率先应用了集成产品研发（IPD）的方法（见图 10－1），在许多业界最佳实践框架的综合指导下，从

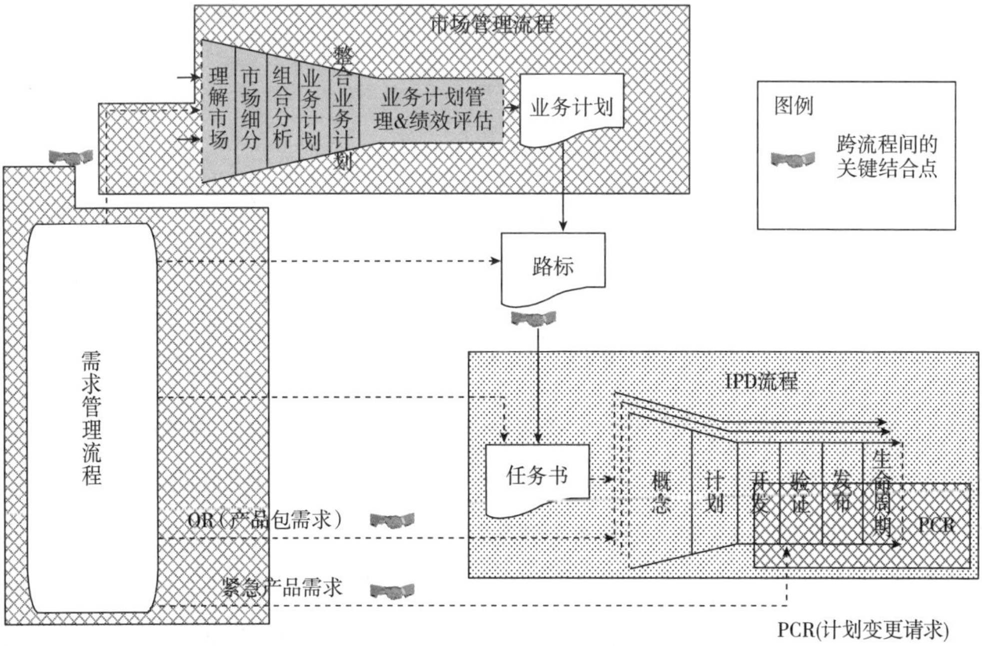

图 10－1　IPD 集成研发（示意）

流程重整和产品重整两个方面来达到缩短产品上市时间、提高产品利润、有效进行产品开发、为顾客和股东提供更大价值的目标。

IPD 是一种基于市场,以内部流程重组和结构优化为核心的新产品开发思想,我们把 IPD 的核心框架概括如下:

1. 市场分析

从客户、投资、市场等产品生存的外在客观环境因素来分析影响产品的特性和生命的因素。包括:

(1)客户需求分析。市场需求是产品存在的基础,缺乏全面、准确的市场需求分析和把握是导致产品研发失败的主要原因(库珀在分析新产品失败原因时,这是第一原因),IPD 提出的 $ APPEALS 模型可以帮助企业快速、准确地把握客户需求。

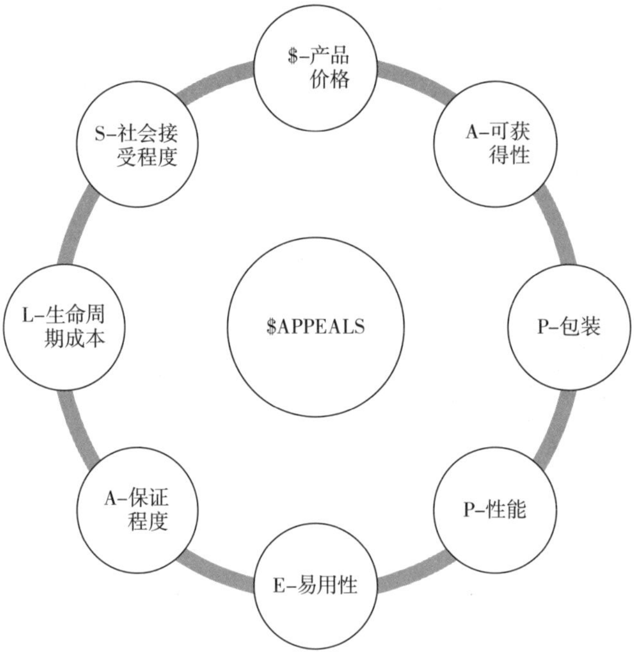

图 10-2 $ APPEALS 模型

$ APPEALS 模型告诉我们,可以通过以下八个方面了解客户需求(见图 10-2):产品价格(Price)、可获得性(Availability)、包装(Packaging)、性能(Performance)、易用性(Easy to use)、保证程度(Assurances)、生命周期成本(Life cycle of cost)、社会接受程度(Social acceptance)。

(2)投资分析。IPD 强调,任何一个新产品的开发,都要求企业必须准确分析和预测其投资回报,进而反过来决定每个新产品的资金分配。尤其是经营多种产品的生产企业,要正确地决定资金投入对策,还必须研究产品结构,研究企业各种产品的投入、产出、创利与市场占有率、市场成长率的关系,然后才能决定对众多产品如何分配资金。这是企业产品投资组合计划必须解决的问题。企业组成什么样的产品结构?总的要求应是各具特色、经济合理。因此,需要考虑服务方向、竞争对手、市场需求、企业优势、资源条件、收益目标等因素。

投资分析不仅仅在产品立项前要关注,其实在企业整个产品生命周期都需要关注,并且在新产品开发流程中需要设置一些关键的检讨点,通过阶段性的评审来决定项目是否继续,否则会造成资源的浪费,增加一些没必要的资源投入。

企业进行投资分析时可以根据实际情况设定一些衡量指标,比如对产品开发过程、不同层次人员或组织的工作绩效进行衡量的一系列指标。如:产品开发过程的衡量标准有硬指标(如财务指标、产品开发周期等)和软指标(如产品开发过程的成熟度);衡量标准有投资效率、新产品收入比率、被废弃的项目数、产品上市时间、产品盈利时间、共用基础模块的重用情况等。

2. 开发流程重组

IPD 强调关注跨部门团队建设、结构化的流程体系设计、项目过程管理等。

(1)跨部门团队建设。IPD 强调,新产品研发过程中有两类跨部门的团队:一个是集成产品管理团队(IPMT),属于高层管理决策层;另一个是产品开发团队(PDT),属于项目执行层。

IPMT 和 PDT 都是由跨职能部门的人组成,包含了开发、市场、生产、采购、财务、制造、技术支援等不同部门的人员,其人员层次和工作重点都有所不同。IPMT 由公司决策层人员组成,其工作是确保公司在市场上有正确的产品定位,保证资源、控制投资。IPMT 同时管理多个 PDT,并从市场的角度考察它们是否盈利,适时终止前景不好的项目,保证将公司有限的资源投到高回报的项目上。

PDT 是具体的产品开发团队,其工作是制订具体产品策略和业务计划,按照项目计划执行并保证及时完成,确保小组按计划及时地将产品投放到市场。同时,PDT 是一个虚拟的组织,其成员在产品开发期间一起工作,由项目经理组织,可以是项目经理负责的项目单列式组织结构。

(2)结构化的流程体系设计。IPD 产品开发流程被明确地划分为概念、计划、开发、验证、发布、生命周期六个阶段,并且在流程中有定义清晰的决策评审点。

这些评审点上的评审已不是技术评审，而是业务评审，更关注产品的市场定位及盈利情况。决策评审点有一致的衡量标准，只有完成了规定的工作才能够由一个决策点进入下一个决策点。

(3)强化项目过程管理。项目过程管理是使跨部门团队集合起来、更好地行动的关键。首先要有一个目标，即项目所要达到的效果，一旦我们将客户的需求转换为对产品的需求时，就可以制订详细计划了。该计划中的各部分将具体划分为每个职能部门的工作，即这个计划不只是研发部门的计划，也是公司各个部门共同的计划。一个产品从概念形成到上市期间会涉及许多不同的紧密相连的活动，就好像不同职能部门彼此之间是有关系的；同样，在一个项目中它们彼此之间的活动也是有关联的，所有的活动加起来就是整个的产品开发。

接下来安排活动的时间，然后对每个活动进行预算和资源的调配，在项目实施过程中还需要不断地与计划对照，因为没有任何一个计划是完善的，所以可以在细的层面上对计划进行一定的调整，但是 PDT 做出的承诺不能改变。整个项目的进行过程都需要 PDT 的参与，因此，PDT 在产品开发全流程中自始至终存在。

3. 产品重组

IPD 强调产品重组主要关注于异步开发和共用基础模块。

(1)异步开发。异步开发模式的基本思想是将产品开发在纵向分为不同的层次，如技术层、子系统层、平台层等。不同层次的工作由不同的团队并行地异步开发完成，从而减少下层对上层工作的制约，每个层次都直接面向市场。

通常，在产品开发过程中，由于上层技术或系统通常依赖于下层的技术，因此，开发层次之间的工作具有相互依赖性，一个层次的工作延迟了，将会造成整个时间的延长，这是导致产品开发延误的主要原因。通过减弱各开发层次间的依赖关系，可以实现所有层次任务的异步开发。

为了实现异步开发，建立可重用的共用基础模块是非常重要的。

(2)共用基础模块。共用基础模块(Common Building Blocks，简称 CBB)是指那些可以在不同产品、系统之间共用的零部件、模块、技术及其他相关的设计成果。由于部门之间共享已有成果的程度很低，随着产品种类的不断增长，零部件、支持系统、供应商也在持续增长，这将导致一系列问题。事实上，不同产品、系统之间，存在许多可以共用的零部件、模块和技术，如果产品在开发中尽可能多地采用了这些成熟的共用基础模块和技术，无疑这一产品的质量、进度和成本会得到很好的控制和保证，产品开发中的技术风险也将大为降低。因此，通过产品重整，建立 CBB 数据库，实现技术、模块、子系统、零部件在不同产品之间的重用和共享，可以缩短产品开发周期、降低产品成本。CBB 策略的实施需要组织结构和衡量标准的保证。

不管是异步开发还是共用基础模块的实现，都需要很高水平的系统划分和接口标准制定，需要企业级的构架师进行规划。

【案例 10 - 1】 华为 IPD 模式分析

华为是国内最早导入 IPD 新产品研发模式的企业之一，IPD 也为华为的快速发展奠定了坚实的基础，下面我们就华为推行的 IPD 模式进行分解说明，如表 10 - 3所示：

表 10 - 3 华为 IPD 阶段划分及主要工作分解

项目阶段	主要工作	工作输出
项目建议阶段	项目建议提出、项目建议决策	《项目建议书》
概念阶段	概念论证工作计划编制、概念论证调查、调查记录整理及汇总、概念论证报告编写、概念阶段评审	《概念论证工作计划》《概念论证报告(含技术可行性报告、市场可行性报告、财务可行性报告)》《概念阶段评审报告》
规划阶段	规划阶段工作计划编制、确定技术规格及结构化方案、确定关键技术及解决方案、规划阶段技术评审、规划阶段决策评审	《规划阶段工作计划》《规划阶段评审报告(含技术评审报告、决策评审报告)》
设计及验证阶段	制订设计及验证阶段工作计划，编制设计任务书，进行具体方案设计，编制研究实验大纲，实验功能样机制作，小试、中试及量产验证，设计评审与确认	《设计及验证阶段工作计划》《设计任务书》《技术方案》《研究实验大纲》《验证报告》《设计评审报告》

【案例10－2】 某通信企业基于IPD的新产品研发项目管理流程

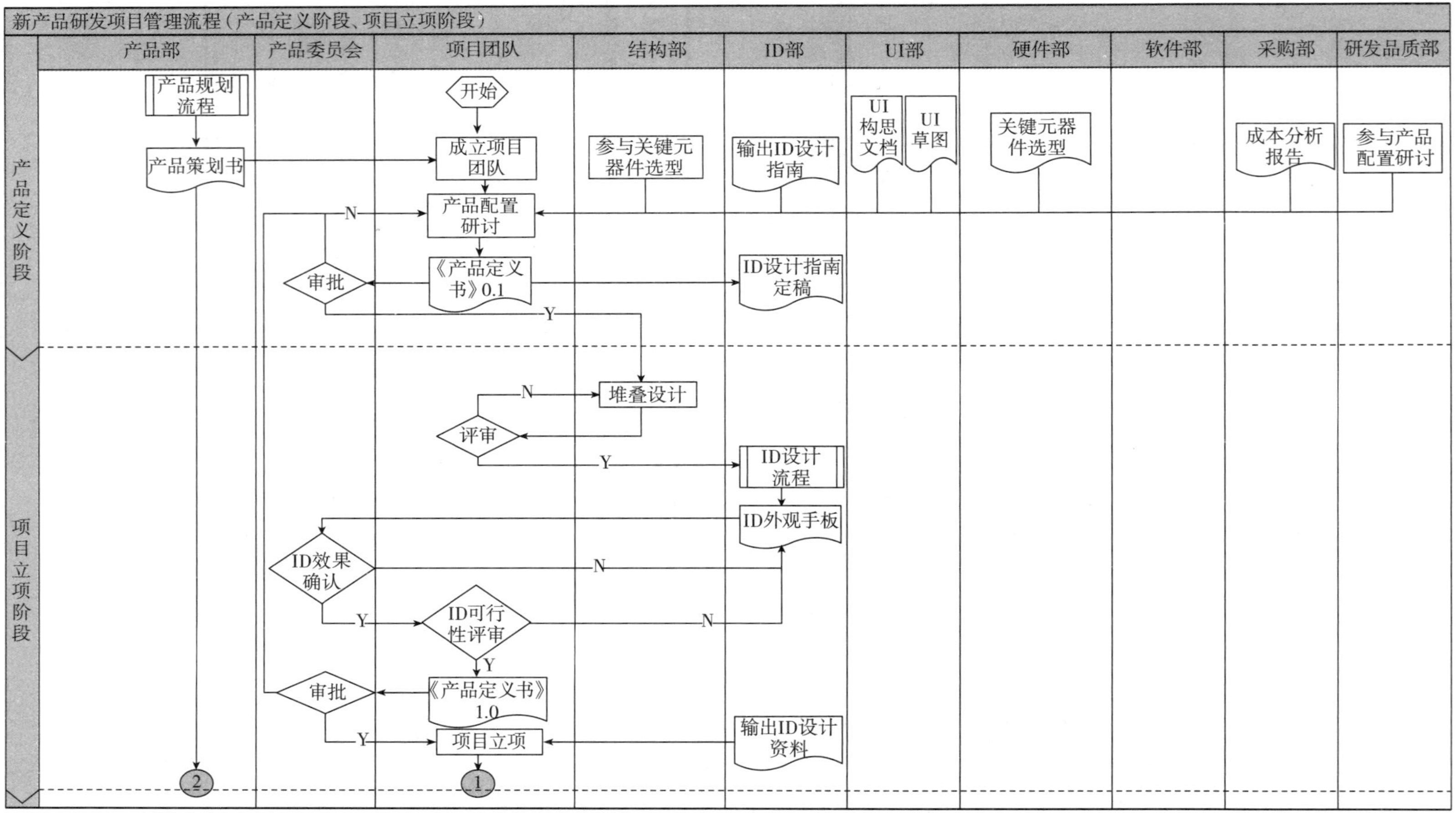

图10－3 某通信企业新产品研发项目流程（产品定义阶段、项目立项阶段）

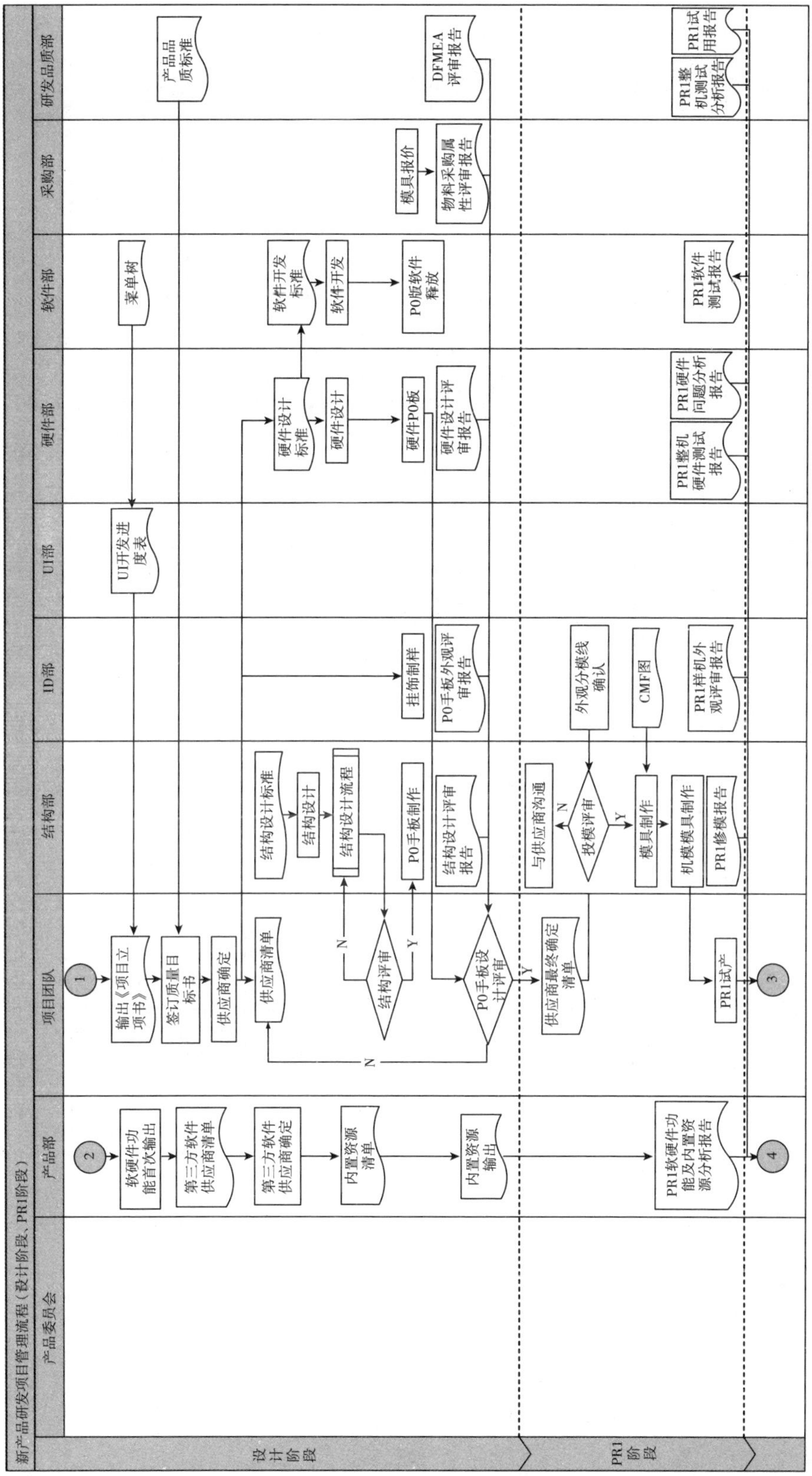

图 10－4　某通信企业新产品研发项目流程（设计阶段、PR1 阶段）

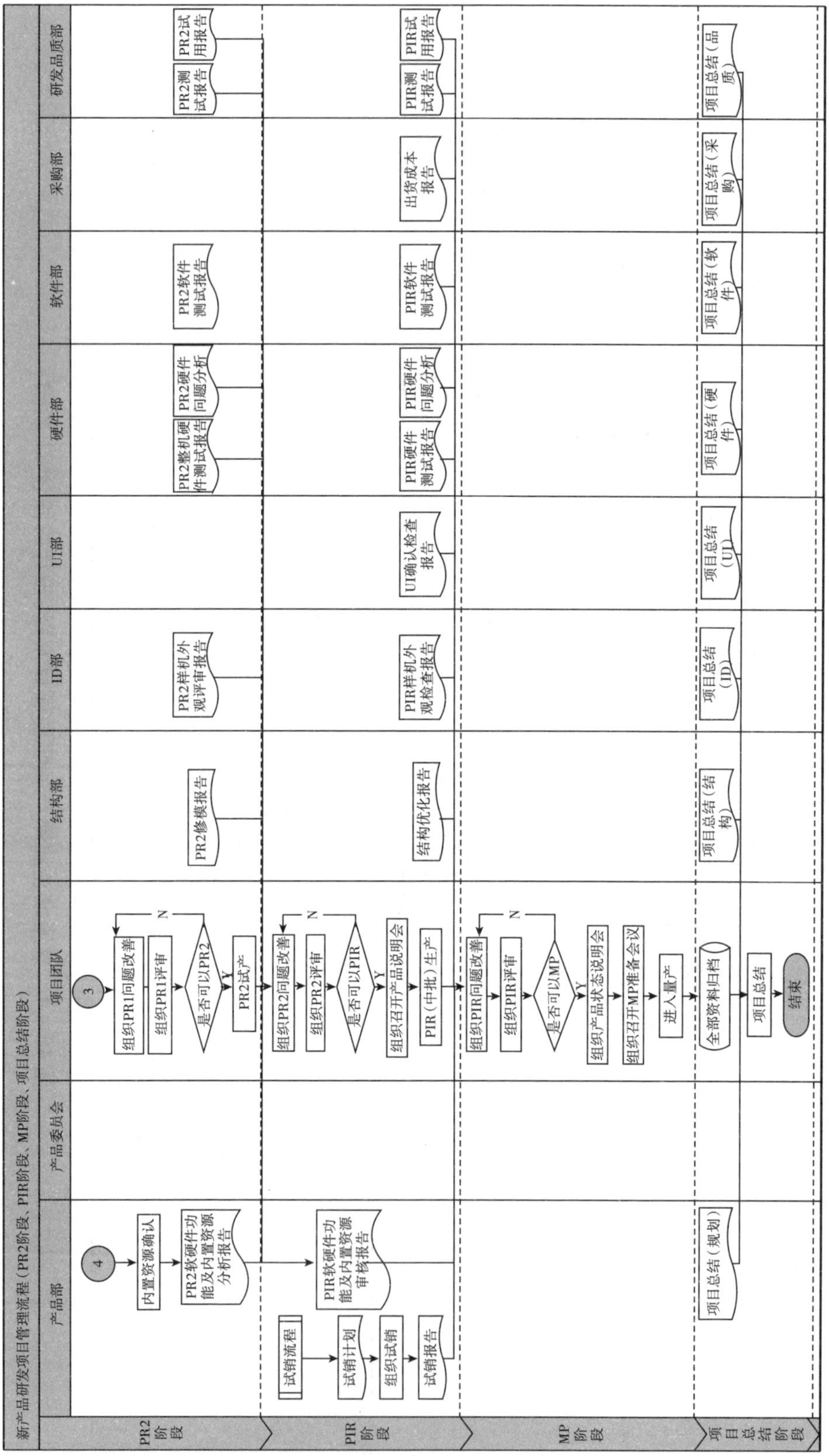

图 10－5　某通信企业新产品研发项目流程（PR2 阶段、PIR 阶段、MP 阶段、项目总结阶段）

三、集成研发业务逻辑关系图与流程规划

不管是有形产品的研发，还是无形服务的研发，都必须从理解市场开始，挖掘客户真实需求并根据客户需求开发新产品。根据多年的实践，我们把企业集成研发业务共分为六个阶段，每个阶段包括若干项业务活动，如表10-4所示：

表10-4 集成研发核心业务活动汇总

业务阶段	核心业务活动
市场调研与需求管理	市场信息研究与分析、新材料研究与分析、新工艺研究与分析、新技术研究与分析、市场流行趋势分析、潜在客户需求分析
产品规划	概念设计、概念论证、概念阶段评审、确定技术规格及结构化方案、确定关键技术与解决方案、规划阶段评审、产品定义书输出与评审、产品收益评审、产品可行性评审
新产品开发	项目立项、成立项目组、编制开发任务书、具体任务开发（软件开发、硬件开发、结构开发等）、开发过程管理、样品设计、产品小试与评审、产品中试与评审、开发品质控制、产品开发验证、产品可生产性评审、量产及评审、新产品技术移交
新产品上市管理	新产品推广评审、产品命名、新产品推广技术方案
产品生命周期管理	新产品迭代与升级、新产品淘汰、产品退市管理
研发管理	研发预算编制与管理、新产品档案管理、新产品品质标准、新产品BOM、新产品专利申请

当然，不同行业、不同类型的企业集成研发业务阶段与业务活动会存在一定的差异，需要企业根据自己的实际情况进行合理规划。

【案例10-3】 接【案例9-1】江苏某高科技企业集成研发业务活动及逻辑关系图

表10-5 江苏某高科技企业集成研发核心业务活动规划表

业务阶段	业务活动项数	主要业务活动名称
1. 产品规划	8项	1.1 产品战略；1.2 年度基础技术研究计划；1.3 年度技术趋势研究计划；1.4 年度产品路径规划；1.5 年度产品趋势研究计划；1.6 年度产品开发计划；1.7 年度老品更新计划；1.8 年度研发预算

续表

业务阶段	业务活动项数	主要业务活动名称
2. 基础技术开发	6 项	2.1 行业基础技术趋势收集;2.2 基础技术研究提案;2.3 基础技术研究立项;2.4 基础技术开发;2.5 基础技术验证;2.6 基础技术开发评审
3. 产品需求与立项	7 项	3.1 产品应用趋势跟进和搜集;3.2 客户新品需求;3.3 新品开发需求;3.4 新品开发需求提案;3.5 立项评估(技术可行性、成本可实现性、产品盈利分析、开发周期评估、产品生命周期承诺、竞争对手分析、客户关系分析、产品路线图、研发费用预算);3.6 产品定义书;3.7 项目立项
4. 产品开发	13 项	4.1 产品开发(工业设计、硬件开发、结构开发、软件开发、包装设计);4.2 设计评审;4.3 研发样机;4.4 研发测试与验证;4.5 工程试产准备确认;4.6 工程试产(试产方案、试产工单、试产 SOP、试产品质控制方案、试产记录);4.7 试产验证(可生产性评估、新产品鉴定报告、性能指标测试报告);4.8 设计输出;4.9 量产准备(量产方案、量产 SOP、量产工单、量产品质控制方案、量产记录);4.10 爬坡期评审;4.11 项目量产评审;4.12 项目开发总结;4.13 项目专利申请
5. 新产品上市与推广	5 项	5.1 新产品发布;5.2 新产品推广资料制作;5.3 新产品培训;5.4 新产品首单跟进;5.5 新项目上市总结
6. 生命周期管理	2 项	6.1 产品生命周期监测与分析;6.2 产品退市管理

为了能让读者朋友更加清晰地看到这家企业集成研发各项业务活动之间的逻辑关系,我们专门绘制了该企业集成研发核心业务逻辑关系图,同时也规划出了该企业集成研发核心业务流程清单。

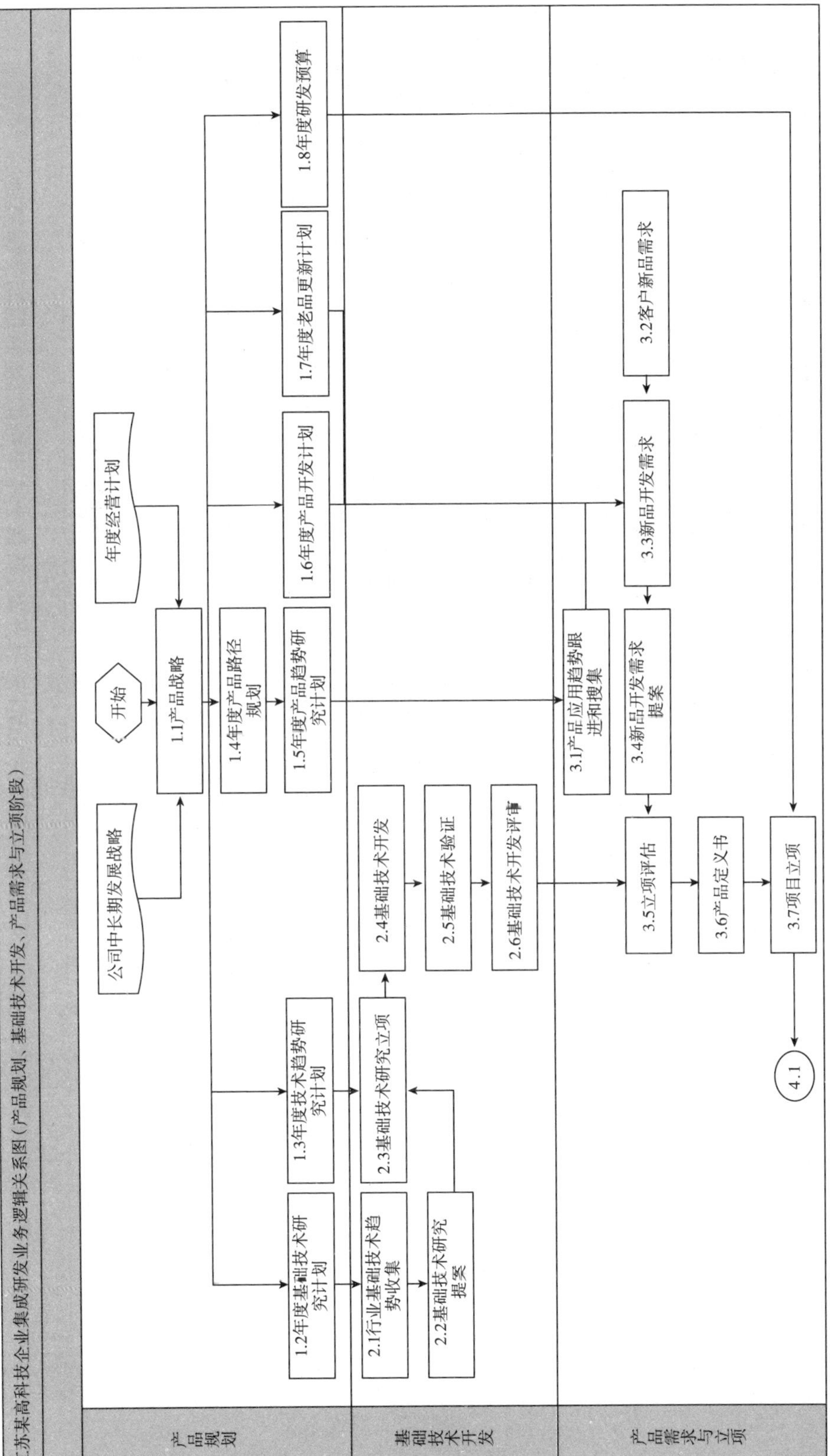

图 10－6　江苏某高科技企业集成研发业务逻辑关系图（产品规划、基础技术开发、产品需求与立项阶段）

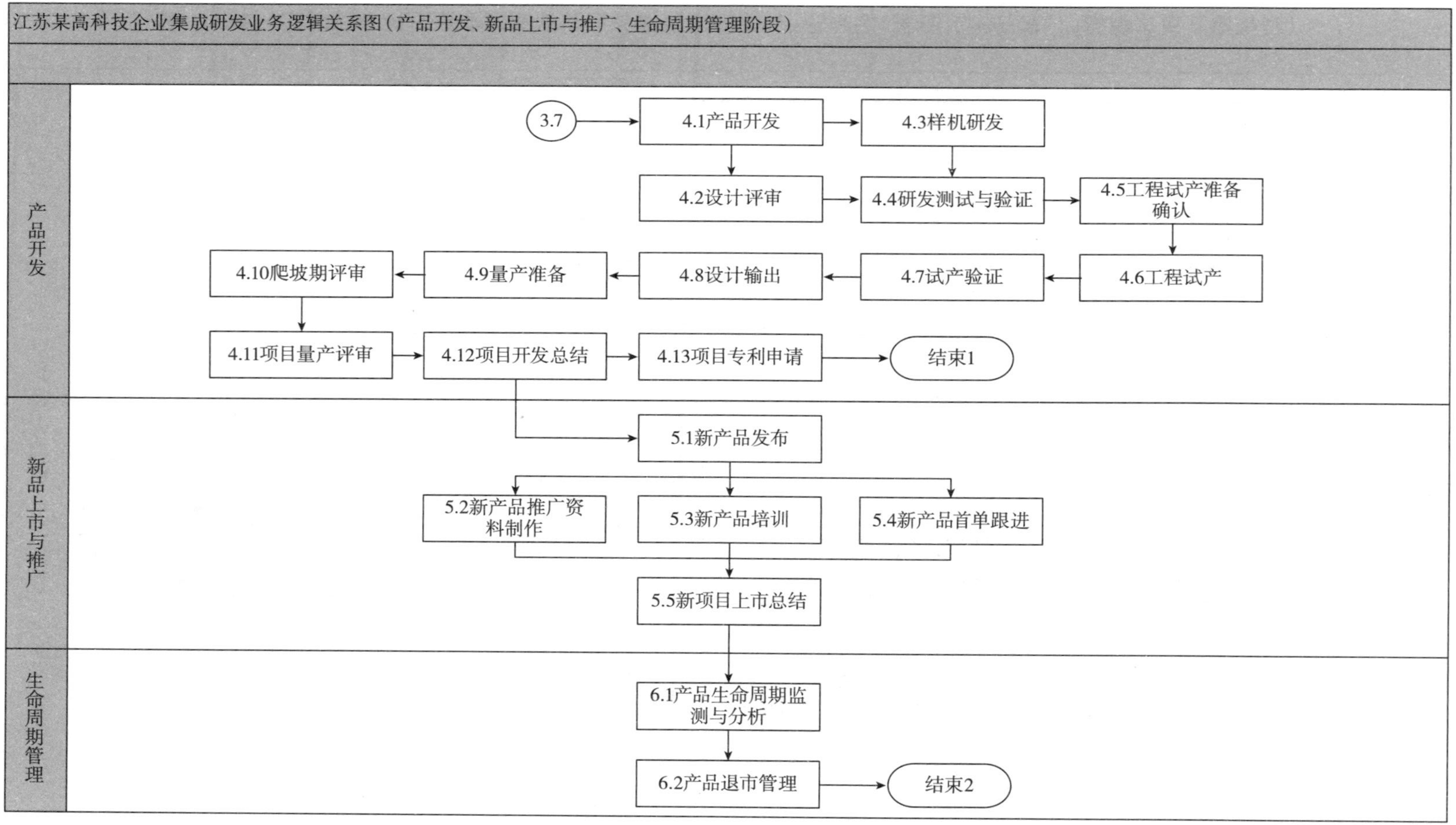

图 10－7　江苏某高科技企业集成研发业务逻辑关系图（产品开发、新品上市与推广、生命周期管理阶段）

表 10－6 江苏某高科技企业集成研发核心业务流程规划

一级流程清单	二级流程清单	对应业务活动编号	流程主人	流程相关部门	流程输入	流程输出
产品规划流程		1.1、1.5、1.6、1.7	研发中心	销售部、市场部	产品中长期规划	年度产品线规划图
基础技术开发流程		1.2、1.3、2.1—2.6	研发中心	研发中心、销售部、市场部	基础技术研发需求	基础技术研发成果
新产品立项流程		3.1—3.7	研发中心	研发中心、销售部、市场部	产品需求	产品定义书
	产品立项评估流程	3.5	研发中心	研发中心、销售部、市场部门、公司领导	年度产品开发计划、年度产品线规划图	技术和收益评估分析
新产品开发流程		1.3、1.5、1.6、1.7、4.1—4.13	项目部	公司领导、销售部、市场部、项目部	年度技术研发计划、年度技术趋势研究计划	技术研发结项
	产品趋势研究和分析流程	1.5	研发中心	研发中心、销售部、市场部门	产品市场信息收集计划	产品市场信息需求趋势分析报告
	外观设计流程	4.1	研发中心	ID 设计部、项目部	外观设计需求	外观设计成果
	硬件开发流程	4.1	研发中心	硬件部、项目部	硬件设计需求	硬件设计方案
	结构开发流程	4.1	研发中心	结构部、项目部	结构设计需求	结构设计方案

续表

一级流程清单	二级流程清单	对应业务活动编号	流程主人	流程相关部门	流程输入	流程输出
	软件开发流程	4.1	研发中心	软件部、项目部	软件开发需求	软件包
	包装设计流程	4.1	研发中心	ID设计部、项目部	包装设计需求	包装设计方案
	设计评审流程	4.2	项目部	硬件部、软件部、结构部、工程部、研发品质部	评审需求	评审结果
	工程试产实施流程	4.5、4.6、4.7	项目部	研发中心、工程部、品管部、资材部、生产部	工程试产方案、工程试产准备	技术转移
	产品可生产评估流程	4.9、4.10、4.11	项目部	工程部、生产部	可生产资料库、设计规范	可生产性评估总结
	产品结案评审流程	4.12	项目部	工程部、品管部	项目各类评审报告	项目评审报告
新产品推广流程		5.1—5.5	市场部	研发中心、销售部	产品上市信息	上市总结
产品生命周期管理流程		6.1、6.2	研发中心	销售部、市场部、研发中心	产品规划路线图、拟退市产品分析	产品目录更新

第二节　集成研发核心业务流程再造

集成研发核心业务流程有很多,常见的有产品市场调研流程、需求管理流程、产品规划流程、产品定义流程、ID 设计流程、新品开发流程、开发评审流程、新品测试流程、新品上市流程、产品生命周期管理流程等,当然不同企业也会存在一定的差异,本节摘选部分常用的集成研发业务流程加以详细说明。

一、新产品调研与需求管理流程

第一部分:新产品调研与需求管理流程图。

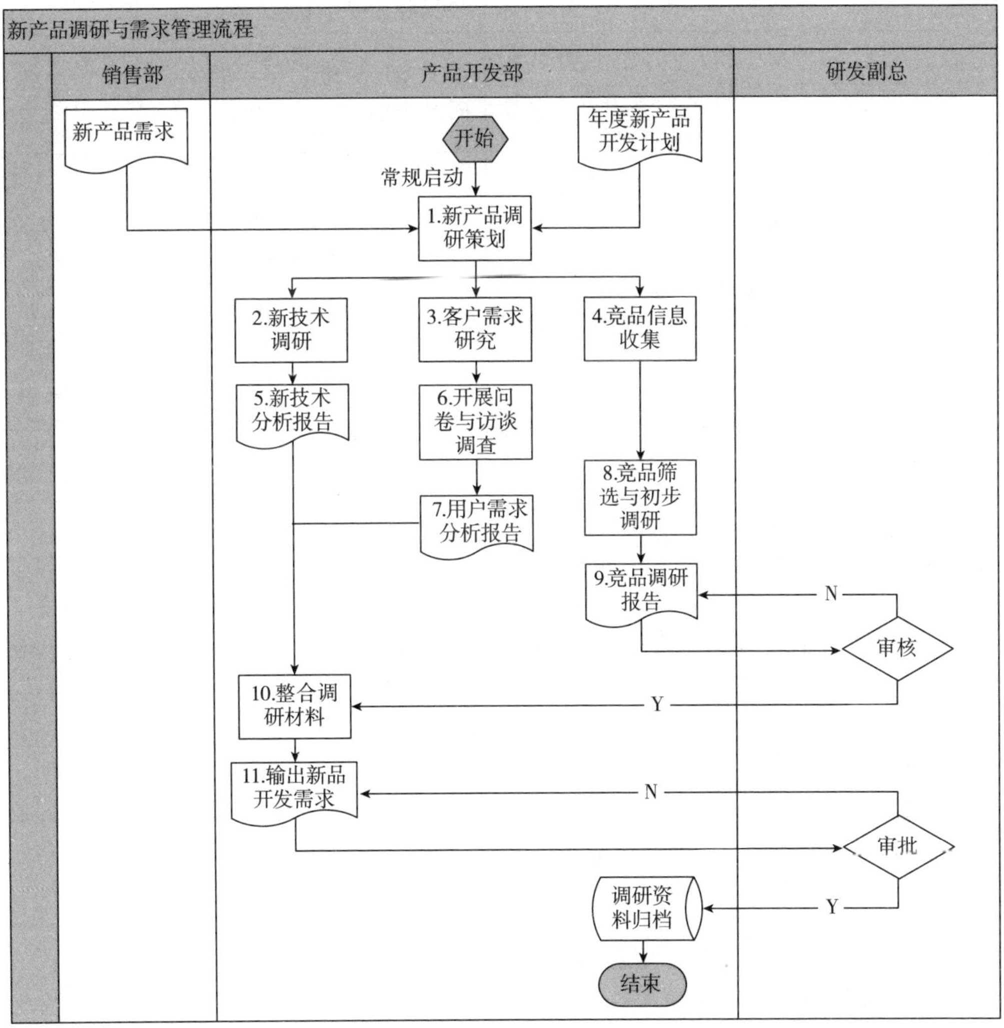

图 10 –8　新产品调研与需求管理流程

第二部分：新产品调研与需求管理流程核心步骤说明及风险点控制。

表 10－7　新产品调研与需求管理流程核心步骤说明及风险点控制

流程核心步骤	核心步骤说明	流程风险点	相关制度/文件	相关表单
1. 新产品调研策划	产品研发部根据销售部提出的新产品需求及年度新产品开发计划，负责新产品市场需求调研策划，包括调研方式、调研对象及样本、责任人、时间节点			
2. 新技术调研	产品研发部根据调研策划组织开展新技术调研	缺乏新技术、新材料研究		
3. 客户需求研究	对于新产品，产品研发部组织进行潜在客户、现有客户真实需求研究	客户需求调研不全面		
4. 竞品信息收集	根据调研策划对竞品信息进行收集			
5. 新技术分析报告	根据对新技术调研的结果，产品研发部负责编制新技术分析报告		《新技术分析报告》	
6. 开展问卷及访谈调查	产品研发部组织对客户需求进行问卷调查			
7. 用户需求分析报告	分析客户需求问卷调查结果，并编制分析报告			
8. 竞品筛选与初步调研	精准筛选竞品，并进行竞品消息整理	竞品信息失真		
9. 竞品调研报告	根据竞品调研结果，负责编制竞品调研报告		《竞品调研分析报告》	
10. 整合调研资料	产品研发部整合新技术、客户需求、竞品等调研结果			
11. 输出新产品开发需求报告	产品研发部编制《新产品开发需求报告》		《新产品开发需求报告》	

第三部分:新产品调研与需求管理流程相关制度与表单(无)。

第四部分:新产品调研与需求管理流程绩效指标。

表 10－8　新产品调研与需求管理流程绩效指标

序号	流程绩效指标	相关部门
1	新产品市场调研计划达成率	产品研发部、市场部、销售部
2	新产品调研及需求报告质量(及时性、准确性、决策价值)	产品研发部、市场部、销售部

第五部分:新产品调研与需求管理流程权限分配。

表 10－9　新产品调研与需求管理流程权限分配表

序号	分权事项	提案	审核			批准	知会
			初审	审核	会审		
1	新产品调研策划方案	产品研发部				研发总监	市场部、销售部
2	新产品开发需求	产品研发部			市场部、销售部、营销副总、研发副总	产品委员会	

二、新产品规划流程

第一部分:新产品规划流程图。

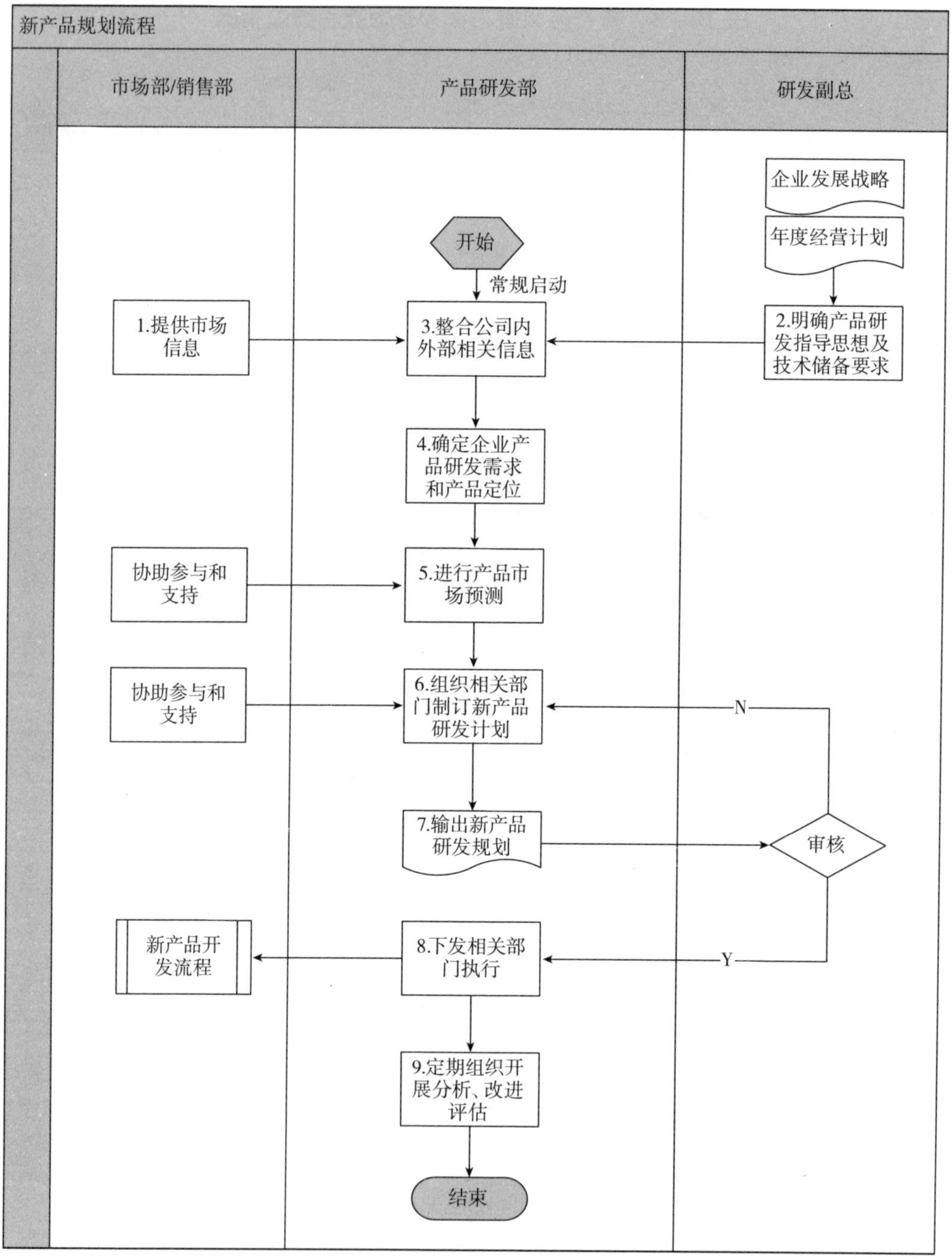

图 10-9 新产品规划流程

第二部分:新产品规划流程核心步骤说明及风险点控制。

表10－10　新产品规划流程核心步骤说明及风险点控制

流程核心步骤	核心步骤说明	流程风险点	相关制度/文件	相关表单
1.提供市场信息	销售部、市场部根据部门需求提出新产品规划相关信息			
2.明确产品研发指导思想及技术储备要求	研发副总根据公司产品战略及年度经营计划,明确公司产品研发指导思想及技术储备具体要求	产品研发指导思想不明确		
3.整合公司内外部相关信息	根据公司的产品研发指导思想,结合市场需求,收集整理相关新产品与市场的资料			
4.确定企业产品研发需求和产品定位	根据收集整理的资料,初步确定公司产品研发需求,以及产品的市场定位,为产品研发确定方向	产品研发需求及产品定位不明确		
5.进行产品市场预测	根据确定的产品研发方向,进行产品研发发展预测及推演,同时根据市场动向推演新产品的市场预期	产品市场预测不准确		
6.组织相关部门制订新产品研发计划	组织各部门制订公司新产品研发规划,确定产品研发计划			
7.输出新产品研发规划	召开新产品规划评审,分解并说明新产品研发规划方案,并将评审结果报研发副总、总经理审批		《新产品研发规划》	

续表

流程核心步骤	核心步骤说明	流程风险点	相关制度/文件	相关表单
8. 下发相关部门执行	将总经理批准的《新产品研发规划》下发到相关部门，并由相关部门进行立项执行	新产品研发规划执行不到位		
9. 定期组织开展分析、改进评估	每年定期组织相关部门对新产品研发规划进行检讨、分析及奖惩，对规划进行修正			

第三部分：新产品规划流程相关制度与表单（无）。

第四部分：新产品规划流程绩效指标。

表 10－11　新产品规划流程绩效指标

序号	流程绩效指标	相关部门
1	新产品规划合理性	市场部、销售部、产品研发部、研发副总
2	新产品研发计划达成率	产品研发部、采购部、生产部、工艺部等

第五部分：新产品规划流程权限分配。

表 10－12　新产品规划流程权限分配表

序号	分权事项	提案	审核			批准	知会
			初审	审核	会审		
1	新产品研发规划	产品研发部			市场部、销售部、采购部、生产部、工艺部、研发副总	产品委员会	总经理

三、新产品开发流程

第一部分：新产品开发流程图。

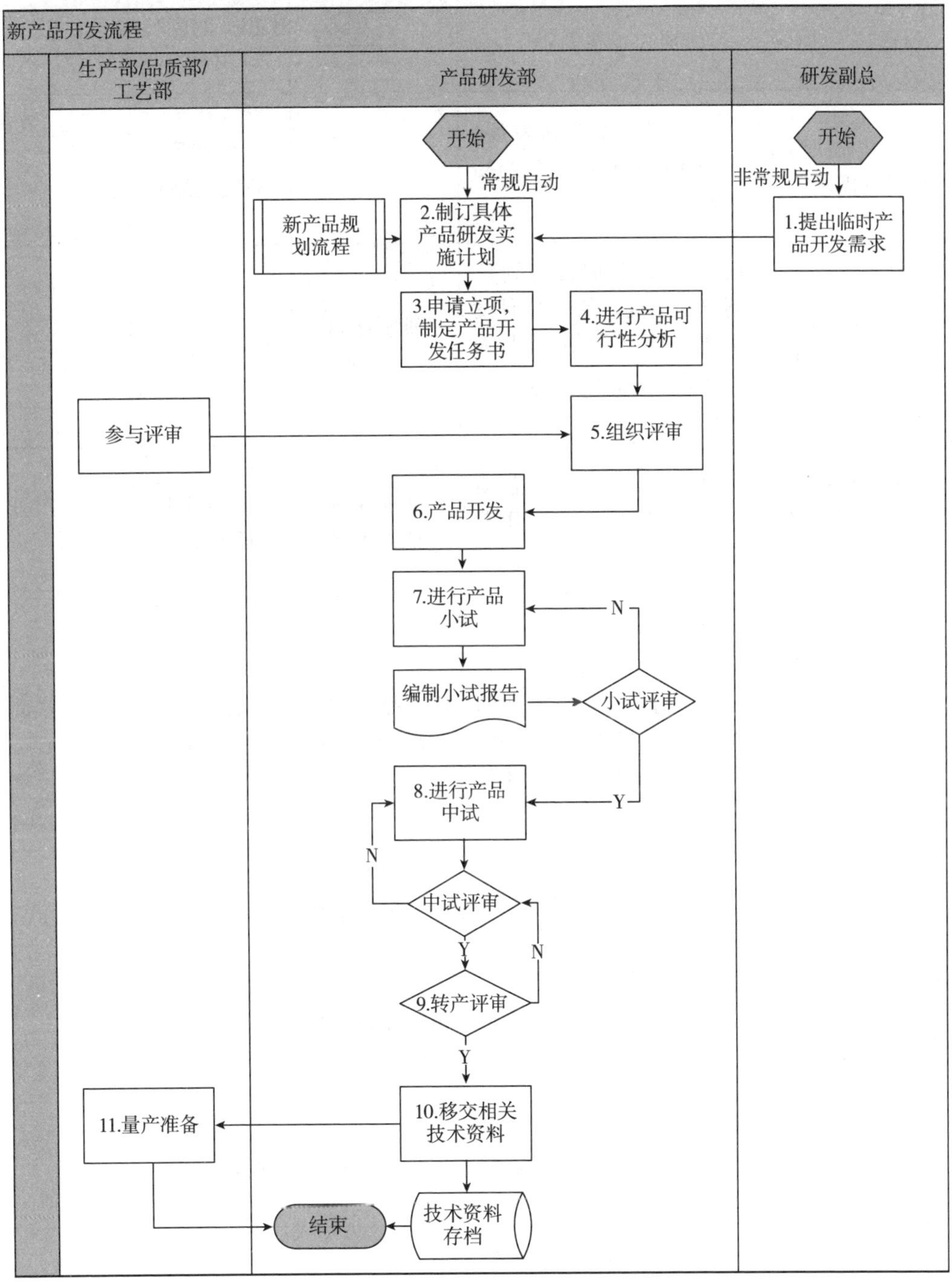

图 10－10　新产品开发流程

第二部分:新产品开发流程核心步骤说明及风险点控制。

表 10－13 新产品开发流程核心步骤说明及风险点控制

流程核心步骤	核心步骤说明	流程风险点	相关制度/文件	相关表单
1. 提出临时产品研发需求	公司高层根据公司发展、市场变化临时提出新产品研发需求		《新产品研发规划》	
2. 制订具体产品研发实施计划	根据《新产品研发规划》,制订一项具体的产品研发实施计划(主要指时间、人员安排、资金预算与资源配合等)	研发计划不全面		
3. 申请立项,制定产品开发任务书	由研发项目组提出立项申请,并制定《产品开发任务书》	立项评审把控不严	《产品开发任务书》	
4. 进行产品可行性分析	根据新产品实施计划及临时研发要求进行产品研发可行性分析,由相关部门提供市场、成本、生产等数据,并编制产品可行性分析报告,报总经理审批	新产品可行性分析不到位	《产品可行性分析报告》	
5. 组织评审	研发项目组组织相关部门进行产品可行性评审	评审把关不严		
6. 产品开发	根据研发任务书各相关部门负责产品开发	相关部门开发进度不一致		
7. 进行产品小试	项目组根据分工进行产品研发,并进行产品小试,验证研发设计数据		《小试报告》	
8. 进行产品中试	在产品小试的基础上进行产品中试,为新产品投入市场做准备		《中试报告》	

续表

流程核心步骤	核心步骤说明	流程风险点	相关制度/文件	相关表单
9. 转产评审	项目组组织相关部门进行转产评审	转产评审把关不严,带病量产	《转产评审报告》	
10. 移交相关技术资料	项目组组织将项目资料移交给相关部门			
11. 量产准备	生产部、工艺部、品质部分别负责量产相关资料准备	量产准备不充分		

第三部分:新产品开发流程相关制度与表单(无)。

第四部分:新产品开发流程绩效指标。

表 10－14　新产品开发流程绩效指标

序号	流程绩效指标	相关部门
1	产品开发计划达成率	项目组、产品研发部、工艺部、品质部、生产部、采购部
2	新品销售收入	产品研发部、销售部

第五部分:新产品开发流程权限分配。

表 10－15 新产品开发流程权限分配表

序号	分权事项	提案	审核			批准	知会
			初审	审核	会审		
1	产品研发实施计划	项目组			产品研发部、生产部、采购部、工艺部、品质部	研发副总	
2	新品可行性分析	项目组	产品研发部			研发副总	
3	小试报告	项目组	产品研发部		生产部、采购部、工艺部、品质部	研发副总	
4	中试报告	项目组	产品研发部		生产部、采购部、工艺部、品质部	研发副总	
5	转产评审	项目组	产品研发部		生产部、采购部、工艺部、品质部	研发副总	

四、新技术引进管理流程

第一部分：新技术引进管理流程图。

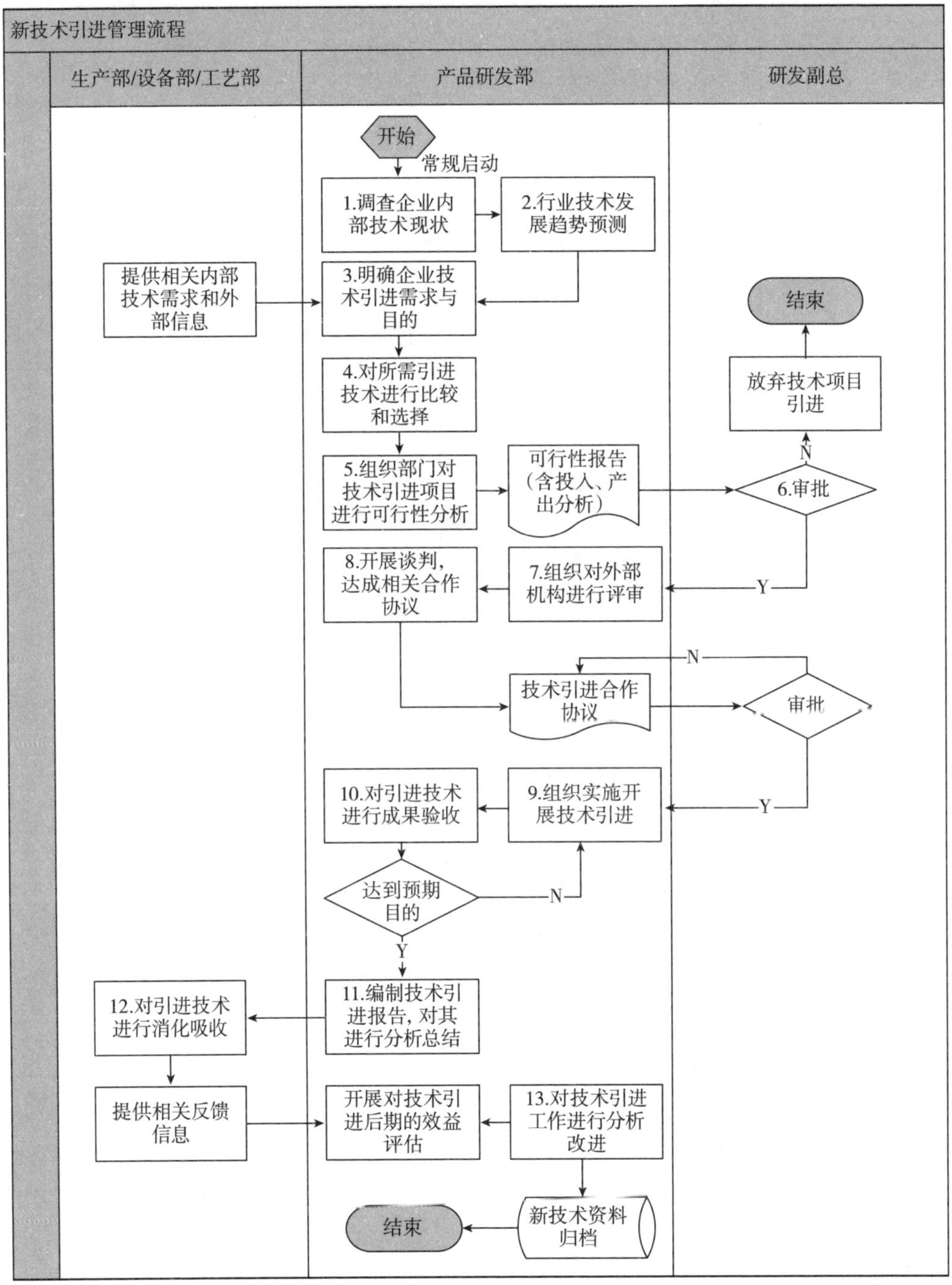

图 10－11　新技术引进管理流程

第二部分:新技术引进管理流程核心步骤说明及风险点控制。

表 10－16　新技术引进管理流程核心步骤说明及风险点控制

流程核心步骤	核心步骤说明	流程风险点	相关制度/文件	相关表单
1. 调查企业内部技术现状	每年收集与整理企业内部技术现状的信息,执行与支持公司发展规划进行重点性、倾向性的产品政策			
2. 行业技术发展趋势预测	收集行业及同类企业新产品资料,整理新产品市场发展趋势,分析行业技术发展趋势与预测	行业新技术发展趋势预测不准		
3. 明确企业技术引进需求与目的	根据公司技术现状、市场信息、行业新产品发展趋势等内外部信息,进行分析与判断,明确企业技术引进需求与目的			
4. 对所需引进技术进行比较和选择	初步确定新技术引进的范围,进行相关资料与机构信息的收集,相对公司进行比较与选择			
5. 组织部门对技术引进项目进行可行性分析	组织相关部门对新引进项目进行综合论证,进行全方面可行性分析,并编制可行性报告,呈报公司高层审批	新技术引进可行性分析把关不严	《新技术引进项目可行性分析报告》	
6. 审批	如果报批项目不通过,则本项即终止,在一定周期内不再报批			
7. 组织对外部机构进行评审	经审批后的技术引进项目,由产品研发部组织对外部机构进行选择与评审,选择新技术引进的实施方			

续表

流程核心步骤	核心步骤说明	流程风险点	相关制度/文件	相关表单
8. 开展谈判，达成相关合作协议	评审通过后，对新技术合作方展开相关合作谈判，确定技术引进合作协议，呈报公司高层审批		《新技术引进合作协议》	
9. 组织实施开展技术引进	组织、监督合作方实施开展技术引进，负责工程进程跟踪、人员配置、资金使用控制等			
10. 对引进技术进行成果验收	施工完毕后，产品研发部组织相关人员进行成果验收，对没有达到预期目的的引进项目进行重新施工，并追究合作方的责任	新技术引进成果验收不科学		
11. 编制技术引进报告，对其进行分析总结	由项目负责人编制项目验收报告，对技术引进工作进行总结与分析		《新技术引进项目验收报告》	
12. 对引进技术进行消化吸收	工程验收后，移交使用部门，并由合作方培训操作人员，使用部门进行吸收与消化，熟悉操作	新技术引进消化吸收不全面		
13. 对技术引进工作进行分析改进	新技术使用部门提供效益评估数据，产品研发部组织对新技术进行全方位的评估		《新技术引进项目效益评估报告》	

第三部分：新技术引进管理流程相关制度与表单（无）。

第四部分：新技术引进管理流程绩效指标。

表 10－17　新技术引进管理流程绩效指标

序号	流程绩效指标	相关部门
1	新技术引进计划达成率	产品研发部、设备部、工艺部、生产部、采购部

第五部分：新技术引进管理流程权限分配。

表 10－18　新技术引进管理流程权限分配表

序号	分权事项	提案	审核			批准	知会
			初审	审核	会审		
1	新技术可行性报告	产品研发部			设备部、工艺部、生产部、采购部	研发副总	
2	新技术引进合作协议	产品研发部	法务部		设备部、工艺部、生产部、采购部	研发副总	

五、新产品试产管理流程

第一部分：新产品试产管理流程图。

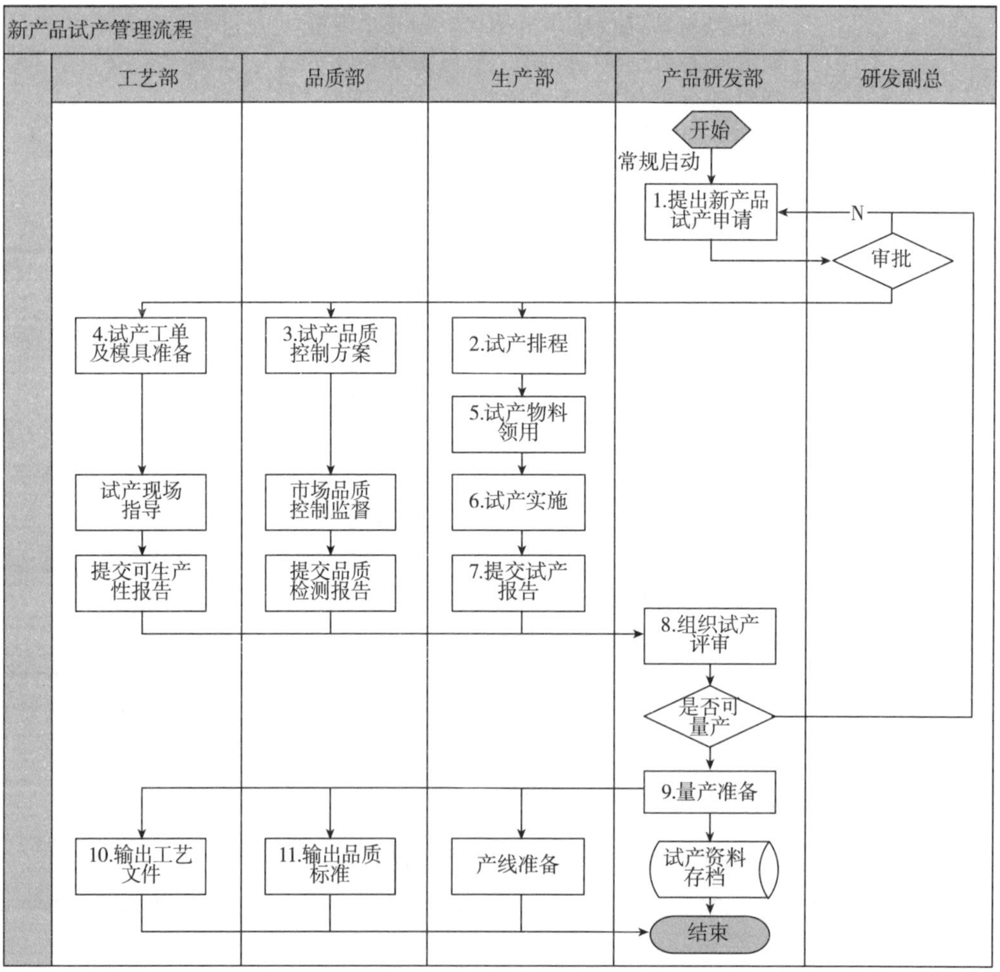

图 10－12　新产品试产管理流程

第二部分:新产品试产管理流程核心步骤说明及风险点控制。

表 10－19　新产品试产管理流程核心步骤说明及风险点控制

流程核心步骤	核心步骤说明	流程风险点	相关制度/文件	相关表单
1. 提出新产品试产申请	由研发项目组提出新产品试产申请		《试产方案》	
2. 试产排程	生产部根据试产方案编制试产计划,并安排产线	试产方案不完善		
3. 试产品质控制方案	品质部根据试产方案编制品质控制方案			
4. 试产工单及模具准备	工艺部根据试产方案进行工单制作及模具准备			
5. 试产物料领用	生产部按照市场计划进行物料领用			
6. 试产实施	生产部组织试产实施	试产准备不充分		
7. 提交试产报告	生产部根据试产结果编制试产报告	试产报告内容不完整	《试产报告》	
8. 组织试产评审	由研发项目组相关部门进行试产评审	试产评审走过场		
9. 量产准备	生产部负责量产准备(产线、人员、计划等)			
10. 输出工艺文件	工艺部根据试产结果输出工艺文件		《产品工艺文件》	
11. 输出品质标准	品质部根据试产结果输出产品品质标准		《产品品质标准》	

第三部分:新产品试产管理流程相关制度与表单(无)。

第四部分:新产品试产管理流程绩效指标。

表 10－20　新产品试产管理流程绩效指标

序号	流程绩效指标	相关部门
1	新产品试产直通率	研发项目组、产品研发部、生产部、品质部、工艺部
2	新产品试产计划达成率	研发项目组、产品研发部、生产部、品质部、工艺部

第五部分:新产品试产管理流程权限分配。

表 10－21　新产品试产管理流程权限分配表

序号	分权事项	提案	审核			批准	知会
			初审	审核	会审		
1	新产品试产申请	研发项目组	产品研发部经理			研发副总	采购部、生产部、工艺部、品质部
2	试产报告	生产部			研发项目组、工艺部、品质部、采购部	研发副总	

六、技术改造管理流程

第一部分:技术改造管理流程图。

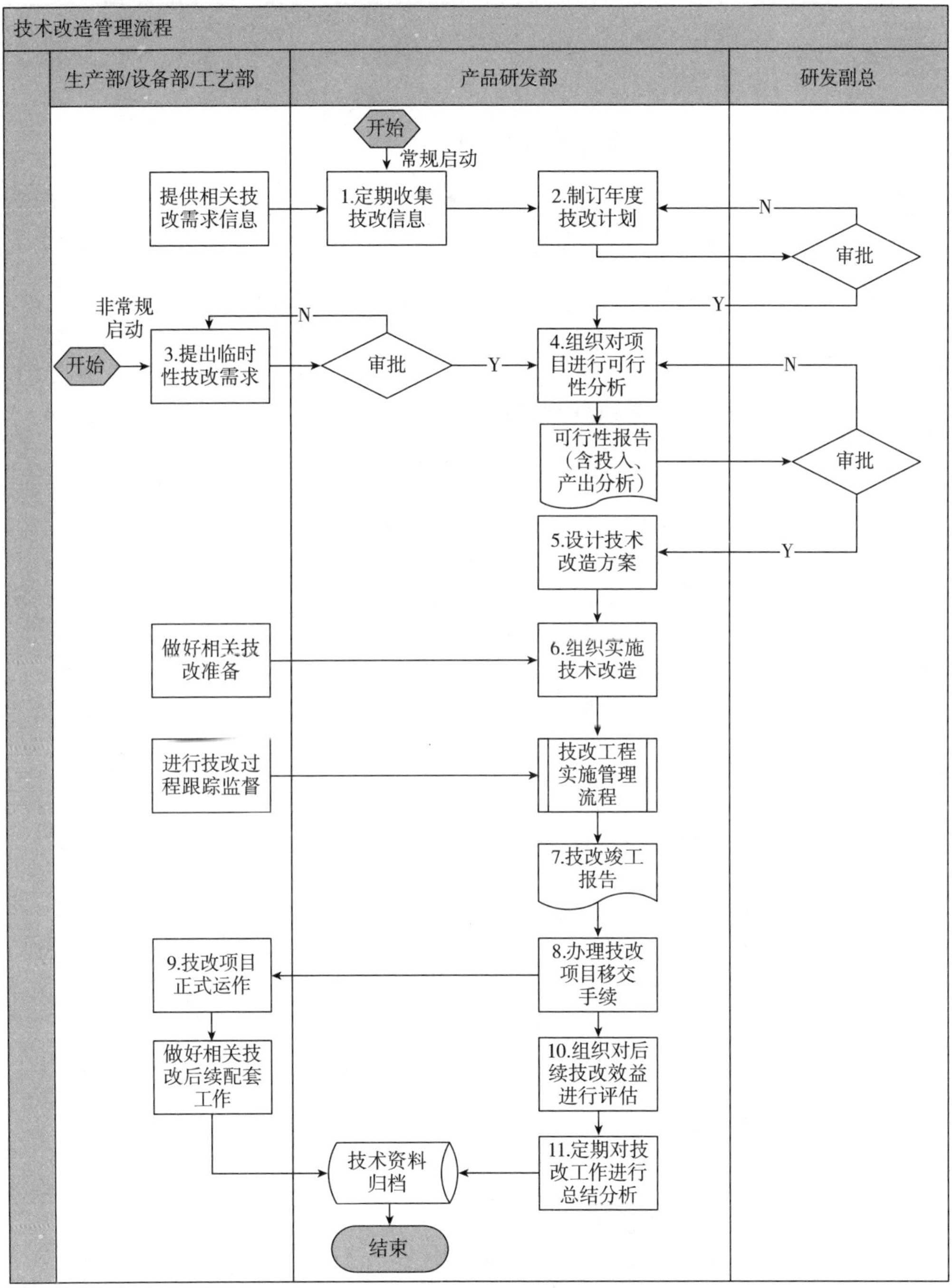

图 10－13 技术改造管理流程

第二部分:技术改造管理流程核心步骤说明及风险点控制。

表 10－22　技术改造管理流程核心步骤说明及风险点控制

流程核心步骤	核心步骤说明	流程风险点	相关制度/文件	相关表单
1. 定期收集技改信息	产品研发部定期收集技术信息,包括生产部提供的技改、设备部的设备改造、环保部提出的安全环保改造等信息			《合理化建议申请表》
2. 制订年度技改计划	根据收集的技改信息制订年度企业技改计划,包括年度技改工作安排、年度技改预算等,报公司领导审批	年度技改计划评审把关不严		
3. 提出临时性技改需求	除年度计划外,生产部、设备部、品质部、销售部等提出临时性的技改需求,由产品研发部审批			《技改需求申请表》
4. 组织对项目进行可行性分析	在进行具体的项目操作时,组织相关部门对项目进行可行性分析,包括技术可行、经济可行性、收益可行等方面,编制技改项目可行性报告,交公司高层审批	项目可行性分析不完善		
5. 设计技术改造方案	对审批的项目进行立项,设计技术改造方案,编制项目预算,进行计划进度安排、人员安排、资源配置等			
6. 组织实施技术改造	下发技改通知,由相关部门准备技改工作,组织相关部门实施技术改造,并由质量控制部对技改过程跟踪监督			

续表

流程核心步骤	核心步骤说明	流程风险点	相关制度/文件	相关表单
7. 技改竣工报告	产品研发部负责编写《技改竣工报告》			
8. 办理技改项目移交手续	技改工程竣工后，由产品研发部主导工程竣工验收，并进行工程费用决算，并将技改成果移交给使用部门	技改项目移交手续未及时办理		
9. 技改项目正式运作	使用部门对技改成果进行操作验收与操作培训，让技改成果进行应用			
10. 组织对后续技改效益进行评估	产品研发部组织对技改成果进行效益评估	缺乏技改项目收益评估		《技改项目立项申报表》
11. 定期对技改工作进行总结分析	定期对公司技改工作进行总结分析			

第三部分：技术改造管理流程相关制度与表单。

表 10－23　合理化建议申请表

提议者姓名		职务	
所在部门		联系方式	
项目名称		提案日期	
具体提议说明			
提出提案理由及具体内容			
提案具体实施办法			

续表

改进理由及可行性分析			
使用部门对提案评价			
评审小组对提案评价		建议奖励金额	
公司领导审批	签字： 日期：　　年　月　日		

表 10－24　技改需求申请表

申请单位		申请人员	
申请时间		联系方式	
具体技改申请事项			
技改需求说明			
理由陈述			
后续影响分析评估			
部门领导审批意见			
产品发展部审批意见			

表 10－25　技改项目立项申报表

技改项目部门		技改项目申报人	
具体技改名称		技改申报时间	
具体申请内容			
具体技改内容	见附页(技改可行性报告)		
参与评审部门			
相关部门 评审意见			
公司领导 审批意见			

第四部分:技术改造管理流程绩效指标。

表 10－26　技术改造管理流程绩效指标

序号	流程绩效指标	相关部门
1	技改项目计划达成率	产品研发部、工艺部、设备部、生产部
2	技改项目收益	产品研发部、工艺部、设备部、生产部

第五部分:技术改造管理流程权限分配。

表 10－27　技术改造管理流程权限分配表

序号	分权事项	提案	审核			批准	知会
			初审	审核	会审		
1	年度技改计划	产品研发部				研发副总	工艺部、设备部、生产部
2	技改项目可行性分析	产品研发部				研发副总	工艺部、设备部、生产部、财务部
3	技改项目收益评审	产品研发部	财务部			研发副总	

七、产品工艺管理流程

第一部分:产品工艺管理流程图。

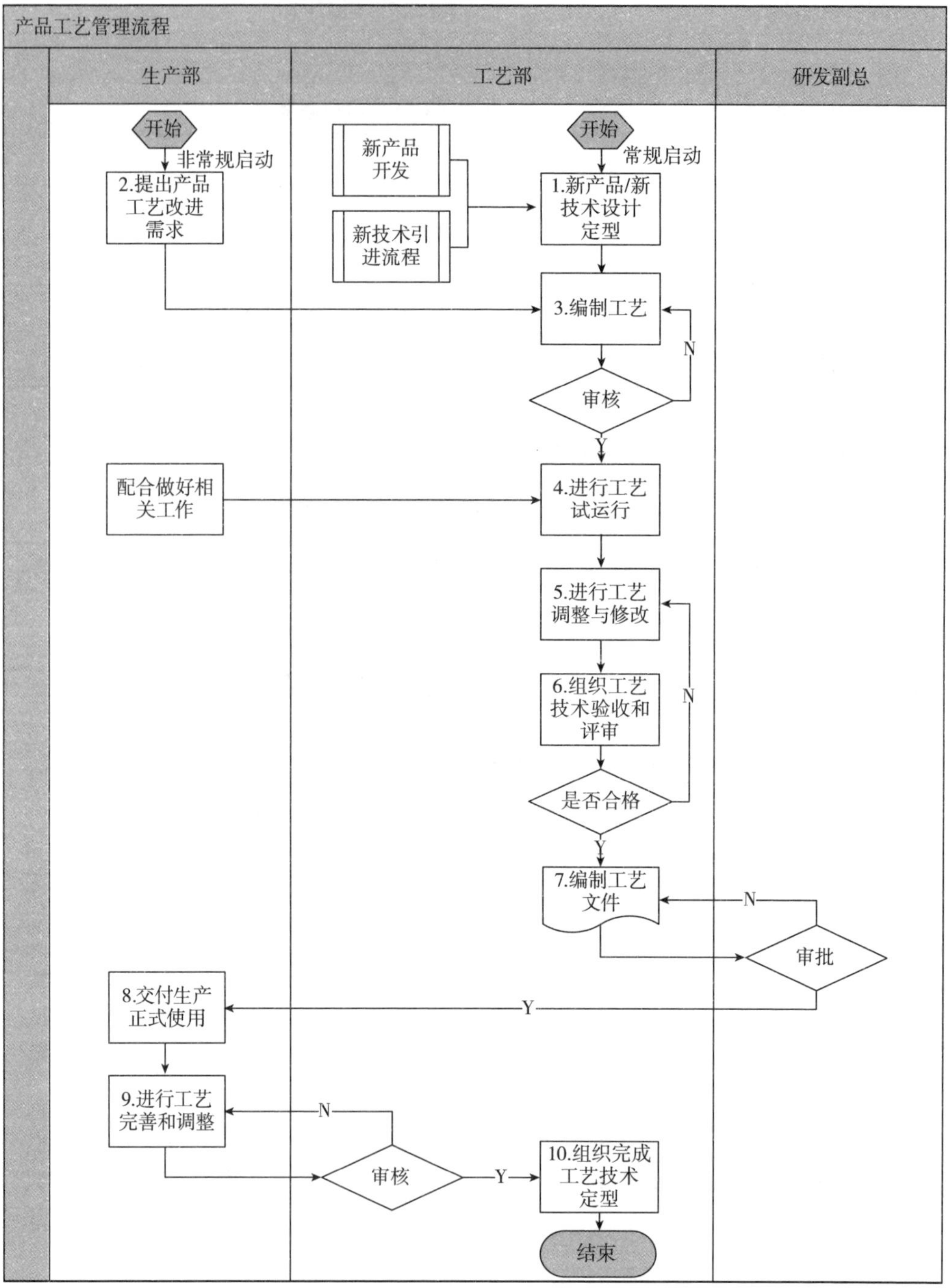

图 10－14　产品工艺管理流程

第二部分:产品工艺管理流程核心步骤说明及风险点控制。

表 10－28　产品工艺管理流程核心步骤说明及风险点控制

流程核心步骤	核心步骤说明	流程风险点	相关制度/文件	相关表单
1. 新产品/新技术设计定型	新产品设计定型,确定产品的成分、工艺配比、生产制造过程等			
2. 提出产品工艺改进需求	生产部在生产制造过程中,提出对工艺流程的改进,并填写《工艺改进申请单》,由工艺部调查确定是否改进			《工艺改进申请单》
3. 编制工艺	编制各阶段的工艺流程,指导生产,并由工艺部审核			
4. 进行工艺试运行	对改进设计的工艺进行试运行,以检验工艺改进的有效性			
5. 进行工艺调整与修改	通过工艺的试运行,对工艺流程及相关参数进行调整与优化	工艺参数调试不准		
6. 组织工艺技术验收和评审	对于关键的、影响面比较大的工艺改进,需要组织相关部门对其进行技术验收与评审,确定改进效果与改进效益	工艺评审不全面		
7. 编制工艺文件	经过技术评审的工艺改进,由工艺部编制工艺文件,呈交研发副总审批			
8. 交付生产正式使用	工艺技术文件交付生产部进行正式使用	生产过程中工艺监控不到位		
9. 进行工艺完善和调整	生产部操作人员及相关技术人员在使用中过程中的完善与调整,需由工艺部审批方可进行,以便严格控制工艺操作			
10. 组织完成工艺技术定型	组织完成工艺技术定型,形成工艺技术资料,存档备查			

第三部分：产品工艺管理流程相关制度与表单。

表 10－29　工艺改进申请单

申请部门		申请人员	
申请时间		联系方式	
具体工艺申请内容			
申请工艺理由	现有工艺状况描述：		
	现有工艺影响分析：		
工艺改进思路与建议			
工艺部审批意见			

第四部分：产品工艺管理流程绩效指标。

表 10－30　产品工艺管理流程绩效指标

序号	流程绩效指标	相关部门
1	工艺有效执行率	工艺部、生产部
2	产品工艺有效性评价	工艺部、生产部

第五部分：产品工艺管理流程权限分配。

表 10－31　产品工艺管理流程权限分配表

序号	分权事项	提案	审核			批准	知会
			初审	审核	会审		
1	工艺文件	工艺部				研发副总	生产部

八、新产品上市管理流程

第一部分：新产品上市管理流程图。

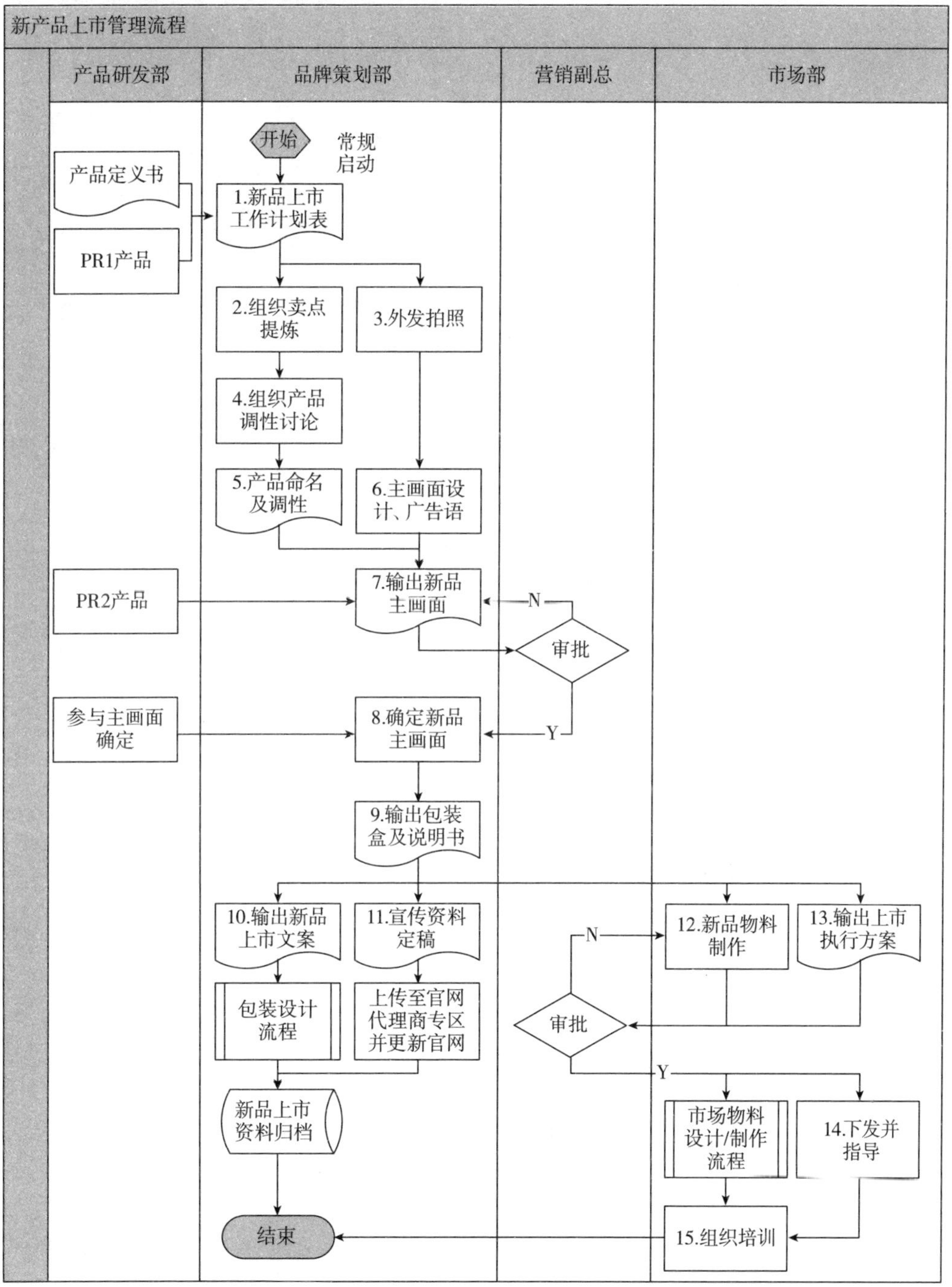

图 10－15　新产品上市管理流程

第二部分:新产品上市管理流程核心步骤说明及风险点控制。

表 10－32　新产品上市管理流程核心步骤说明及风险点控制

流程核心步骤	核心步骤说明	流程风险点	相关制度/文件	相关表单
1. 新品上市工作计划表	品牌策划部根据产品定义书和研发项目部输出的PR1产品,在3个工作日内制定《新品上市工作计划表》		《新品上市工作计划表》	
2. 组织卖点提炼	品牌策划部组织新品卖点提炼	卖点把握不准		
3. 外发拍照	品牌策划部将新产品送摄影公司拍照,并提供拍摄要求			
4. 组织产品调性讨论	品牌策划部组织召开产品调性讨论会议,确定产品命名及传播调性			
5. 产品命名及调性	根据会议研讨结果,品牌策划部输出产品命名及传播调性	新品宣传调性把握不准		
6. 主画面设计、广告语	品牌策划部根据产品命名和调性,并结合摄影公司的产品拍照图,做出主画面设计图和广告语			
7. 输出新品主画面	品牌策划部根据主画面、广告语,结合PR2产品情况,输出新品主画面			
8. 确定新品主画面	主画面输出后征集相关人员意见,经营销副总审定			
9. 输出包装盒及说明书	品牌策划部根据确定的新品主画面,输出包装盒及说明书封面完稿			

续表

流程核心步骤	核心步骤说明	流程风险点	相关制度/文件	相关表单
10. 输出新品上市文案	品牌策划部输出新品上市文案（包括产品宣传调性、核心卖点、产品图片、主画面、上市活动主创意点等）	新品上市文案评审把控不严	《新品上市文案》	
11. 宣传资料定稿	品牌策划部输出市场物料完稿			
12. 新品物料制作	市场部输出《物料采购申请表》，并跟进制作			
13. 输出新品上市执行方案	市场部输出新品上市执行方案，并提交营销副总审批			
14. 下发并指导	市场部下发新品上市执行方案后，指导代理商实施	新品上市执行方案执行不到位	《新品上市执行方案》	
15. 组织培训	由市场部组织在全国范围内进行培训	新品培训无效		

第三部分：新产品上市管理流程相关制度与表单（无）。

第四部分：新产品上市管理流程绩效指标。

表 10－33　新产品上市管理流程绩效指标

序号	流程绩效指标	相关部门
1	新品上市目标达成率	市场部、产品研发部、销售部

第五部分：新产品上市管理流程权限分配。

表 10－34　新产品上市管理流程权限分配表

序号	分权事项	提案	审核			批准	知会
			初审	审核	会审		
1	新品主画面方案	品牌策划部				营销副总	
2	新品上市方案	市场部				营销副总	销售部

第十一章　集成供应链核心业务流程再造

前文提到订单碎片化、生产柔性化、供应链精简化是现代企业供应链发展三大趋势，在这个大背景下供应链创新已经成为每家企业思考的问题，由此引发了企业进行供应链前向整合、供应链后向整合、战略供应商开发、工厂外包、成本控制、仓储外包、第三方物流资源开发等一系列集成供应链流程再造的热潮。

第一节　集成供应链核心业务流程规划

随着企业竞争的加剧，越来越多的企业开始意识到现代企业的竞争不再是企业个体之间的竞争，而是企业供应链与供应链之间的竞争，因此集成供应链已经成为企业提升自身竞争力的必由之路。

一、集成供应链概述

谈到企业集成供应链，有个指标可以作为衡量和评价企业集成供应链能力的依据，那就是集成供应链管理成熟度。

集成供应链管理成熟度可以分为四个阶段：关注部门职能阶段、内部整合阶段、外部整合阶段、跨企业合作阶段。不同的阶段划分，其实就是企业从简单的供应关系管理到整合内外部资源、共同打造供应链核心竞争力的过程。遗憾的是，我们看到身边很多企业还没有意识到集成供应链管理的重要性，它们与供应商的合作还只是简单的买卖关系，与供应商的合作也还处在不断博弈过程中。坦白来讲，正是由于这种情况，中国企业的集成供应链管理能力还是很低的。

那么企业如何才能提升自身的集成供应链管理能力呢？学者汪莹和邓雪凤①认为：供应链管理有五大职能，即计划、组织、协调、控制和创新，企业集成供应链必须围绕这五大核心职能展开。

1. 计划职能

供应链管理最大的难点就在于此，如果计划不准确或计划失控，必将给供应链上下游造成极大的损失和影响，这就是我们经常所讲的供应链管理的“牛鞭效应”（“牛鞭效应”就是指放牛的人在挥动鞭子时手轻微用力，鞭梢就会出现大幅摆动）。大家熟知的彼得·圣吉在《第五项修炼》一书中提到的“啤酒游戏”就是企业供应链中常见的“牛鞭效应”。

供应链管理中经常会发生因为计划不准确或过分夸大、缩小而导致的“牛鞭效应”：

（1）批量采购：在整个供应链条当中，每家企业出于成本和安全库存考虑，通常都会进行批量订购，所以，从终端销售到经销商，再到制造商、供应商、供应商的供应商，订货量都要比实际销售量大得多，并且供应链中各环节的交货期越长，波动会越剧烈，从而导致“牛鞭效应”的出现。

（2）人为增大需求：批量的价格折扣和一些促销手段造成的价格波动，往往会促使零售商在低价时购买大量商品，产生预先购买行为，使得采购量大于实际需要量，人为增大需求的变动性，也会加剧“牛鞭效应”。

（3）短缺性博弈：当产品供不应求时，制造商往往进行配额限量供应，此时，销售商为了获得更大份额的配给量，会故意夸大其订货需求，当需求降温时，订货又突然消失。这种由短缺博弈导致的需求信息的扭曲最终引发“牛鞭效应”。

因此，集成供应链首要解决的就是供应链计划能力的问题，如从销售预测开始，到生产计划、物料需求计划、采购计划、产线调整计划、产线作业计划、品质控制计划、设备保障计划、工艺保障计划、人员保障计划、仓储计划、物流计划等，再到由此引起的资金需求计划、货款支付计划、货款回收计划等，任何一个环节的计划不准确都有可能造成整个供应链陷入混乱状态。

---

① 汪莹，邓雪凤. 供应链管理成熟度的评价体系与方法[J]煤炭学报，2007(12).

2. 组织职能

传统的供应链管理对于企业而言，可能只由一个部门负责，通常叫作供应部或采购部。但随着企业对供应链管理的重视程度增加，很多企业将采购部分解成供应商资源管理部、供应商品质管理部、采购部等多个部门。这样分解的目的就在于按照企业供应链管理的需要，建立一个完成的组织体系。供应链管理组织职能的第二层意思就是企业要根据计划和进程的需要，合理组织人力、物力和财力。

随着企业对供应链管理认知的不断加深，时至今日，供应链管理已经不仅仅是采购及供应商管理这么狭隘，现代企业供应链管理的范围已经扩大到从供应商开发、采购执行到计划管理、产能规划、生产过程管理、仓储管理、物流管理等整个产品交付过程。

3. 协调职能

协调是指使组织内部的每一个部门或每一位成员的个别行动都能服从于整体目标，是管理过程中带有综合性、整体性的一种职能。

协调也可以通过调整人际关系、疏通环节、达成共识等途径来实现平衡。供应链管理协调职能包括三个部分：

(1)供应链上下游企业间文化的兼容性。为什么将思想和文化的认同视为选择供应商的核心要素之一，这缘于对上下游企业间文化兼容性的考量。我们试想一下，如果上下游合作双方的文化兼容性很差，管理风格将存在很大差异，进而使得企业之间的合作不畅。

(2)供应链上下游企业间的合作关系。现在的竞争日益表现为供应链与供应链之间的竞争，供应链上的各个节点需要互相合作，将信息与资源进行集成与优化，才能获得竞争优势。

(3)供应链上下游企业间沟通的顺畅程度。顺畅的沟通是上下游间“三流”(物流、资金流、信息流)顺畅的重要保障，建立完善的沟通机制会对企业提升供应链管理能力起到重要作用。

4. 控制职能

控制的核心目的在于保证供应链上下游各企业间的利益分配，也是保证“共赢”的重要手段。上下游要想实现共赢，就必须共同面对成本上升的压力，同时，当遇到技术难题和瓶颈的时候，需要上下游之间共同努力去解决。

5. 创新职能

供应链管理创新既包括管理创新，也包括技术创新，还包括价值链商业模式创新。

企业可以按照以上思路，从集成供应链管理各个职能出发，通过对内外部资源的高度集成，提升整体供应链竞争能力。

【案例11-1】 华为集成供应链

集成供应链（ISC）流程是IBM公司为华为量身定做的。ISC要求把公司运作的每个环节都看成是供应链上的一部分，无论是在公司内部，还是在公司以外的合作伙伴，都需要对每个环节进行有效管理，进而提高供应链运作效率和经济效益。

1. 内部供应链集成

华为在导入ISC流程后，对公司的组织机构进行了相应调整，把原来的生产部、计划部、采购部、进出口部、认证部、外协合作部、发货部、仓储部合并，成立统一的管理供应链业务部门，叫作"供应链管理部"。这个部门的设置，绝对不是简单地把分散在不同系统的部门合并起来，换一个名称，而是把供应链管理当作公司降低成本和库存，提高供货质量、资金周转率和供货速度以及产品质量的有效手段。公司主要从供应链上获得成本优势，而不是通过压榨工人来获利，这就是华为人的工资奖金比别人高而生产成本却比别人低很多的根本原因。

华为拥有技术认证和商务认证的严密体系，保障其能够一直与价格最优、质量最好、供货最快的供应商合作。同时，华为"高薪养廉"的薪酬体制以及独特的员工持股制度，保障了其供应链体系的廉洁与高效，另外华为的干部轮岗制度又形成了另一个有效防止腐败行为的约束机制。

2. 外部供应链集成

ISC流程要求把供应链管理的范围延伸到公司之外的整个供应链，那么从全局来看，就不一定非要把产品研发、生产的每一个环节都放到公司内部来做，而是可根据实际情况，在确保公司核心竞争力的前提下，把非核心环节外包给社会上的专业公司。这样一来，就可以集中资源突出核心业务，并通过社会专业分工和规模生产来显著地降低生产成本，缩短公司的管理战线，使公司领导集中精力抓技术研发和市场开拓。

2000年以后，华为逐步把生产部门、后勤服务部门、基础培训以及工程安装、调试、维护、软件开发等很多环节外包出去，不仅节省了大量成本，而且还降低了库存，甚至基本上实现了所谓的零库存，供货周期也缩短到了几天，市场反应速度明显加快。目前，华为的主要力量都放到了技术研发和市场开拓上。公司大约有48%的员工在研发部门工作，有效地保障了公司技术的领先优势；还有大约38%的人投入国内外市场与服务体系，有效地保障了华为的市场竞争力。国外同行评价华为是“Design House + Marketing Team”，就是说华为是由“设计院 + 营销团队”组成的，这个说法不无道理。

在深圳，有上千家公司作为华为的分包商或者供应商而存在，它们主要为华为工作。产业链的完全国产化是华为走向国际市场的一个基础，也是构成华为国际竞争力的一个重要部分。华为作为这条产业链的龙头，为这些上游企业创造了“间接”参与国际竞争的机会，同时这些上游分包商、供应商也以质优价廉的性价比与供货能力，为华为形成核心竞争力作出了重要贡献。

因此，企业之间的竞争归根结底是供应链之间的竞争，发展、维护和管理一条有竞争力的供应链是企业立于不败之地的关键因素。

二、集成供应链业务逻辑关系图与流程规划

狭义的供应链仅指采购，而集成供应链的范围包括供应商开发、计划管理、采购下单与执行、生产制造、仓储及物流等，根据多年的实践，我们把企业集成供应链业务共分为六个阶段，每个阶段包括若干项业务活动，如表11-1所示：

表11-1 集成供应链核心业务活动汇总

业务阶段	核心业务活动
供应链规划	产能规划、战略供应商规划、仓储规划、物流规划、质量规划
供应商开发与管理	供应商标准建立、供应商开发与选择、供应商评价（交期、品质、服务、价格等）、合格供应商名录管理
供应链计划	订单交付计划、生产计划、物料需求计划、采购计划、设备保障计划、工艺保障计划、品质控制计划、仓储计划、发货计划、物流计划、资金需求计划、采购付款计划
采购执行	采购物料目录管理、采购方式选择、现货采购、期货采购、招标采购、议价采购、采购价格管理、采购合同管理、来料品质检验、物料入库管理、采购货款管理

续表

业务阶段	核心业务活动
生产制造	产能准备、产线调整、生产作业计划、生产领料、生产组织、生产过程品质控制、外协加工管理、成品品质检验、产品入库、生产统计
仓储及物流	成品仓储、发货指令、物流配送、关务管理、异常物流处理、物流服务质量监督、区域仓库入库、客户收货

【案例 11－2】 接【案例 9－1】江苏某高科技企业集成供应链业务活动及逻辑关系图

表 11－2 江苏某高科技企业集成供应链核心业务活动规划表

业务阶段	业务活动项数	主要业务活动名称
1. 年度供应链规划	6 项	1.1 年度产销存规划;1.2 年度产能规划;1.3 年度供应商规划;1.4 年度工艺保障计划;1.5 年度质量规划;1.6 年度设备保障规划
2. 月度供应链计划	7 项	2.1 月度产能计划;2.2 月度生产计划;2.3 月度外协计划;2.4 月度物料需求计划;2.5 月度工艺计划;2.6 月度质量计划;2.7 月度设备维护计划
3. 物料采购	12 项	3.1 供应商开发;3.2 供应商评价;3.3 合格供应商管理;3.4 物料采购计划;3.5 新物料认证及试用;3.6 采购模式选择;3.7 采购下单;3.8 采购订单跟踪;3.9 物料品质管控;3.10 物料入库及仓储管理;3.11 采购价格管理;3.12 采购货款管理
4. 生产实施	13 项	4.1 生产作业计划;4.2 生产领料;4.3 生产指令;4.4 生产实施;4.5 外协生产管理;4.6 生产现场管理;4.7 生产成本控制;4.8 生产异常处理;4.9 工程变更;4.10 制程品质控制;4.11 生产入库;4.12 成品品质统计与分析;4.13 生产统计与分析
5. 订单交付	7 项	5.1 出货计划;5.2 物流安排;5.3 成品出库;5.4 报关与退税;5.5 物流配送;5.6 物流费用结算;5.7 逆向物流管理

为了能让读者朋友更加清晰地看到这家企业集成供应链各项业务活动之间的逻辑关系,我们专门绘制了该企业集成供应链核心业务逻辑关系图,同时也规划出了该企业集成供应链核心业务流程清单。

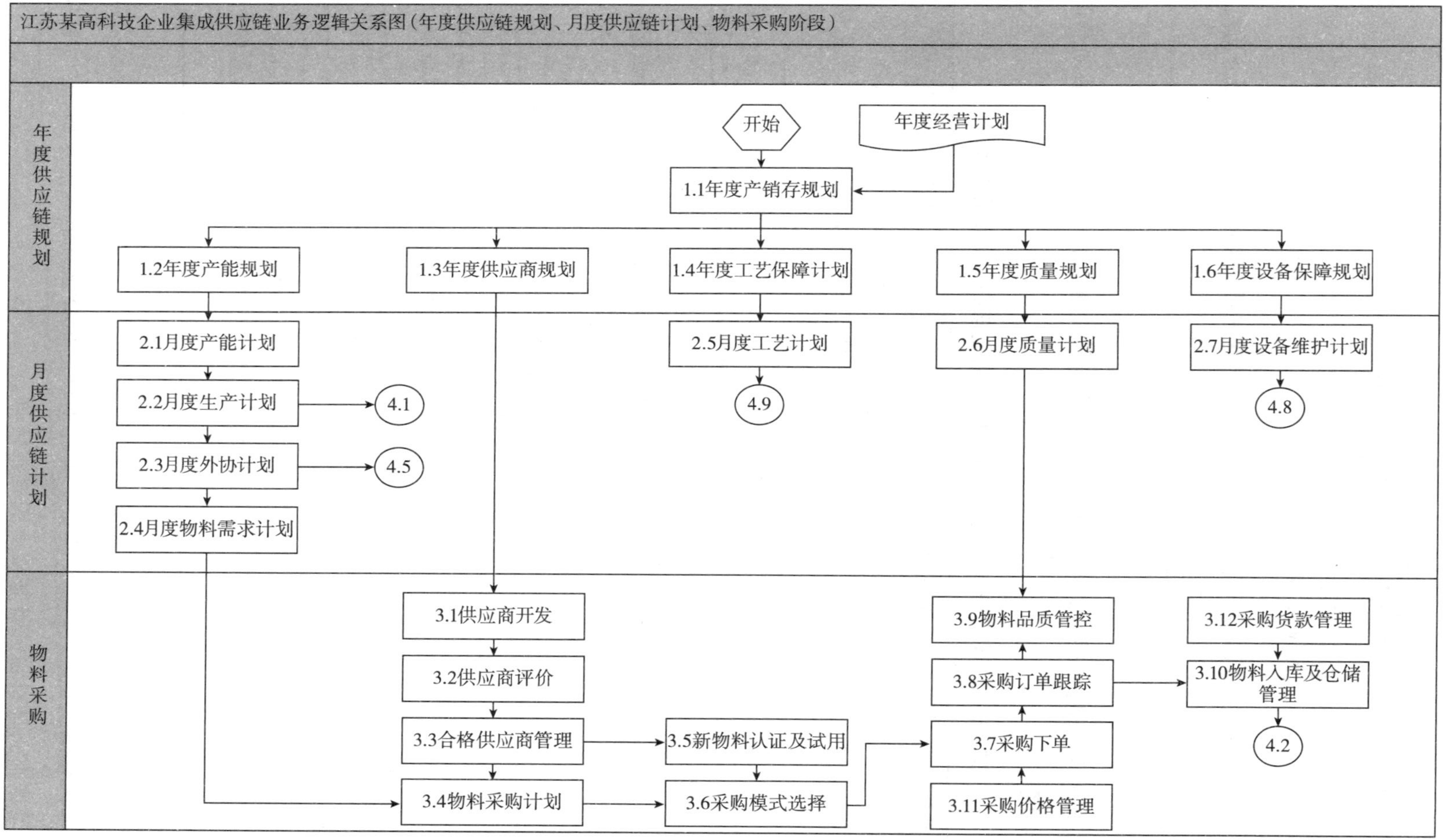

图 11－1　江苏某高科技企业集成供应链业务逻辑关系图（年度供应链规划、月度供应链计划、物料采购阶段）

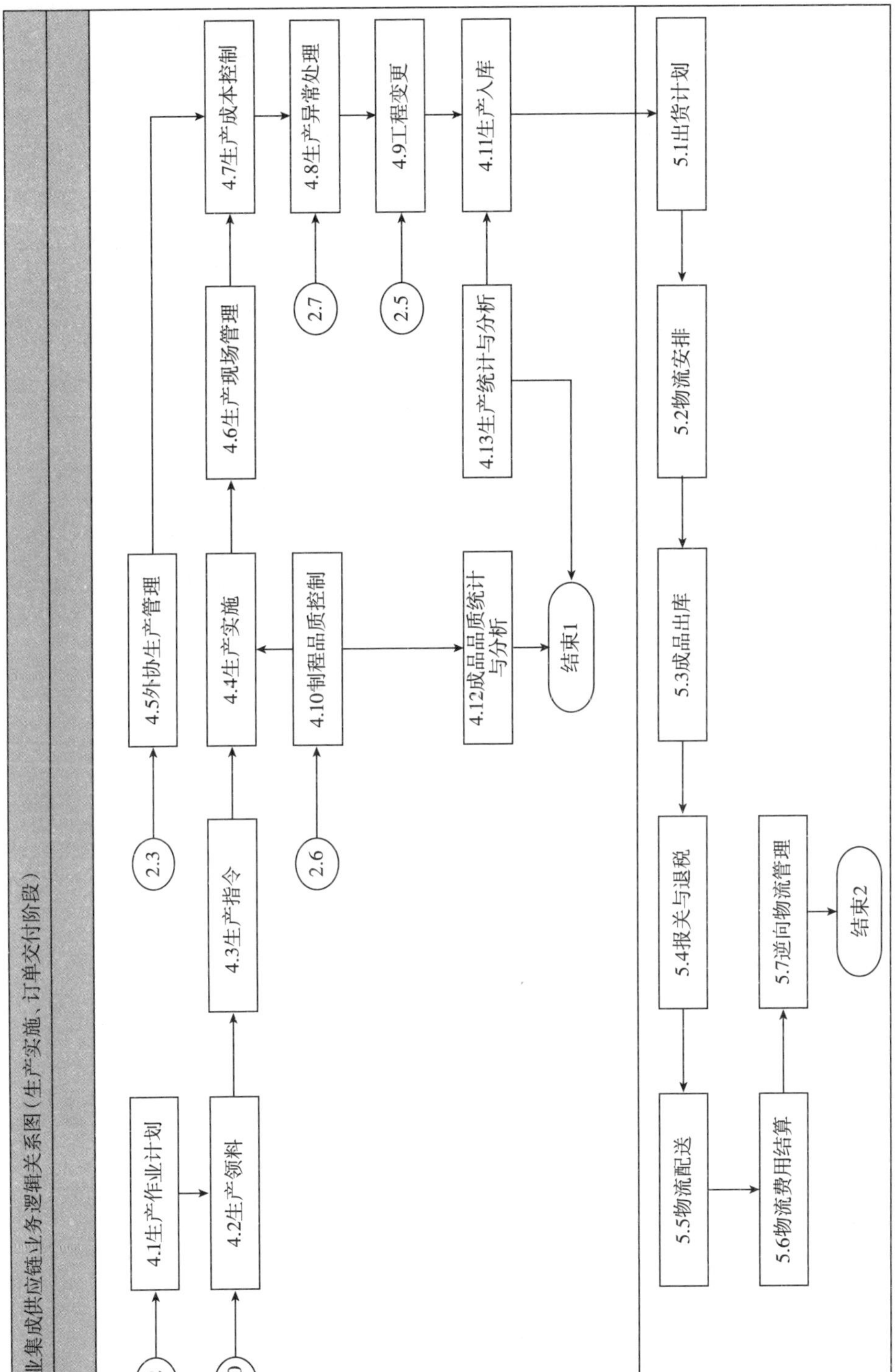

图 11－2　江苏某高科技企业集成供应链业务逻辑关系图（生产实施、订单交付阶段）

表 11－3　江苏某高科技企业集成供应链核心业务流程规划

一级流程清单	二级流程清单	对应业务活动编号	流程主人	流程相关部门	流程输入	流程输出
年度产销存规划流程		1.1	计划部	销售部、生产部、采购部、仓储部、物流部	年度经营预测	年度产销存规划报告
产能规划流程		1.2、2.1	生产部	设备部、计划部、工艺部	年度产销存规划报告	产能规划报告
供应商规划流程		1.3	采购部	工艺部、品质部、生产部	年度产销存规划报告	供应商规划报告
供应商开发流程		3.1、3.2	采购部	工艺部、品质部、生产部、产品研发部	供应商规划报告	合格供应商
合格供应商管理流程		3.3	采购部	工艺部、品质部、生产部、产品研发部	合格供应商	合格供应商评价结果
工艺保障流程		1.4、2.5	工艺部	生产部、设备部、产品研发部	年度产销存规划报告	工艺规划报告
质量保障流程		1.5、2.6	品质部	工艺部、设备部、产品研发部	年度产销存规划报告	质量规划报告
设备保障流程		1.6、2.7	设备部	生产部、计划部、工艺部	年度产销存规划报告	设备保障计划
生产计划管理流程		2.2、2.3	计划部	采购部、生产部、产品研发部	销售预测、客户订单	生产计划、物料需求计划

续表

一级流程清单	二级流程清单	对应业务活动编号	流程主人	流程相关部门	流程输入	流程输出
采购计划管理流程		2.4、3.4	采购部	计划部	物料需求计划	采购计划
新物料认证流程		3.5	工艺部	采购部、产品研发部	新物料认证申请	新物料认证报告
采购管理流程		3.6、3.7、3.8	采购部	财务部、工艺部、产品研发部	采购计划	采购物料到厂
	期货采购流程	3.6	采购部	法务部、财务部、工艺部、产品研发部	采购计划	采购物料到厂
	招标采购流程	3.6	采购部	法务部、财务部、工艺部、产品研发部	采购计划	采购物料到厂
物料品质检验流程		3.9	品质部	采购部	采购物料到厂	品质检验报告
采购入库流程		3.10	仓储部	采购部、品质部	到厂物料	入库手续
采购价格管理流程		3.11	采购部	财务部、法务部、采购委员会	采购需求	采购合同
采购货款管理流程		3.12	采购部	财务部	采购合同、采购入库手续	付款证明
生产作业计划管理流程		4.1	生产部	计划部	生产计划	生产作业计划
生产领料管理流程		4.2	生产部	仓储部、计划部	生产作业计划	生产领料出库手续

续表

一级流程清单	二级流程清单	对应业务活动编号	流程主人	流程相关部门	流程输入	流程输出
生产制程管理流程		4.3—4.8	生产部	设备部、工艺部、品质部	生产作业计划	生产记录
	外协制程管理流程	4.5	生产部	品质部	生产作业计划	生产记录
	生产异常管理流程	4.8	生产部	设备部、工艺部、品质部、采购部、销售部	生产异常信息	生产异常处理结果
工程变更流程		4.9	工艺部	生产部	工程变更申请	工程变更处理结果
成品品质管理流程		4.10、4.12	品质部	生产部	成品检验申请	成品检验结果
生产入库管理流程		4.11	仓储部	生产部	成品入库申请	成品入库手续
生产统计与分析流程		4.13	计划部	生产部、品质部、设备部	生产数据	生产分析报告
成品物流管理流程		5.1—5.7	物流部	计划部、销售部、仓储部	发货申请	物流发货
	报关管理流程	5.4	物流部	仓储部、销售部、计划部	报关申请	报关结果
	逆向物流管理流程	5.7	物流部	销售部、仓储部、计划部	逆向物流申请	逆向物流处理结果

第二节　集成供应链核心业务流程再造

集成供应链核心业务流程有很多，常见的有产能规划流程、供应商开发流程、供应商评估流程、合格供应商管理流程、采购管理流程、物料品质管理流程、生产计划管理流程、制程管理流程、成品品质管理流程、成品仓储管理流程、物流管理流程等，当然不同企业也会存在一定的差异，本节摘选部分常用的集成供应链业务流程加以详细说明。

一、供应商评估流程

1. 供应商评估流程图

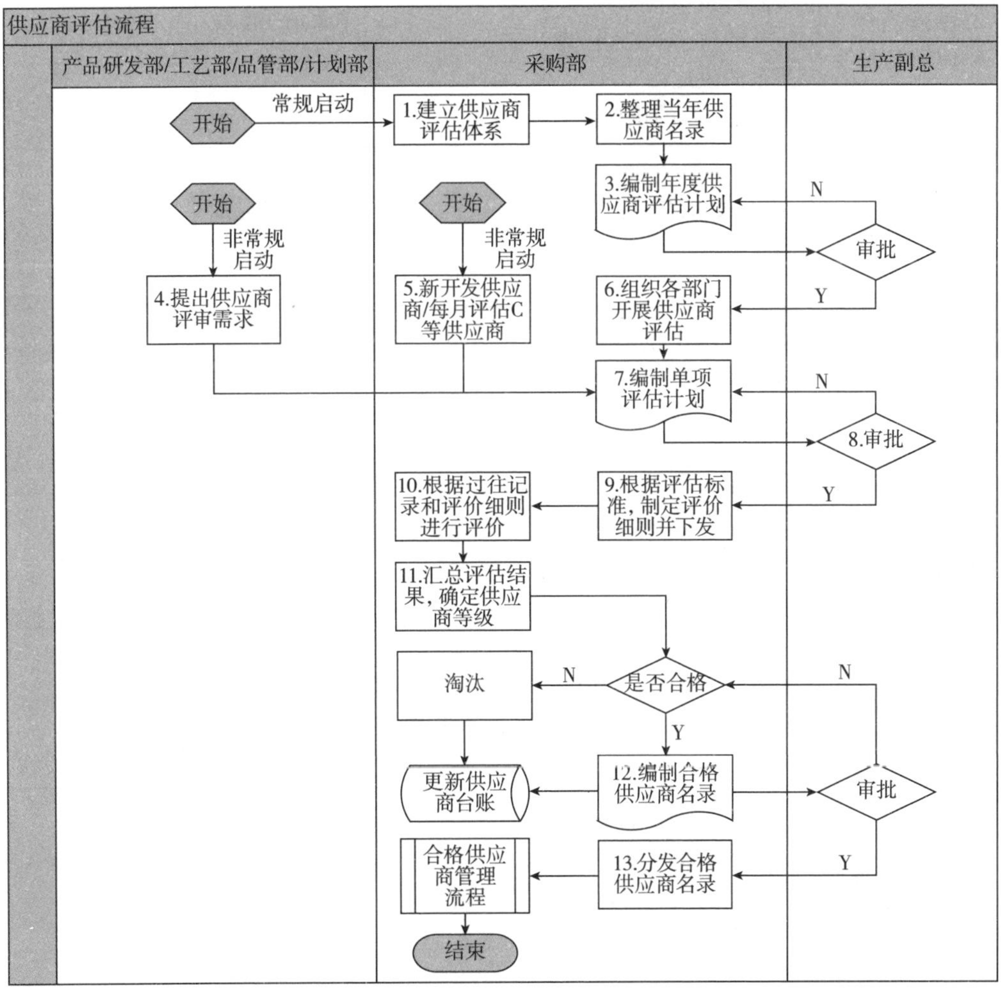

图 11－3　供应商评估流程

2. 供应商评估流程核心步骤说明及风险点控制

表 11－4　供应商评估流程核心步骤说明及风险点控制

流程核心步骤	核心步骤说明	流程风险点	相关制度/文件	相关表单
1. 建立供应商评估体系	建立供应商评估体系，评估体系包括： (1) 供应商评价模型及评估表 (2) 供应商等级划分及标准	评估模型不合理	《供应商评估模型》《供应商年度评估等级标准》	《供应商评估表(A类物料供应商专用)》《供应商评估表(B、C类物料供应商专用)》
2. 整理当年供应商名录	整理当年供应商目录，供应商目录包括： (1) 当年与公司发生供应关系的供应商 (2) 拟新开发的供应商		《年度供应商目录》	
3. 编制年度供应商评估计划	编制年度供应商评估计划		《年度供应商评估计划》	
4. 提出供应商评估需求	相关部门提出供应商评估需求			
5. 新开发供应商/每月评估C等供应商	采购根据新开发的供应商或月度评估评为C等的供应商提出评估需求			
6. 组织各部门开展供应商评估	采购组织各部门开展供应商评估工作	评估工作流于形式		
7. 编制单项评估计划	编制单项供应商评估计划，计划包括供应商名称、评估内容、参与部门、评估时间、费用预算等			

续表

流程核心步骤	核心步骤说明	流程风险点	相关制度/文件	相关表单
8. 审批	下列情况的单项评估计划需要高管审批： (1) A 类物料供应商 (2) 重要的 B 类物料供应商	审批把关不严		
9. 根据评估标准，制定细则并下发	采购根据评估标准及供应商实际，编制评估表及评估细则			
10. 根据过往记录和评价细则进行评价	采购及相关部门根据评估表进行评估			
11. 汇总评估结果，确定供应商等级	根据评估结果，确定每个供应商的等级，供应商等级分为四级，分别为 AA 级、A 级、B 级和 C 级		《供应商等级设置标准》	
12. 编制合格供应商名录	采购根据评价结果编制《合格供应商名录》	合格供应商名录更新不及时	《合格供应商名录》	《合格供应商一览表》
13. 分发合格供应商名录	分发《合格供应商名录》，并存档			

3. 供应商评估流程相关制度与表单

表 11 –5 供应商评估模型

一级维度	权重		二级维度	评估部门	分权重	
	A 类物料供应商	B/C 类物料供应商			A 类物料供应商	B/C 类物料供应商
1. 总体情况	15	20	1.1 企业知名度	采购	2	/
			1.2 供货能力	采购	3	5
			1.3 市场接受程度	采购	2	3
			1.4 地理位置	采购	2	4
			1.5 供货价格	采购	6	8
2. 质量管理体系	15	15	2.2 品质管理	品管	5	5
			2.2 异常处理	品管	5	5
			2.3 采购	采购	2	2
			2.4 文件控制	品管	3	3
3. 过程控制、成品出货	15	20	3.1 IPQC	品管	3	5
			3.2 IQC	品管	2	2
			3.3 设备仪器	品管	3	2
			3.4 仓库管理	采购	2	2
			3.5 生产计划及控制	采购	2	4
			3.6 出货检查	品管	3	5
4. 设计开发及客户服务	20	15	4.1 设计开发	品管	8	2
			4.2 样品提供的及时性	品管	4	8
			4.3 客户服务	采购	8	5
5. 职业健康、环境保护及社会责任	10	10	5.1 安全	品管	2	2
			5.2 人员培训	品管	2	3
			5.3 环保	品管	4	3
			5.4 社会责任	品管	2	2
6. 长期合作	25	20	6.1 合同期限	采购	5	2
			6.2 付款方式	采购	6	7

续表

一级维度	权重		二级维度	评估部门	分权重	
	A 类物料供应商	B/C 类物料供应商			A 类物料供应商	B/C 类物料供应商
			6.3 以往合作配合	采购	3	3
			6.4 业务比重	采购	3	2
			6.5 授信状况评价	采购	8	6
7. 月度评估（仅限于已合作的供应商）	20	20	7.1 月度评估结果	采购	12	12
			7.2 月度评估预防措施整改	采购	8	8
			7.3 特殊事项	采购	0	0

表 11－6　供应商评估表（A 类物料供应商专用）

供应商名称		负责人	
地址		联系方式	
供货名称		供货种类	
供货周期		原有供应商等级	
1. 总体情况（15 分）			
评价维度	评价细则		评价结果
1.1 企业知名度（2 分）	(1)相关领域的国际知名企业（2 分） (2)相关领域的国际知名企业在中国的合资企业（1.5 分） (3)相关领域的国内知名企业（1 分） (4)相关领域的国内一般企业（0.5 分）		
1.2 供货能力（3 分）	(1)具备全系列产品供货能力，且非常稳定（3 分） (2)具备部分产品的供货能力，比较稳定（2 分） (3)具备少量产品供货能力，不太稳定（1 分）		
1.3 市场接受程度（2 分）	(1)相关产品有向国内行业中的知名企业供货，范围广泛，有较大影响（2 分） (2)相关产品仅向国内行业中的一般企业供货，影响非常有限（1 分）		

续表

1.4 地理位置 (2 分)	(1)国内省内(2 分) (2)国内外省(1.5 分) (3)国外生产国内代理(1 分) (4)国外直接供货(0.5 分)	
1.5 供货价格 (6 分)	(1)低于目前采购价格(6 分) (2)与目前采购价格持平(3 分) (3)高于目前采购价格(0 分)	
2. 质量管理体系(15 分)		
评价维度	评价细则	评价结果
2.1 品质管理 (5 分)	(1)是否获得 ISO 9000 质量认证? A. 有(3 分)　B. 没有(0 分) (2)是否提供有效的质量体系内外审核记录? A. 有(2 分)　B. 没有(0 分)	
2.2 异常处理 (5 分)	(1)质量异常处理有明确的文件规定,并严格按文件规定执行(5 分) (2)质量异常处理有相关文件规定,但不完善,或未按文件规定处理(3 分) (3)无文件规定,或无任何异常处理机制(0 分)	
2.3 采购 (2 分)	(1)是否有合格供应商清单?供应商是否有等级评分? A. 有(1 分)　B. 没有(0 分) (2)是否有对供应商进行评审,并保留相关记录? A. 是(1 分)　B. 否(0 分)	
2.4 文件控制 (3 分)	(1)是否有受控的文件控制程序? A. 是(1 分)　B. 否(0 分) (2)文件是否在能够马上取出并进行灵活使用的状态下进行保管的? A. 是(0.5 分)　B. 否(0 分) (3)对于文件、图纸的修改,是否保持文控与现场的版本、内容一致? A. 是(1 分)　B. 否(0 分) (4)与质量管理有关的基准文件及图纸、说明的制定、修改、废弃以及公布的顺序是否明确? A. 是(0.5 分)　B. 否(0 分)	

续表

3. 过程控制、成品出货(15 分)		
评价维度	评价细则	评价结果
3.1 IPQC(3 分)	(1)制程中有无作业指导书和设备操作规程? A. 有(0.5 分)　B. 没有(0 分) (2)批量生产前有无对产品进行首件检验确认? A. 有(1 分)　B. 没有(0 分) (3)生产过程使用何种品质控制工具?是否有巡检的记录和检验标准? A. 是(0.5 分)　B. 否(0 分) (4)对于制程中的不合格品,是否有效的隔离、标示和处理?并对其进行原因分析和改善? A. 是(0.5 分)　B. 否(0 分) (5)是否定期召开检讨质量的会议,并对会议结果进行跟踪? A. 是(0.5 分)　B. 否(0 分)	
3.2 IQC(2 分)	(1)是否对 IQC 有无规格书、样品或工艺标准等各个项目进行检验? A. 是(0.5 分)　B. 否(0 分) (2)检验是否有接收标准,检验结果是否形成记录,并对物料的结果状态进行有效标示? A. 是(0.5 分)　B. 否(0 分) (3)是否有 IQC 来料品质目标,并定期检讨,对未达成的目标是否有改善计划? A. 是(0.5 分)　B. 否(0 分) (4)物料检验不合格是否通知供应商改善,并对改善结果跟进确认? A. 是(0.5 分)　B. 否(0 分)	
3.3 设备仪器(3 分)	(1)是否进行设备维护保养,有无相关记录,各类模具是否分类标示? A. 是(2 分)　B. 否(0 分) (2)检验仪器是否经过校准,并有相关的标签标示、记录等? A. 是(1 分)　B. 否(0 分)	

续表

3.4 仓库管理 (2 分)	(1)是否进行先进先出,有无执行的证据? 当长期库存发生时,是否重新对库存品质及价格进行评估? A. 是(0.5 分)　B. 否(0 分) (2)各类物料是否明确标示,账物一致? A. 是(0.5 分)　B. 否(0 分) (3)材料的保管方法是否明确? 是否能够防止混入、变质、破损、长期库存等情况的发生? A. 是(0.5 分)　B. 否(0 分) (4)是否有安全区域来储存材料? 仓库的温度、湿度是否控制在符合材料特性的范围内? A. 是(0.5 分)　B. 否(0 分)	
3.5 生产计划及控制(2 分)	(1)是否有生产及物料计划控制程序? A. 是(0.5 分)　B. 否(0 分) (2)是否有对计划不能达成、生产出现异常的相关应对方法? A. 是(0.5 分)　B. 否(0 分) (3)对于采购物料是否有交期达成的统计与分析? A. 是(0.5 分)　B. 否(0 分) (4)是否有对生产计划完成状况的统计与分析? A. 是(0.5 分)　B. 否(0 分)	
3.6 出货检查 (3 分)	(1)是否有产品的出厂检验标准? A. 是(1 分)　B. 否(0 分) (2)是否由 OQC/FQC 对出货产品进行检查并记录? A. 是(1 分)　B. 否(0 分) (3)是否有客户要求的规格书或者样品? 客户订单、图纸及相关资料要求如何进入公司内部,客户要求或产品信息变更如何确认,有无相关记录或者样板? A. 是(0.5 分)　B. 否(0 分) (4)出货检查不合格,是否有处理规定及记录? A. 是(0.5 分)　B. 否(0 分)	

续表

4. 设计开发及客户服务(20 分)		
评价维度	评价细则	评价结果
4.1 设计开发(8 分)	(1)新产品的设计开发如何管理,是否有相关的记录? A. 是(2 分)　B. 否(0 分) (2)新产品是否经过小试、中试,并形成记录? A. 是(2 分)　B. 否(0 分) (3)产品变更是否有记录通知,变更是否有客户确认? A. 是(2 分)　B. 否(0 分) (4)新产品如何进行相关的测试,确保其符合性? A. 是(2 分)　B. 否(0 分)	
4.2 样品提供的及时性(4 分)	(1)样品提供非常及时,甚至能超出预期提前送达(4 分) (2)样品提供能按照规定时间及时送达(3 分) (3)样品提供推迟 3 天(2 分) (4)样品提供推迟 1 周(1 分)	
4.3 客户服务(8 分)	(1)客户的各种要求是否经过评审? A. 是(2 分)　B. 否(0 分) (2)是否建立客户投诉的处理程序? A. 是(1 分)　B. 否(0 分) (3)收到客户的投诉回复周期为多长,是否有书面的回复及跟进记录? A. 是(2 分)　B. 否(0 分) (4)客户投诉是否及时在公司内部进行沟通、纠正? A. 是(1 分)　B. 否(0 分) (5)客户的投诉或退货是否有原因分析及相关的改善、验证? A. 是(1 分)　B. 否(0 分) (6)是否进行客户满意度调查,频率如何? A. 是(1 分)　B. 否(0 分)	

续表

5. 职业健康、环境保护及社会责任(10 分)		
评价维度	评价细则	评价结果
5.1 安全(2 分)	(1)现场是否有相关的消防器材,是否有相关安全管理规定等? A. 是(1 分)　B. 否(0 分) (2)化学品类是否有 MSDS 资料? A. 是(1 分)　B. 否(0 分)	
5.2 人员培训(2 分)	(1)人员是否进行培训上岗,并有相关记录? A. 是(1 分)　B. 否(0 分) (2)如何评估培训的有效性,有无进行考核? A. 是(1 分)　B. 否(0 分)	
5.3 环保(4 分)	(1)是否根据不同客户所在国家或地区的要求识别并收集了所有有害物质的法律法规,并及时更新? A. 是(0.5 分)　B. 否(0 分) (2)产品是否有 SGS 等相关的第三方认证? A. 是(1 分)　B. 否(0 分) (3)是否对材料、产品进行有害元素的检测、控制? A. 是(1 分)　B. 否(0 分) (4)是否彻底地进行了非环保产品和环保物料的区分管理? A. 是(0.5 分)　B. 否(0 分) (5)是否与供应商签署了禁止使用有害物质的合同及质量保证书?是否能遵守保证书? A. 是(0.5 分)　B. 否(0 分) (6)对污水、噪音、废气的排放是否有限定值?有无进行临控? A. 是(0.5 分)　B. 否(0 分)	
5.4 社会责任(2 分)	(1)是否与所有的员工都签订了有效的劳动合同? A. 是(0.5 分)　B. 否(0 分) (2)是否未雇用童工?无强制性加班? A. 是(0.5 分)　B. 否(0 分) (3)每周的工作时间多长,工资标准是否达到了当地劳动部门规定的最低工资待遇标准? A. 是(0.5 分)　B. 否(0 分) (4)是否提供安全健康的工作环境,对事故伤害的防护、健康安全教育是否到位? A. 是(0.5 分)　B. 否(0 分)	

续表

6. 长期合作(25 分)		
评价维度	评价细则	评价结果
6.1 合同期限 (5 分)	供应商与公司是否有签订长期合同? A. 有(一年以上)(5 分) B. 有(一年)(3 分) C. 没有(0 分)	
6.2 付款方式 (6 分)	(1)月结 120 天及以上(6 分) (2)月结 90 天(5 分) (3)月结 60 天(3 分) (4)月结 30 天(1 分)	
6.3 以往合作配合(3 分)	(1)以往合作非常愉快,且愿意继续与我方进行长期合作(3 分) (2)以往合作比较愉快,对与我方继续合作态度不明朗(2 分) (3)以往合作一般,没有明显与我方继续合作的意愿(1 分) (4)以往合作较差,不愿意与我方继续合作(0 分)	
6.4 业务比重 (3 分)	(1)我方采购物料在其销售中所占比重很高(40%以上)(3 分) (2)我方采购物料在其销售中所占比重较高(20%—40%)(2 分) (3)我方采购物料在其销售中占有一定比例(10%—20%)(1 分) (4)我方采购物料在其销售中占有比例很少(10%以内)(0 分)	
6.5 授信状况评价 (8 分)	(1)供货方愿意给予我方长期大额优惠信用额度(8 分) (2)供货方愿意给予我方有限的信用额度(4 分) (3)供货方不愿意给予我方信用额度(0 分)	

续表

7. 月度评估(仅限于已合作的供应商)(20 分)		
评价维度	评价细则	评价结果
7.1 月度评估结果(12 分)	(1)月度评估等级为 A,每次得 10 分 (2)月度评估等级为 B,每次得 5 分 (3)月度评估等级为 C,每次得 0 分	
7.2 月度评估预防措施整改(8 分)	月度评估预防措施未按要求回复和整改,每次扣 2 分	
7.3 特殊事项(0 分)		

表 11－7　供应商评价等级

评价等级	AA 级	A 级	B 级	C 级
已合作供应商	≥95 分	≥85 分	≥70 分	<60 分
新开发供应商	/	≥80 分	≥60 分	<60 分

备注:

(1)已合作供应商评价维度包括总体情况、质量管理体系、过程控制/成品出货、设计开发及客户服务、职业健康/环境保护及社会责任、长期合作、月度评估共七部分,满分为 120 分。

(2)新开发供应商评价维度包括总体情况、质量管理体系、过程控制/成品出货、设计开发及客户服务、职业健康/环境保护及社会责任、长期合作共六部分,满分为 100 分。

(3)已合作供应商等级分为四等,即 AA 级、A 级、B 级、C 级。

(4)新开发供应商等级分为三等,即 A 级、B 级、C 级。

(5)新开发供应商只有在与公司合作一年以上时,才有资格评估为 AA 级。

表 11－8　合格供应商一览表

序号	基本信息				供应品名	供应种类	评价等级		异常记录
	供应商名称	负责人	联系电话	传真			目前等级	历史等级	

4. 供应商评估流程绩效指标

表 11－9　供应商评估流程绩效指标

序号	流程绩效指标	相关部门
1	合格供应商评价模型的合理性	采购部、工艺部、计划部、生产部
2	供应商评估计划达成率	采购部、工艺部、计划部、生产部

5. 供应商评估流程权限分配

表 11－10　供应商评估流程权限分配表

序号	分权事项	提案	审核			批准	知会
			初审	审核	会审		
1	年度供应商评估计划	采购部				生产副总	生产部、计划部、工艺部
2	供应商评估模型	采购部			生产部、计划部、工艺部、财务部	生产副总	
3	供应商评估结果	采购部			生产部、计划部、工艺部、财务部	生产副总	
4	合格供应商名录	采购部				生产副总	生产部、计划部、工艺部、财务部

二、合格供应商管理流程

1. 合格供应商管理流程图

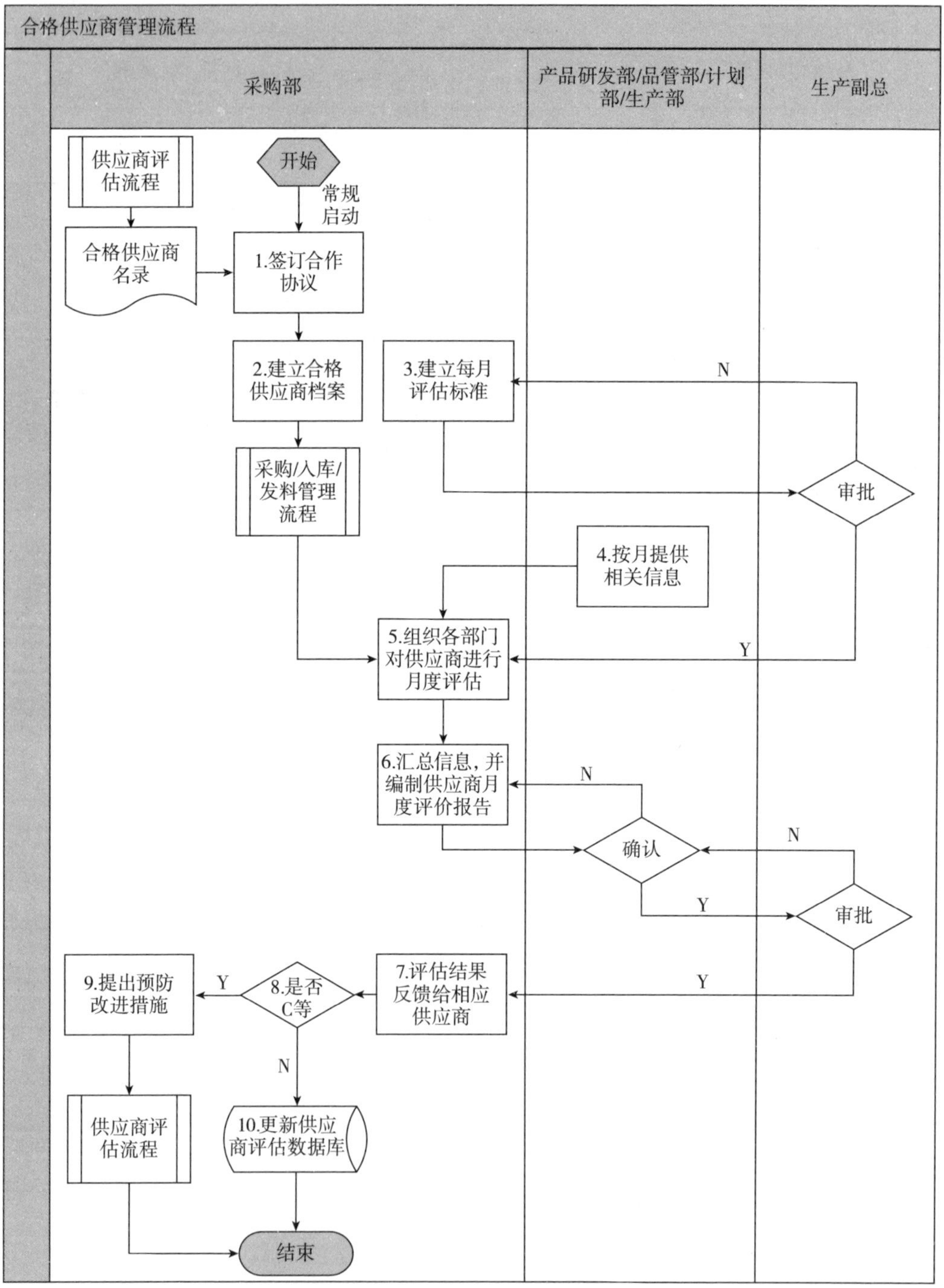

图 11－4　合格供应商管理流程

2. 合格供应商管理流程核心步骤说明及风险点控制

表 11－11 合格供应商管理流程核心步骤说明及风险点控制

流程核心步骤	核心步骤说明	流程风险点	相关制度/文件	相关表单
1. 签订合作协议	采购根据《合格供应商名录》，与供应商签订相关协议：《采购合作协议》《环保与绿色产品协议》《技术规格书》	合作协议条款审核不严	《采购合作协议》《环保与绿色产品协议》《技术规格书》	
2. 建立合格供应商档案	建立合格供应商档案，包括：供应商基本调查表、公司组织结构框架、营业执照复印件、公司经营生产许可证复印件、行业内专业测试报告、质量体系认证、环保体系认证、产品认证（如UL认证等）、供应商年度及月度评价记录、合作协议	合格供应商档案不完整	《合格供应商档案》	
3. 建立每月评估标准	采购建立合格供应商每月评估标准，包括：品质状况、交期状况、服务状况、有害物质管控、特殊事件			《月度合格供应商评估表》《供应商月度评估等级设置标准》
4. 按月提供相关信息	相关部门根据月度评估提供信息			
5. 组织各部门对供应商进行月度评估	采购组织相关部门对合格供应商进行月度评估	月度评估流于形式		

续表

流程核心步骤	核心步骤说明	流程风险点	相关制度/文件	相关表单
6. 汇总信息,并编制供应商月度评价报告	汇总评估信息,并编制月度供应商评估报告,月度评估分为A级、B级和C级		《月度供应商评估报告》	
7. 评估结果反馈给相应供应商	采购将月度评估结果反馈给相关供应商			《供应商月度评估结果汇总表》
8. 是否C等	在反馈时需要确定,评估结果是否为C等			
9. 提出预防改进措施	对于C等供应商,采购提出预防改进措施,并跟踪预防措施落实状况	C等供应商改善措施无效		
10. 更新供应商评估数据库	采购随时更新供应商评估数据库			

3. 合格供应商管理流程相关制度与表单

表11－12　供应商月度评估结果汇总表

序号	供应产品	供应商代号	供应商名称	月度评价等级	备注

4. 合格供应商管理流程绩效指标

表 11－13 合格供应商管理流程绩效指标

序号	流程绩效指标	相关部门
1	合格供应商签约率	采购部
2	合格供应商档案齐备率	采购部
3	合格供应商月度评价的科学性、合理性	采购部、工艺部、计划部、生产部

5. 合格供应商管理流程权限分配

表 11－14 合格供应商管理流程权限分配表

序号	分权事项	提案	审核			批准	知会
			初审	审核	会审		
1	月度供应商评估计划	采购部			生产部、计划部、工艺部、品质部	生产副总	
2	月度供应商评估报告	采购部				生产副总	生产部、计划部、工艺部、品质部
3	供应商淘汰名录	采购部			生产部、计划部、工艺部、品质部	生产副总	

三、采购计划管理流程

1. 采购计划管理流程图

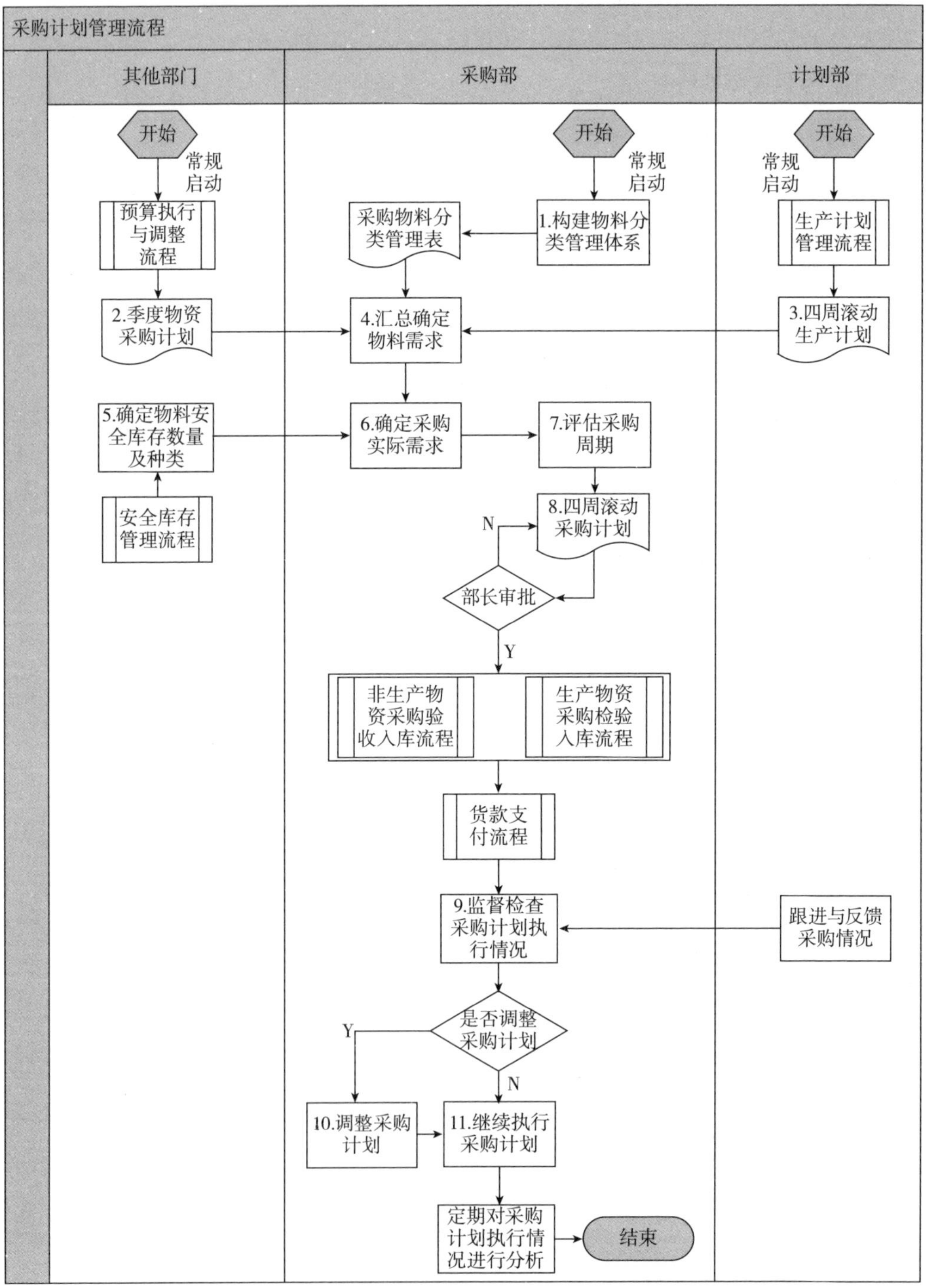

图 11-5 采购计划管理流程

2. 采购计划管理流程核心步骤说明及风险点控制

表 11－15　采购计划管理流程核心步骤说明及风险点控制

流程核心步骤	核心步骤说明	流程风险点	相关制度/文件	相关表单
1. 构建物料分类管理体系	采购部根据公司的物料需求采购特点，建立物料分类管理体系，并制定相关管理表格	物料分类标准不合理	《采购物料分类》	
2. 季度物资采购计划	公司相关部门根据自身实际运作需要，根据预算执行与调整流程，制订部门的季度物资采购计划		《季度物资采购计划》	
3. 四周滚动生产计划	计划部根据生产计划制定流程，提供四周滚动生产计划	滚动生产计划不准确	《滚动采购周计划》	
4. 汇总确定物料需求	采购部根据计划部生产滚动计划和其他部门季度物资采购计划，汇总确定公司的物料整体需求			
5. 确定物料安全库存数量及种类	财务部、材料仓库根据公司物料安全库存管理的规定，确定相关物料安全库存种类及数量	安全库存标准不合理	《安全库存标准》	
6. 确定采购实际需求	采购部采购计划员根据物料库存信息和安全库存要求，在综合分析物料需求的基础上，确定实际物料采购需求			
7. 评估采购周期	采购部采购人员评估相关物料的采购周期			
8. 四周滚动采购计划	采购计划人员制订部门的四周滚动采购计划，并报部长审批。若部长审批不同意，则重新制订相关滚动采购计划	采购计划不准确		
9. 监督检查采购计划执行情况	采购部对采购人员的行为及计划执行情况进行过程监督			《物料采购跟催单》

续表

流程核心步骤	核心步骤说明	流程风险点	相关制度/文件	相关表单
10. 调整采购计划	如需要对采购计划进行调整，由采购部门内部进行采购计划的调整			
11. 继续执行采购计划	如不需要对采购计划进行调整，则按照原采购计划继续执行			

3. 采购计划管理流程相关制度与表单

表 11－16　物料采购跟催单

序号	物料编号	物料名称	物料规格	物料种类	负责业务员	计划采购数量	未到位物料数量	计划进料日	实际进料日			异常原因说明
									1	2	3	

4. 采购计划管理流程绩效指标

表 11－17　采购计划管理流程绩效指标

序号	流程绩效指标	相关部门
1	采购计划达成率	采购部、计划部
2	物料齐套率	采购部、计划部

5. 采购计划管理流程权限分配

表 11－18　采购计划管理流程权限分配表

序号	分权事项	提案	审核			批准	知会
			初审	审核	会审		
1	四周滚动采购计划	采购部			计划部、生产部、仓储部	生产副总	
2	采购计划调整申请	采购部				生产副总	计划部、生产部、仓储部

四、物料采购管理流程

1. 物料采购管理流程图

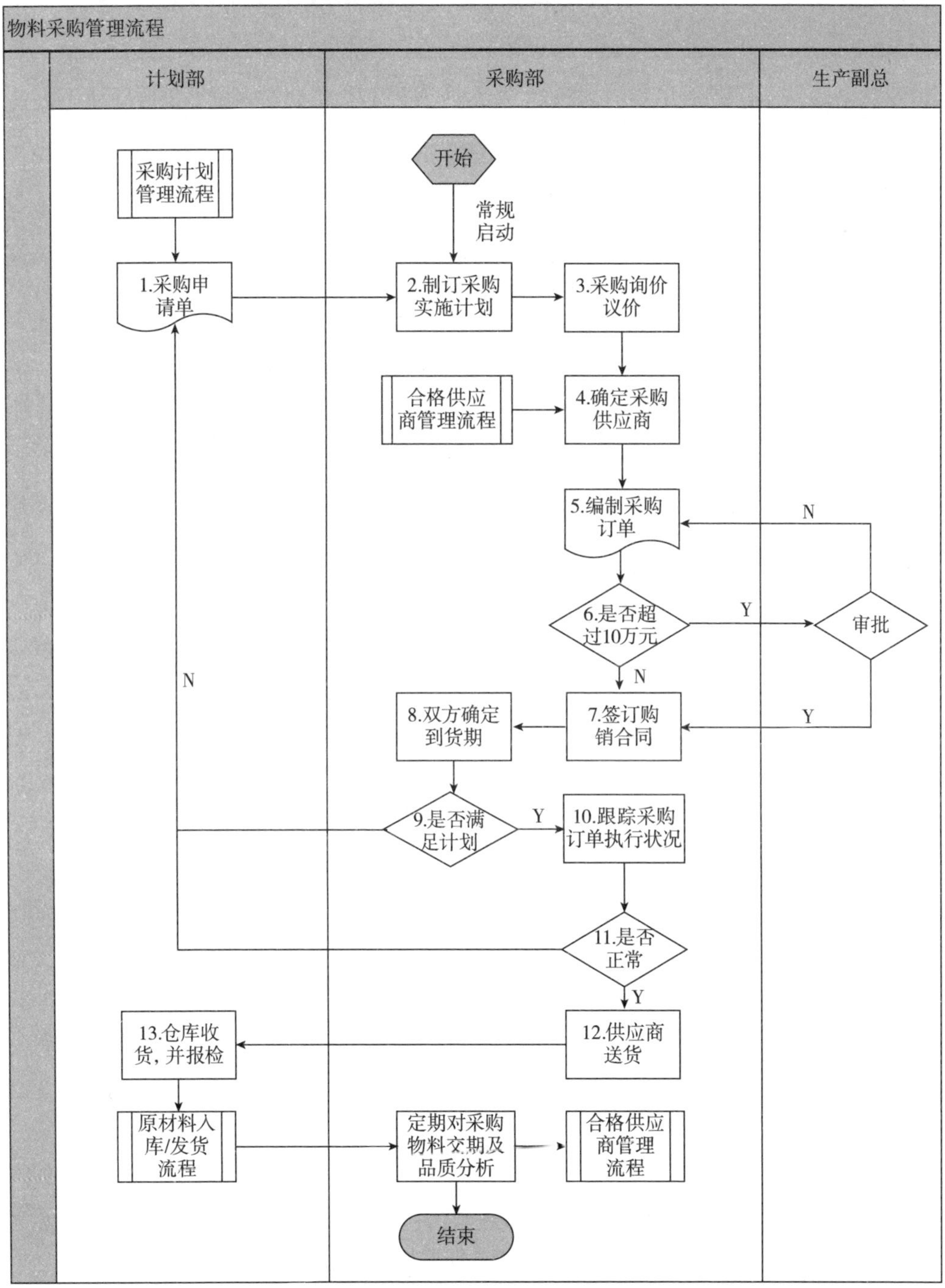

图 11－6　物料采购管理流程

2. 物料采购管理流程核心步骤说明及风险点控制

表 11－19 物料采购管理流程核心步骤说明及风险点控制

流程核心步骤	核心步骤说明	流程风险点	相关制度/文件	相关表单
1. 采购申请单	计划部根据《采购计划管理流程》编制物料申购计划		《采购计划管理流程》	
2. 制订采购实施计划	采购根据计划部的物料需求计划制订采购实施计划	采购实施计划不准确		
3. 采购询价议价	(1)采购根据采购实施计划并结合市场行情、订单数量进行询价议价； (2)核心材料或贵重物料的议价结果必须经过生产副总	采购询价审核不严		
4. 确定采购供应商	(1)根据议价结果、供应商品质状况及定期评估的结果，分配相应比例的采购额度给合格供应商； (2)不在合格供应商名录内的供应商，需要按照《供应商管理流程》进行评审	下单供应商不在合格供应商名录中	《供应商管理流程》	
5. 编制采购订单	采购根据确定的供应商和所分配的采购数量编制《采购订单》			
6. 是否超过10万元	(1)《采购订单》经过采购经理审批； (2)如果采购金额超过10万元，再递交生产副总审批	超额度采购审核不严		
7. 签订购销合同	(1)采购经理或者生产副总审批《采购订单》后，供应商签订《购销合同》； (2)非核心材料或贵重材料不需要签订《购销合同》	《购销合同》审核不严		
8. 双方确定到货期	采购与供应商确定到货情况(包括到货日期、到货数量)后，并由供应商签章回传			
9. 是否满足计划	如果供应商确认的到货期和到货数量不能满足计划要求，则采购需向计划部沟通反馈			

续表

流程核心步骤	核心步骤说明	流程风险点	相关制度/文件	相关表单
10. 跟踪采购订单执行状况	如果供应商确认的到货期和到货数量能满足计划要求,则由采购负责跟踪订单执行状况			
11. 是否正常	采购订单在执行过程中,如发现供应异常,采购部应及时跟供应商进行沟通,经沟通仍然不能解决的,由采购部向计划部进行反馈	采购供货不正常		
12. 供应商送货	对于能够按期供货的,采购部监督供货状况			
13. 仓库收货,并报检	仓储办理入库			

3. 物料采购管理流程相关制度与表单(无)

4. 物料采购管理流程绩效指标

表 11-20　物料采购管理流程绩效指标

序号	流程绩效指标	相关部门
1	物料齐套率	采购部、计划部
2	采购断货次数	采购部
3	物料品质一次交检合格率	采购部

5. 物料采购管理流程权限分配

表 11-21　物料采购管理流程权限分配表

序号	分权事项	提案	审核			批准	知会
			初审	审核	会审		
1	采购订单(大于10万元)	采购部				生产副总	计划部、生产部、仓储部
2	采购订单(小于10万元)	采购员				采购部负责人	计划部、生产部、仓储部

五、采购价格管理流程

1. 采购价格管理流程图

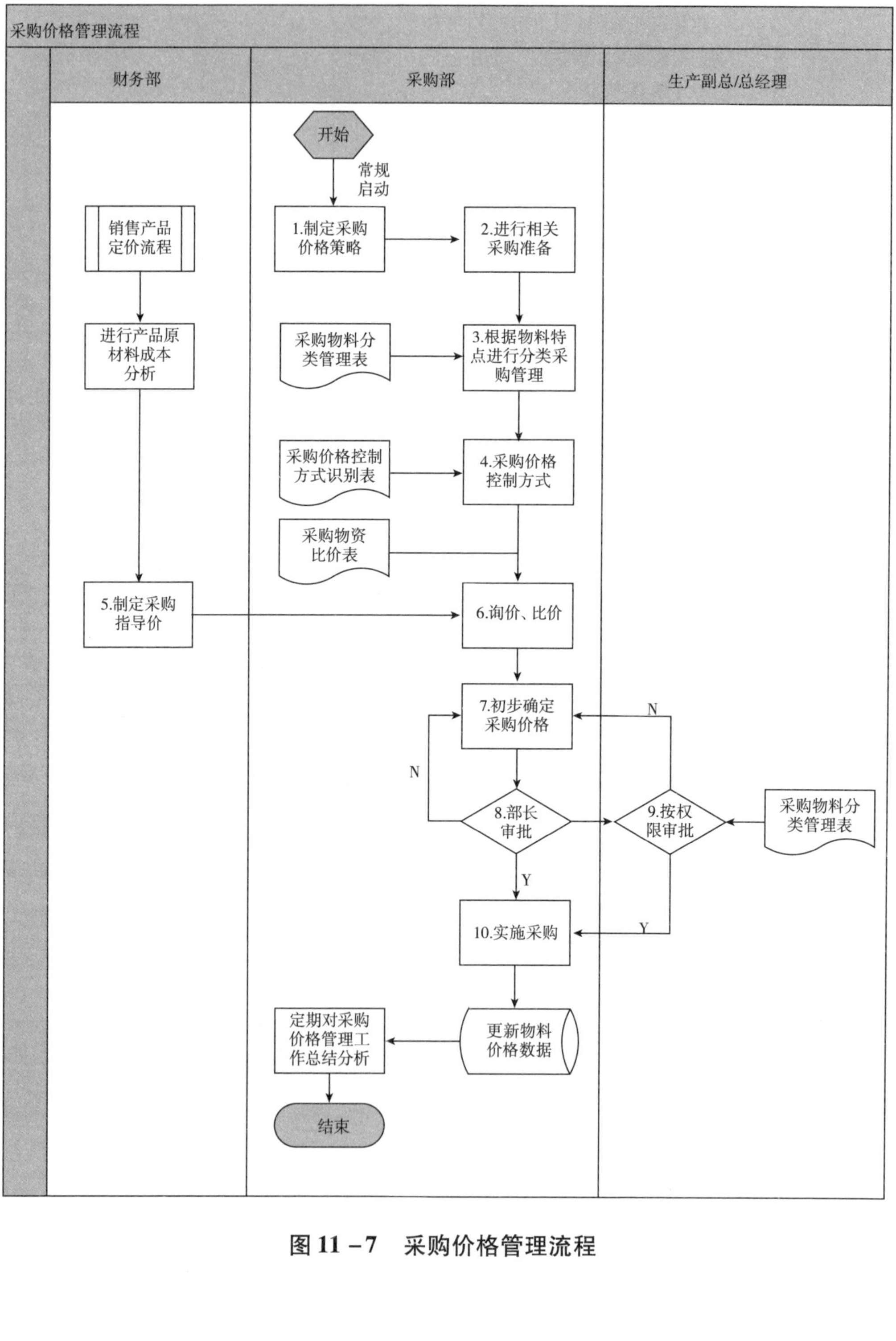

图 11－7 采购价格管理流程

2. 采购价格管理流程核心步骤说明及风险点控制

表 11－22　采购价格管理流程核心步骤说明及风险点控制

流程核心步骤	核心步骤说明	流程风险点	相关制度/文件	相关表单
1. 制定采购价格策略	采购部根据公司采购计划和经营计划要求，明确公司的相关采购价格策略	采购价格策略不具可操作性	《采购价格策略》	
2. 进行相关采购准备	采购部做好相关采购计划准备（工作分工、计划制定等）			
3. 根据物料特点进行分类采购管理	根据采购物料分类管理表的要求，采购部针对不同物料特点，确定相关采购管理策略			《采购物料分类管理表》
4. 采购价格控制方式	根据采购价格控制方式识别表的要求，采购部明确相关物料的采购价格控制方式			《采购价格控制方式识别表》
5. 制定采购指导价	财务部根据产品价格制定流程的要求，对相关产品开展成本分析，进行成本倒推，制定出相关物料采购指导价	采购指导价更新不及时		
6. 询价、比价	采购部根据财务部所制定的采购指导价和物料价格控制方式要求，开展物料的询价和比价工作	采购询价、比价工作执行不力		《采购物资比价表》《采购询价单》
7. 初步确定采购价格	经过相关询价比较后，采购人员确定好物料采购的初步价格，并报部门领导和公司高层进行审批			

续表

流程核心步骤	核心步骤说明	流程风险点	相关制度/文件	相关表单
8. 部长审批	采购部长对所确定的初步采购价格进行审批： (1)价格审批不同意，返回由采购员重新制定； (2)物料审批超过部长权限，报公司高层审批	采购价格审批不严格		《采购报价审批单》
9. 按权限审批	对超部长审批权限的物料价格，由公司高层领导按照物料分类管理的规定，进行审批			
10. 实施采购	采购人员根据所确定的物料采购价格，进行物料采购实施操作			

3. 采购价格管理流程相关制度与表单

表 11－23　采购价格控制方式识别表

类别		价格控制方式					
		比价采购	招投标采购	谈判采购	现金采购	成本倒推	特批采购
生产类	A	√	/	/	/	√	√
	B	√	/	/	√	√	√
	C	/	/	√	√	/	√
非生产类	A	/	√	√	√	/	√
	B	√	√	/	/	/	√
	C	/	/	√	√	/	√

4. 采购价格管理流程绩效指标

表 11－24　采购价格管理流程绩效指标

序号	流程绩效指标	相关部门
1	采购成本控制目标达成率	采购部、产品研发部、研发部
2	违规采购次数	采购部

5. 采购价格管理流程权限分配

表 11－25　采购价格管理流程权限分配表

序号	分权事项	提案	审核			批准	知会
			初审	审核	会审		
1	采购价格控制方式识别表	采购部	财务部			生产副总	
2	采购指导价	财务部	财务总监			总经理	采购部
3	采购价格（指导价内）	采购员	采购部负责人			生产副总	
4	采购价格（指导价外）	采购员	采购部负责人	财务部	生产副总	总经理	

六、物料领用流程

1. 物料领用流程图

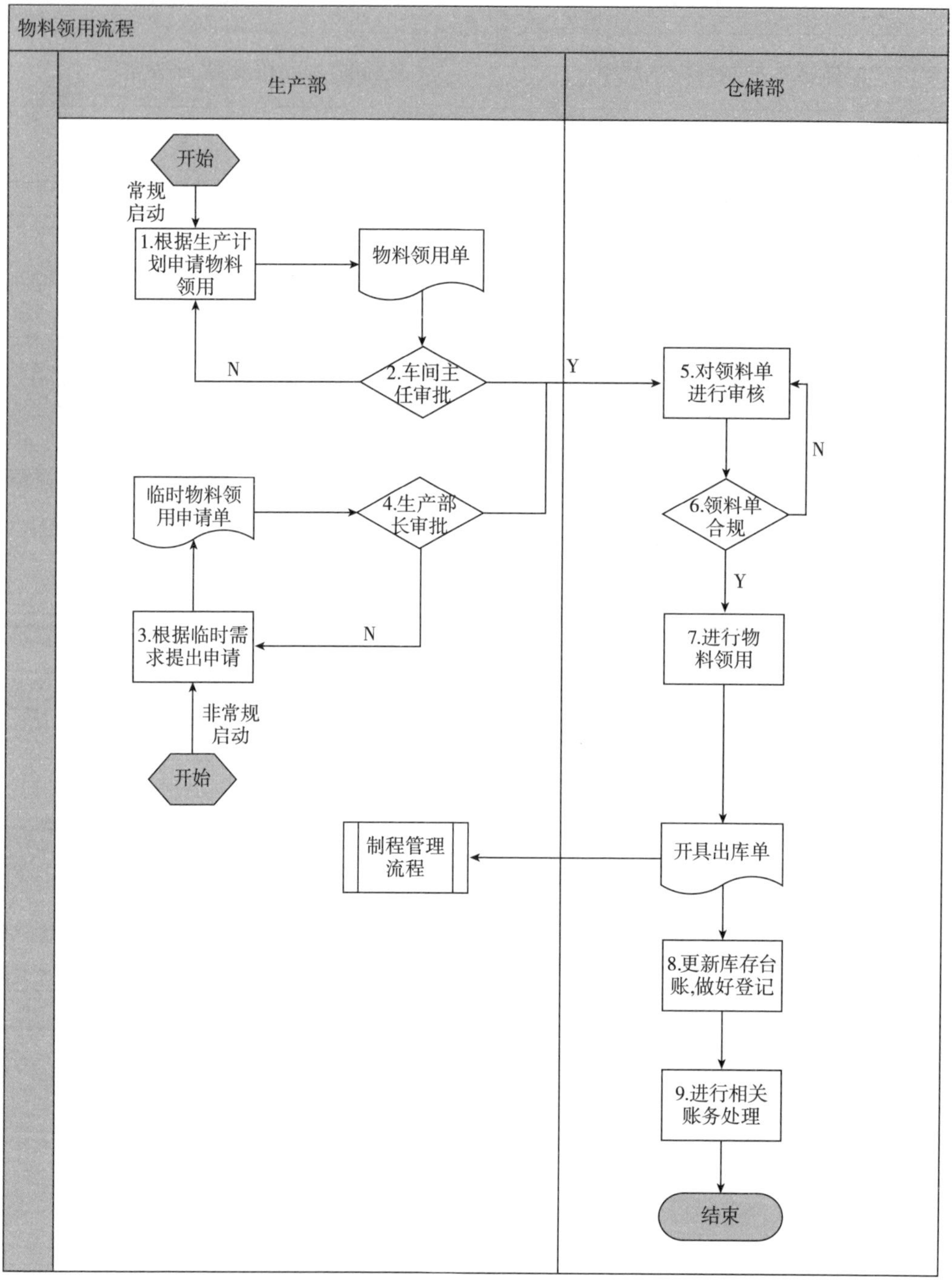

图 11－8　物料领用流程

2. 物料领用流程核心步骤说明及风险点控制

表 11－26　物料领用流程核心步骤说明及风险点控制

流程核心步骤	核心步骤说明	流程风险点	相关制度/文件	相关表单
1. 根据生产计划申请物料领用	生产车间按照生产部所制定的采购需求，填报物料领用单，进行采购申请，报分厂车间主任审批	未按计划领用导致呆滞		《物料领用单》
2. 车间主任审批	车间主任对计划内的物料申请进行审批，如审批不同意则重新制定物料申请			
3. 根据临时需求提出申请	生产车间根据临时生产运作需要，提出计划外的采购需求，填报临时物料领用申请单，报生产部长审批			《临时物料领用申请单》
4. 生产部长审批	生产部长对计划外的物料申请进行审批，如审批不同意则重新返回生产车间，制定临时物料申请	临时性领料审核把关不严		
5. 对领料单进行审核	相关物料领用申请经审批同意后，仓储部根据公司相关物料管理规定，对领料单进行合规性审核	领料单不合规		
6. 领料单合规	如领料单不符合公司相关规定，返回生产车间			
7. 进行物料领用	相关领料单审核后若无问题，则由仓储部办理相关物料领用手续，并开具出库单			《出库单》
8. 更新库存台账，做好登记	根据物资出库结果，仓储部及时更新相关物料库存数据，做好物资台账登记	库存台账记录不及时		
9. 进行相关账务处理	仓储部根据物资出库情况，进行相关账务处理工作	仓管账务不力、不及时、不准确		

3. 物料领用流程相关制度与表单

表 11－27　临时物料领用申请单

领料部门			申请发料时间		
领料申请人			联系方式		
具体领料事项					
物料名称	物料规格	单位	物料种类	计划领用数量	实发数量
领料原因说明	□计划预测不准确　□设备问题　□物料质量问题 □突发性事故　□生产计划变更　□其他				
	具体说明：				
生产部审核					
仓储部审批					

4. 物料领用流程绩效指标

表 11－28　物料领用流程绩效指标

序号	流程绩效指标	相关部门
1	物料发货差错率	仓储部、生产部
2	仓储台账处理准确性、及时性	仓储部、财务部

5. 物料领用流程权限分配

表 11－29　物料领用流程权限分配表

序号	分权事项	提案	审核			批准	知会
			初审	审核	会审		
1	计划内领料申请	生产车间				车间主任	仓储部
2	临时性领料申请	生产车间	车间主任			生产部长	仓储部
3	领料单据审核	生产车间				仓储部	财务部、计划部

七、制程管理流程

1. 制程管理流程图

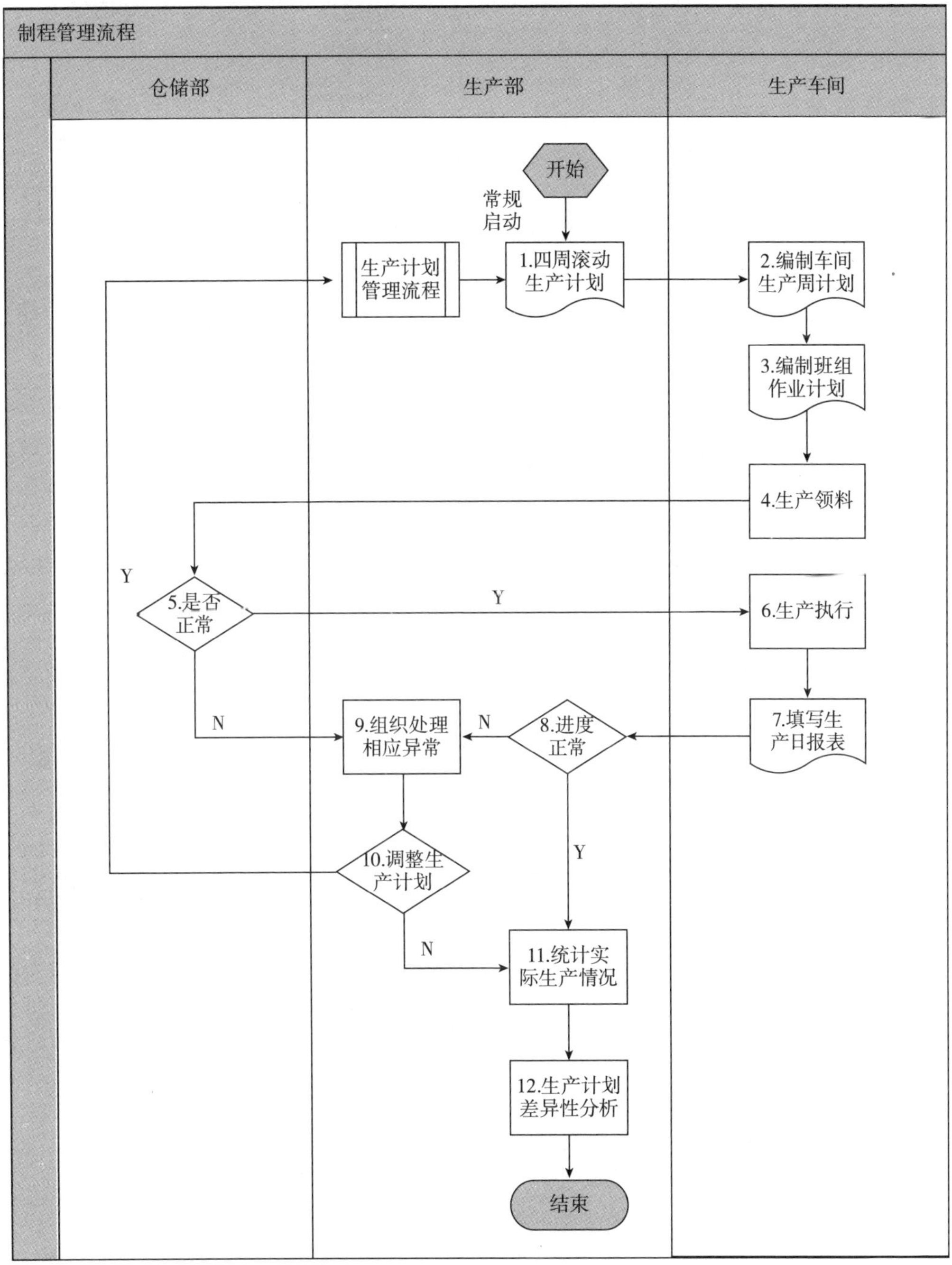

图 11－9　制程管理流程

2. 制程管理流程核心步骤说明及风险点控制

表 11－30　制程管理流程核心步骤说明及风险点控制

流程核心步骤	核心步骤说明	流程风险点	相关制度/文件	相关表单
1. 四周滚动生产计划	生产部根据生产计划流程，制订生产系统的四周滚动生产计划	滚动计划不准确		《滚动生产周计划》
2. 编制车间生产周计划	生产车间编制车间周计划			《分厂生产周计划》
3. 编制班组作业计划	各班组根据车间生产周计划，编制班组生产日计划			《班组生产日计划》
4. 生产领料	生产车间进行生产领料，做好生产准备			
5. 是否正常	仓储部进行物料供应，并判断供应是否正常	物料供应异常导致生产计划无法执行		
6. 生产执行	若物料供应正常，生产车间则执行相关生产计划			
7. 填写生产日报表	生产车间根据每天生产完成情况，填报生产日报表			《生产日报表》
8. 进度正常	生产部对比相关生产日报表，检查生产进度是否正常			《生产进度控制表》
9. 组织处理相应异常	若原料供应及生产进度出现异常，由生产部组织相关部门进行异常处理	生产异常处理不及时		
10. 调整生产计划	生产部根据异常处理情况，判断是否调整相关生产计划，若需要则进入生产计划管理流程			
11. 统计实际生产情况	若生产进度正常或不需要调整生产计划，则由生产部统计相关生产实际完成情况			《生产进度分析表》

续表

流程核心步骤	核心步骤说明	流程风险点	相关制度/文件	相关表单
12. 生产计划差异性分析	生产部定期对生产计划完成情况进行生产差异性分析	生产分析不全面		

3. 制程管理流程相关制度与表单(略)

4. 制程管理流程绩效指标

表 11－31　制程管理流程绩效指标

序号	流程绩效指标	相关部门
1	生产计划达成率	计划部、生产部、仓储部
2	生产异常及时处理率	生产部、品质部、设备部、工艺部
3	生产分析质量(及时性、准确性、决策价值)	生产部、计划部

5. 制程管理流程权限分配

表 11－32　制程管理流程权限分配表

序号	分权事项	提案	审核			批准	知会
			初审	审核	会审		
1	四周滚动生产计划	计划部	生产部			生产副总	设备部、品质部、工艺部
2	车间生产周计划	生产车间				生产部长	设备部、品质部、工艺部
3	班组日作业计划	生产班组				车间主任	设备部、品质部、工艺部
4	生产计划调整申请	生产车间			设备部、品质部、工艺部、生产部、计划部	生产副总	

第十二章　集成财经服务核心业务流程再造

2018 年 1 月 18 日，任正非先生签发了 13 号文，提出了对财经管理部和财经管理体系的转型要求："从财务管理走向名副其实的财经管理，融入项目，融入业务；要建立对业务作战最实用的财务能力；所有不熟悉业务的财务人员必须抽时间去学习业务，所有业务人员都要知晓财经。"从华为开始，越来越多的企业开始将财务从过去的职能管理部门向业务部门转型，因此集成财经服务也就应运而生了。

第一节　集成财经服务核心业务流程规划

实际上早在十多年前的 2007 年华为就聘请 IBM 进行完善财务管理体系改造，启动了 IFS(集成财经服务)项目。IFS 为华为培养了数千名合格的财务总监，他们深入华为各个业务部门(包括销售、市场、研发、供应链等)，把规范的财务流程植入华为公司的整个运营流程，实现了收入与利润的平衡发展。

一、集成财经服务概述

财务人员要融入业务，好说难做，具体的路径有哪些呢？任正非先生给出了三个方向：

(1)参与项目管理。企业规模越大，财务人员的分工就越细，有些人专门负责应收账务处理，有些人专门负责应付账务处理，有些人负责资金管理，有些人负责存货管理，有些人负责总账管理，有些人负责税务管理，总之每个岗位只能专注于财务工作的某一个或几个环节，很难窥探财务工作全貌。基层财务人员想要尽快掌握会计的整体工作，最有效、最直接的办法就是参与项目，负责一个项目的财务管理工作。一个项目相当于一个小企业，财务人员只有贴近业务实际，才能全面了解业务全貌。

(2)参与经营分析。华为内部推崇经营分析，而非简单的财务分析，这就要求财务人员必须结合企业业务实际，深入业务一线，否则经营分析的结论就会与实际相去甚远，也很难指导业务改善。具体而言，经营分析要求会计人员通过财务数据挖掘业务背后的真实原因，指出问题，找出对策，落实责任，改善提升。

(3)参与经营预测。过去很多企业都做财务预算，这种预算方式很多时候是脱离了业务实际的，财务人员只是按照业务部门工作计划及资源投入计算收入、成本、费用及利润。而真正的经营预算则要求财务人员必须熟悉业务，并与业务负责人反复沟通才能得出务实的预算。

虽然以上是任正非先生对财务人员的要求，但其实也是对财务转型的具体要求。

对于华为公司在财经管理体系上的变革，笔者深有同感，在十多年的咨询服务经历过程中，接触过不下几百位财务总监、财务经理及财务工作者，他们都知道自己应该更多地掌握和了解企业的战略意图、业务运营，以便更好基于战略和业务运营规律来进行财务管理及分析，支持企业经营决策。

二、集成财经服务业务逻辑关系图与流程规划

传统的财务业务仅包括会计核算、资金管理、资产管理、成本管理、费用管理、税务管理等，而集成财经要求企业每项业务(包括研发、市场、销售、采购、生产、仓储、物流、客户服务等)都必须围绕经营预算开始，控制成本、费用的同时，尽可能扩大收入，进而提升企业盈利能力。

根据多年实践，我们把企业集成财经业务共分为五个阶段，每个阶段包括若干项业务活动，如表 12－1 所示：

表 12－1　集成财经服务核心业务活动汇总

业务阶段	核心业务活动
财经规划	年度资金需求、年度盈利规划、年度税务规划、年度融资规划、年度投资规划
经营预算	年度经营预算编制、年度经营预算审批、预算外及超预算控制
财务核算	产品成本核算与管理、项目成本核算与管理、销售费用核算、管理费用管理、财务费用核算、应收核算、应付核算、税务缴交与核算、会计报表
资金、资产管理	信用管理、有价证券管理、银行账户管理、货币资金管理、理财管理、固定资产管理、库存物料管理、库存成品管理、无形资产管理
财务管理	融资管理（股权融资、银行融资、信托融资等）、投资管理（股权投资、项目投资等）、采购价格管理、销售价格管理、新产品收益评价、新项目收益评价、财务分析

【案例 12－1】　接【案例 9－1】江苏某高科技企业集成财经服务业务活动及逻辑关系图

表 12－2　江苏某高科技企业集成财经服务核心业务活动规划表

业务阶段	业务活动项数	主要业务活动名称
1. 财经规划	7 项	1.1 年度经营计划；1.2 年度经营预算；1.3 年度资金计划；1.4 年度融资计划；1.5 年度投资计划；1.6 财务核算规则；1.7 年度税务筹划
2. 会计核算	12 项	2.1 预算执行与调整；2.2 月度资金计划；2.3 投资项目核算；2.4 销售开票；2.5 收入核算；2.6 费用报销；2.7 费用核算（销售费用、管理费用、财务费用）；2.8 材料核算；2.9 成本核算；2.10 会计报表；2.11 税务核算；2.12 税务缴交
3. 资产管理	4 项	3.1 资产管理（固定资产、存货、无形资产）；3.2 资金管理（货币资金、银行存款、应收票据）；3.3 往来账管理（应收、应付）；3.4 对账管理（应收、应付）
4. 财务分析	3 项	4.1 预算分析；4.2 财务分析与实施；4.3 经营风险控制

为了能让读者朋友更加清晰地看到这家企业集成财经服务各项业务活动之间的逻辑关系，我们专门绘制了该企业集成财经核心业务逻辑关系图，同时也规划出了该企业集成财经服务核心业务流程清单。

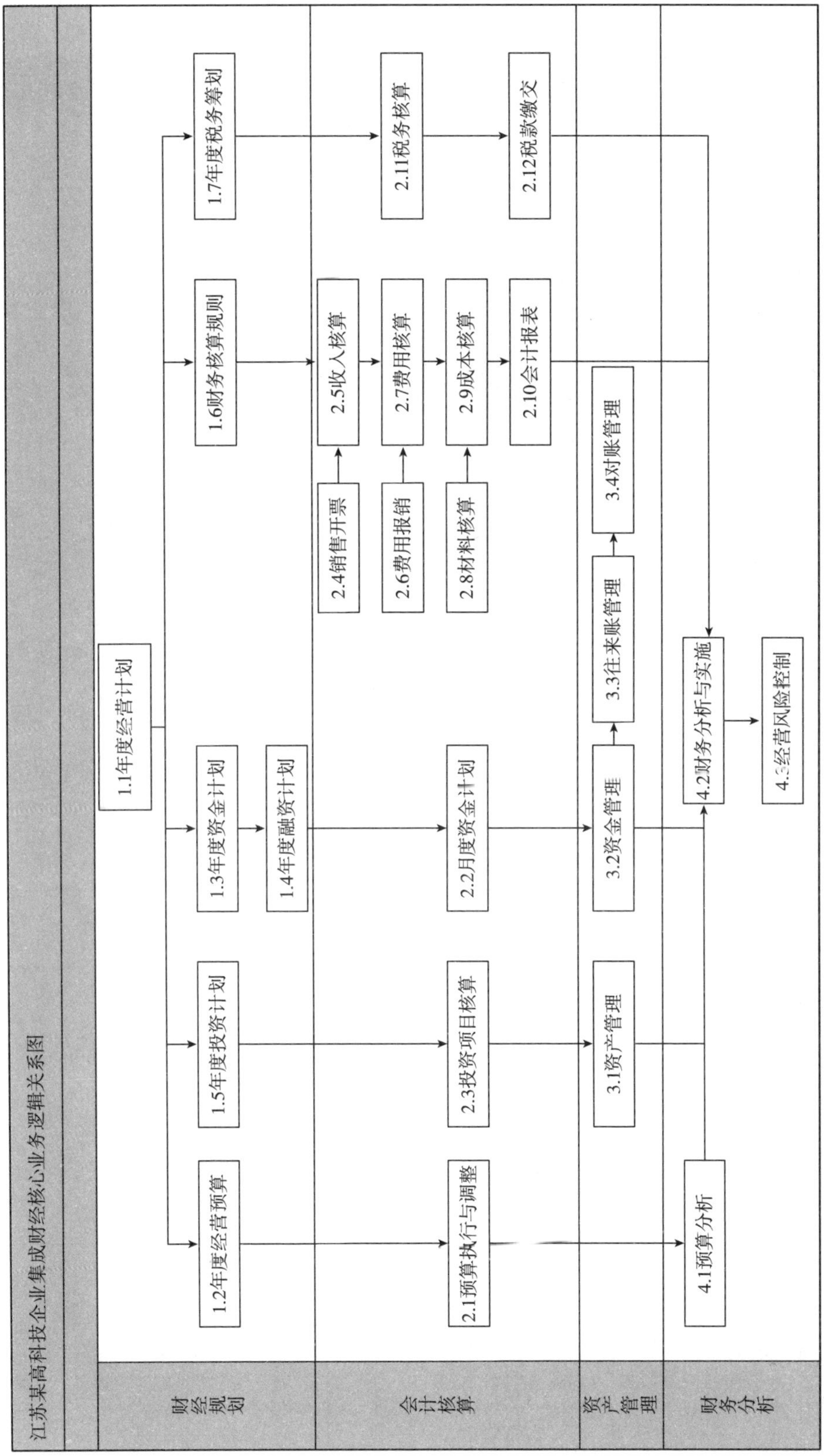

图 12-1　江苏某高科技企业集成财经核心业务逻辑关系图

表 12－3　江苏某高科技企业集成财经核心业务流程规划

一级流程清单	二级流程清单	对应业务活动编号	流程主人	流程相关部门	流程输入	流程输出
年度经营预算编制流程		1.1、1.2、2.1、4.1	财务部	财务部、相关部门	年度经营目标	年度经营预算
	年度经营预算执行与评价流程	2.1、4.1	财务部	财务部、相关部门	年度经营预算表	年度经营预算执行评价报告
投资管理流程		1.5、2.3	财务部	财务部、相关部门	公司发展战略规划	投资项目分析报告
经营资金管理流程		1.3、1.4、2.2、2.3	财务部	财务部、相关部门	年度经营预算	资金管控与平衡
	资金计划管理流程	1.3、2.2	财务部	财务部、相关部门	年度经营预算	资金计划的实施与分析
	融资管理流程	1.4	财务部	财务部、相关部门	公司发展战略规划	融资状况分析
收入核算流程		2.4、2.5	财务部	财务部、相关部门	各种收入凭证与资料的收集	收入的记账与分析
	开票管理流程	2.4	财务部	财务部、相关部门	开票需求	开票数据统计
费用报销流程		2.6	财务部	财务部、相关部门	费用报销的需求	费用成功报销
费用核算及管控流程		2.7	财务部	财务部、相关部门	年度经营预算及费用凭证	费用分析报告及管控意见
成本核算流程		2.8、2.9	财务部	财务部、相关部门	成本统计数据	成本数据分析

续表

一级流程清单	二级流程清单	对应业务活动编号	流程主人	流程相关部门	流程输入	流程输出
固定资产管理流程		3.1	财务部	财务部、相关部门	固定资产登账	固定资产台账更新
	存货核算流程	3.1	财务部	财务部、相关部门	存货核算资料收集	存货月末盘点分析报告
	资产闲置与报废处置流程	3.1	财务部	财务部、相关部门	资产闲置与报废需求	资产闲置与报废处置台账的建立
往来账及对账管理流程		3.3、3.4	财务部	财务部、相关部门	公司对账计划	对账情况及账务异常分析
	付款管理流程	3.3	财务部	财务部、相关部门	付款需求	付款有效管控
	资金内部拆借管理流程	3.3	财务部	财务部、相关部门	月度经营资金需求	内部拆借的规范操作
税务管理流程		1.7、2.11、2.12	财务部	财务部、相关部门	年度税务计划	所得税汇算清缴鉴证报告
	出口退税管理流程	2.11、2.12	财务部	财务部、相关部门	收集出口报关单及发票	退税款项入账
财务分析流程		4.2、4.3	财务部	财务部、相关部门	财务分析制度	财务分析报告

第二节 集成财经服务核心业务流程再造

集成财经服务核心业务流程有很多,常见的有经营预算管理流程、财务分析流程、会计核算流程、成本控制流程、费用报销流程、投资管理流程、融资管理流程、资金管理流程、资产管理流程、税务筹划流程等,当然不同企业也会存在一定的差异,本节摘选部分常用的集成财经业务流程加以详细说明。

一、年度经营预算制订流程

1. 年度经营预算制订流程图

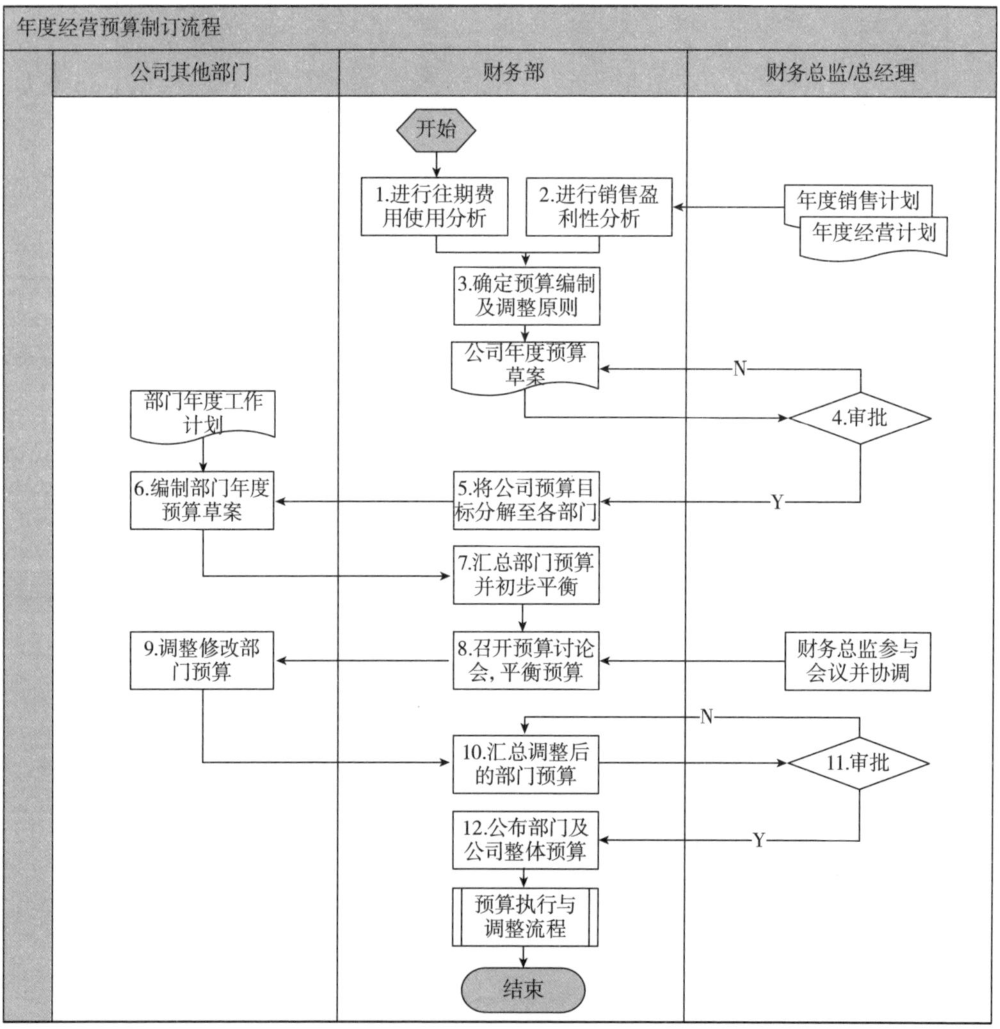

图 12－2 年度经营预算制订流程

2. 年度经营预算制订流程核心步骤说明

表 12-4 年度经营预算制订流程核心步骤说明

流程核心步骤	核心步骤说明	相关制度/文件	相关表单
1. 进行往期费用使用分析	财务部对部门往期费用与预算执行情况进行汇总分析		
2. 进行销售盈利性分析	财务部根据公司的销售计划与经营计划要求,对产品未来销售盈利能力和状况进行分析		
3. 确定预算编制及调整原则	根据以上分析,财务部门确定公司预算编制的指导思想和原则,并形成公司年度预算草案	《公司预算管理制度》	
4. 审批	总经理对公司预算草案进行审批		
5. 将公司预算目标分解至各部门	财务部下达部门预算要求,将公司预算目标分解至公司各部门		《公司年度预算管理表》
6. 编制部门年度预算草案	各部门结合部门年度工作计划,按照预算要求制订部门预算		
7. 汇总部门预算并初步平衡	财务部汇总各部门预算草案,并对部门预算进行初步平衡		
8. 召开预算讨论会,平衡预算	财务部召开部门联合评审会议,对初步预算平衡结果进行讨论		
9. 调整修改部门预算	各部门根据会议预算平衡结果,对部门编制的相关预算进行调整		
10. 汇总调整后的部门预算	财务部汇总各部门调整后的预算方案,形成公司预算方案,并报总经理审签		
11. 审批	公司总经理对部门及公司预算方案进行审批,作为正式发布依据		
12. 公布部门及公司整体预算	财务部正式发布相关部门及公司预算方案		

3. 年度经营预算制订流程相关制度与表单(略)

4. 年度经营预算制订流程绩效指标

表 12－5 年度经营预算制订流程绩效指标

序号	流程绩效指标	相关部门
1	年度经营预算覆盖率	财务部、销售部、采购部、其他部门
2	年度经营预算合理性、及时性	财务部

5. 年度经营预算制订流程权限分配

表 12－6 年度经营预算制订流程权限分配表

序号	分权事项	提案	审核			批准	知会
			初审	审核	会审		
1	年度经营预算编制草案	财务部	财务总监			经营委员会	各部门
2	年度经营预算	各部门	分管领导	财务总监		经营委员会	各部门

二、年度经营预算执行与调整流程

1. 年度经营预算执行与调整流程图

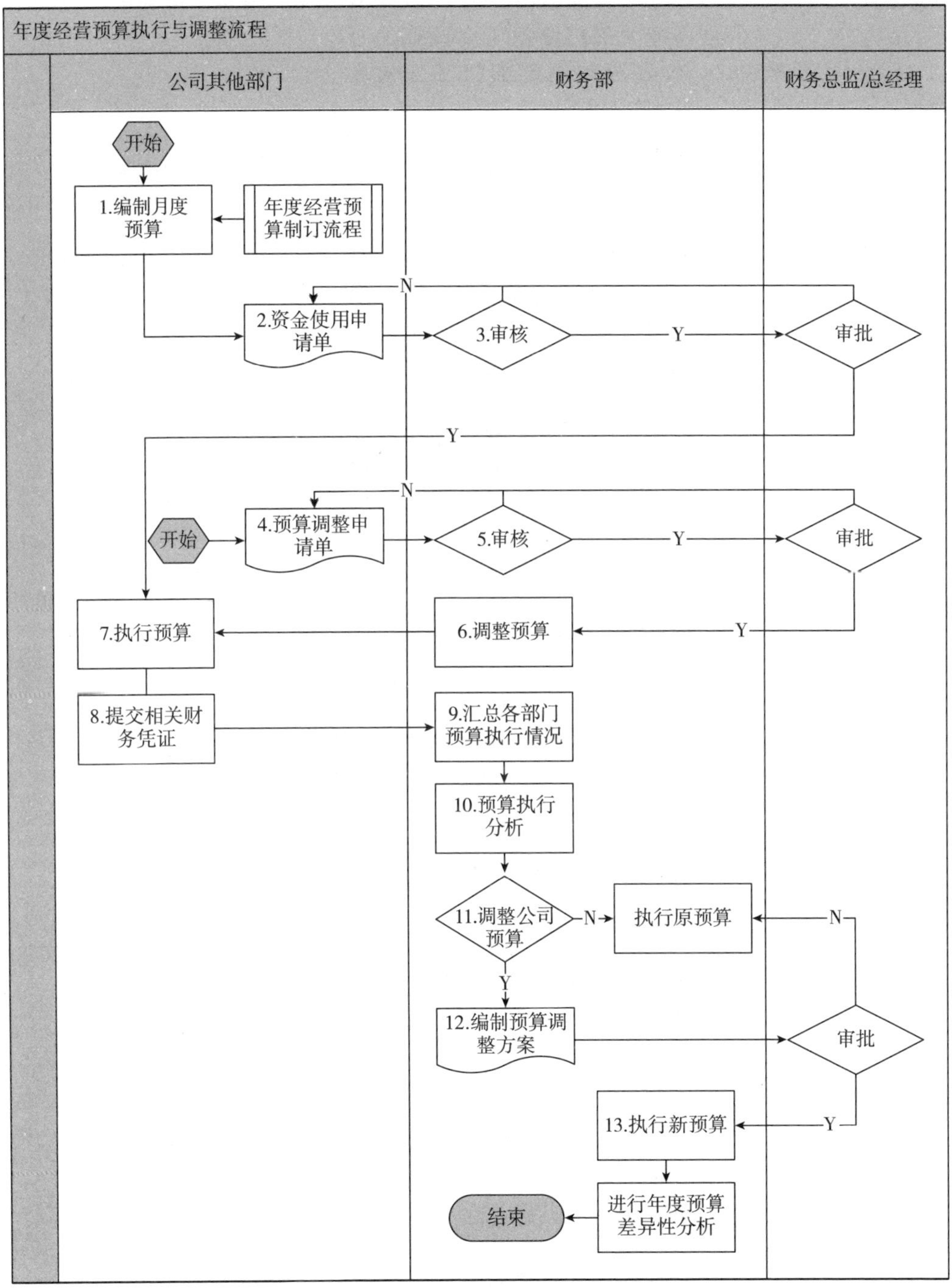

图 12－3　年度经营预算执行与调整流程

2. 年度经营预算执行与调整流程核心步骤说明

表 12－7　年度经营预算执行与调整流程核心步骤说明

流程核心步骤	核心步骤说明	相关制度/文件	相关表单
1. 编制月度预算	各相关部门根据年度预算编制要求，分解制定部门月度预算要求		
2. 资金使用申请单	部门负责人对预算执行申请进行审批，属于一般预算审批项目的可由部门负责人直接决定，对超预算、非预算或超出审批权限的项目则由部门填写资金申请表，交上级部门审批	《公司预算管理制度》	《资金使用申请表》
3. 审核	财务部门负责人及总经理根据各自授权范围，对相关事项进行审批，总经理对相关事项有最终决定权		
4. 预算调整申请	各部门根据实际业务需求，提出预算调整申请		《预算调整申请表》
5. 审核	财务部及总经理根据各自授权范围，对预算调整事项进行分级审批，总经理对预算调整有最终决定权		
6. 调整预算	财务部根据总经理审批意见，调整部门预算		
7. 执行预算	各相关部门执行经领导审批同意后的部门预算		
8. 提交相关财务凭证	根据实际业务发生状况，相关部门提交财务凭证		
9. 汇总各部门预算执行情况	财务部门收集相关财务凭证，定期汇总部门预算执行情况		
10. 预算执行分析	财务部门定期对部门及公司预算执行情况开展分析		

续表

流程核心步骤	核心步骤说明	相关制度/文件	相关表单
11. 调整公司预算	财务部根据公司预算执行情况及公司业务状况,对公司整体预算是否调整做出判断		
12. 编制预算调整方案	相关调整后的公司整体预算方案交总经理进行审批		
13. 执行新预算	财务部执行经总经理同意后的公司整体新预算		

3. 年度经营预算执行与调整流程相关制度与表单

表 12－8　资金使用申请单

申请部门		申请时间	
具体资金申请			
申请类型	□超权限审批项目	□超预算审批项目	□非预算项目
申请项目			
申请金额			
申请原因说明			
部门负责人意见			
财务部意见			
总经理审批意见			

表 12－9　预算调整申请单

申请部门		申请时间	
具体预算申请			
预算项目			
预算金额			
申请预算金额			
增加幅度			

续表

申请原因说明	
部门负责人意见	
财务部意见	
总经理审批意见	

4. 年度经营预算执行与调整流程绩效指标

表 12－10　年度经营预算执行与调整流程绩效指标

序号	流程绩效指标	相关部门
1	经营预算差异率	各部门、财务部
2	超预算及预算外项目预算调整次数	各部门、财务部
3	公司经营利润目标达成率	各部门、财务部、经营委员会

5. 年度经营预算执行与调整流程权限分配

表 12－11　年度经营预算执行与调整权限分配表

序号	分权事项	提案	审核			批准	知会
			初审	审核	会审		
1	资金使用申请（预算内）	申请部门	财务部			财务总监	
2	资金使用申请（预算外）	申请部门	分管领导	财务部		财务总监/总经理	
3	预算调整申请	申请部门	分管领导	财务总监		经营委员会	各部门

三、年度税务筹划流程

1. 年度税务筹划流程图

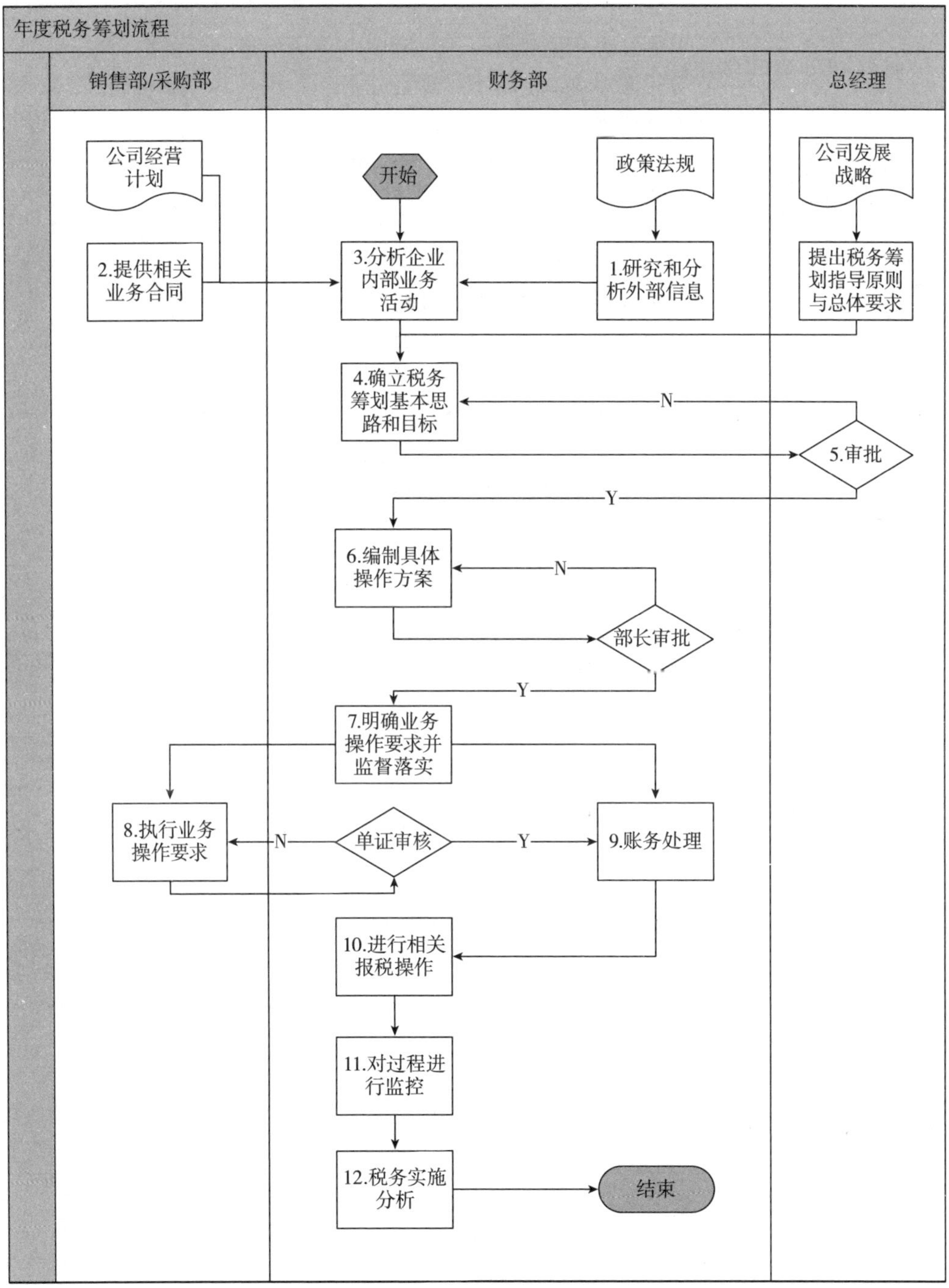

图 12－4　年度税务筹划流程

2. 年度税务筹划流程核心步骤说明

表 12－12　年度税务筹划流程核心步骤说明

流程核心步骤	核心步骤说明	相关制度/文件	相关表单
1. 研究和分析外部信息	财务结合相关政府、行业、区域等优惠政策，进行外部政策分析和研究		
2. 提供相关业务合同	销售部门提供相关业务合同，作为业务活动的依据		
3. 分析企业内部业务活动	财务部根据相关外部政策要求及公司年度经营计划，对公司内部业务活动开展分析		
4. 确立税务筹划基本思路和目标	总经理根据公司发展战略，提出对税务筹划的总体要求和指导原则		
5. 审批	财务部整合以上相关信息，确立公司年度税务筹划基本思路和方向，形成方案报总经理审批同意		
6. 编制具体操作方案	财务部根据总经理审批意见，根据整体税务筹划方案编制具体操作计划和方案	《税务筹划与实施管理制度》	
7. 明确业务操作要求并监督落实	财务部制定各部门进行业务操作时的具体税务操作要求，将公司税负要求贯彻到具体活动中，并监督执行		
8. 执行业务操作要求	业务单位按照财务部所制定的税务操作要求开展业务活动		
9. 账务处理	财务部门按照税务筹划方案要求进行必要账务处理		
10. 进行相关报税操作	税务会计定期进行报税操作		

续表

流程核心步骤	核心步骤说明	相关制度/文件	相关表单
11. 对过程进行监控	财务部负责人对报税操作过程及结果进行监督，检查报税是否及时、准确，与相关税务机关沟通是否正常等事项		
12. 税务实施分析	财务部门定期对税务方案实施情况进行分析		

3. 年度税务筹划流程相关制度与表单(无)

4. 年度税务筹划流程绩效指标

表 12－13　年度税务筹划流程绩效指标

序号	流程绩效指标	相关部门
1	税务筹划合理、合规性评价	财务部、经营委员会
2	税务缴交及时性	财务部

5. 年度税务筹划流程权限分配

表 12－14　年度税务筹划流程权限分配表

序号	分权事项	提案	审核			批准	知会
			初审	审核	会审		
1	年度税务筹划	财务部	财务总监			经营委员会	
2	税务缴交方案	财务部				财务总监	

四、产品成本核算流程

1. 产品成本核算流程图

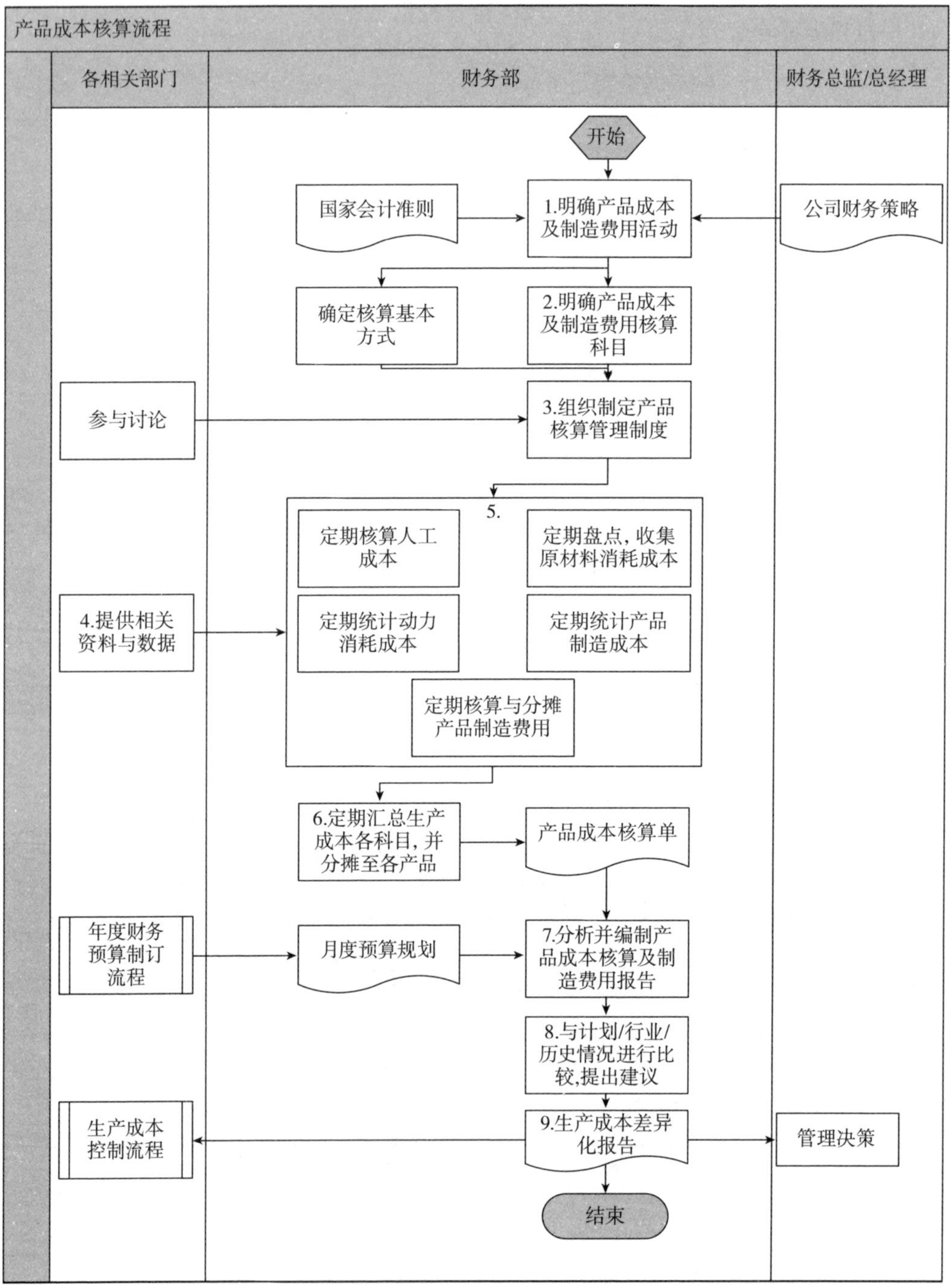

图 12-5 产品成本核算流程

2. 产品成本核算流程核心步骤说明

表 12－15　产品成本核算流程核心步骤说明

流程核心步骤	核心步骤说明	相关制度/文件	相关表单
1. 明确产品成本及制造费用活动	根据国家相关会计法则和企业财务要求，财务部门明确企业产品成本及制造费用项目		
2. 明确产品成本及制造费用核算科目	财务部门明确企业的产品成本及制造费用核算基本方式和相关产品成本核算科目		
3. 组织制定产品核算管理制度	根据产品核算要求，财务部门制定相关核算管理制度，说明核算内容、要求、方式及相关奖惩等	《费用核算管理制度》	
4. 提供相关资料与数据	公司各生产单位按照核算制度要求，定期及时、准确提供相关数据，并配合财务部开展工作		
5. 成本核算	财务部进行定期产品成本及制造费用相关科目核算工作		
6. 定期汇总生产成本各科目，并分摊至各产品	根据公司产品成本核算要求，财务部汇总成本并分摊至各产品		《产品成本核算单》
7. 分析并编制产品成本核算及制造费用报告	财务部门根据相关部门月度预算规划及产品核算实际结果，编制产品成本核算报告		
8. 与计划/行业/历史情况进行比较，提出建议	根据标准成本、历史情况、竞争对手成本情况，财务部编制成本差异化报告		
9. 生产成本差异化报告	公司领导审阅相关报告，以进行分析改善		

3. 产品成本核算流程相关制度与表单(略)

4. 产品成本核算流程绩效指标

表 12－16　产品成本核算流程绩效指标

序号	流程绩效指标	相关部门
1	产品成本核算准确性	生产部、仓储部、计划部、财务部
2	产品成本核算及时性	生产部、仓储部、计划部、财务部

5. 产品成本核算流程权限分配

表 12－17　产品成本核算流程权限分配表

序号	分权事项	提案	审核			批准	知会
			初审	审核	会审		
1	产品成本核算科目	财务部				财务总监	相关部门
2	产品成本数据	提供部门	分管领导		财务部		
3	产品成本报表	财务部	财务总监			经营委员会	相关部门

五、营业收入核算流程

1. 营业收入核算流程图

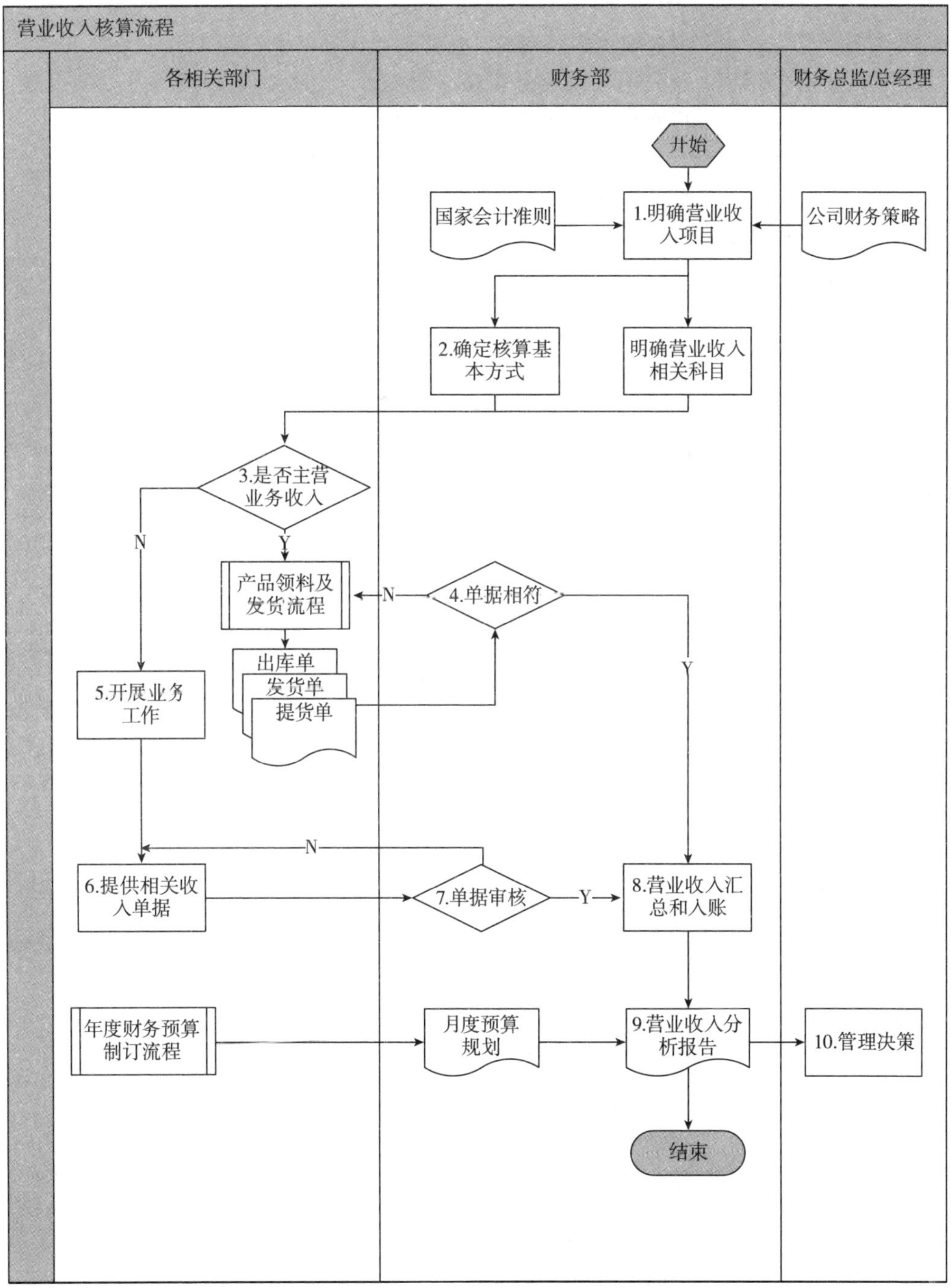

图 12－6　营业收入核算流程

2. 营业收入核算流程核心步骤说明

表 12－18 营业收入核算流程核心步骤说明

流程核心步骤	工作内容的简要描述	相关制度	相关表单
1. 明确营业收入项目	财务部根据国家会计法规要求及公司相关财务策略，明确公司的营业收入核算的项目		
2. 确定核算基本方式	财务部确定相关营业收入核算方式及有关收入核算会计科目，并明确相关核算管理制度	《核算管理制度》	
3. 是否主营业务收入	财务部判断相关活动是否属于主营业务		
4. 单据相符	财务部对产品出库单、发货单及提货单进行准确核对，发现异常则返回相关部门重新执行和检查相关业务操作		
5. 开展业务工作	对非主营业务，各相关部门开展各自业务活动		
6. 提供相关收入单据	各相关部门按照公司财务要求，提供相关非主营业务财务收入单据		
7. 单据审核	财务部人员对提交单据的真实性、有效性、合规性进行审查		
8. 营业收入汇总和入账	单据核对无误后，相关会计人员进行营业收入汇总和入账，进行相关账务处理		
9. 营业收入分析报告	财务部根据各部门月度预算规划和营业收入情况，编制部门及公司的营业收入分析报告		
10. 管理决策	公司高层根据相关核算报告，做出决策和建议		

3. 营业收入核算流程相关制度与表单(略)

4. 营业收入核算流程绩效指标

表 12－19　营业收入核算流程绩效指标

序号	流程绩效指标	相关部门
1	营业收入核算准确性	销售部、财务部
2	营业收入核算及时性	销售部、财务部

5. 营业收入核算流程权限分配

表 12－20　营业收入核算流程权限分配表

序号	分权事项	提案	审核			批准	知会
			初审	审核	会审		
1	营业收入核算科目	财务部				财务总监	相关部门
2	营业收入数据	提供部门	分管领导		财务部		
3	营业收入报表	财务部	财务总监			经营委员会	相关部门

六、管理费用核算流程

1. 管理费用核算流程图

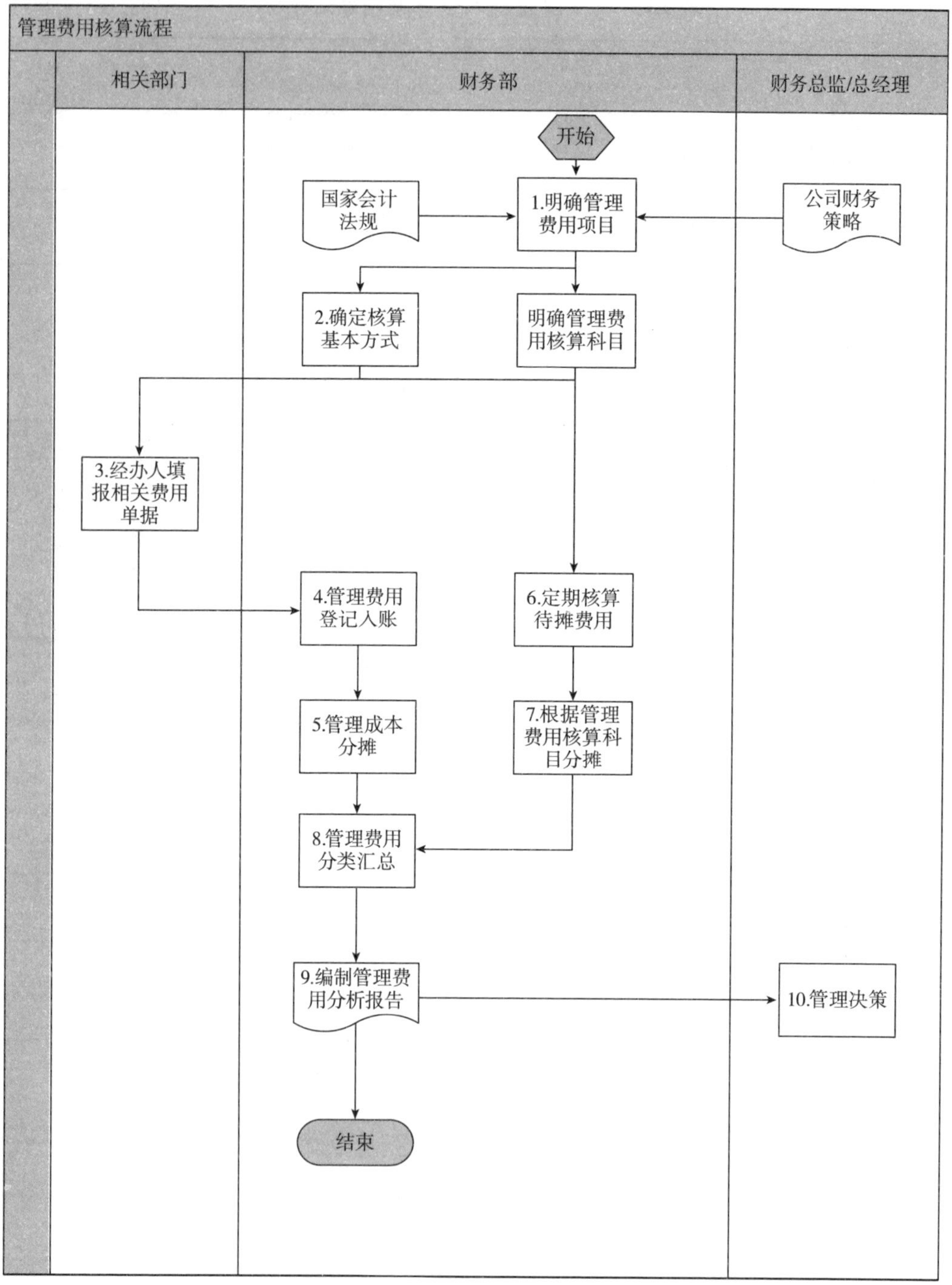

图 12－7　管理费用核算流程

2. 管理费用核算流程核心步骤说明

表 12－21　管理费用核算流程核心步骤说明

流程核心步骤	工作内容的简要描述	相关制度	相关表单
1. 明确管理费用项目	财务部根据国家会计法规要求及公司相关财务策略，明确公司的管理费用核算的项目		
2. 确定核算基本方式	财务部确立管理费用核算基本方式和相关管理费用会计科目，并明确核算管理制度	《费用核算管理制度》	
3. 经办人填报相关费用单据	公司各相关部门根据实际管理活动开展情况，按照核算制度要求与规定，填写相关费用单据并及时提交给财务部		
4. 管理费用登记入账	费用会计对单据核对并进行登记，计入相关账簿		
5. 管理成本分摊	财务部对各部门共同使用管理费用或其他不宜分解的管理费用进行分摊		
6. 定期核算待摊费用	财务部定期核算相关待摊费用		
7. 根据管理费用核算科目分摊	财务部定期对相关待摊费用按照一定规则进行分配		
8. 管理费用分类汇总	财务部对管理费用按照使用部门进行分类汇总，以便分析		
9. 编制管理费用分析报告	根据各部门月度预算规划和管理费用发生情况，财务部编制部门及公司的管理费用分析报告		
10. 管理决策	公司高层根据相关核算报告，做出决策和建议		

3. 管理费用核算流程相关制度与表单(略)

4. 管理费用核算流程绩效指标

表 12－22　管理费用核算流程绩效指标

序号	流程绩效指标	相关部门
1	管理费用核算准确性	各部门、财务部
2	管理费用核算及时性	各部门、财务部

5. 管理费用核算流程权限分配

表 12－23　管理费用核算流程权限分配表

序号	分权事项	提案	审核			批准	知会
			初审	审核	会审		
1	管理费用核算科目	财务部				财务总监	相关部门
2	管理费用数据	提供部门	分管领导		财务部		
3	管理费用报表	财务部	财务总监			经营委员会	相关部门

七、财务费用核算流程

1. 财务费用核算流程图

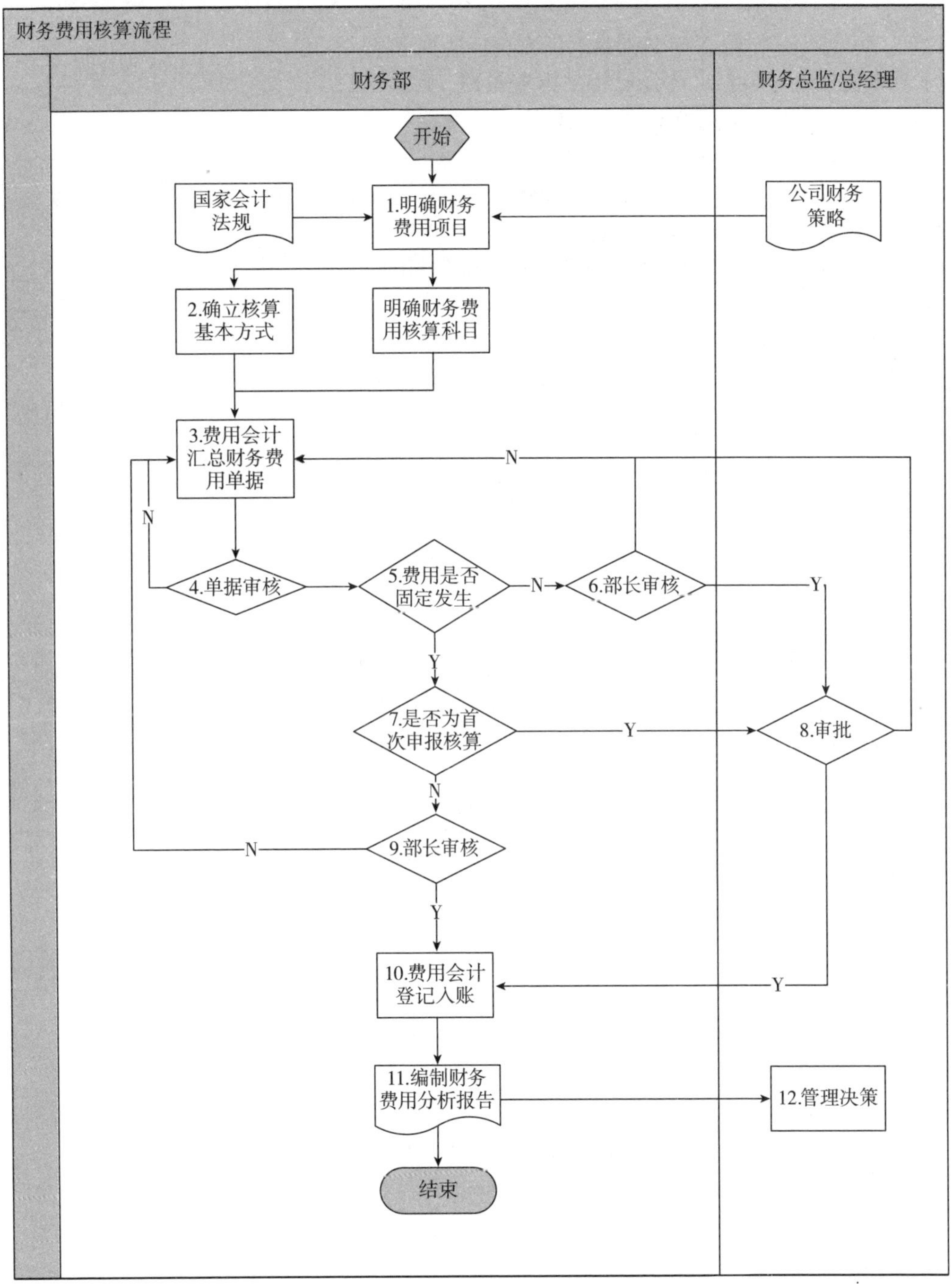

图 12－8　财务费用核算流程

2. 财务费用核算流程核心步骤说明

表 12－24　财务费用核算流程核心步骤说明

流程核心步骤	工作内容的简要描述	相关制度	相关表单
1. 明确财务费用项目	财务部根据国家会计法规要求及公司相关财务策略，明确公司财务费用核算的项目		
2. 确立核算基本方式	财务部确立财务费用核算基本方式及具体财务费用核算科目，并明确相关核算管理制度	《费用核算管理制度》	
3. 费用会计汇总财务费用单据	费用会计根据公司财务活动开展情况，汇总相关财务费用单据		
4. 单据审核	费用会计对财务单据的准确性、合规性进行审查，如不符合相关规定或发现错误则返回至相关人员或外部相关机构进行处理		
5. 费用是否固定发生	符合规定的财务费用单据，由费用会计对费用是否固定发生进行审查		
6. 部长审核	非固定发生费用（如财务顾问费）由部长先进行审查，不符合规定则返回相关部门处理		
7. 是否为首次申报核算	固定发生费用（如贷款利息），由财务人员判断费用是否首次发生		
8. 审批	对首次固定发生费用及非固定费用由总经理进行最终审核		
9. 部长审核	对固定发生费用，如非首次发生由财务部部长进行审核		

续表

流程核心步骤	工作内容的简要描述	相关制度	相关表单
10. 费用会计登记入账	费用会计对审批同意的财务单据进行登记入账和必要账务处理		
11. 编制财务费用分析报告	财务部根据财务费用情况，定期编制分析报告		
12. 管理决策	公司高层根据相关核算报告，做出决策和建议		

3. 财务费用核算流程相关制度与表单（略）

4. 财务费用核算流程绩效指标

表 12－25　财务费用核算流程绩效指标

序号	流程绩效指标	相关部门
1	财务费用核算准确性	财务部
2	财务费用核算及时性	财务部

5. 财务费用核算流程权限分配

表 12－26　财务费用核算流程权限分配表

序号	分权事项	提案	审核			批准	知会
			初审	审核	会审		
1	财务费用核算科目	财务部				财务总监	相关部门
2	财务费用数据	财务部				财务总监	
3	财务费用报表	财务部	财务总监			经营委员会	相关部门

八、销售费用核算流程

1. 销售费用核算流程图

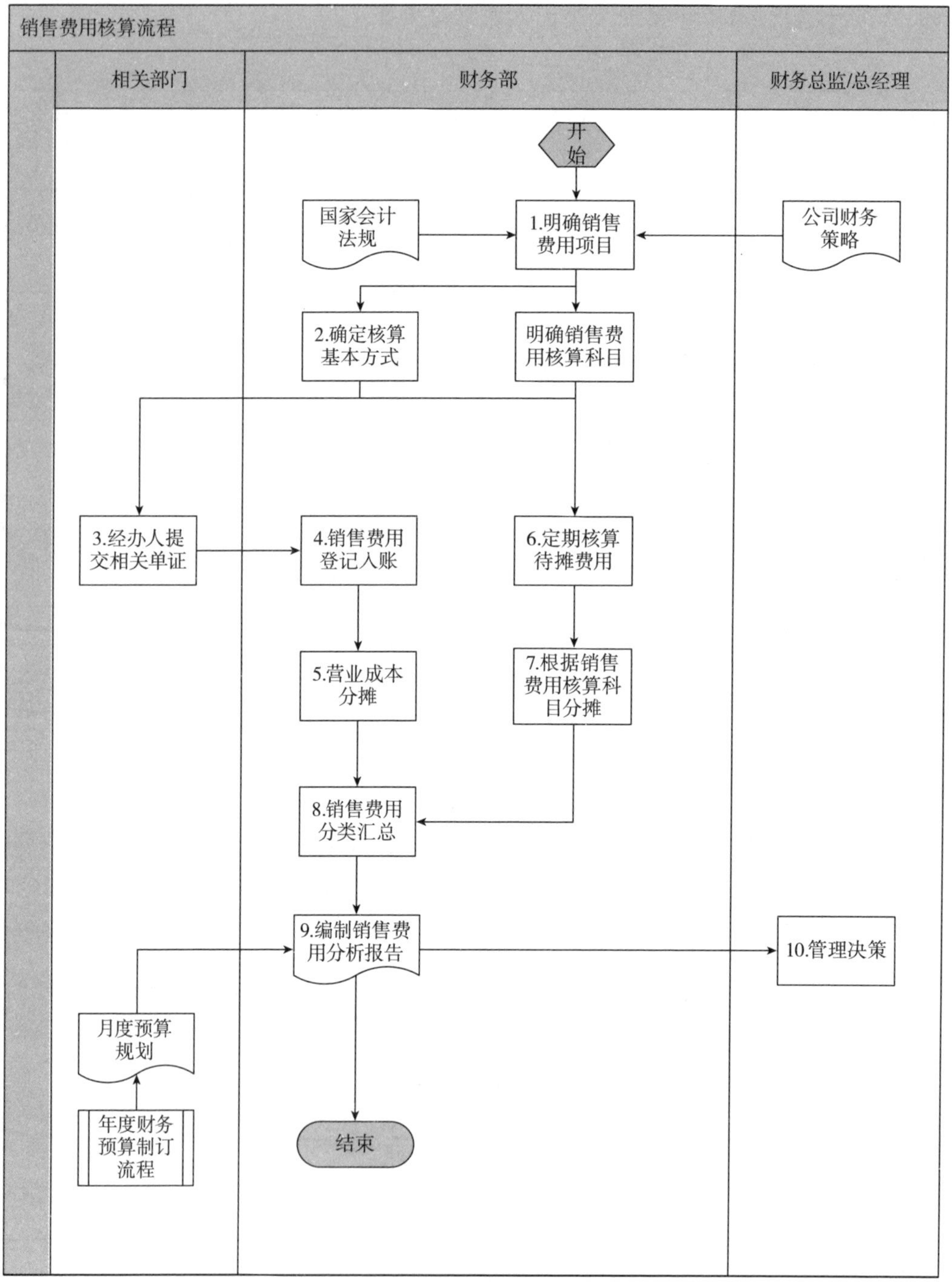

图 12-9 销售费用核算流程

2. 销售费用核算流程核心步骤说明

表 12－27　销售费用核算流程核心步骤说明

流程核心步骤	工作内容的简要描述	相关制度	相关表单
1. 明确销售费用项目	财务部根据国家会计法规要求及公司相关财务策略，明确公司销售费用核算的项目		
2. 确定核算基本方式	财务部确立销售费用核算基本方式和相关销售费用会计科目，并明确核算管理制度	《费用核算管理制度》	
3. 经办人提交相关单证	公司各相关部门根据实际销售活动开展情况，按照核算制度要求与规定，填写相关费用单据并及时提交给财务部		
4. 销售费用登记入账	费用会计对单据核对并进行登记，并计入相关账簿		
5. 营业成本分摊	财务部对各部门共同使用销售费用或其他不宜分解的营业费用（如折旧费）进行分摊		
6. 定期核算待摊费用	财务部定期核算相关销售待摊费用		
7. 根据销售费用核算科目分摊	财务部定期对相关销售待摊费用按照一定规则进行分配		
8. 销售费用分类汇总	财务部对销售费用按照使用部门进行分类汇总，以便分析		
9. 编制销售费用分析报告	根据各部门月度预算规划和销售费用发生情况，财务部编制部门及公司的销售费用分析报告		
10. 管理决策	公司高层根据相关核算报告，做出决策和建议		

3. 销售费用核算流程相关制度与表单(略)

4. 销售费用核算流程绩效指标

表 12－28　销售费用核算流程绩效指标

序号	流程绩效指标	相关部门
1	销售费用核算准确性	销售部、市场部、品牌策划部、财务部
2	销售费用核算及时性	销售部、市场部、品牌策划部、财务部

5. 销售费用核算流程权限分配

表 12－29　销售费用核算流程权限分配表

序号	分权事项	提案	审核			批准	知会
			初审	审核	会审		
1	销售费用核算科目	财务部				财务总监	相关部门
2	销售费用数据	销售部				财务总监	
3	销售费用报表	财务部	财务总监			经营委员会	相关部门

九、费用报销管理流程

1. 费用报销管理流程图

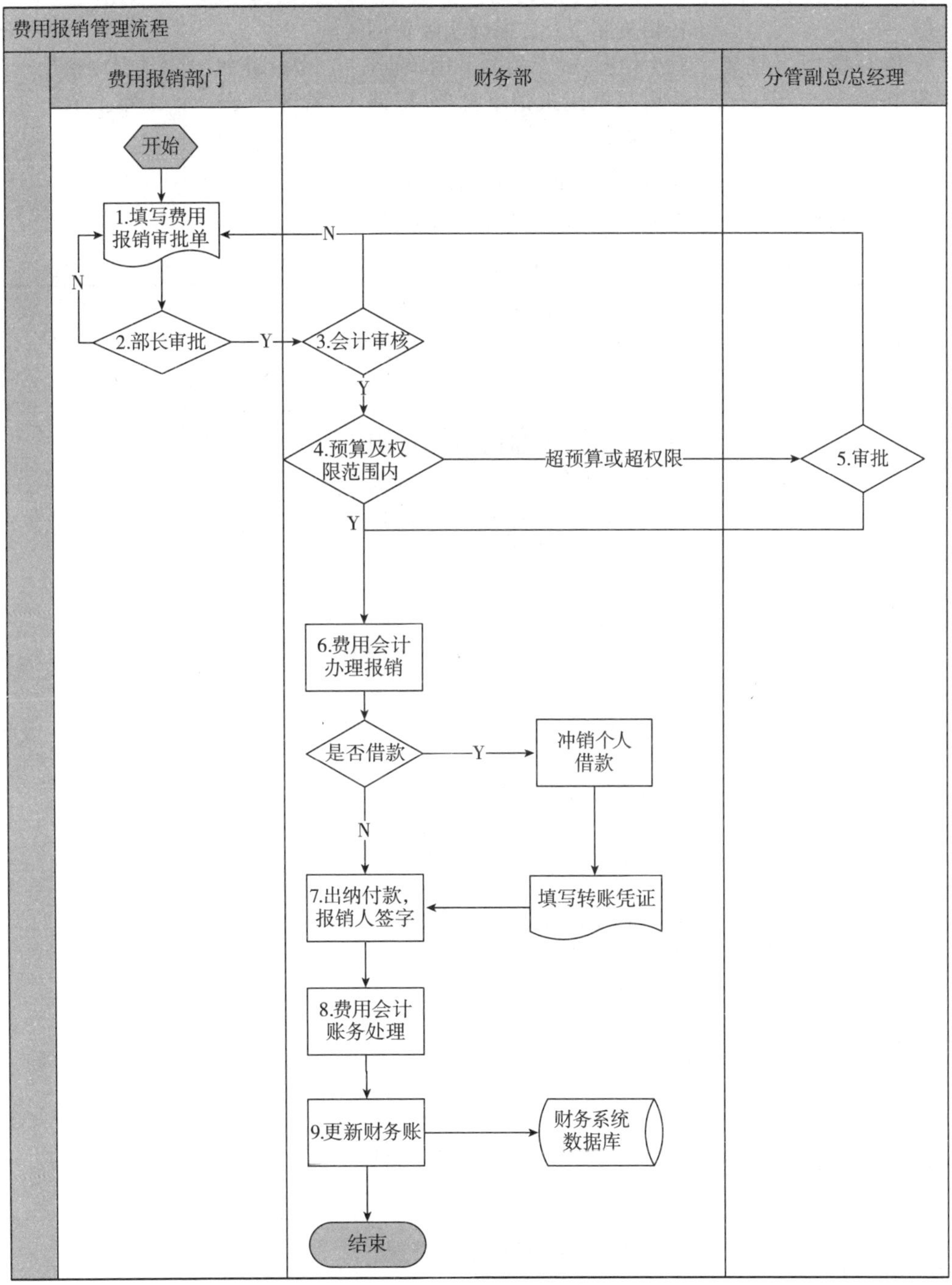

图 12－10　费用报销管理流程

2. 费用报销管理流程核心步骤说明

表 12－30　费用报销管理流程核心步骤说明

流程核心步骤	工作内容的简要描述	相关制度	相关表单
1. 填写费用报销审批单	各相关部门人员根据实际费用发生情况，提交相关费用单据，并填写费用报销审批单，报部门负责人审批	《费用报销管理制度》	《费用报销审批单》
2. 部长审批	部门负责人根据公司相关费用管理制度规定及相关审批权限，对报销申请进行审批		
3. 会计审核	财务部会计对相关费用单据的合规性、真实性、准确性进行审查		
4. 预算及权限范围内	(1)对属于各部门预算范围内，且属于各部门负责人审批权限内的报销事项，部门负责人同意则直接进行费用报销。超预算、超权限及非预算项目交上级领导审批 (2)财务部负责人根据自身权限，对超出各部门负责人审批权限的报销事项进行审批		
5. 审批	总经理对各部门超预算、超财务部长审批权限及非预算报销项目进行最终审批		
6. 费用会计办理报销	费用会计检查部门备用金账，并根据费用情况开展相关账务处理，办理报销项目		
7. 出纳付款，报销人签字	出纳付款，进行费用报销		
8. 费用会计账务处理	费用会计根据报销单据，进行账务处理		
9. 更新财务账	财务部门根据费用报销情况，及时更新相关财务账目		

3. 费用报销管理流程相关制度与表单

表 12－31　费用报销审批单

费用报销人		申请报销时间	
所在部门		个人联系方式	
费用报销说明			
费用发生事由			
具体经过说明			
部门负责人审批意见			
财务部审批意见			
总经理审批意见			

4. 费用报销管理流程绩效指标

表 12－32　费用报销管理流程绩效指标

序号	流程绩效指标	相关部门
1	费用报销效率	相关部门、财务部
2	费用报销单据合规性	相关部门、财务部

5. 费用报销管理流程权限分配

表 12－33　费用报销管理流程权限分配表

序号	分权事项	提案	审核			批准	知会
			初审	审核	会审		
1	费用报销审批单（2000 元之内）	申请人	部门负责人			财务部经理	
2	费用报销审批单（5000 元之内）	申请人	部门负责人	财务部经理		财务总监	
3	费用报销审批单（5000 元以上）	申请人	部门负责人	财务部经理		财务总监/总经理	
4	员工借款（业务需要）	申请人	部门负责人			财务部经理	
5	员工借款（非业务需要）	申请人	部门负责人	财务部经理		财务总监/总经理	

十、资金管理流程

1. 资金管理流程图

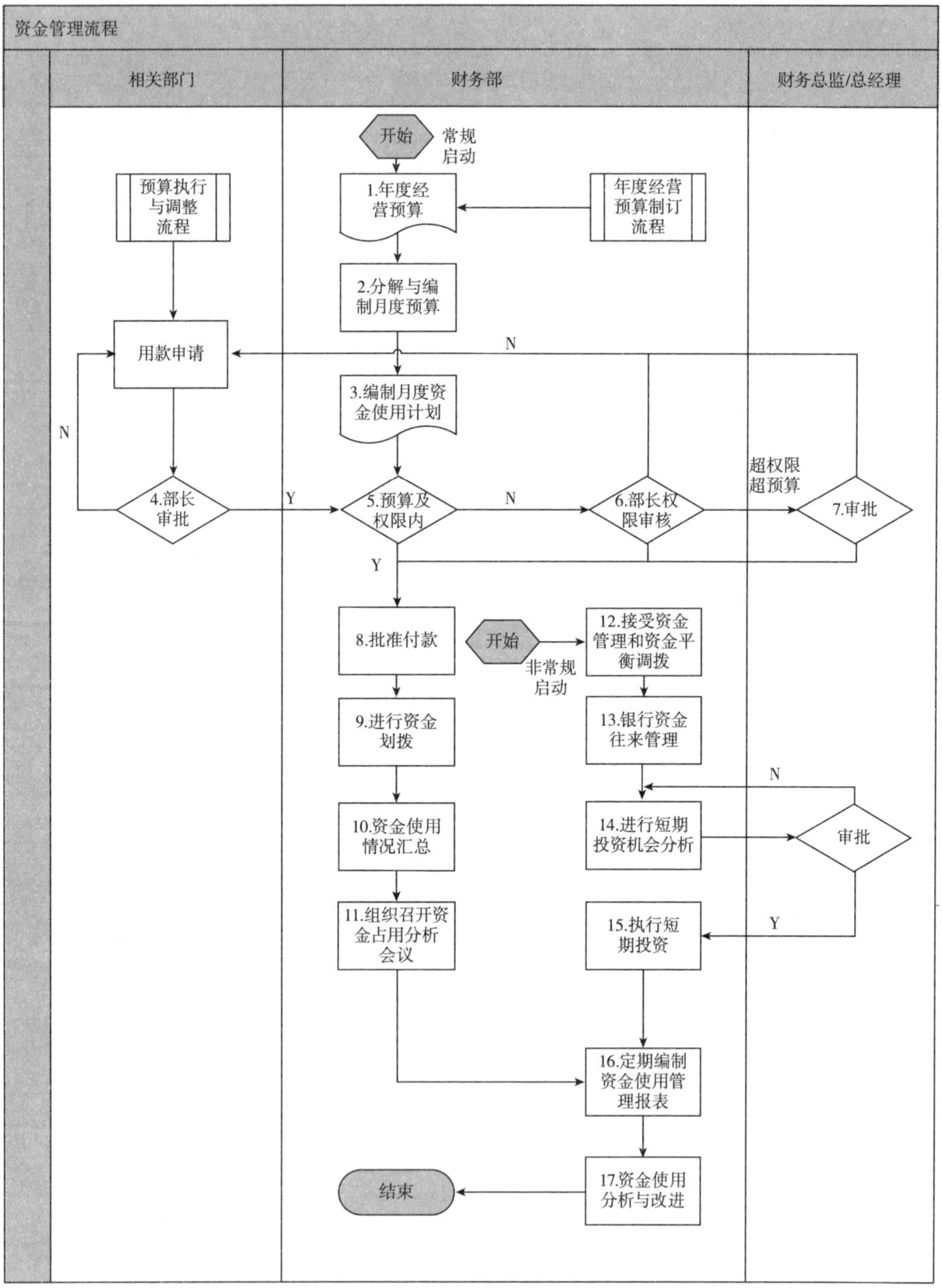

图 12 - 11 资金管理流程

2. 资金管理流程核心步骤说明

表 12－34　资金管理流程核心步骤说明

流程核心步骤	工作内容的简要描述	相关制度	相关表单
1. 年度经营预算	财务部根据公司及各部门年度经营预算分解制订月度资金预算		
2. 分解与编制月度预算	财务部编制相关公司月度资金使用计划		
3. 编制月度资金使用计划	各相关部门向部门负责人提出资金用款申请		
4. 部长审批	部门负责人根据公司资金使用规定及部门预算制订情况，对部门内部用款申请进行合规性审批	《资金管理制度》	
5. 预算及权限内	财务人员判断部长审批结果是否符合部门预算及部门负责人审批权限，符合则进行资金划拨，超出则报上级领导进行审核		
6 部长权限审核	财务部长根据自身审批权限对各部门资金申请进行审批，超出预算范围或超审批权限报总经理审批		
7. 审批	总经理对各部门超预算或超审批权限的资金申请进行最终审批		
8. 批准付款	财务部批准实施付款		
9. 进行资金划拨	财务部进行内部资金划拨		
10. 资金使用情况汇总	财务部汇总各部门资金使用情况		
11. 组织召开资金占用分析会议	财务部召开定期跨部门会议，研究资金使用情况，做好内部资金管理工作		
12. 接受资金管理和资金平衡调拨	财务部接受集团及相关外部机构的资金管理、划拨和平衡		
13. 银行资金往来管理	部门开展与银行的往来资金管理		
14. 进行短期投资机会分析	针对公司部分闲散资金，部门开展短期投资计划分析，报总经理审批		

续表

流程核心步骤	工作内容的简要描述	相关制度	相关表单
15. 执行短期投资	总经理审批同意后，财务部开展相关短期投资		
16. 定期编制资金使用管理报表	根据公司内外部资金使用情况，财务部门定期编制相关资金使用报表		
17. 资金使用分析与改进	针对公司资金使用状况，财务部门进行分析与改进		

3. 资金管理流程相关制度与表单（略）

4. 资金管理流程绩效指标

表 12－35　资金管理流程绩效指标

序号	流程绩效指标	相关部门
1	流动资金周转率	财务部、销售部、采购部
2	资金收益率	财务部
3	资金违规使用次数	财务部

5. 资金管理流程权限分配

表 12－36　资金管理流程权限分配表

序号	分权事项	提案	审核			批准	知会
			初审	审核	会审		
1	资金使用申请（预算内）	申请部门	部门负责人			财务部	
2	资金使用申请（权限内）	申请部门	部门负责人			财务部	
3	资金使用申请（预算外）	申请部门	部门负责人		财务部	财务总监/总经理	
4	资金使用申请（权限外）	申请部门	部门负责人		财务部	财务总监/总经理	
5	短期投资	财务资金会计	财务部			财务总监/总经理	

十一、固定资产管理流程

1. 固定资产管理流程图

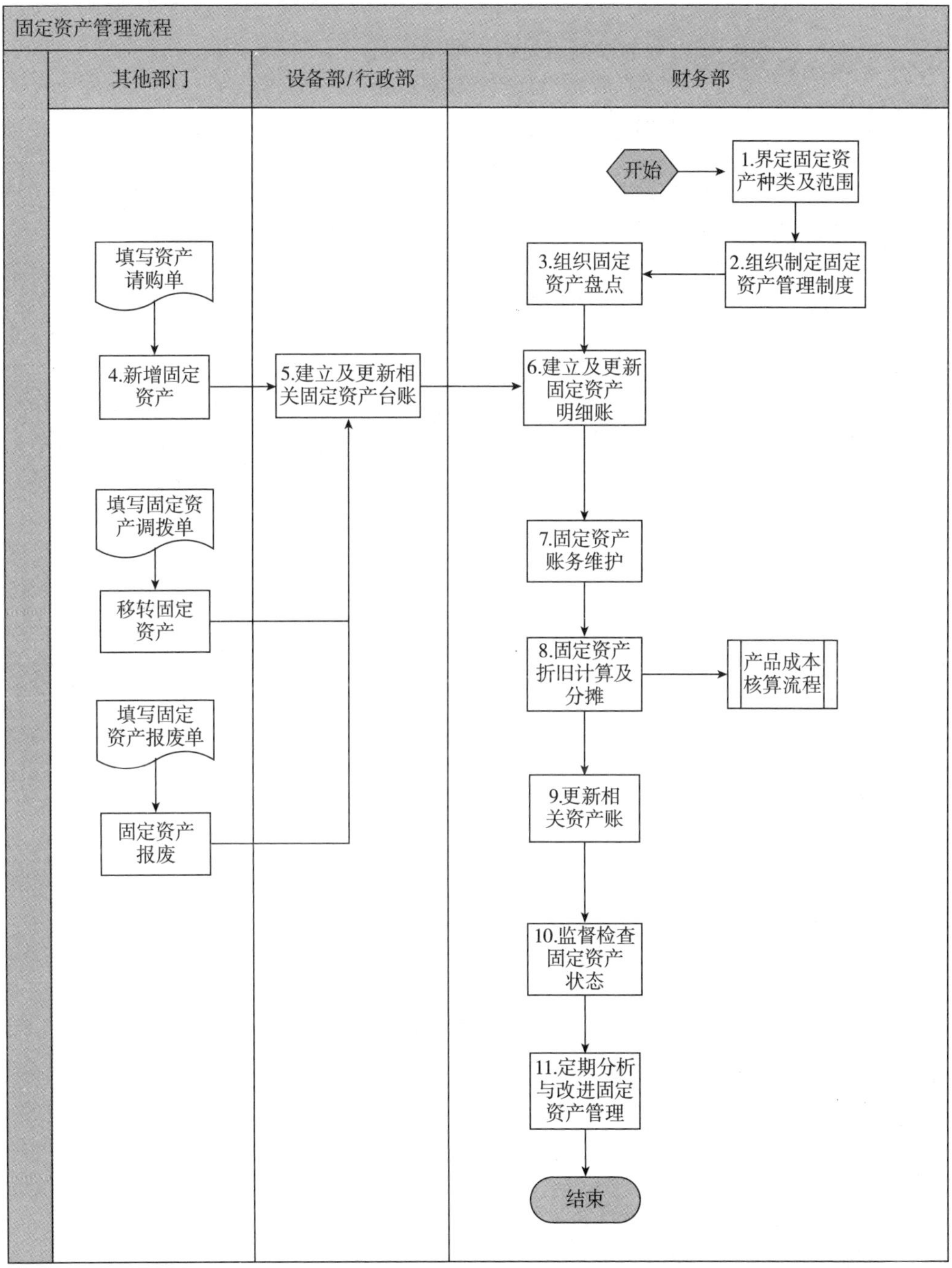

图 12－12　固定资产管理流程

2. 固定资产管理流程核心步骤说明

表 12-37 固定资产管理流程核心步骤说明

流程核心步骤	工作内容的简要描述	相关制度	相关表单
1. 界定固定资产种类及范围	财务部根据相关会计准则及公司财务策略，界定固定资产范围及种类		
2. 组织制定固定资产管理制度	财务部组织制定公司固定资产管理制度	《固定资产管理制度》	
3. 组织固定资产盘点	财务部组织相关部门开展公司固定资产盘点		
4. 新增固定资产	公司相关固定资产使用部门开展固定资产添置、调拨及报废处理		《固定资产请购单》 《固定资产调拨单》 《固定资产报废单》
5. 建立及更新相关固定资产台账	根据相关资产使用部门操作： (1)设备部负责更新设备及不动产管理台账 (2)行政部负责更新办公类资产管理台账		
6. 建立及更新固定资产明细账	财务部根据固定资产台账情况，及时建立与更新相关资产账簿		
7. 固定资产账务维护	财务部门开展固定资产日常账务维护工作		
8. 固定资产折旧计算及分摊	财务人员进行定期固定资产折旧计算和分摊，并将相关信息反馈至产品核算流程中		
9. 更新相关资产账	根据资产折旧计算结果，财务部门及时更新相关固定资产账簿		

续表

流程核心步骤	工作内容的简要描述	相关制度	相关表单
10. 监督检查固定资产状态	财务部定期组织相关部门对各部门固定资产状况进行检查，察看固定资产登记是否属实，符合相关财务规定		
11. 定期分析与改进固定资产管理	针对固定资产使用、折旧情况，财务部定期对固定资产管理工作开展分析与研究，并提供给领导进行决策		

3. 固定资产管理流程相关制度与表单

表 12－38　固定资产请购单

<table>
<tr><td>申请部门</td><td></td><td>申请时间</td><td></td></tr>
<tr><td>固定资产类型</td><td>□生产设备类</td><td colspan="2">□非生产设备类</td></tr>
<tr><td colspan="4">具体请购事项</td></tr>
<tr><td colspan="2">请购固定资产名称</td><td colspan="2">相关规格要求说明</td></tr>
<tr><td colspan="2"></td><td colspan="2"></td></tr>
<tr><td colspan="2"></td><td colspan="2"></td></tr>
<tr><td colspan="2"></td><td colspan="2"></td></tr>
<tr><td>请购用途说明</td><td colspan="3"></td></tr>
<tr><td>请购理由说明</td><td colspan="3"></td></tr>
<tr><td>部门领导意见</td><td colspan="3"></td></tr>
<tr><td>固定资产主管部门意见</td><td colspan="3"></td></tr>
<tr><td>设备部领导意见（生产设备类填写）</td><td colspan="3"></td></tr>
<tr><td>公司领导意见</td><td colspan="3"></td></tr>
<tr><td>主管部门验收意见</td><td colspan="3"></td></tr>
</table>

表 12－39　固定资产划拨单

申请部门		申请时间	
具体划拨事项			
划拨固定资产名称	相关规格要求说明	原资产使用负责人	调入后资产负责人
划拨用途说明			
划拨理由说明			
部门领导意见			
主管部门领导意见			
财务部确认			

表 12－40　固定资产报废单

申请部门		申请时间	
资产开始使用日期		资产已使用期限	
固定资产类型	□生产设备类　□非生产设备类		
具体报废事项			
报废固定资产名称	报废固定资产编号	固定资产负责人	
报废类型	□使用期满报废　□提前报废		
报废理由说明			
部门领导意见			
主管部门领导意见			
设备部领导意见（生产设备类填写）			
公司领导意见			
财务部确认			

4. 固定资产管理流程绩效指标

表 12－41　固定资产管理流程绩效指标

序号	流程绩效指标	相关部门
1	固定资产有效利用率	使用部门、设备部/行政部
2	固定资产完好率	使用部门、设备部/行政部

5. 固定资产管理流程权限分配

表 12－42　固定资产管理流程权限分配表

序号	分权事项	提案	审核			批准	知会
			初审	审核	会审		
1	固定资产请购申请	使用部门	行政部/设备部		财务总监	总经理	采购部
2	固定资产调拨申请	使用部门	行政部/设备部			分管领导	财务部
3	固定资产报废申请	使用部门			财务部、行政部/设备部	分管领导、总经理	财务部

十二、财务分析流程

1. 财务分析流程图

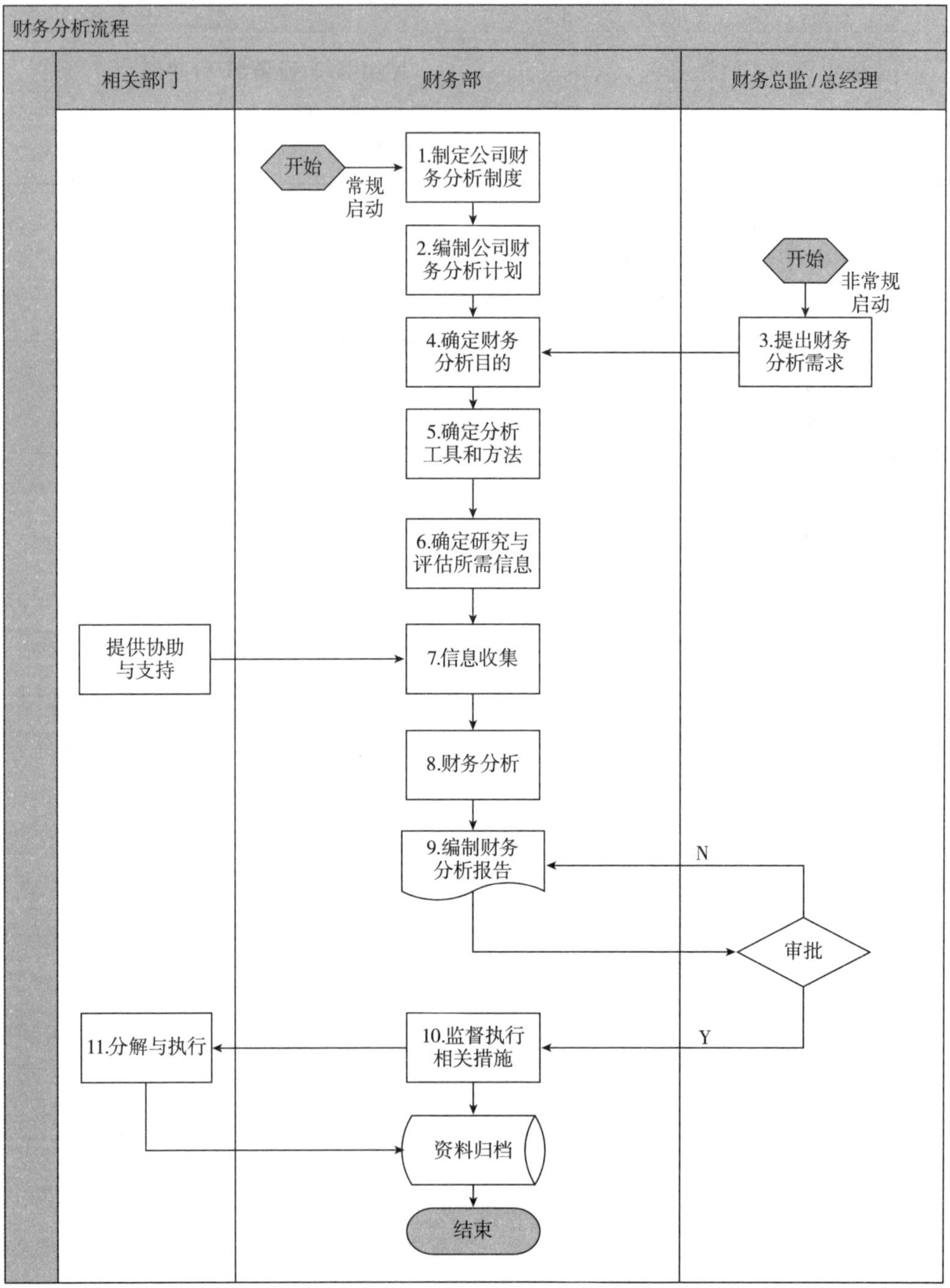

图 12－13　财务分析流程

2. 财务分析流程核心步骤说明

表 12-43　财务分析流程核心步骤说明

流程核心步骤	工作内容的简要描述	相关制度	相关表单
1. 制定公司财务分析制度	财务部制定有关财务分析管理制度，说明相关财务分析的组织、程序和原则等，作为其开展工作的指导和规范	《财务分析管理制度》	
2. 编制公司财务分析计划	根据公司业务需要，财务部编制相关定期和专项财务分析计划		
3. 提出财务分析需求	公司高层领导根据业务需要提出临时性的财务分析需求		
4. 确定财务分析目的	财务部确定相关财务分析活动目的		
5. 确定分析工具和方法	财务部门确定开展具体财务分析项目所用的工具和方法		
6. 确定研究与评估所需信息	财务部门确定相关财务分析所需运用的信息		
7. 信息收集	财务部收集财务分析所需运用的信息，其他部门协助提供		
8. 财务分析	财务部开展具体财务分析活动，编制相关财务分析报告，提出相关改善建议，并由公司总经理进行审批		
9. 编制财务分析报告	总经理对相关财务分析报告进行判断和审批		
10. 监督执行相关措施	根据总经理对财务分析的审批意见，财务部监督相关改善措施的落实与贯彻		
11. 分解与执行	相关部门根据财务分解结果进行专项改善		

3. 财务分析流程相关制度与表单（略）

4. 财务分析流程绩效指标

表 12－44　财务分析流程绩效指标

序号	流程绩效指标	相关部门
1	财务分析有效性评价（及时性、准确性、决策价值）	财务部
2	财务分析弱项改进	财务部、相关部门

5. 财务分析流程权限分配

表 12－45　财务分析流程权限分配表

序号	分权事项	提案	审核			批准	知会
			初审	审核	会审		
1	财务分析报告	财务部			财务总监	总经理	各部门
2	财务分析弱项改进结果	相关部门	财务部			财务总监	总经理

第四篇　业务流程变革管理

在众多企业管理变革中，最难的变革当属人力资源变革以及业务流程变革了，因为人力资源变革会涉及方方面面的利益再分配，而业务流程变革会涉及对过去业务习惯的改变，而且过去越成功的企业，业务流程变革会越难。

华为的任正非先生曾经说过，在管理改进和学习西方先进管理方面，华为的方针是“削足适履”，对系统先僵化，后优化，再固化。

这可以说是国内企业对于流程实施的最佳总结和实践，企业内部进行流程实施，首先需要对员工面对管理变革的态度有所了解，才能做到心中有数，从容不迫地去推行和实施流程变革。

第十三章　客观认知业务流程变革

实施业务流程变革，除了要做好充分的准备之外，客观认知业务流程变革曲线也是非常有必要的，因为任何变革都不可能一帆风顺、一蹴而就，业务流程变革更是如此。

根据长期的实践，我们把员工看待业务流程变革的心态分为五个阶段，分别是：

阶段一：没有察觉或反应，没有感受到进行业务流程变革的紧迫性和必要性。

阶段二：震动或者吃惊，难以对挖掘出的流程问题进行完整的认可或者接受。

阶段三：不予承认或质疑，反抗推行业务流程变革所带来的变化。

阶段四：接受认可，逐渐融入业务流程管理变革的氛围中。

阶段五：高度接受并实施业务流程变革行动。

进行业务流程变革，应提前做好相关的准备工作，为流程实施搭建好各类平台建设，以确保流程能够有条不紊、严谨有序地推进和开展。

在业务流程实施的过程中，由于推行流程变革将打破企业内部利益团体的平衡格局，因此有必要掌握一些流程推行的方法和技巧，更为有效地确保流程实施达到预期目标。

业务流程实施的过程中，应注意对流程的实际运作情况进行监督和控制，并及时根据流程的实际业绩完成情况进行纠偏处理，使新的流程运作能够在预设的轨道上顺利执行和开展。

第一节 业务流程变革分析

任何变革都会有流血,有牺牲。我们也经常讲,在企业内部的变革,最难的就是人力资源变革和流程变革,人力资源变革的难点在于改变内部的分配机制,打破既有的利益平衡,而流程变革的难点在于要改变员工的工作习惯,这两点都是很难的。

一、客观认识业务流程变革曲线

业务流程变革曲线(见图 13－1)告诉我们,任何变革一开始的时候,限于种种原因,变革的效果可能会比较差,甚至出现负面的效果,如果这时候企业没有充分认识,放弃变革的话,变革肯定要以失败而告终,但如果企业再坚持,变革效果会随着努力程度的增加和坚持时间的延长逐渐向好的方向发展,最终取得胜利。

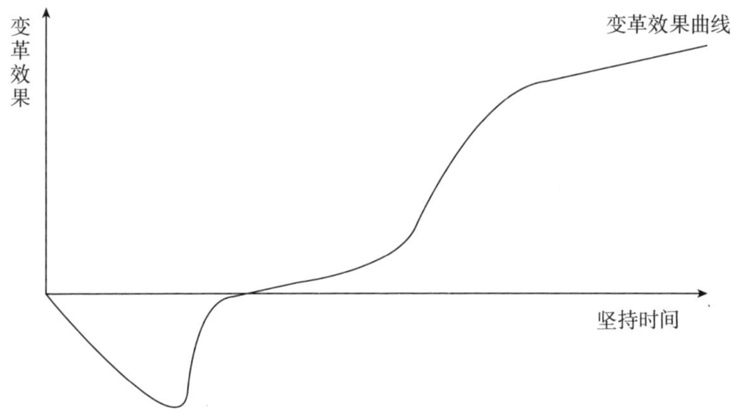

图 13－1 业务流程变革曲线

业务流程变革曲线产生的原因有很多,诸如:

(1)工作模式和习惯发生改变,很多人不愿意适应新模式。

(2)过去工作的默契被打破,需要重新磨合。

(3)个别人的既得利益受到了伤害,站出来公开反对。

(4)个别人的技能跟不上新流程变革,导致新流程实施效果不好。

(5)工作效率表面上看似“更低了”。

(6)花了大量的时间做了一些看似“无用”的东西。

(7)业务流程明确了流程上下游的交付标准,员工感受到了极大的工作压力。

(8)打破了以往凡是都要请示汇报的习惯,很多管理者认为自身的权威受到了威胁。

(9)打破了传统"以领导为中心"的工作模式,让很多管理者很难适应。

(10)似乎运作成本"更高了"。

(11)似乎条条框框更多了,很多人不愿意受约束。

综上所述,为了避免业务流程变革过程中出现的种种不理想,我们认为企业要想取得业务流程变革的最终胜利,需要建立完善的流程变革管理框架:

(1)流程变革风险控制。识别流程变革的风险点,这些风险点可能是人员的流失,也可能是组织的混乱和不稳定,还有可能是组织效率的下降和绩效的短期衰减等。

(2)流程变革对人的影响。流程变革后可能会造成原来任职者不能胜任新流程的需要,也可能存在岗位任职者不能适应新流程的风险。

(3)流程变革对组织的影响。流程决定组织,流程的变革势必会导致组织的调整和变革。

(4)流程变革对绩效的影响。根据变革曲线,流程变革也存在短期绩效下降的风险,但如何应对这些风险,同时尽可能缩短绩效下降的时间,需要流程变革推动者慎重思考。

二、流程变革对组织的影响

流程变革对组织的影响主要有两个方面:第一就是对组织自身的影响,造成组织混乱;第二是对组织的外部影响,如供应商、客户对组织的评价等,造成外部对组织的评价和满意度降低。

对于组织自身的影响,我们的经验是一定要遵循流程决定组织的原则,严格按照流程进行组织调整,包括组织结构、组织使命、部门职能、岗位职责、岗位编制及岗位任职标准的重新确定。

对于组织外部的影响,流程变革应该遵循以下原则:

(1)快速。顾客希望在最短的时间内获得所需要的产品或服务,这就要求企业在允许的范围内,提高流程运行效率,以合理的速度将产品或服务尽快地提交,减少顾客的等待时间和因等待所造成的其他成本。

(2)正确。企业所提交的东西应是顾客所希望的东西,而且所承诺的时间、地点、质量、运送状态、相关配套支持等都应是正确的,减少顾客在得到流程产出时的相关风险和麻烦。

(3)便宜。顾客总是希望花最少的钱买到最多的产品或服务。流程运作的过程中,不但应减少流程本身的非增值环节,同时还应减少支持流程运作的配套设施的成本,比如相关的管理活动、后勤服务成本等等。这些活动成本最终都是要由顾客来买单的,也是顾客需求的一部分。

(4)容易。容易是指顾客与企业打交道比较简单。顾客在与企业进行接触时,所花费的精力、时间、金钱越多,求购商品的成本就越高。如果企业能够简化与顾客的相关界面活动,比如订单流程的处理,那么即使企业的产品不变、价格不变,顾客的求购成本下降,企业还是有其竞争优势的。

以上四个方面的流程目标管理实施成果来源于顾客的评价,是以顾客的观点来审视内部流程运作情况,是构成企业经营状况分析的重要组成部分。

三、流程变革对人的影响

大家都听说过温水煮青蛙的故事。将一只青蛙放在沸腾的热水中,它会立刻跳出来,但如果将水温慢慢提升,青蛙在没有察觉的情况下,将会被煮熟。对于企业内部的组织来讲,也是同样如此。如果某一企业处于经营非常困难的艰难境地,进行相应内部的管理变革会比较容易;但如果企业的经营状况尚好,组织内部往往看不到潜在的危机,进行现状改动的动力往往不足,进行相应管理变革的推动就十分困难。流程设计完成后,进行相应的推动与实施时,也会碰上上述问题。

当企业内部员工安于现状时,进行变革调整往往存在比较大的困难,因为这不可避免地会涉及管理习惯、个人利益、行为方式的调整。因此在我们明白如何实施流程前,应首先明白人们对变革的态度和反应。虽然每个人对企业内部变革的态度各有不同,但从总的变革程序来看,一般会经历以下几个阶段:

(1)没有察觉或反应。在现有运作流程弊端没有被深刻挖掘出来,或者需要的改进被企业认可之前,企业内部往往意识不到需要调整他们的管理方式和习惯,尤其是在企业经营运作相对较好的阶段,有时往往需要通过标杆管理去提醒企业认识业绩改进的必要性。

(2)震动、吃惊。当内部员工认识到必须进行改进的现实时,由于长期处于自我感觉良好的境界，往往会表现出震动或者吃惊。特别是如果他们长期以来就采取同样的工作习惯或方式，即便他们意识到了危机或者弊端，但要让他们在短时期内能够快速地接受还是存在困难的。

(3)不予承认或质疑。当人们对以往的经营运作方式习以为常时，对新的设计方案会不予认可或质疑。几种常见的反应或想法有：

如果我们忽视这些问题，对企业也不会造成什么影响，毕竟以前并没有看出有什么伤害；

企业以往的经营运作非常好，看不出调整或改革的必要性；

我们已经习惯于以往这种方式，对新的经营运作方式的掌握存有困难；

员工对以上这些否认的反应往往来自对信心的丧失。虽然看上去这样指责别人非常容易，但每个人碰上这种情形时，也难以确保没有这样的想法。由此可见，改变人们的习惯和惰性是多么不容易。

(4)接受认可。随着时间推移，或者经营趋势的不断演变，当企业组织内部意识到流程运作弊端越来越深刻地显露出来时(也就是随着前面青蛙温水效应的不断提升)，员工会逐渐开始接受现实和变革的必要性。但往往同时，企业内部也有一些人愿意当鸵鸟，坚持将头插在沙堆里，长期陷入第三阶段，甚至更糟糕，企图阻挡企业内部变革的进程。

(5)行动实施。接受或认可了现有企业运作变革的必要性之后，员工会开始主动按照相关变革方案的要求进行操作。但与此同时应该注意，由于流程变革是一项巨大的配套工程，一定要细心准备，仔细考虑，认真实施。仓促实施的后果只会打击员工的热情，加大流程实施变革的难度，往往得不到所期望的效果。同时在实施的过程中，应注意掌握流程实施变革的节奏，不要让长期的无行动状态消耗和磨灭员工的行动能量与动力。

四、流程变革对绩效的影响

正如流程变革曲线所示，流程变革对绩效的影响就是可能造成短期内的绩效下降，也可能造成组织绩效长时间不能回升。

对于短期内的绩效下降的问题，我们的经验是：正确认识，不能放松警惕。虽然变革曲线告诉我们，短期内绩效下降是任何变革都存在的问题，但流程变革推动者也不能掉以轻心，需要时刻关注，必要时果断采取措施。

对于绩效长时间不能回升的问题，我们的经验是：建立必要的责任机制。对于长时间绩效不能回升的流程负责人（责任部门），公司要根据流程绩效进行考核，同时进行必要的处罚，因为任何流程的调整都存在对原来操作习惯的挑战，所以在流程变革和实施的初期需要流程责任部门进行全身心投入。

五、流程变革众生相及应对措施

因为流程的变革势必会对现有的工作习惯带来冲击和影响，难免会有很多人不赞同，甚至抵制，最终造成企业流程变革收效甚微或流于形式，客观认识流程变革过程中的众生相，并对症下药采取措施才能保证企业流程变革取得预期的效果。

根据我们的经验，在企业流程变革的过程中，经常会面对三种人：

1. 既得利益受到伤害者

不管是经济利益下降，还是权力被削弱，职位发生变化，都有可能使相关人员的利益受到伤害，对于这类人，我们的解决办法是“动之以情，晓之以理”，讲清楚公司流程变革的必要性和意义，从保证企业大局利益的角度进行说明。

2. 任职者不能胜任新流程的需要

流程的变革很有可能会对原来的操作习惯、岗位任职标准提出更高、更新的要求，在这个过程中势必会给现有人员的技能带来挑战。对于有些能力达不到新流程的需求的人，我们的解决办法是“扶上马，送一程”，给予适当的培训，同时辅导他们按照新流程执行。

3. 任职者不能适应新流程的变革

企业在进行流程变革时，还有一类人，他们往往是老资格、老前辈，总是抱着“不管流程怎么变，老子就是不变”的态度。对于这类人，我们的经验是套用毛主席的一句话：“天要下雨，娘要嫁人，由他去吧。”在合适的时候选择其他职位是比较合适的选择。

六、流程实施技巧

对于企业来讲，我们必须认识到其内部存在着不同的利益团体。这些利益团体有些是以个人联盟的形式出现，有些则是以组织联盟的形式出现。这些团体相互联合或相互对立，争取有利于自身的资源和政策。而这种利益团体之间的联盟关系往往存在着很大的脆弱性，当各种利益平衡关系被打破之后，这些利益团体又会产生新的联盟并加剧竞争。

流程管理变革作为一种管理手段，在实施后将会打破原有的利益联盟之间的关系，比如权力的划分、职能的调整、管理方式的改变、运作机制的调整等等，实施的道路不会一帆风顺，因此在许多情况下，流程实施项目需要运作不同的策略去推动变革的实施。

1. 显示一种没有威胁的表象

有的企业在进行流程实施的初期，就大张旗鼓地要求进行人员精简，提高流程运作效率，搞的人人自危，这样的一种项目实施氛围对于流程项目实施没有任何帮助，相反还会增加不少的阻力。在试图进行流程优化变革中，应以比较保守的形象出现，一般不要给人以对现有组织造成威胁的印象。

2. 从组织利益的角度去说明变革意义

实施流程变革不可避免会对企业内部的相关人员形成冲击。因此在对员工进行流程介绍说明时，不要歪曲信息，但可以从组织利益的角度去谈论相关的流程变革目的和意义。

3. 同强势利益团体结成伙伴

在实施流程变革的过程中，除了获得高层领导的支持和配合外，与企业内部的部分强势利益团体结成联盟伙伴关系，也有助于项目的实施与推进。

4. 分散反对意见，公开分歧意见

对于流程实施过程中出现的反对意见，不应该进行压制或者隐瞒，而应通过公开讨论使之分散，否则只会增加流程操作人员隐蔽地阻挠变革的机会。通过邀请流程相关人员（包括反对人员）进行公开讨论与沟通，回答相关反对意见，消除惧怕或者抵触的情绪，并利用数据、事实和理论等方式来处理分歧，获得相关流程系统内部的最大理解和支持。

5. 先试验，再推广

如果一项改革措施被看成为暂时性质的，那么它的推广阻力将会小得多。流程变革在实际操作中，可以以试验的方式先在个别部门实施，待其显示出应有的成效后，再进行推广和应用，那么它的威胁就不会那么强烈。

6. 从小入手，逐渐扩大

流程变革所涉及的范围比较广泛。为了更加稳妥地推进流程变革，可以先从低阶流程小处着手，逐渐扩大。这样即使出现问题，也在可控的范围之内。同时对于低阶流程中出现的问题，我们还可以反思和回顾在高阶流程中是否存在，从而更为有效地对设计流程进行检验。如果说一拥而上的做法并不可取的话，那么先实施、再扩张的策略可能就更为有效。

第二节　业务流程变革管理

在中国历史上，曾经有几次非常有名的变革，包括管仲改革、商鞅变法、秦始皇变革、王莽新政、王安石变法、雍正新政、戊戌变法等等。我们经常讲：以史为鉴，可以兴邦。那么我们先看看这些变革有哪些值得借鉴的地方。

一、以史为鉴

商鞅变法废除了奴隶主贵族世卿世袭制度，加强了中央集权，推行郡县制；秦始皇统一货币、统一文字、统一度量衡让封建割据的中国实现了空前的大统一；虽然王安石变法失败了，但对社会发展和时代进步也起到了一些积极的作用，因此深入研究历史上知名的变革对推动企业内部业务流程变革会有极大的借鉴价值。

1. 管仲改革（春秋）

管仲（约公元前723年或前716年—公元前645年），姬姓管氏，名夷吾，字仲，谥敬，中国古代著名经济学家、政治家、军事家。后世誉为“圣人之师”“华夏文明的保护者”“华夏第一相”。

为了解决当时齐国严重的财政及外交危机，管仲在齐桓公支持下，于丞相任期内大兴改革。政治行政方面，提出“以劳受禄”“受禄不过其功”“故明主之治也，明分职而课功劳”“案其功而行赏，案其罪而行罚”。用人方面，倡导“德义未明于朝者，则不可加于尊位；功力未见于国者，则不可授以重禄；临事不信于民者，则不可使任大官”。兵制改革方面，实施“作内政而寄军令”原则。经济建设方面，管仲把富民作为首位，他提出“凡治国之道，必先富民。民富则易治也，民贫则难治也”。法制方面，管仲主张以法治国，事断于法，提出“正法直度，罪杀不赦。杀僇必信，民畏而惧。武威既明，令不再行”。治理国家方面，管仲主张治理国家，要“上下有义，贵贱有分，长幼有等，贫富有度”。

管仲的改革取得了巨大的成功，后人把管仲的成功总结为把握“人性趋利、藏富于民、均田分力、对外开放、战略合赢”。管仲改革的成功一方面在于齐桓公的大力支持，另一方面在于其内容迎合了当时齐国的痛点。

2. 商鞅变法（战国）

春秋战国时期是分封制崩溃、中央集权制确立的过渡时期，在这一时期，铁制农具的使用和牛耕的逐步推广，导致原有的土地国有制，逐步被土地私有制所代替，地主和农民两大对立的阶级产生。同时，新兴军功地主阶级随着经济实力的增长，要求获得相应的政治权利，从而引起了社会秩序的变动。因此，纷纷要求在政治上进行改革，发展封建经济，建立地主阶级统治。各国纷纷掀起变法运动，如魏国的李悝变法、楚国的吴起变法等。

为了在群雄（齐、楚、燕、赵、魏、韩）中崛起，秦孝公决定变法，而商鞅就在此时走马上任。商鞅提出：废除奴隶主贵族的世卿世禄制度；废除奴隶制的井田制度；实行重农抑商政策；加强中央集权，普遍推行郡县制；由中央制定和颁发统一的度量衡。

同时，为了确保变革成功，商鞅又提出一系列措施：励军功，实行二十等爵制；除世卿世禄制，鼓励宗室贵族建立军功；改革户籍制度，实行连坐法；推行郡县制；定秦律，“燔诗书而明法令”；等等。

大家都知道，商鞅变法是成功的，我们把商鞅变法的成功归结为：

（1）秦孝公的支持。

（2）迎合了以制度治国的法家思想。

（3）取信于民，建立广泛的群众基础。《史记》记载：商鞅之令既具，未布。恐民之不信己，乃立三丈之木于国都市南门，募民有能徙之北门者，予十金。民怪之，莫敢徙。复说：“能徙者，予五十金。”有一人徙之，辄予五十金，以明不欺。卒下令。

3. 秦始皇变革(秦)

秦始皇统一六国后,为了巩固政权,秦始皇实行了一系列的政策,包括实施郡县制、统一货币、统一度量衡、统一文字、修筑长城、强迫迁徙六国富民和平民等。

(1)以法治国(“尊卑贵贱,不逾行次”的等级秩序;“职臣遵分,各知所行”的官僚秩序;“六亲相保,终无寇贼”的社会秩序;“禁止淫佚,男女絜诚”的家庭秩序)。

(2)政治施行(废除分封制,代以郡县制)。

(3)经济大略(推行重农抑商政策,扶植封建土地私有制)。

(4)焚书坑儒(除了《秦史》及农业、卜筮和医药类书籍外,下令将所有史书一律烧毁;将460多名儒生全部坑杀)。

毋庸置疑,秦始皇变革取得了极大的成就,为后世的发展和进步也起到了极大的推动作用,我们把秦始皇的成功归结为:

(1)“一把手”工程。

(2)制度(规则)先行。

(3)氛围营造(焚书坑儒)。

4. 王莽新政(西汉末年)

西汉末年,朝廷的赋税劳役日益严重,统治阶级“多畜奴婢,田宅无限”,奢侈挥霍,弄得民穷国虚,土地兼并和奴婢、流民的数量恶性膨胀,成为当时严重的社会问题,阶级矛盾和统治阶级内部矛盾日趋尖锐,各地起义不断。在此大背景之下,王莽接受孺子婴(刘婴)的禅让后称帝,改国号为“新”。

为了解决当时的社会矛盾,王莽进行了土地改革、币制改革、商业改革及官名县名改革等一系列改革,王莽仿照《周礼》屡次改变币制、更改官制与官名、以王田制为名恢复“井田制”,把盐、铁、酒、币制、山林川泽收归国有、耕地重新分配,又废止奴隶制度,以公权力平衡物价,防止商人剥削,增加国库收入。

王莽新政虽然表面上有诸多可取之处,也是解决当时社会矛盾的有效措施,但很多政策不符合实际,造成百姓未蒙其利,先受其害,朝令夕改,使百姓官吏不知所从,不断引起天下各贵族和平民的不满,直到天凤四年全国发生蝗灾、旱灾,饥荒四起,各地农民纷起,形成赤眉、绿林大规模的反抗,最终导致新朝的灭亡,王莽新政宣告失败。

当然,除了前面提到的管仲改革、商鞅变法、秦始皇变革、王莽新政之外,还有王安石变法、戊戌变法等，管仲改革是成功的，商鞅变法是成功的，秦始皇变革是成功的，而王莽新政是失败的，王安石变法是失败的，戊戌变法是失败的。

总结失败教训，王安石变法的失败原因有：

(1)急于求成，推行过急，利弊互见。

(2)事前缺乏充分宣传。

(3)无法吸引优秀的人才一并参与变法，并遭到许多守旧官员反对。

(4)执行的过程中用人不当。

(5)自视过高，不愿接纳别人的意见。

而戊戌变法失败的原因有：

(1)推动变革的实力过于弱小，而顽固势力(利益既得者)太强大。

(2)缺乏坚定的组织领导(光绪)。

(3)脱离广大人民群众(只代表少数维新派的利益)。

(4)还有一个最最重要的原因就是戊戌变法其实想进行政治体系改革，希望中国走上君主立宪的现代化道路，这完全违背了权力核心(慈禧太后)的意愿。

综合前面的分析，我们可以得到以下几个结论：

(1)"一把手"工程的变革容易成功，如果不是"一把手"直接参与，至少也要保证"一把手"的鼎力支持。

(2)变革需要迎合绝大多数人的意愿，需要建立广泛的群众基础。

(3)建立必要的变革机构。

(4)宣传和舆论导向是必不可少的。

前面的经验告诉我们，大到国家的变革，小到企业的变革，都需要建立完善的变革管理机制，业务流程变革也不例外，在企业进行流程变革的时候，我们首先需要搞清楚以下 3 个问题：

(1)为什么要变革？是战略需要，是商业模式调整，还是业务需要？

(2)变革什么？搞清楚既得利益者是谁，同时框定流程变革的范围。

(3)如何变革？可以参考前文关于流程优化和流程再造的步骤及技巧。

二、流程主人管理

前文提到，企业在进行流程规划的时候，每个流程都有一个归口部门(也就是流程主人)，还有很多相关部门，流程实施的时候归口部门要承担宣导、培训、实施监督、持续优化的第一责任（如图13－2）。

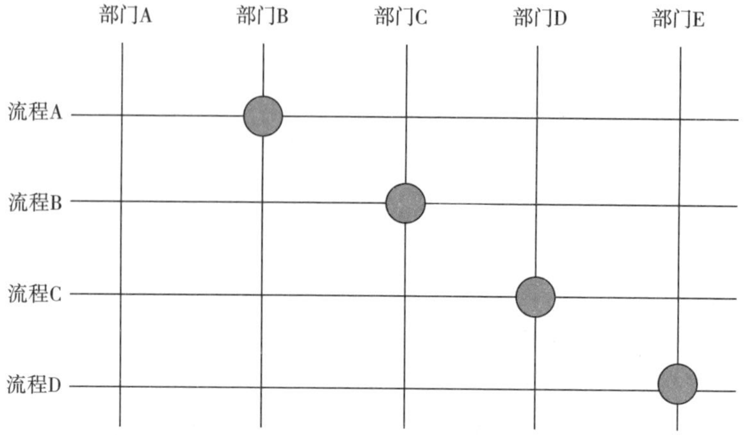

图13－2　流程归口管理（示意）

另外，按照流程绩效管理思路，每个流程都会对应一个或多个流程绩效指标，每个绩效指标都需要与其相关的多个部门共同承担责任（如表13－1）。

表13－1　业务流程绩效责任分解

业务流程	流程绩效指标	销售部	产品研发部	计划部	采购部	工艺部	生产部	品质部	仓储部	物流部	财务部
订单计划管理流程	订单准时交付率	●	●	★	●		●		●	●	
生产成本管理流程	产品成本控制		●	●	●	●	●	●	●	●	★
产品品质管控流程	产品品质不良率		●		●	●	●	★	●	●	
客户满意度管理流程	客户满意度	★	●	●	●	●	●	●	●	●	●
备注	“★”代表流程主人；“●”代表流程相关部门										

三、流程管理流程

很多企业在导入业务流程管理的时候，经常会忽略一项非常核心的工作，那就是流程本身也是有流程的，比如公司流程建设由哪个部门归口、流程该多长时间优化一次、具体程序该如何进行等，这些工作也需要按照相应的流程、制度和表单予以规范（如图 13－3）。

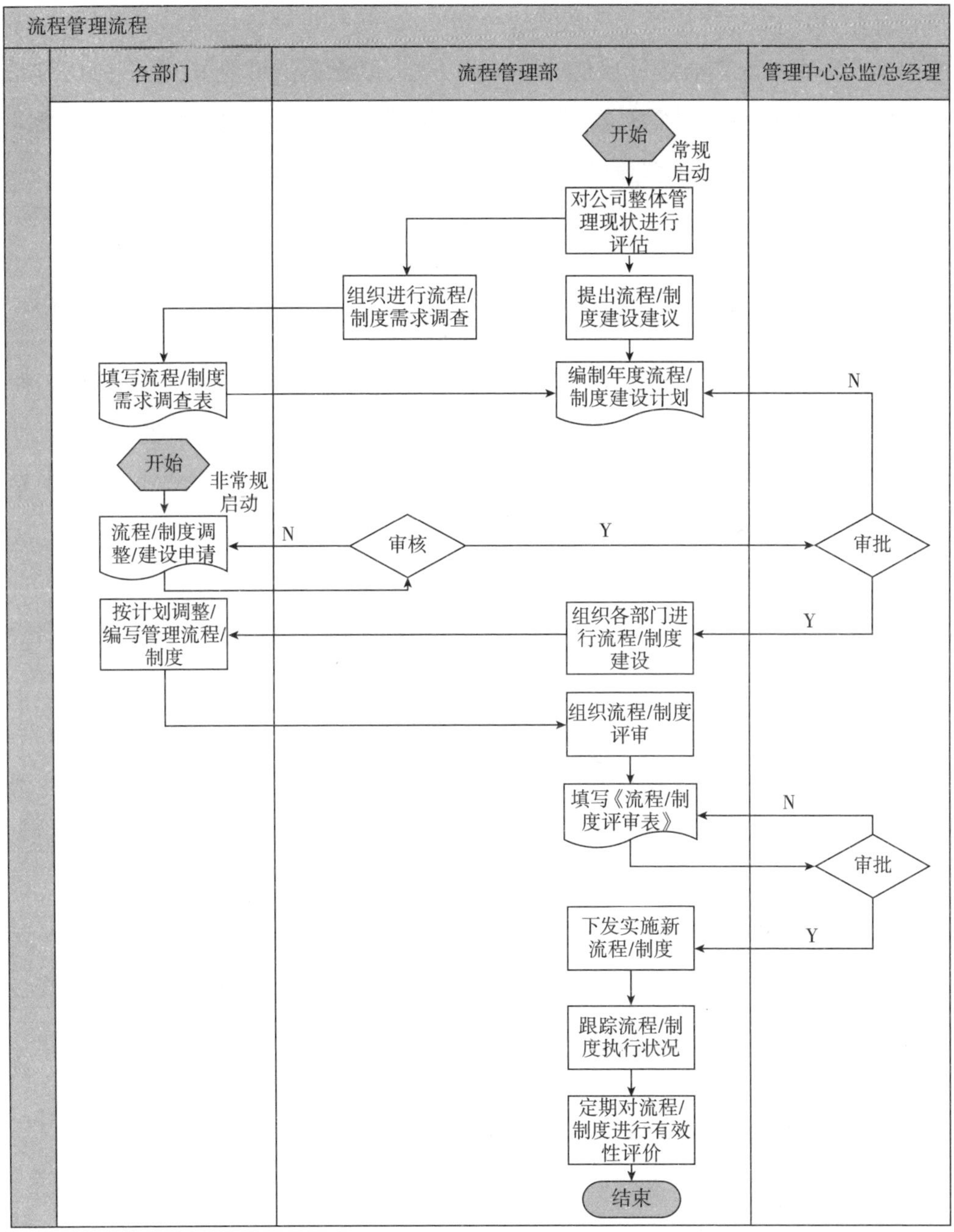

图 13－3　流程管理流程

四、流程团队建设

流程建设团队的打造是企业业务流程能否落地和实施的关键，在企业业务流程再造的过程中有三个角色缺一不可，这三个角色及其相互关系可以表述为：CPO（首席流程官）+CIO（首席信息官）+COO（业务总监）=CPIO（流程创新官）。

为什么需要做这样的定义？因为绝大多数公司都存在这样的困惑：业务总监熟悉业务，但不懂流程描述及再造的技巧和方法，同时也排斥运用信息系统；首席流程运营官懂得流程描述及再造的技巧和方法，但他不了解业务，也不懂信息系统底层设计原理及操作规则；首席信息官一般都是技术出身的，他们不但不懂业务，甚至很多人都拒绝了解业务。如何才能破解这一难题？我们把它总结为：业务总监参与、流程总监培养、信息总监配合。

五、流程文化塑造

流程中心型企业倡导的文化与职能中心型企业倡导的文化是截然不同的，职能中心型企业强调职能履行、领导导向、执行，流程中心型企业更加强调客户导向、流程实施、结果导向及客户满意，要实现这一目标就必须重塑企业文化，根据实践，我们把流程中心型企业文化的核心归结为：

（1）高效协同。流程的本质就是协同，海尔的拆掉“两堵墙”，腾讯的推倒“部门墙”，华为的集成研发、集成供应链、整合营销都是这个道理，这些企业都是期望通过业务流程打破部门之间的沟通壁垒。

（2）结果导向。流程管理的基本原则是客户导向、结果导向，流程执行得好不好一定要以结果论英雄，没有好结果的流程一定不是好流程，好流程一定会达到预期的结果。

（3）客户满意。有句话说得很好：企业存在的唯一理由是客户还需要它。相应地，企业要想基业长青就必须持续保持客户满意，或者持续创造客户满意。万科提出的“每项流程都必须有清晰的目标，而且流程又必须体现和支持公司核心价值观，同时更要聚焦客户价值主张”就是这个道理。

六、流程管理平台建设

综上所述，企业要想获得业务流程变革成功，业务流程的平台建设必不可少，业务流程管理平台可分为软件部分和硬件部分两个方面。硬件方面主要指涉及流程运作的相关组织调整、岗位设置、权利划分、控制系统等等。这些管理要素与流程运作共同构成了企业的基础运作框架,它们之间存在相互关联和相互制约的关系,必须协调一致、接口良好。

与此同时,美国的德尔菲咨询公司在1993年的一项关于BPR的研究发现,2/3的被调查对象表示企业文化是阻碍BPR项目的主要因素。文化对组织和个人的行为与观念有着巨大的影响力,因此可以讲企业内部实施环境的建设对流程实施也具有非常大的影响力,它是属于流程平台建设的软件部分。

分析了影响流程平台建设的主要因素后,对于企业来讲,最重要的就是结合自身的实际情况,将软件部分和硬件部分有效组合,形成实际中可以操作的程序和步骤。不同的企业有着不同的组织方式,但是一些常见的方法还是可以参考的。同时,随着成效的不断显现、企业内部变革信心的不断增强,还可以对其进行调整和修正。

1. 设立流程变革实施计划,明确变革目标与愿景

企业内部的高层管理人员对企业实施流程变革必须要有非常清晰的路线图计划,并清楚所要达到的日标。通过明确相关的行动计划和阶段性工作目标,可以在组织内部达成共识,明确各自的责任和要求,并有效形成合力,促进变革的实施。

设立变革的目标和愿景,更能从根本上使员工明白变革的意义,更好地推动变革进程。相关变革愿景包括组织将来为谁服务、提供哪些产品和服务、顾客如何看待这些产品和服务、组织内部的员工和供应商将如何提供产品和服务等等。

2. 获得高层领导的支持

流程项目在实施的过程中,不可避免地会遇上各种阻力,必要时要依靠企业高层领导的力量推动和解决,以减少行动的障碍。因此可以讲,所有成功的项目在一开始都必须得到高层管理者的认可和支持。需要取得哪一层高级管理者的支持取决于流程实施项目的范围和规模。如果流程运作项目是对整个企业的运营体系进行优化,那么必须要有公司最高层管理者的参与。如果相关实施流程仅仅涉及企业内部的个别经营单位,那么需要参与的就是这个单位的最高负责人或者经营单位的直接上级领导。总之,高层管理者的参与和支持对流程项目团队获得底层管理人员的支持和配合至关重要。

3. 建立相关的项目实施团队

公司管理层必须确定相关项目实施团队的领导，并给予他一定的授权，负责抽调各部门的精兵强将来参与其中的工作。由于流程优化与再造涉及的范围往往比较广泛，因此常会出现超出项目团队管理能力和范围的情形。许多企业在实际运作中，常常采取三层级的推进模式来解决上述问题。项目最高层是公司的高层管理人员，负责专门协调和解决项目实施过程中出现的各种问题和困难，监督项目的实施进展情况，提出各种改进指导建议和意见。中层是项目实施团队，主要负责推动流程项目的具体落实，提供项目实施过程中所需的技术支持，监督各部门的流程实施情况。最底层是实际发生变革的地方，也就是进行流程优化与变革的具体部门，主要职责是按照项目实施团队的要求进行流程操作和计划推进，及时反馈流程执行过程中存在的困难和问题，对新流程进行及时评价，等等。

在流程实施过程中，成败的关键因素还是项目实施团队的工作质量，因此对项目团队成员往往有着较高的要求。

4. 树立正确的流程文化

高效协同、结果导向、客户满意是流程文化的主旋律，因此企业在进行业务流程变革的过程中，始终都要积极宣导这一文化主题，让每个部门、每位员工都张开怀抱，迎接业务流程变革，成为业务流程变革的推动者与参与者。

5. 开展必要的宣传与培训

实施流程优化与再造是一个艰难的过程，因此有必要进行宣传与培训。通过实施宣传与培训，一方面可以使员工了解与掌握流程管理的工具、方法和技术，使其更为有效地协助和配合项目实施团队的工作，提高项目的工作质量和效率；另一方面还可以减少因不了解流程管理而发生的猜疑和偏见，增强员工对流程变革的信心；此外，进行适当的宣传与培训还有助于改变执行人员的流程操作习惯，起到一定的监督作用。

6. 实施沟通与交流

流程项目实施不能在企业内部静悄悄地开展，而应通过定期的沟通和交流，保持企业内部良好的实施氛围，使每位员工都感受到变革带来的变化和调整。项目如果没有及时沟通，显现出相应的效果，并传递公司对项目实施的要求，将会削减人们的信心，使员工更加怀疑其前景，不利于项目的顺利推进。

沟通除了内部沟通之外，还可以包括外部沟通。企业应通过外部沟通获得外界的承认和肯定，增强企业内部实施流程变革的信心，使项目实施团队获得更多支持和配合。

所有的沟通都是为了减少组织内部的疑虑、增强员工的信心。流程优化大师迈克尔·哈默认为以下两条关键信息必须有效传递到企业内部的每位员工：

(1)“我们公司目前的状况如何？为什么不能停留在目前的状况中？”

(2)“未来公司将会变成为什么样子？”

7. 必要的奖励兑现措施

在管理变革的过程中，奖励体系与新的进步联系越紧密，管理变革就越容易实施。因此为了更好地推进流程，在实施过程中，可以根据流程变革的情况对相关部门给予及时的奖励，以鼓励部门和员工摆脱旧有的运作模式，使其及时感受到变革的成功与进步，激励其不断推进项目发展。具体的方式包括：

(1)进行适当的物质奖励，并与进步行为相联系。

(2)进行适当的榜样确立，保证非物质奖励的正确性和可感知程度。

(3)将个人技能与奖励有机结合。

第十四章　业务流程管理的“广深高速”

书写到这里，我们再对企业流程优化与再造的关键点做一个简单的总结和提炼，大家都知道，在广州和深圳之间有一条高速公路叫作广深高速，我想用这条公路的名称即“广”“深”“高”“速”四个字来总结我们对企业实施流程管理的实践的理解。

广度：企业进行流程管理需要全员参与、全系统打通的，所以企业进行流程管理和优化如果只是局部环节的改善是没有任何效果的，就像蜈蚣有很多只脚，如果只是让某几只脚很强壮，而其他的脚很瘦弱的话，这只蜈蚣是跑不快的。所以说企业进行流程管理需要“广度”。

深度：既然流程管理需要全员参与，那么流程的优化就必须从高管、中层、基层到一线员工全员参与；同时企业不但需要对一级流程进行优化，同时还要对二级流程、三级流程进行系统优化，这就是“深度”。

高度：我们在前面分析过，流程的变革是一项“一把手”工程，离开高层的亲身参与和鼎力支持，流程优化和变革就只是一句空话，所以说流程的变革必须要有“高度”。

速度：我们知道，企业做流程管理的核心目的就是要高效地满足客户需求，从而保证企业能够赚到更多的钱，所以说流程管理必须要保证“速度”第一。

第一节　业务流程管理的“广度”

前文提到，业务流程再造一方面需要全员参与，同时也需要全流程打通，实现业务流程全天候、网格化管理，由此可见流程管理之“广度”。

对流程管理的广度可以从三个层面进行理解：其一，“广度”是指流程需要全员参与，如果只有局部的人参与或者只有管理层参与，流程是没办法执行的；其二，“广度”是指企业的流程是承接战略实现和价值链价值最大化的，企业实施流程管理决不能顾此失彼或者厚此薄彼，而是要全系统打通，这就要求企业必须从业务流程开始，对管理流程、辅助流程进行全部优化和再造，保证最终目标的实现；其三，“广度”是指流程的执行需要全天候、网格化管理，明确流程责任的同时，让流程理念深入人心，让流程管理渗透企业业务的各个角落。

一、全员参与，走进流程再造新时代

不同的流程，其归口部门不同，与其相关的部门又存在差异，如果把公司的全部流程都规划出来，就可以看到，几乎每个部门、每个岗位都在主导或直接参与一个或数个流程。这就需要企业在推进流程管理的过程中，首先培养员工的流程管理意识，其次建立流程节点自检和互检机制，保证每个节点、每个部门、每个岗位、每个人的流程输入都是清晰的，流程输出都是合格的。

二、全流程打通，最大化满足客户价值主张

企业的业务流程包括产品规划流程、研发项目管理流程、生产计划管理流程、采购计划管理流程、采购检验/入库流程、生产领料流程、生产过程控制流程、新品上市管理流程、销售订单管理流程、销售货款管理流程等。为了保证各业务流程的顺利实施，企业需要确定诸如年度经营计划管理流程、财务预算管理流程、财务分析流程、目标绩效管理流程、原料检验流程、采购货款管理流程、供应商开发与管理流程、生产成本控制流程、市场物料管理流程、产品定价及价格管理流程等一系列管理流程。企业流程管理广度的第一步就是要将这些流程系统打通，并且做好流程之间的接口管理，保证流程之间首尾相连、信息互通，不存在管理重叠和管理空白。

三、全天候、网格化实现业务流程无死角

业务流程涉及企业从理解客户及市场需求、产品研发、市场营销、采购及生产、仓储物流、客户服务到客户价值主张最大化满足的各个环节，管理流程涉及企

业的战略管理、年度经营计划、目标管理、财务管理、资产管理、资源管理、人力资源规划等各个职能领域，辅助流程则涉及供应商管理、会计核算、人力资源招聘与培训、工艺管理、设备保障等各个方面。

另外，企业运营的核心是业务流程，而管理流程则让企业经营更加稳健，辅助流程让业务流程运作更加畅顺，因此企业必须构建全天候流程监控体系，同时还要实现网格化流程管理，确保流程管理无死角。

第二节　业务流程管理的“深度”

对流程管理的深度也可以从两个层面进行理解：一方面是流程管理不仅需要企业高层鼎力支持和全程参与，还需要企业中层管理者、基层管理者、执行层面的员工积极参与；另一方面，流程管理还需要对集团级流程、公司级流程、部门级流程、岗位级流程纵向打通。这就是本书所定义的流程管理的“深度”。

一、高层、中层、基层员工全部行动起来

每个流程都有归口部门（角色）和相关部门（角色），从本书前面的流程主人的介绍中大家可以看到，企业流程不仅仅只有高层参与，企业的中层管理者、基层员工也要参与到不同类型、不同层级的流程当中去，让公司内部的每个部门、每个岗位、每位员工都承担起自己的流程责任。只有这样企业的流程才能落到实处，并由此产生价值，持续提升企业经营业绩。

二、集团级流程、公司级流程、部门级流程、岗位级流程全部行动起来

企业流程从高到低依次为集团级流程、公司级流程、部门级流程、岗位级流程（详见图 2－5），其中：

（1）集团级流程（跨业务板块或跨公司流程）是指跨业务板块或跨公司流程在集团化运作的企业比较常见，但凡涉及集团内部业务板块之间、下属公司之间存在业务关系就一定会存在集团级业务流程。

（2）公司级流程（跨部门流程）是指跨部门流程往往是对公司整体经营运作具有重要影响的、相对比较宏观的重要流程，这些流程需要经常进行跨部门的协调运作才能最终完成流程的相关输出。

（3）部门级流程（跨岗位流程）是指跨岗位流程侧重于部门内部不同岗位之间的配合，通过相关岗位的协调完成部门的工作目标和工作任务。

（4）岗位级流程（岗位操作规范）是指本岗位的具体作业程序和作业规范。

由此可见，流程管理纵向上到集团发展战略、下到每个岗位的操作规范，是纵贯企业各个层级的系统工程。业务流程管理“深度”的另一个层面就是要求企业各个层级的流程全部行动起来。

第三节　业务流程管理的“高度”

从商鞅变法、秦始皇变法可以看出，业务流程再造不仅需要系统规划，另外还需要“一把手”的全力参与及大力支持，这就是我们所说的业务流程管理的“高度”。

一、顶层设计必不可少

根据本书提出的业务流程再造五步法（价值链、价值环、业务蓝图与业务流程规划，业务流程现状描述与问题分析，业务流程再造，业务流程配套设计，业务流程信息化与信息系统集成），企业流程的起点是从价值链（或价值环）分析开始的，而价值链又取决于企业发展战略，因此企业在进行业务流程再造的时候顶层设计非常关键，顶层设计出了问题，流程就会一错再错，严重偏离企业战略意图及经营的本质，最终变成为流程而流程。

二、“一把手”工程容易成功

很多人都会认同企业流程管理是一项“一把手”工程，企业高层要从思想意识、实际行动上起带头作用。但在这里，我们需要思考的是，“一把手”难道只是企业的高层吗？肯定不是的！对于企业一级流程而言，“一把手”就是企业的高级管理者，但对于二级流程、三级流程而言，“一把手”就不再是公司的高层，而是部门总监、部门主管，他们就成为这些流程的“一把手”。

三、业务流程再造永远是企业经营的头等大事

按照本书流程分类标准，企业的流程分为业务流程、管理流程和辅助流程三种，其中：

（1）业务流程（Business Process，简称 BP），又称“订单实现流程”，主要是指直接参与企业经营运作的相关流程，涉及企业“产—供—销”三个基本环节。通过业务运作流程，企业可以直接为客户创造价值，最终也保证了企业自身经营目标的实现。

（2）管理流程（Management Process，简称 MP），主要是指企业实施开展各种管理活动的相关流程，它并不直接对企业经营目标负责，而是通过管理活动对企业业务开展进行监督、控制、协调、服务，间接为企业创造价值。

（3）辅助流程（Service Process，简称 SP），主要是指为企业的管理活动和业务活动提供各种后勤保障服务的流程。这些流程与管理流程一样，并不直接为企业创造价值，而是通过为企业创造良好的服务平台和保障服务，间接实现价值增值。

企业通过业务流程尽可能多地接到订单，并在最短时间，以最佳的交期和品质满足顾客需求；同时企业又需要建立一系列关于品质、工艺、交期、成本的控制点，减少企业的经营风险，提高运作效率，这就是管理流程在企业中扮演的角色；辅助流程则扮演管道清理的角色，为业务流程的快速实现提供必要的服务。

由此可见业务流程在企业流程中的重要性与价值，因此我们提出业务流程再造永远是企业经营的头等大事。

第四节　业务流程管理的“速度”

狭义地理解，业务流程再造的目的就是提升企业运营效率，但在企业实际工作中，切不可将业务流程再造的目标仅仅定位为提升效率。根据前文对流程的定义，我们知道业务流程管理除了提升效率之外，还有降低成本、提升销量、提升品

质、提升盈利能力、提升客户满意度、提升员工满意度、合理控制风险等，这些都是本书所定义的业务流程管理的“速度”。

一、速度是业务流程再造永恒的追求

正本清源，企业做流程管理的终极目标就是要以最有效的方式、最快速的反应满足客户需求，这就是我们所讲的流程管理的速度。

我们通常说，什么是战略，战略就是满足顾客某种至关重要的需求，以优于竞争对手的方式加以执行，并且持续保持这种优势。其实，很多企业都很清楚顾客至关重要的需求是什么，同时也能做到短时间内领先竞争对手，但如何才能持续保持这种优势呢？很多企业做不到。

要想做到这一点确实不易，但只要企业从自己的流程细节入手，从改变流程的每一步开始，并保证流程之间是高效协同的，就一定可以持续保证这种优势。

战略决定了企业的客户，决定了企业要提供给客户什么样的服务和产品，这就需要企业在流程管理中首先了解客户的需求和标准是什么，而明确客户需求的第一步是了解流程的客户是谁。许多企业进行流程管理，对自身的客户是谁大都有一定认识，但是否真的十分清楚呢？要了解自身的客户是谁，需要进行企业战略分析和研究。通过对企业内外部环境的研究分析，在明确自身资源的基础上，了解企业未来到底能为哪些客户提供产品/服务，提供哪些方面的产品/服务，未来服务要达到什么样的目标和要求，这些无疑是十分重要的。也就是说，通过战略的分析研究，明确企业自身发展目标，进而明确企业的流程运作目标——客户需求，才能了解流程管理的重点和方向。

战略同时也决定了流程的期望输出效果。现代企业之间的竞争已经不是我有你无的问题了，而是要看谁应对变化的反应更快、能力更强，因此流程高效与否，直接决定企业战略能否实现。

看来，企业进行流程管理的终极目的就是要通过自身的努力，持续不断地提升流程运营速度，这才是流程管理的核心！

二、速度不仅仅只是跑得快

前面已经提到，业务流程管理的目的不仅仅只是追求速度最快，根据不同流程的增值方式，业务流程的“速度”可能是效率提升、成本降低、销售增加、利润增加、质量提高，也有可能是顾客满意、员工满意，总之，这与每个流程的目的（绩效目标）及客户需求相关。产品品质管理流程的“速度”体现在提升产品品质，生产成本管理流程的“速度”体现在降低产品成本，订单计划管理流程的“速度”体现在缩短订单交付周期，客户满意度管理流程的“速度”体现在提升客户满意度，总之，我们对流程“速度”的理解一定要因地制宜。

[参考文献] >>> References

[1]水藏玺.互联网时代业务流程再造 [M].北京:中国经济出版社,2015.

[2]水藏玺,吴平新,刘志坚.流程优化与再造[M].北京:中国经济出版社,2013.

[3]水藏玺.流程优化与再造实践实务实例[M].北京:中国经济出版社,2011.

[4]水藏玺,昝鹏.企业流程优化与再造实例解读[M].北京:中国经济出版社,2008.

[5]水藏玺,许艳红.管理成熟度评价理论与方法[M].北京:中国经济出版社,2012.

[6]水藏玺,景通桥,许艳萍.人力资源管理体系设计全程辅导[M].北京:中国纺织出版社,2017.

[7]水藏玺,吴平新,廖文平.互联网+电商采购、库存、物流管理实务[M].北京:中国纺织出版社,2017.

[8]水藏玺,吴平新.高绩效工作法[M].北京:中国纺织出版社,2019.

[9]水藏玺,吴平新.年度经营计划制订与管理(第3版)[M].北京:中国经济出版社,2018.

[10]张利华.华为研发(第2版)[M].北京:机械工业出版社,2012.

[11]王伟立,李慧群.华为管理模式[M].深圳:海天出版社,2010.

[12]中国企业成功之道联想案例研究组.联想成功之道[M].北京:机械工业出版社,2012.

[13]深蓝.这样做供应链:集成供应链和工业4.0 [M].广州:广东经济出版社,2016.

[14]陈扬名,罗燕如.阿米巴经营模式导入102问[M].广州:广东经济出版社,2018.

[15]刘选鹏.IPD华为研发之道[M].深圳:海天出版社,2018.

[16]施云.供应链架构师:从战略到运营[M].北京:中国财富出版社,2016.

[17]于海澜.企业架构[M].北京:东方出版社,2009.

[18]修文群,张蓬,等.ERP/CRM/SCM/BI协同商务建设指南[M].北京:科学出版社,2004.

[19]何荣勤.CRM原理·设计·实践[M].北京:电子工业出版社,2003.

[20]陈春花.经营的本质 [M].北京:机械工业出版社,2013.

[21]黎万强.参与感 [M].南京:江苏凤凰文艺出版社,2014.

[22]熊励,李瑜瑾.企业信息化融合:基于 SCM、ERP、CRM 集成[M].北京:清华大学出版社,2012.

[23]吴文钊.决战营销——企业分销资源计划(DRP)原理与实现[M].北京:电子工业出版社,2004.

[24]崔剑,陈月艳.PLM 集成产品模型及其应用——基于信息化背景 [M].北京:机械工业出版社,2014.

[25]库珀.新产品开发流程管理(第 3 版)[M].青铜器软件公司,译.北京:电子工业出版社,2012.

[26]库珀,埃迪特.服务创新架构:优化新服务开发流程[M].陈劲,于飞,方珊珊,译.北京:企业管理出版社,2017.

[27]库珀,埃迪特.创新流程架构:产品创新战略[M].陈劲,于飞,译.北京:企业管理出版社,2017.

[28]久次昌彦.PLM 产品生命周期管理[M].王思怡,译.北京:东方出版社,2017.

[29]布拉干扎.全面流程再造[M].北京:中华工商联合出版社,2004.

[30]佩凰帕,德罗兰.新版业务流程再造精要[M].高俊山,译.北京:中信出版社,2002.

[31]哈默,钱皮.企业再造[M].王珊珊,译.上海:上海译文出版社,2007.

[32]海姆.重新定义流程管理:打造客户至上的创新流程[M].楚建伟,译.北京:中国人民大学出版社,2017.

[33]沃泽尔.什么是业务流程管理[M].姜胜,译.北京:电子工业出版社,2017.

[34]迪特曼.供应链变革:制定和实施供应链战略[M].苏铁军,译.北京:机械工业出版社,2004.

[35]唐·舒尔茨,海蒂·舒尔茨.整合营销传播:创造企业价值的五大关键步骤[M].王茁,顾洁,译.北京:清华大学出版社,2013.

[36]戴维.战略管理(第 10 版)[M].李克宁,译.北京:经济科学出版社,2006.

[37]科比.流程思维:企业可持续改进实践指南[M].肖舒芸,译.北京:人民邮电出版社,2018.

[38] www. apqc. org.

[40] www. iso. org.

[41] www. bpm. vsharing. com.

[42] www. weaver. com. cn.

本书案例来源及专业支持

信睿咨询　　南粤商学　　CPIO协会　　人众科技

信睿咨询　信睿咨询是由国内知名管理专家水藏玺先生、吴平新先生发起，以“持续提升客户经营业绩”为追求目标，始终坚持“以客为尊，以德为先”的经营理念。结合十多年理论研究与企业实践，信睿咨询率先开创性地提出了“SMART－EOS企业经营系统”理论，信睿咨询认为，企业的任何一项经营活动和管理行为都必须以提升企业市值为准绳。同时，在与客户合作模式方面，信睿咨询提出的“与客户结婚”和“咨询零收费”模式开创了国内咨询行业全新的商业模式。

南粤商学　南粤商学是由国内知名管理专家水藏玺先生、张少勇先生等为核心发起人，联合近300位优秀企业家及企业高级管理者，以“信睿SMART－EOS企业经营系统”为理论基础，以“拓展管理视野”为使命，传播南粤（广州以南，珠江两岸）优秀企业管理经验，推动中国企业提升管理能力，怀揣“管理报国，利润报企，幸福报民”之理想，旨在帮助中国企业实现管理升级，为早日实现“中国梦”而努力。

CPIO协会　深圳首席流程创新官协会（Chief Process Innovation Officer，简称CPIO）由国内知名管理专家水藏玺先生、张少勇先生、王剑先生等人发起，旨在帮助企业打造一批优秀的CPIO。

CPIO的工作职责覆盖首席信息官（Chief Information Officer，简称CIO）、首席创新官（Chief Innovation Officer，简称CIO）和首席流程官（Chief Process Officer，简称CPO）的范畴。优秀的CPIO是企业经营系统升级的主要推动者和责任承担者。

目前，首席流程创新官协会在深圳、苏州、佛山、珠海等地设有分会。

人众科技 人众软件科技有限公司(简称"人众科技")是一家专注于企业人力资源管理软件研究和开发的高科技企业,也是国内最知名的人力资源管理软件服务商之一,主要团队成员从1997年开始从事人力资源软件开发与研究。公司总部位于国内最大的软件园产业基地——厦门软件园,并在北京、上海、深圳、广州、厦门、合肥、南昌等地建立了八家分支机构;已经为4000多名客户、200多家主板上市企业提供了智能人力资源管理信息化解决方案,专注于企业人力资源深度应用及人力资源共享服务中心建设与开发。

水藏玺作品一览表

序号	书名	出版社	出版时间
1	吹口哨的黄牛:以薪酬留住人才	京华出版社	2003
2	金色降落伞:基于战略的组织设计	中国经济出版社	2004
3	睁开眼睛摸大象:岗位价值评估六步法	中国经济出版社	2004
4	管理咨询35种经典工具	中国经济出版社	2005
5	看好自己的文件夹:企业知识管理的精髓	中国经济出版社	2005
6	绩效指标词典	中国经济出版社	2005
7	培训促进成长	中国经济出版社	2005
8	拿多少,业绩说了算	京华出版社	2005
9	成功向左、失败向右:在企业的十字路口如何正确决策	中国经济出版社	2006
10	激励创造双赢:员工满意度管理8讲	中国经济出版社	2007
11	人力资源管理最重要的5个工具	广东经济出版社	2008
12	人力资源管理体系设计全程辅导(第1版)	中国经济出版社	2008
13	企业流程优化与再造实例解读(第1版)	中国经济出版社	2008
14	金牌班组长团队管理	广东经济出版社	2009
15	薪酬的真相	中华工商联出版社	2011
16	流程优化与再造:实践、实务、实例(第2版)	中国经济出版社	2011
17	管理成熟度评价理论与方法	中国经济出版社	2012
18	流程优化与再造(第3版)	中国经济出版社	2013
19	定工资的学问	立信会计出版社	2014
20	互联网时代业务流程再造(第4版)	中国经济出版社	2015
21	管理就是解决问题	中国纺织出版社	2015
22	年度经营计划管理实务(第1版)	中国经济出版社	2015
23	学管理用管理会管理	中国经济出版社	2016
24	人力资源就该这样做	广东经济出版社	2016
25	人力资源管理体系设计全程辅导(第2版)	中国纺织出版社	2016

续表

序号	书名	出版社	出版时间
26	互联网+:电商采购、库存、物流管理实务	中国纺织出版社	2016
27	年度经营计划制订与管理(第2版)	中国经济出版社	2016
28	班组长基础管理培训教程	化学工业出版社	2016
29	互联网+:中外电商发展路径图	中国纺织出版社	2017
30	石油与化工安全管理必读	化学工业出版社	2018
31	年度经营计划制订与管理(第3版)	中国经济出版社	2018
32	不懂解决问题,怎么做管理	中国纺织出版社	2019
33	高绩效工作法	中国纺织出版社	2019
34	业务流程再造(第5版)	中国经济出版社	2019